경비지도사·공무원시험 대비용

법학개론(법학의 기초이론)

홍승철 著

21세기사

머리말

인간은 공동체를 형성한 사회적 존재이기 때문에, 공동생활의 유지를 위해서는 다른 사람과의 약속이라 할 수 있는 규범이 반드시 필요하다. 인간이 고립되어 섬이나 동굴에서 혼자 생활한다고 가정하면, 법이나 규범을 만들거나 이를 준수해야 할 필요성은 사라진다.

오늘날처럼 과학이 발전할수록 그에 따라 규범의 유형이나 영역도 다양하고 복잡해진다. 따라서 인간의 생활과 활동을 규제하는 법규범은 사회발전에 따라 더욱 전문화되거나 세분화된다.

민주주의가 발달된 국가일수록 법치주의의 확립이나 법의 지배가 보편화되어 있다. 그러나 독재국가에서는 여전히 법은 지배수단이나 독재의 목적을 달성하기 위한 도구에 불과하다.

사실 역사적으로 볼 때 법치주의는 숱한 시행착오와 부작용을 거치면서 오늘에 이르고 있다. 특히 형식적 법치주의를 전면에 내세워 인권을 유린하는 경우가 빈번하게 자행되었다. 정치후진국에서는 여전히 사람에 의한 지배, 즉 인치주의가 지속되고 있는 현실이 이를 증명하고 있다. 우리나라의 법치주의도 때때로 위험한 상황에 직면하고 있다. 법치주의의 훼손과 혼란을 겪으며, 유전무죄, 무전유죄(有錢無罪, 無錢有罪)의 주장에서 이를 확인할 수 있다.

철학자 소크라테스도 "악법도 법이다."라고 주장하여 법치주의와 준법정신을 강조한 바 있다. 그러나 독재자들은 이를 형식적 법치주의의 중요성을 주장한 것으로 그 의미를 호도하여 독재의 합리화나 정략적 수단으로 법을 악용한 적이 숱하게 많다.

오늘날 민주국가에서는 실질적 법치주의와 함께 절차적 민주주의의 중요성이 더욱 강조되고 있다. 그러므로 현대국가는 헌법을 통하여 인권의 보편화를 도모하게 되면서, 국민들의 권리와 자유에 대한 인식은 한층 고조되고 있다.

법치주의는 법을 이해하고 학습하는데서 시작되어야 한다. 그러므로 법학의 기초이론에 대한 학습은 무엇보다 중요하다. 또한 실질적 법치주의의 구현을 위한 교양인으로 나아가는데 도움이 되길 바라는 마음도 이 교재의 집필이유가 된다.

사실 더욱 중요한 집필이유는 각종 공무원시험·경비지도사자격시험, 각종 공·사기업의 일반상식과목시험에서 중요한 비중을 차지하는 법학개론의 공부에 작은 보탬이라도 되길 바라는 마음이 간절하다.

본 교재의 특징은 검경수사권의 조정 등 형사소송법의 개정내용과 형법의 내용을 대폭 반영하여 비법학전공자의 형사법학습에 도움을 주고자 하였으며, 민법·사회법 등에 대한 출제비중이 높아지고 있는 경비지도사 자격시험에서 법학개론과목의 준비에도 나름대로 만전을 기했다고 자부한다.

여전히 수정·보완해야 할 부분이 많지만, 용기를 가지고 출간에 임하게 되었다. 부족한 부분은 지속적으로 보완할 것을 약속드리며, 이 책으로 공부하는 모든 분의 앞날에 성공을 기원한다.

2020년 2월
흔곡재 연구실에서 저자

차례

제1장

법학의 기초이론

제1절 법이란 무엇인가?

I. 법의 존재와 가치

법이란 과연 무엇인가? 쉽게 표현하자면 '법은 우리가 일상생활을 하면서 지키고 따라야 할 규범의 일종이다.'라고 간단히 말할 수도 있지만, 그 본질과 개념, 그리고 다른 사회규범과의 구별이나 차이점 등을 구체적으로 따지고 들자면 그 내용은 실로 복잡하고 방대해진다.

고대부터 오늘에 이르기까지 사회의 공동생활을 위해서 법의 중요성과 필요성에 대하여 이야기한 학자는 그동안 많다. 특히 고대 그리스의 철학자 아리스토텔레스(Aristoteles, B.C. 384~322)는 "인간은 사회적 동물이다."라고 주장하였다. 이 말은 인간은 사회를 떠나 홀로 생활할 수 없으며, 사회 역시 인간의 존재 없이는 무의미하다는 점을 의미하고 있다. 덧붙여 '인간은 사회적 존재 내지 정치적 동물'이므로 법이나 사회·국가 없이는 진정한 삶의 목표를 달성할 수 없거나, 그럴 경우 동물의 왕국과도 같은 혼돈의 세계로 접어들 가능성이 크다는 점을 지적하고 있는 것이다.

따라서 인간은 잠시라도 법과 떨어진 가운데 사회생활을 하기 것이 현실적으로 어렵다는 것이다. 그러므로 우리는 알게 모르게 매일 법에 의하여 규율되는 법률관계를 통하여 일상을 살아가고 있는 것이다. 예컨대, 대중교통을 이용하여 등·하교를 하고 매점이나 식당에서 물건을 구입하고, 일터에서 아르바이트를 하거나 극장에서 영화를 관람하는 것도 그렇고, 거주를 위하여 타인의 주택을 임차하거나 전세계약을 체결하는 등 이 모든 사실이 법률관계를 통해 이루어지고 있는 것이다.

따라서 인간의 사회생활에는 당연히 법 또는 제도가 존재하기 마련이다. 이처럼 법이나 제도는 사회에서 이성적 인식이나 자율적 판단에 의해 적절하게 통제할 수 없는 문제들에 대하여 타율적인 규제나 제재를 통한 해결을 가능하게 하여, 인간이 사회적인 존재로 생활할 수 있는 기능을 수행하고 있다. 즉 법은 사회적 제도나 일정한 가치들을 적극적으로 실현하는 것을 가능하도록 도와준다.

결국 사회가 진보하고 법률제도가 정비됨에 따라 오늘날 사람의 생활관계는 대부분 법률관계에 따라 법에 의하여 보장되고 실현된다.

법은 사회 속에 존재하는 여러 가지 규범 가운데 하나의 규범에 해당된다. 흔히 사회규범은 인간이 그 사회의 공동선을 추구하는 과정에서 반드시 준수하여야 할 것과 또는 금지되어야 할 것을 규정하고 있으며, 위반할 경우에는 일정한 강제력이 부여되는 규율을 말한다. 그러므로 사회규범은 자연현상과 같은 존재의 법칙보다는 준수해야 되는 당위규범에 더 가깝기 때문에 사회규범을 당위규범이라 부르기도 한다.

그렇다면 특별히 법은 무엇인가? 이러한 법의 개념 및 본질에 대한 인식은 법학의 시발점이면서 궁극적으로 그 종착지라 할 수 있다. 오늘날에도 법의 개념에 대한 문제는 바로 법의 본질에 대한 문제로 직결되며, 여전히 지금까지도 법학 또는 법철학의 근본문제로 설정되어 있는 최대의 과제라 할 수 있다.

II. 법의 개념과 본질

법의 개념에 대한 논란은 법의 제정 이래 그 개념에 대한 정의가 다양하게 시도되어 왔음에도 불구하고, 여전히 근본적인 법철학 차원의 과제로 남아 있다. 이처럼 법의 개념에 대한 다양한 접근은 법이 지니고 있는 어떠한 측면을 보다 강조하느냐에 따른 결과적 산물이라 할 수 있다.

즉 법의 개념은 그 본질에 관한 상이한 접근, 즉 성선설과 성악설, 그리고 자연법과 법실증주의의 시각 사이에 존재하는 근본적인 입장의 차이에서 출발하고 있다.

사회에 존재하는 실정법은 당위를 강제하는 사회규범의 일종으로 법의 이념으로서 가장 중요한 지위를 차지하고 있는 '정의'를 실현하기 위한 목적으로 제정되거나 혹은 그 타당성이 인정됨으로써 법으로 현존하고 있는 규범이라 할 수 있다. 특히 법규범은 정치적으로 조직된 사회의 제도적 또는 공식적인 권력체계에 의하여 강제될 수 있다는 점에서 강제력이 배제된 다른 사회규범들과 구별된다는 점이 가장 두드러진다.

법의 개념에 대한 학자들의 견해는 다양하게 나타난다. 슈몰러(Schmoller)는 "법은 도덕의 최대한이다."라고 하였으나, 옐리네크(Jellinek)는 "법은 도덕의 최소한이다."라고 표현하였다. 한편 라렌츠(Larenz)는 "법은 공동체의 살아있는 의지이다."라고 하였으며, 라드부르흐(Radbruch)는 "법은 법이념에 봉사하는 의미를 지닌 현실이다."라고 하였고, 키케로(Cicero)는 "법은 인간본성에 내재하고 있는 최고이성으로서 행하여야 할 바를 명하고, 행하여서는 아니 되는 것을 금지하는 규범이다."라고 하였으며, 헨켈(Henkel)은 "법은 사회적 조직체의 공동정신이다."라고 법의 개념을 표현하였다.

한편 법은 인권보장의 제도적 장치이며, 질서유지를 통하여 사회의 안정을 도모하고, 사회생활의 전반을 통제하면서 분쟁을 해결하고, 일종의 문화규범이기도 하면서, 질서와 정의를 추구하는 기능을 수행하는 최후의 보루라고 할 수 있다.

1. 사회규범

인간은 아리스토텔레스의 지적과 같이 '사회적 내지 정치적 동물'이므로 사회 속에서 사람들과 더불어 살아가는 것이 기본이다. 따라서 '로빈슨'처럼 사람과 사회로부터 격리된 외딴 섬에서 인간이 홀로 생활한다는 것은 거의 불가능한 일이다. 그러므로 인간은 동서고금을 막론하고 타인과 공동생활을 통하여 사회를 형성하며 생활하고 있다.

그리고 인간의 생활은 사회집단 속에서 형성되고 있으며, 사회와 분리된 이기적 인간상은 결코 상정될 수 없다. 또한 인간이 공동생활을 평화롭게 영유하기 위해서는 우선 일정한 준칙과 제재를 바탕으로 하는 질서의 유지가 요구된다. 그러므로 사회생활의 유지는 일정한 규범의 존재와 밀접한 관련이 있으며, 따라서 사회공동체가 존재하는 곳에는 항상 규범이 존재하기 마련이다.

결국 법은 도덕, 관습, 종교 등 사회규범과 함께 사회질서를 유지하는 규범의 일종이라는 사실은 명백해진다. 특히 사회규범으로서의 법은 일반국민에 대하여는 어떠한 행위를 하지마라거나 하라는 등 금지와 명령의 규범인 행위규범으로서 기능하며, 재판에 관여하는 사람들에게는 재판의 준거가 되는 재판규범으로서의 역할을 수행한다.

2. 강제성

법은 원칙적으로 강제성을 띠고 있는 규범이다. 법은 소극적으로 단순히 어떤 행동을 금지하는 역할과 함께 반드시 어떤 행위를 적극적으로 강요하는 의미를 모두 담고 있다. 따라서 법은 정치적으로 조직된 사회에서 강제성을 띤 규범으로 기능하고 있다.

그러므로 법을 위반한 경우에는 사형·징역·금고·벌금·구류 등 다양한 형벌과 범칙금·과태료 등 일정한 강제제재가 뒤따른다. 정치적 조직사회는 국가를 의미하며, 강제성은 사회의 여러 규범(도덕·종교·관습·윤리)과 법을 구별하는 기준이 된다.

3. 문화규범

법은 그 사회의 문화와 시대정신이 반영된 소산이므로, 국민의 일상생활을 결정하는 문화규범이라고도 할 수 있다. 법은 그 사회의 안정적인 유지에 기여하는 문화적 가치를 담거나 지향하여 질서와 정의를 실현하는 규범인 것이다. 원래 정의의 본질적 의미는 인류의 보편적 가치를 추구하는 것이 그 궁극적 목적이다.

그러나 법은 주로 정의를 추구하기도 하지만, 때로는 권력자의 의중에 따라 정의와는 반대로 작용하는 경우도 존재한다. 현실적으로 악법도 엄연히 존재하기 때문에 법이 문화규범이라 해서 바로 정의 그 자체를 의미하는 것은 아닌 것이다.

따라서 문화규범이라는 예술 속에는 미(美)와 그 반대의 의미로서 불미 또는 추악한 모습까지 내포되어 있는 개념이며, 따라서 규범 역시 정의와 부정의의 경우를 모두 담고 있을 수 있다.

4. 사물의 본성규범

법학자 '켈젠'의 '법단계설'에 따르면 법의 최상위에 '근본규범'이라는 가설을 설정하고, 근본규범 아래 헌법 등 법률은 순차적으로 단계구조를 형성하고 있다. 단계에 따라 상위법은 하위법의 입법 근거와 내용의 한계를 확정하거나 권능을 부여하여 준다.

한편 실정법의 체계에서는 헌법이 가장 상위법에 해당한다. 따라서 헌법 아래의 나머지 법은 헌법으로부터 그 효력을 부여받게 되므로, 현실에서는 헌법→법률→명령→규칙→자치법규 등의 순서로 법은 단계구조를 형성하며, 각자 규범으로서의 효력을 발생한다.

5. 상대적 · 절대적 규범

고대의 철학자이며 법학자인 '파스칼'은 '피레네 산맥지방에서의 정의가 다른 지역에서는 부정의가 된다.'라고 하여, 국가나 지역에 따라 동일한 사안이라도 법의 효력이 달리 나타날 수 있는 점을 감안하여, 법의 상대적 역할에 대하여 위와 같이 언급한 적이 있다. 가령, 이슬람 등 일부 국가에서는 간통죄를 처벌하지만, 대부분의 국가에서는 이를 처벌하지 않거나 처벌법규가 아예 존재하지 않는다. 반면, 살인죄의 경우는 세계 모든 국가에서 이를 처벌하도록 하고 있다.

대부분의 선진국에서는 개인의 성적 결정의 자유를 존중하여 상대적으로 간통죄를 처벌하지 않고 있으나, 살인죄의 경우는 예외 없이 절대적으로 무거운 형벌이 부과되는 점에서도 법은 절대적 규범이면서도 상대적 규범임을 알 수 있다.

제2절　법과 사회규범

I. 인간과 사회생활

사람은 사회로부터 고립된 상태로 홀로 살아가는 것이 사실상 불가능한 존재이다. 즉, 인간은 정치·경제·종교·문화적으로 다양한 유형의 사회 또는 공동체를 형성하며 살아가는 것이 기본이다. 결국 인간은 사회 속에서 다른 사람과의 관계를 통하여 사회와 국가를 형성하며 일정한 형태의 삶을 영위하는 것이다.

이들 공동체 또는 사회는 많은 사람들로 구성되어 있으므로 항상 갈등과 이해관계의 충돌이 불가피하므로, 공동생활을 위해서는 일정한 조직과 제도가 존재할 필요성이 있다. 이러한 조직과 제도는 규범과 일정한 질서를 바탕으로 유지되고 있는 것이다.

따라서 사회가 존재하고 있는 곳이면 질서를 유지하기 위하여 법과 규범이 존재하기 마련이며, 공동생활에 대해서는 법적 규제가 필요하다. 그러므로 사회가 존재하고 있다면 사회생활에 필요한 일정한 규범은 당연히 요구된다.

사회를 규율하는 사회규범에는 제도화된 실정법 이외에도 관습·도덕·종교규범·윤리·자치규약 등과 같은 다양한 유형의 사회규범이 존재한다. 이처럼 인간의 행위는 반드시 법으로만 명령되거나 금지되는 것은 아니다.

이들 사회규범 상호 간에는 상호 유기적으로 연결되어 밀접한 관련을 맺기도 하며, 때로는 긴장과 갈등관계에서 대립적인 경우도 있으므로 상호간의 조화여부가 문제된다.

다양한 성질과 형태를 띤 사회규범의 내용을 살펴보면 다음과 같다.

II. 사회규범의 유형

1. 관습

관습은 현실의 생활에서 무의식적으로 발생하고 있는 지속적·반복적 습속(행동)이 일종의 사회규범으로 형성된 것을 의미한다. 다시 말하자면 역사적 전통을 바탕으로 생성된 행동이나 사실에 대하여 이를 일반인들이 준수해야 하는 규범으로 한 단계 승격시킨 사회생활의 준칙을 의미한다.

그러므로 여러 사람이 상당한 기간에 걸쳐 동일한 행동을 반복적으로 계속할 때 관습이 형성되며, 관습에서 더 나아가 이를 준수하는 것이 일반인들의 법적 확신을 얻을 정도에 이르게 되었을 때, 관습은 관습법이 된다. 흔히 관습에 해당하는 혼례나 제례의 경우에서 볼 수 있듯이, 그 지역의 관습을 위반한 경우에도 우선 사회적 비난의 대상은 될지라도 법적 차원에서 강제적 제재는 불가능하다.

한편 법은 국민을 대표하는 외부기관인 의회를 통하여 제정되는 것이나, 관습은 사회생활에서 저절로 생성되어지는 것이라 할 수 있다. 그리고 법과 관습의 중간영역이라 할수 있는 관습법은 관습과 서로 구별된다.

우선 관습은 법과 도덕이 서로 명확하게 분리되지 않은 상태라고도 할 수 있다. 예컨대 자선이라는 관습은 자비라는 도덕적 의무로 발전하고 다른 한편으로는 사회적 약자를 도와주는 사회보장제도라는 법제도로 발전할 수 있다는 점에서 이를 알 수 있다. 또한 관습은 공서(미풍)양속이라는 취지에서 실정법의 부족한 부분을 보충하는 기능을 수행하고 있다. 즉 민법은 '민사에 관하여 법률에 규정이 없으면 관습법에 의하고 관습법이 없으면 조리에 의한다(민법 제1조).'라고 하거나 '법령 중의 선량한 풍속 기타 사회질서에 관계없는 규정과 다른 관습이 있는 경우에 당사자의 의사가 명확하지 아니한 때에는 그 관습에 의한다(민법 제106조).'라고 하여 관습에 대하여 법의 적용에 대한 순위를 규정하고 있다.

법은 강제성을 띤 규범으로 위반할 때는 형벌 등 다양한 물리적·강제적 제재가 수반된다. 반면 관습은 인간의 자유의사에 따르며, 역사적 전통에 바탕을 둔 사회생활의 준칙이므로 위반할 경우 강제적 제재보다는 일정 정도의 비난이 가해지는 것이 보통이다.

2. 종교

종교는 현실을 초월하여 개인의 신앙을 바탕으로 초인간적인 신에게 귀의하기 위하여 영원한 내세를 추구하는 인간의 신앙적 의식을 말한다. 그러므로 종교규범은 영혼의 구원을 추구하는 신자들에게 내세를 위한 구도의 길을 수행하는데 필요한 규율을 제시하는 것이다.

고대의 법이나 규범은 실제로 도덕이나 종교와 깊은 관련을 지니고 생성된 경우가 대부분이다. 특히 법문화의 형성이 미약하고 규범간의 세부적 구분이 분화되지 못했던 원시시대에는 법·도덕·종교 사이의 구별이 모호한 상태가 지속되었다. 예컨대 금기(Taboo)사항은 종교규범의 내용이면서 법규범에 속하기도 하였다. 그러므로 사람들이 서낭당이나 고목 등을 지나면서, 전해 내려오는 전통에 따라 침을 뱉거나 돌무덤을 쌓아 재앙을 미연에 방지하는 의식을 가지기도 하였다. 실제로 기독교에 있어 모세의 십계명이나 또한 신라시대의 세속오계는 일종의 종교규범이면서도 법적 규범에 해당하는 대표적인 경우들이다.

법과 종교는 종교적 암흑기에 해당되는 중세를 거쳐 근세이후 정교분리가 일반화되면서 세속법인 국가법과 종교단체에 대한 교회법 간의 상호 분리가 이루어진 것이다. 그러나 이슬람 국가를 비롯한 일부 국가에서는 여전히 국교를 인정하고 있으며, 이러한 경우 국가법과 종교법이 독자적으로 발전하고 있음을 볼 수 있다.

세속적인 법은 종교적 가치와 자유를 최대한 보장하고 있다. 결국 법과 종교는 어떤 권위에 대한 복종이라는 점에서 공통성을 가지며, 아울러 절대적인 것에 대한 추구와 독단적 성격을 지닌 점에서 상호 유사성을 가지고 있다. 그러나 종교와 법은 궁극적으로 상호 지향하는 바가 다르므로, 비록 영원과 초월을 지향하는 종교생활이라 할지라도 세속적인 법의 제재에서 완전히 자유롭지는 못할 것이다.

만약 법을 위반하게 되면 국가권력에 의해 강제되는 타율적·강행적 규범이고 보편성·평등성을 가지는 반면, 종교는 신앙세계에서 비롯되는 자율적·초현실적인 종교의 교리에 따라 그 종교를 믿는 신앙인을 대상으로 적용되는 특수성·차별성을 가지는 규율이다. 그럼에도 불구하고 종교규범을 신자에게 가혹하게 강제할 수는 없다.

3. 도덕

도덕은 사회생활에서 마땅히 요구되는 인간의 기본적 가치와 덕성을 의미한다. 도덕의 내용은 이미 법에 반영하여 준수해야 하는 경우도 존재하고, 법으로 규정하는 바람직하지 않아 강제하기가 곤란한 경우도 있다.

사람을 살해하는 것은 법과 도덕 모두에서 금지되는 것이지만, 청년이 대중교통에서 지정된 경로석을 이용하더라도 도덕적 비난은 가능할지라도 법으로 이를 규제하여 처벌하는 것은 부적절한 것이 될 수 있다. 그러므로 법과 도덕은 사실 그 경계가 애매모호한 경우가 많다.

법과 도덕의 구분에 대해서는 다양한 견해가 존재한다. 이들은 상호 겹치는 부분도 있으나, 서로 무관하여 독자적인 영역도 존재한다. 법과 도덕에서 모두 금지하는 경우로는 살인죄의 예를 들 수 있으며, 반면 교통법규 등에서는 법ㅂ과 도덕이 전혀 무관함을 알 수 있다.

그렇다면 '법과 도덕은 과연 구별될 수 있는가?'라는 문제에 대한 근본적 해결은 바라보는 시각에 따라 각기 입장이 다르게 나타난다. 우선 자연법의 입장에서는 법과 도덕을 일원적으로 보아 법은 도덕에 기초하고 합치되어야만 법으로서의 효력을 지닌다는 것이다. 그러나 법실증주의자는 법과 도덕을 이원적으로 구별하여 법의 내용이 도덕에 반하더라도 법은 일단 법으로 보며, 따라서 악법도 법이라는 주장도 가능해진다.

사실 법은 도덕의 최소한이 될 수도, 또한 도덕은 법의 최대한이 될 수 있다. 이처럼 법과 도덕은 서로 공통분모도 있지만 근본적으로 양자는 구별되는 것이 일반적이다.

법과 도덕을 구분하는 기준으로는 다음과 같은 몇 가지의 형태가 존재한다.

먼저 양자의 관심방향에 대한 차이에서 본다면 법은 외부적 형태를 띠고 있는 반면, 도덕은 내면적 형태를 띠는 것이 보편적이다. 다음으로 목적주체에 있어 법은 타인지향인 반면 도덕은 자기 자신에 대한 것이다. 또한 의무방식에 있어 법은 합법성을 요구하고 있는 반면, 도덕은 도덕성을 요구하고 있다. 그리고 위반한 경우 제재의 측면에서 도덕은 비강제적이나 법은 강제적이다. 또한 권리 및 의무의 측면에서 도덕은 의무만 수행하는 일면적 성질을 지니지만, 법은 권리와 의무의 양면적 성질을 띠게 된다. 마지막으로 타당성의 원천에 있어 법은 타율성에 기초하고 있는 반면 도덕은 자율성에 바탕하고 있다.

4. 윤리

윤리는 사회규범의 일종으로 도덕과 매우 밀접한 관련을 가지고 있는 사회규범으로 개인의 양심에 따라 행동하는 자율적인 규범을 말한다. 도덕과 윤리는 사실 혼용하여 사용되기도 하지만 도덕이 가치개념인 반면, 윤리는 그 가치를 실현하는 현실적인 과정으로 도덕보다 사회성을 띠고 있는 규범이 된다.

그러므로 도덕은 인간의 도리에 대한 개인의 내면성을 규율하는 데 비하여 윤리는 개인행위의 도덕적인 외면성이 중시되는 실천적 규범이 된다.

윤리는 개인의 내면의 활동과 작용을 규율하는 도덕과는 달리, 도덕이 보다 실체적으로 사회화된 규범으로 외부로 나타난 것이라 하겠다.

법과 윤리의 관계에서 특정한 상황의 한계를 극복하기 위하여 윤리적 판단은 그 상황에 적합한가를 따지기 위하여 상황윤리의 문제가 제기된다. 장발장의 행위가 형법상 '타인의 재물을 절취한 경우'에 해당되어 절도죄를 구성하는지에 대한 논의가 이런 경우에 해당될 수 있다.

5. 법과 도덕과 상황윤리

법과 도덕은 각기 다른 사회규범이면서도 서로 밀접한 관계를 형성하고 있다. 그러므로 성경에서의 착한 사마리아인조항이나, 형법의 존속폭행죄, 간통죄처럼 도덕의 내용이 곧 법이 되는 경우가 많다.

상황윤리와 관련하여 안락사의 문제를 생각해 볼 수 있다. 안락사는 인위적으로 환자의 생명을 단축시키는 행위를 말한다. 이러한 안락사의 문제에 대해서는 그 요건이 엄격하게 지켜질 것이 요구된다. 즉 현대 의학으로도 치료가 불가능한 불치의 질병으로 환자가 죽음에 임박하였고 생리적·신체적 고통이 극심한 경우에, 오로지 환자를 이러한 고통에서 완화시킬 목적으로, 본인 및 보호자의 명시적이고 진지한 촉탁에 의하여, 의사로 하여금 윤리적으로 용인될 수 있는 방법에 따라 행해진 환자의 생명단축행위는 형법상으로 촉탁·승낙살인죄의 위법성이 조각될 수 있다.

최근에는 존엄사와 관련된 논의가 활발하게 전개되고 있다.

6. 법과 다른 사회규범과의 관계

법과 다른 사회규범 사이에는 유사한 점도 있지만 상이한 점도 많이 존재한다. 법·관습·종교·도덕·윤리 등의 사회규범은 인간생활을 규율함에 있어 각각 독특한 규범으로서의 힘과 이념, 그리고 서로 다양한 존재를 띠면서도 상호 밀접한 관련성을 지니고 있다.

사회규범과 구별되는 법의 가장 큰 특징은 단순히 인간의 일상생활만을 규율하는 것이 아니라 사회와 국가의 활동영역까지도 그 범주에 담고 있는 강제규범이라는 점이다. 그러므로 우선 법이기 위해서는 강제성이 있어야 하며 이러한 강제성은 재판을 통해서 구현된다. 따라서 법은 분쟁의 해결을 위하여 사회구성원의 공감대를 토대로 제정되어야 한다.

결국 법은 우선 사회 속에서 오랫동안 반복되며 지켜진 관습을 존중하여 제정되어야 하며 도덕을 그 타당성의 기초와 목적으로 삼고, 종교적 초월까지 포함하는 공통기준을 담고 있어야 실질적 효력을 발휘할 수 있다.

법이 여타의 규범과 함께 사회규범의 일종으로 인식되는 한 사회와 격리되거나 실효성이 담보되지 못한 법은 그 존재의미가 상실되며, 규범 상호간의 갈등과 긴장관계를 조화와 타협의 방향으로 이끌어 내는 것도 불가능할 것이다.

제3절 법의 이념(목적)

I. 법의 이념

법의 이념은 법이 궁극적으로 추구하고 달성하고자 하는 목적 내지 이념을 의미한다. 법은 무엇을 위하여 왜 존재하는지 그 목적에 대한 근본적 물음이 바로 법의 이념인 것이다. 외형적으로 법은 무엇인가에 대한 것은 법의 개념에 대한 문제로 법의 기능을 말한다면, 과연 법은 무엇이어야 하며, 법다운 법은 어떤 법을 의미하는지에 대한 것은 법의 실질적인 문제로서 법의 존재가치를 따지는 법의 이념에 대한 물음이다.

법의 이념에 대한 논란은 고대에서 오늘에 이르기까지 법학과 법철학에 있어 근본적인 문제이며 여전한 숙제로 남아 있다. 사실 개별법을 제정함에 있어 흔히 제1조의 규정에서 법의 제정동기와 그 목적을 명문으로 밝히고 있지만, 따로 법의 목적을 논의하는 것은 법이 인간생활에 대한 제재를 통하여 이룩하고자 하는 기본적 가치, 즉 법의 기초적 사명이라 할 수 있는 법의 이념이 무엇인가를 근본적으로 알아내려는 것이다.

결국 법은 인간이 사회 속에서 지켜야 할 규범이며, 강제성에 의하여 질서를 유지하는데 법의 근본적인 목적이 있다. 한마디로 법은 그 이념과 가치를 실현하기 위해 존재한다고 할 수 있다.

법의 이념에 대하여 플라톤은 "정의와 도덕생활의 실현"에 있다거나 정의 또는 공공복리, 그리고 행복, 사랑 등의 실현이나 추구를 위해 존재한다는 등 다양한 형태로 표현하고 있지만, 이는 모두 일면적 고찰만을 강조하는 한계를 지니고 있다. 따라서 법이란 무엇이며, 법의 목적과 그 궁극적 이념에 대해서는 여전히 풀기 어려운 법철학의 과제이다. 이 점에 대해 독일의 법철학자 '라드부르흐'는 법이념의 3요소로 정의, 합목적성, 법적 안정성 등을 주장하였고, 이것이 오늘날에 있어서도 법의 이념에 대한 여러 주장 가운데 가장 일반적인 견해로 수용되고 있다.

II. 법이념의 3요소

1. 정의

(1) 정의의 개념

모든 법에 있어 공통되는 법의 이념(목적)으로 정의를 거론하는데 주저할 사람은 거의 없다. 법의 역사 이래로 정의의 개념에 대해서는 법철학의 가장 근본적인 문제로 인식되어 왔다. 따라서 고대 그리스의 자연철학에서부터 비롯되어 프로타고라스 · 소크라테스 · 플라톤 · 아리스토텔레스를 거쳐 현대에 이르기까지 그 개념에 대한 논쟁은 지속되고 있다. 정의의 개념을 최초로 이론화한 사람은 아리스토텔레스이다.

이처럼 정의에 대한 개념정의는 복잡하고 다양하기 때문에 한마디로 확정하기 어려우며, 그 개념의 복잡성만큼이나 다양한 논의가 끊임없이 전개되고 있다.

동양사상에서는 정의에 해당되는 용어로 본래 자신의 본분을 자각하는 것을 의미하는 '의'라는 말을 정의의 준말로 사용하고 있다.

(2) 아리스토텔레스의 정의론

'아리스토텔레스'는 최초로 정의의 개념을 이론적으로 구체화하여, 정의를 윤리적 원리로 파악하여 중용의 기준으로 삼았다. 또한 정의를 사람이 이행하여야 할 최고의 덕으로 보았다. 이러한 의미의 덕은 단순한 개인적 도덕이 아니고 타인과의 관계에서 실현되어야 하며 모든 사람에게 요구되는 사회적인 도덕을 의미하며, 이를 일반적 정의라 하였다.

아리스토텔레스는 정의를 세분하여 이를 **일반적 정의와 특수적 정의**로 구분하였다. 일반적 정의는 공동생활의 일반원칙에 적합하도록 요구하여 법을 준수하는 준법성으로 삼았다. 특수적 정의로 평등 즉, 법의 구체적 원리의 의미를 주장하였다. 이는 곧 같은 것은 같게, 불평등한 것은 불평등하게 처리하는 합리적 차별을 의미하며 이는 다시 절대적 평등(기득권존중, 권리침해금지)을 의미하는 평균적 정의와 비례적 평등을 나타내는 배분적 정의로 구분하였다.

아리스토텔레스의 정의에 대한 이론에 따라 정의의 개념을 분류하면 정의는 넓은 의미의 일반적 정의와 좁은 의미의 평균적·배분적 정의로 구분되며 그 내용은 다음과 같다.

1) 일반적 정의

일반적 정의에 따르면 아리스토텔레스는 일상생활에서 인간의 상호관계를 통하여 지켜야 할 최고의 덕을 정의라고 하였다. 이 때 정의는 개인의 단순한 도덕준수가 아니라 다른 사람과의 관계에서 지켜야 할 사회적 도덕을 의미한다. 그는 사회적 도덕을 일반적 정의로 보았으며, 사회적 도덕은 일반적으로 법을 준수하는데 있다고 보았다. 일반적 정의는 법을 준수하는 준법성과 법이 요구하는 모든 요구에 순응하는 법적 의무를 그 내용으로 한다.

2) 평균적 정의(절대적 정의)

형식적 평등을 추구하는 평균적 정의는 산술적 비례에 따른 평등을 의미하며, 절대적 정의(평등)라고도 한다. 같은 것은 같게 취급한다는 것이다. 평균적 정의는 개인의 법률관계에서 누구에게나 동등하게 형식적 평등을 요구하는 정의에서 비롯되었기에 주로 사법영역에서 적용되는 원칙이지만, 1인 1표와 같은 선거권·피선거권 등 공법상의 정치적 영역에서도 요구되고 있는 정의이다.

3) 배분적 정의(상대적 정의)

배분적 정의는 주로 공법의 법률관계를 규율하며, 상대적·비례적 정의(평등)를 말한다. 다른 것은 다르게 취급한다는 내용이다. 프로야구나 프로축구 등 스포츠분야에서 어떤 선수의 전년도 성적에 따라 연봉을 결정하는 성과급(연봉결정)도 배분적 정의에 입각한 것이라 할 수 있다. 배분적 정의의 원리는 개인의 능력이나 공로에 따른 연봉의 책정이나 그에 상응하는 명예와 이익을 제공하는 기준이 된다. 아리스토텔레스는 배분적 정의를 본질적 정의로 평가하였다.

⑶ 정의의 본질

법에서 정의는 평등한 기준이거나 그 목적에 해당하는 본질이다. 따라서 정의의 본질은 평등에 있다고 할 수 있다. 그러나 정의를 평등으로 본다고 하더라도 과연 무엇이 평등이냐 하는 문제에 대해서는 난관에 봉착하게 된다.

결국 정의는 하나의 추상적 명제이므로 시대적·공간적 상황에 따라, 그리고 개인에 따라 달리 나타날 수밖에 없을 것이다. 그러므로 정의를 사건에 적용하여 해결하려다보면 형평에 어긋나는 경우도 있고, 개별적·구체적인 경우 과연 무엇이 정의의 관념에 정당한지를 제시하지 못하는 경우가 발생한다.

2. 합목적성

합목적성은 국가나 사회가 주어진 목적에 부합하는 방향으로 어떤 결정을 내리는 원리를 의미한다. 법을 제정하는 것은 일정한 사회적 합의를 달성하기 위한 국가 내지 사회의 가치관을 법규범에 반영하는 것이며, 이것이 곧 법의 목적에 부합하다는 점을 밝히고 있다.

국가법질서는 어떠한 표준과 가치관에 따라 구체적으로 제정되거나 시행된다. 사실 정의는 같은 것은 같게 다른 것은 다르게 취급하는 형식적 이념을 의미하지만 과연 그 기준을 어디에 둘 것인가는 실로 어려운 과제임에 틀림없다.

바로 합목적성은 같은 것과 같지 않은 것을 구별하는 준거가 되며, 그것은 곧 구체적으로는 국가나 사회의 지향하는 가치관에 따라 결정된다는 것이다. 따라서 합목적성은 그 판단의 기준을 어디에 두느냐에 따라 다음과 같이 구분한다.

개인주의는 인간 개인을 궁극적 가치로 지향하여 평균적 정의를 추구하며, 단체주의는 단체(민족·국가)를 최고의 가치로 신봉하여 배분적 정의의 추구에 목적을 둔다. 그리고 문화주의는 개인이나 단체보다는 문화작품의 비중을 높게 인정하여 결과적으로 노예보다 피라미드를 더 소중하게 생각하거나, 화재가 발생한 주택에서 인간의 생명보다 유명화가의 그림을 더 소중하게 취급하는 결과를 초래한다.

한편 현행헌법은 그 전문에서 '정치·경제·사회·문화의 모든 영역에 있어서 각인의 기회를 균등히 하고……안으로는 국민생활의 균등한 향상을 기하고'라고 규정하여 사회국가적인 세계관, 즉 배분적 정의의 실현을 선언하고 있다

3. 법적 안정성

법은 국민의 공감대를 통하여 그 내용이 명확하여야 하며, 쉽게 변경되어서도 아니되며, 적용을 통하여 질서유지를 도모하여 사회를 안정되게 하는 수단으로 기여하는데, 이러한 법의 기능을 법적 안정성이라 한다.

독일의 괴테는 '정의롭지 못한 법도 무질서보다는 낫다.'고 하여 사회질서를 안정적으로 유지하는 법의 역할을 거론하며 법적 안정성의 중요성을 강조한 바 있다. 법적 안정성은 곧 사회질서의 안정성을 의미한다. 법은 행위규범이자 재판규범이므로 법의 제정과 개정은 신중히 이루어져야 하는 이유도 여기에 있다.

법적 안정성의 원칙과 관련하여서는 몇 가지 문제가 거론될 수 있다. 예컨대 소멸시효 등과 관련하여서는 민법은 불법행위로 인한 손해배상청구권은 피해자나 그 법정대리인이 그 손해 및 가해자를 안 날로부터 3년간 이를 행사하지 않으면 시효로 인하여 소멸하며, 불법행위를 한 날로부터 10년을 경과한 때에도 전항과 같다(제766조). 또한 민법은 취득시효에 대하여 20년간 소유의 의사로 평온·공연하게 부동산을 점유한 후 등기하면 소유권을 취득하며, 부동산의 소유자로 등기한 자가 10년간 소유의 의사로 평온·공연하게 선의이며 과실 없이 부동산을 점유한 때(제245조), 또한 민법은 10년간 평온·공연하게 동산을 점유한 때나 선의·무과실인 경우는 5년간 동산을 점유한 때에는 취득시효에 의하여 소유권을 취득할 수 있도록 규정하고 있다(제246조).

그리고 사법상의 점유보호·선의취득·형사절차에 있어 공소시효 등도 법적 안정성과 관련이 있다. 법적 안정성은 사회의 질서유지에 도움이 되며, 그러한 질서유지의 방법에는 윤리질서의 경우는 미풍양속을 유지하기 위하여 예(禮)를 강행하는 반면, 사회질서·국가질서의 유지를 위해서는 강제적인 제재로 형벌이 부과된다.

결국 법적 안정성의 내용으로는 법 내용의 명확성유지, 손쉬운 변경의 금지, 실행가

능성(가정의례준칙), 민중의식의 합치 등을 들 수 있다.

그래서 혁명도 실패하면 범죄지만 승리하면 새로운 법의 기초가 된다는 것은 곧 법적 안정성의 또 다른 표현이다.

4. 법이념 상호간의 관련성

법이념의 3요소인 정의 · 합목적성 · 법적 안정성은 기본적으로 서로 보완의 관계가 설정되어 있는 반면, 각자 나름의 독특한 내용과 이념도 담고 있어 때로는 서로 충돌하거나 상반되는 관계가 형성되기도 한다.

한편으로 정의를 너무 중시하다 보면 법적 안정성이 파괴되며, 다른 한편으로 법적 안정성을 강조하다보면 정의가 손상되는 경우가 발생된다. 우리나라의 경우 1980년에 발생된 이른바 5 · 17비상계엄확대조치와 12 · 12군사쿠데타를 통하여 정권을 장악했던 신군부세력들에 대한 응징과정에서 정의와 법적 안정성이 충돌한 바 있다. 1995년에는 과거 1980년에 행해진 이들의 행위를 소급하여 처벌하는 법률이 제정되자, 특히 15년에 해당되는 살인죄 공소시효의 종료로 법적 안정성이 거론되면서, 소급입법에 대한 정당성여부가 크게 문제된 바 있다.

한편 법이념의 상호관련에 대하여는 다음의 법 격언을 상기할 필요가 있다. 즉 '정의'의 확립에 대하여는 '세상은 망하더라도 정의를 세우라'거나, '합목적성'의 기준은 '국민의 행복이 최고의 법률이다. 국민이 원하는 것이 법이다.'라는 데서 찾는 것이다. 마지막으로 '법적 안정성'은 현재 적용되고 있는 실정법을 존중하겠다는 의미에서 "악법도 법이다."라는 소크라테스의 법에 대한 격언에서 그 의미를 알 수 있다.

이들 3요소가 상호 대립될 때, 특히 어떤 요소를 중시할 것이냐 하는 문제는 시대적 · 공간적 입장에 따라 달라질 수밖에 없으므로, 이를 판단하는 기준으로 국민의 법의식이 중요한 잣대의 하나가 될 수 있다. 결국 법의 3요소는 경우에 따라 상호 모순적이면서도 보완관계에 있으므로, 이들의 조화로운 적용을 위해 항시 노력하는 자세가 바람직할 것이다.

제4절 법의 존재형식인 법원(法源)

I. 법은 어떤 형태로 존재하는가?

'법원'은 기본적으로 '법의 연원'을 줄인 말이거나 '법의 존재형식'을 말한다. 현실적으로 사회 속에서 법은 어떠한 형태로 존재하고 있는 것인가의 문제가 바로 법원에 관한 것이다. 법의 존재형식에는 일반적으로 성문법 또는 제정법과 불문법 또는 비제정법으로 구분하고 있다. 법원은 법의 연원이라고도 하며, 법의 형식 내지 종류를 일컫는 말이다.

II. 성문법과 불문법

1. 성문법

성문법 혹은 제정법은 관습이나 관습법과는 달리 의회 등에서 일정한 절차를 통하여 문장의 형식으로 만들어진 법을 말한다. 성문법은 법의 통일과 정비가 용이하여 법적 안정성을 도모할 수 있으며, 법의 존재와 의미를 명확하게 할 수 있는 장점이 있다. 그러나 의회의 입법절차 때문에 불문법에 비하여 사회변화에 대응하는 것이 신속하지 못하는 단점도 있다. 성문법의 유형으로는 헌법·법률(국제조약)·명령·규칙·자치법규 등이 존재한다.

(1) 헌법

헌법은 국가이념이나 국가조직·작용에 관한 국가의 최고 기본법을 말한다. 그러므로 헌법은 국가최고규범·기본권보장규범·수권규범으로서의 성질을 가진다. 우리나라의 현행헌법은 1948년 제정이후 1988년까지 모두 9차례의 개정이 있었다. 한편 1787년의 미연방헌법은 세계 최초의 근대적 성문헌법에 해당하며, 1919년 독일 바이마르공화국의 헌법은 사회적 기본권을 세계 최초로 반영한 헌법이다.

켈젠이라는 학자는 '법단계설'의 주장을 통하여 법질서는 각기 다른 수준에 위치하는 여러 규범의 단계적 구조를 형성한다고 하였다. 따라서 헌법의 규범성과 타당성의 근거도 모든 규범의 공동의 원천인 근본규범에서 비롯된다고 보았다. 헌법은 법의 단계적 구조에서 근본규범의 하위에 위치하지만, 실정법질서에서는 법률이나 명령보다 최상위에 위치하는 규범인 것이다.

(2) 법률

법률은 광의의 의미로는 일반적인 법의 의미로 사용되기도 하지만, 협의의 의미로는 헌법에 의해 입법권을 부여받고 있는 국회에서 그 절차에 따라 제정되고 공포된 성문법을 의미한다.

여기서의 법률은 헌법상의 입법절차에 따라 국회가 제정한 일반적 · 추상적인 내용을 담고 있는 법의 유형을 말한다. 법률은 국가의 최고법인 헌법의 근거에 따라 제정되기 때문에 효력의 측면에서 헌법보다 하위에 있으며, 따라서 헌법내용을 보다 구체적이고 상세하게 정립하고 또 실행하는 내용을 담고 있어야 한다.

한편 법률은 체계적으로 조직되고 유형화된 성문법전의 형식을 취하고 있다. 법률의 제정은 민주적 정당성을 가진 기관에 의해서 정립되어야 하며, 입법권은 국민의 대표기관이라 할 수 있는 국회의 고유권한으로 되어 있다.

법률의 정립과정은 크게 보아 법률안의 제출, 법률안의 의결, 그리고 확정된 법률안의 공포라고 하는 절차를 거치게 된다. 법률안 제출권은 우리나라의 경우 정부와 국회모두에 있으며, 구체적인 의결절차는 국회의 소관 상임위원회와 법제사법위원회를 거쳐 본회의에 상정된다. 이어 본회의에서의 의결정족수는 재적의원의 과반수 출석에 출석의원의 과반수 찬성으로 의결되며, 정부에 이송되면 15일 이내에 대통령이 공포한다.

법률은 대통령이 공포하면 그 법률에 특별한 규정이 없는 경우 20일이 경과하면 효력을 발생한다. 정부에 이송된 법률안에 대해서는 대통령은 거부권을 행사할 수 있으며,

이 경우 국회는 환부된 법률안에 대해 재적의원 과반수의 출석과 출석의원 3분의 2이상의 찬성으로 재의결하면 그 법률안은 확정된다.

주요 법률에는 단일법전의 형식으로 되어 있는 민법·형법·상법·민사소송법·형사소송법을 비롯하여 단일법전의 형식이 아닌 행정법·사회법 등 다양한 법률들이 시행되고 있다.

(3) 조약 및 국제법규

조약은 조약·협약·협정 등의 명칭 여하를 불문하고 국가와 국가사이의 법적 효력이 있는 문서에 의한 합의를 말하며, 국제법규는 우리나라가 당사국이 아닌 조약으로서 국제사회에서 일반적으로 그 규범성이 승인된 것과 국제관습법(영해의 범위·외교관의 면책특권 등)을 말한다. 헌법규정에 따라 일반적으로 승인된 국제법규는 국내법과 동등한 효력을 가지는 것이 원칙이다.

(4) 명령

명령은 명령제정권을 가지는 행정기관이 제정하는 행정입법이라는 점에서 국회의 통과절차에 따른 의결을 거쳐서 제정되는 국회입법과 구별된다. 또한 명령은 국가긴급권에 근거한 긴급명령(예컨대 종전의 금융거래실명에 관한 긴급명령) 등과도 구별된다.

한편 명령은 발동주체와 그 성질에 따라 분류가 가능하다. 따라서 명령은 그 발동주체에 따라 대통령령·총리령·행정각부령(우열순위, 원·처 제외)으로 구분되며, 명령의 성질에 따라 위임명령(백지위임과 포괄적 위임금지)과 집행명령(시행령)으로 나누어진다.

위임명령은 법률의 위임에 따라 전문성 및 기술성을 가진 행정기관이 규정하는 명령으로 이른바 '보충명령'이라고도 한다. 그리고 위임명령은 법률에서 구체적 범위를 정하여 위임되는 사항에 한하여 제정되며, 포괄적 또는 일반적 위임의 형태인 백지위임은 허용되지 아니한다.

한편 집행명령은 법률의 구체적인 시행에 필요한 세부적인 사항을 규정하고 있는 명령으로 일반적으로 '시행령'으로 불린다. 가령, 도로교통법이 법률이라면 시행령은 도로교통법시행령이라 하며, 시행규칙은 도로교통법시행규칙으로 부르는 것이다.

한편 이외에도 대통령이 발하는 '명령'의 종류에는 긴급명령, 긴급재정ㆍ경제명령(처분) 등이 있으며, 이들은 헌법적 근거를 가지며 법률과 같은 순위의 효력을 가진다. 긴급명령은 국가의 안위에 관계되는 중대한 교전상태에 있어서 국가를 보위하기 위하여 긴급한 조치가 필요하고, 국회의 집회가 불가능한 때에 한하여 대통령이 발동한다.

그리고 긴급재정ㆍ경제처분 또는 긴급재정ㆍ경제명령은 대통령이 내우ㆍ외환ㆍ천재ㆍ지변 또는 중대한 재정ㆍ경제상의 위기에 있어서 국가의 안전보장 또는 공공의 안녕과 질서를 유지하기 위하여 긴급한 조치가 필요하고 국회의 집회를 기다릴 여유가 없을 때에 발동된다.

(5) 규칙

규칙은 헌법과 법률에 따라 규칙제정권이 인정되는 국가기관에서 제정된 규칙이라고 하는 법을 말한다. 헌법 또는 법률에 의해 규칙제정권이 인정되는 국가기관으로는 국회ㆍ대법원ㆍ헌법재판소ㆍ감사원ㆍ중앙선거관리위원회 등이 있다. 이들은 헌법과 법률의 수권에 의하여 정립되므로 법규의 성질을 가진다. 가령 경비업법의 하위규범인 경비업법시행령은 대통령령이고, 경비업법시행규칙은 부령에 해당된다.

그러나 규칙이라는 용어는 일반적으로 다음과 같이 4가지의 용례로 사용되고 있기 때문에 구체적으로 어떤 의미로 사용되는지를 주의할 필요가 있다.

예컨대 규칙의 용어는 일반적으로 다음과 같은 여러 가지 용례로 사용되거나 불리고 있으므로, 사용되는 곳마다 그 의미를 구별하여 이해할 필요가 있다.

첫째, 헌법과 법률에 근거한 규칙을 말하는데 국회ㆍ대법원ㆍ헌법재판소ㆍ감사원ㆍ중앙선거관리위원회 등이 제정하는 규칙을 지칭한다. 이러한 규칙의 효력은 명칭은 규칙으로 불릴지라도 효력에 있어서는 명령과 동등한 지위에 있게 된다.

둘째, 명령의 일종으로 시행령보다 하위에 있는 규범인 시행규칙을 지칭하는 규범으로 사용된다. 가령 도로교통법이라는 법률이 있으면, 시행령에 해당되는 도로교통법시행령이 있고 그 하위에 도로교통법시행규칙이 위치하고 있다.

셋째, 행정명령으로서의 규칙(행정규칙)이 있다. 이 경우의 행정규칙은 행정조직 내부 또는 특수신분관계에 있는 당사자들을 규율하기 위하여 행정권이 정립하는 일반적·추상적 규정으로, 이에는 훈령·일일명령·예규·내규·지시·지침·수칙 등 다양한 유형이 있다. 특히 행정규칙은 행정입법의 유형에 해당되지만 헌법상 근거를 요하지 않으며, 입법사항에 해당되지 않는 것이 주된 내용이다.

넷째, 기초나 광역지방자치단체의 장이 제정하는 자치법규로서의 '규칙'이 존재한다.

(6) 자치법규

지방자치단체(광역·기초)는 자치에 관한 입법권을 가지며 이에 따라 제정되는 것이 자치법규이다. 자치법규에는 조례와 규칙이 있다. 조례는 광역·기초지방의회가 행사하는 자치입법권으로 제정되는 자치법규를 말하며, 규칙은 시장·군수·구청장이나 시·도지사 등 지방자치단체의 장이 제정하는 자치법규를 말한다. 교육규칙처럼 시·도교육감 등이 제정하는 자치법규도 존재한다.

자치법규는 그 적용에 있어 인적·공간적 제한 등을 받지만, 규범으로서의 효력을 가지는 점에서는 다른 법령과 마찬가지이다. 가령, 제주특별자치도에서 제정한 자치법규는 그곳의 사람이나 그 지역에서만 효력을 가지는 경우를 말한다. 자치법규 상호간에는 조례가 규칙보다 우위에 있다.

2. 불문법

불문법은 말 그대로 문자로 규정되어 조문의 형식을 띠고 있지 않은 법의 형식을 말한다. 따라서 법규범이 문자로 제정된 형태가 아니므로 성문화된 문장의 형식으로 나타나는 성문법과 구별된다. 불문법은 사회생활의 관습으로 행해지던 것이 당연히 법으로 인정되는 규범을 말하며, 이에는 관습법·판례법·조리 등이 있다.

불문법은 사회의 구체적 현실에 적응이 수월하고 대처가 쉽기 때문에 법의 적용에 융통성이 있다. 그러나 법의 존재와 의미가 불명확하며, 법의 내용을 객관화 하는 것이

힘들어 법적 안정성을 기할 수 없다는 단점이 있다.

(1) 관습법

관습법은 사회의 자연발생적인 규범으로 성문화되지 아니하고 불문적인 모습으로 국가에 의해 승인(수동적)된 강제규범을 말한다. 관습은 당사자의 의사가 명시적으로 분명하지 않은 경우에만 효력을 가지지만, 관습법은 관행 중에서, 법적 확신을 취득한 법으로 당사자의 주장이나 입증 등 의사유무를 떠나 법으로서의 효력을 지닌다. 특히 관습은 법적 생활관계에 관한 것으로 공공질서와 선량한 풍속에 반하는 것이 아니어야 하며, 의식·제사·유행에 관련된 관습은 관습법이라 할 수 없다.

민법 제1조는 일반적인 법의 적용에 대한 순위를 정하고 있는데 '민사에 관하여 법률에 규정이 없으면 관습법에 의하고 관습법이 없으면 조리에 의한다.'라고 규정하여 관습법의 법원(法源)으로서의 보충적 효력과 지위를 정하고 있다.

또한 민법은 사실인 관습에 대하여 '법령 중의 선량한 풍속 기타 사회질서에 관계없는 규정과 다른 관습이 있는 경우에 당사자의 의사가 명확하지 아니한 때에는 그 관습에 의한다(제106조).'라고 규정하고 있다.

한편 상법 제1조는 '상사에 관하여 본법에 규정이 없으면 상관습법에 의하고 상관습법에 없으면 민법의 규정에 의한다.'라고 규정하여 법의 적용순서에 대하여 규정하고 있다.

특히 관습상 인정되는 지상권에 해당되는 분묘물권의 경우는 현실적으로 장지제도의 미비로 발생되었으며, 그 성립요건은 첫째 타인의 소유지 내에 소유자의 승낙을 얻어 설치된 경우, 둘째 자기의 소유지에 분묘를 설치한 후 그 토지의 소유권이 타인에게 양도된 경우, 셋째 취득시효에 의한 경우로 20년 간 평온·공연히 분묘의 기지를 점유한 때를 말하며 이러한 경우에 관습상의 지상권을 취득할 수 있다.

(2) 판례법

판례법은 법원에서 그동안 행하여진 재판의 판결이 누적되어 법으로 형성된 것을 의미한다. 판례법은 판결에서 제시된 판결이유가 당해 사건 이외의 유사한 경우에도 일반적인 법적 구속력을 인정받게 된 것이다. 판례법은 일정한 사항에 관하여 동일내용의 판결이 반복적으로 누적되어 확정된 법적 규범으로 법원에 의해 형성된 관습법을 말한다.

특히 영미법국가에서는 상급법원이 동일한 사안에 대하여 거듭 판결을 내리면 하급법원은 기존의 판결과 다른 판결을 할 수 없다. 그러나 판례법의 법원성에 대해서는 견해가 갈리고 있다.

영국 등 영미법계의 불문법국가에서는 선례구속성의 원칙에 따라 판례의 구속성이 인정되지만, 대륙법계의 성문법국가에서는 법원은 원칙적으로 성문법의 해석 및 적용에 치중하며, 이때 법관은 상당한 재량권을 가지므로 이론적으로 불문법국가와 같은 선례구속의 원칙에 따를 필요가 없게 되므로 판례법의 법원성도 부정되는 것이 일반적이다.

그러나 현행 사법제도에서 상급법원의 판결이 하급심에서도 존중되고 있는 현실과 또한 법적 안정성의 요청 등을 감안할 때 판례법의 법원으로서의 성질을 인정하지 않을 수 없다. 우리나라의 경우 법원조직법(제8조, 상급심 재판의 기속력)에서 '상급법원의 재판에 있어서의 판단은 당해사건에 관하여 하급심을 기속한다.'라고 규정하고 있다.

(3) 조리

조리는 사물의 본질적·본성적 법칙을 일컫는 말이다. 예컨대 해는 동쪽에서 떠서 서쪽으로 지는 것과 같은 자연의 이치와 같은 보편타당한 인간사회의 법도를 의미한다. 현실적으로 조리는 법조문이나 법원의 판결문에서 공서양속·경험법칙·형평의 원칙·사회통념·신의성실의 원칙·보편적 타당성·정의 등으로 표현된다. 조리는 구체적 사건에서 법률의 규정이 존재하지 아니할 때 법적용의 근원이 되거나 때에 따라서는 법률의 해석기준이 되기도 한다.

현행민법은 '민사에 관하여 법률에 규정이 없으면 관습법에 의하고 관습법이 없으면 조리에 의한다(민법 제1조).'라고 규정하여 조리가 다른 법원의 흠결을 보충해주는 법원으로서의 성질을 지니고 있음을 인정하고 있다. 또한 이 조항은 법의 미비로 실정법을 해석하는데 의문이 있는 경우에는 조리가 법의 해석기준이 된다는 점을 밝히고 있다.

Ⅲ. 법의 발달역사

1. 기원전

기원전(B.C.)에도 인간이 사회생활을 영위하는 곳에는 으레 법이 존재하였다. 지금까지 알려진 바에 따르면 인류 최고의 오래된 법은 기원전 2050년경에 만들어진 우르-남무(Ur-Nammu) 법전인 것으로 추정되고 있다. 이 법전은 현재의 지명으로 볼 때 이라크 남부의 유프라테스강의 주변 지역으로 수메르의 도시국가인 우르 왕조의 시조인 남무가 제정한 법전을 말하는데, 나중에 바빌론의 왕 함무라비가 B.C. 14세기에 제정한 함무라비법전(Code of Hammurabi)의 원형으로 알려졌다.

한편 함무라비법전은 우르-남무법전이 제정된 후 300여년 뒤에 만들어진 법전으로 노예관리법과 '눈에는 눈, 이에는 이'와 같은 동해보복을 주장하는 탈리오(talio) 사상 등이 규정되어 있기로 유명하다.

하지만 형법·민법·가족법 등으로 구성되어 농경사회와 유목생활을 규제하는 내용이 반영되어 있는 점이나 비교적 종교적 색채가 옅어 종전 법전보다 진보적 내용을 담고 있어, 오늘날과 유사한 법체계의 형태를 유지하고 있는 점이 특징이다. 함무라비법전은 고대 로마제국시대의 로마법 제정에 큰 영향을 미친 법전으로 알려져 있다.

2. 고대시대

아리스토텔레스와 플라톤 등과 같은 철학자들이 활약했던 고대 그리스시대부터 법에 의한 지배 사상이 시작되었다. 이들이 주축이 된 철학자들은 자연법사상의 기초를 세웠고, 드라코(Draco)라는 법학자는 그리스 최초의 성문법인 드라콘법을 제정하였다.

한편 로마법은 크게 보면 고대 로마시와 로마제국 및 1453년에 패망한 동로마제국에서 사용되던 법으로 3단계의 발전을 거치면서 형성된 법을 말한다.

특히 로마제국 당시 정복한 방대한 영토를 지배하기 위하여 제정된 로마법대전은 법의 역사에 있어 큰 업적으로 평가받고 있으며, 오늘날 성문법을 사용하는 여러 국가에 계수되었다. 십이표법(12동판법), 만민법을 거쳐 유스티니아누스1세 당시의 로마법대전은 특히 근대 시민법의 형성에 큰 영향을 남겼다.

3. 중세시대

프랑크왕국이 전성기를 누리던 중세초기(5~9세기)에는 게르만부족의 관습법을 토대로 게르만법이 생성되었고, 재판제도가 완성되기도 하여 법제도의 발달이 상당한 진척을 이루게 되었다. 문화의 암흑기라 할 수 있는 중세(10~16세기)에는 성직자·귀족·시민·농민 등으로 신분에 따라 봉건제도가 발달하면서 신분사회가 정착되고, 교황권이 확대되면서는 교회법이 위세를 떨쳤다.

4. 근대 시민사회시대

근대시대는 자연법사상의 확대와 시민계급의 등장으로 중세시대보다는 법이 진일보하였으나, 정치적으로는 절대주의시대가 도래하였다. 따라서 귀족계급과 시민세력 사이의 균형을 유지하려는 노력을 하면서도, 정치적으로는 절대왕정의 전제정치가 행해졌다. 자연법 사상가들과 계몽주의 법사상가의 영향으로 시민혁명이 발생하였고, 그 영향으로 미국의 독립(1776년)과 프랑스혁명(1789년)이 성공하게 되면서 근대입헌주의시대가 도래하였다.

5. 영미법과 대륙법

흔히 영미법은 본거지라 할 수 있는 영국과 영국의 지배를 받아 영국법이 크게 영향을 미쳤던 미국의 법체계를 통틀어 말하며, 대륙법은 섬나라인 영국과 달리 로마법을 기초로 유럽대륙에 존재하고 있던 프랑스, 독일 등을 중심으로 하는 대륙국가의 법체계를 말한다.

영미법은 이른바 '코먼로(common law)'라는 용어로 불리어 보통법이라고도 하는데,

이는 영국 전체에 보편적으로 통용되는 법을 의미한다. 사실 코먼로도 게르만의 관습법을 토대로 발전한 것이므로 근원적 맥락은 대륙법에서 비롯된다고 하겠다. 영미법은 성문법보다는 판례법 위주로 발달되어 있으며, 배심제도, 법의 지배, 선례구속의 원칙 등을 요소로 하고 있다.

한편 대륙법은 독일과 프랑스를 위주로 유럽대륙의 국가를 중심으로 발달한 법체계를 말하며, 게르만법과 로마법이 혼재되어 있는 것이 특징이다. 특히 대륙법계는 로마법의 영향을 많이 받아 개인주의적이며 논리적인 내용과 형식을 띠고 있으며 성문법의 형식을 따르고 있는 점이 특색이다. 같은 대륙법계에 속하지만 프랑스와 독일의 법문화는 이질적인 측면도 존재한다.

한편 우리나라는 일본과 마찬가지로 대륙법계의 영향을 많이 받아 대륙법계 국가라 할 수 있다.

제5절 법의 체계(분류)

Ⅰ. 법계

국가마다 사회에는 다양하고 복잡한 형태의 법규범이 존재한다. 이러한 법규범은 각자 개별성을 지니면서 나라에 따라 일정한 체계를 형성하며 법질서를 이루고 있는데 이를 법의 체계, 또는 법계라고 한다. 대표적인 법계에는 일반적으로 로마법계와 게르만법계, 영미법계와 대륙법계로 구분된다.

로마법은 시대에 따라 크게 3단계의 발전을 거듭하였다. 로마제국 건국초기에는 로마시민에게 적용하기 위하여 시민법이 제정되었으며, 로마가 크게 융성하여 제국을 형성하고 이민족을 지배하기 시작한 때에는 만민법이 제정되어 적용되었다.

이후 6세기경에 만민법은 법학의 발달과 함께 유스티니아누스 1세 때는 로마법의 원전이라 할 수 있는 로마법대전이 편찬되었다. 이후에 로마법은 11세기에 이탈리아로 전해진 후 문예부흥의 시대인 르네상스시대에는 독일, 프랑스, 스위스 등 유럽대륙에 전파되었다. 특히 독일의 민법은 로마법을 계수하면서 고유의 게르만민족의 관습법이라 할수 있는 게르만법과 로마법이 융합되어 있는 것이 특징이다. 19세기에는 일본이 독일법을 계수하면서 우리나라도 이를 받아들여 대륙법의 영향을 받게 된 것이다.

대륙법은 프랑스, 독일 등 유럽대륙의 성문법 중심의 법체계를 말한다. 대륙법은 영미법에 대응하여 다른 면모를 띠고 있다. 특히 프랑스의 민법으로 사용되는 나폴레옹법전은 나폴레옹 전성기에 여러 지역을 지배하기 위하여 제정되었으며 독일, 캐나다, 미국 등에 큰 영향을 미쳤다.

대륙법은 일반적으로 성문법주의를 채택하고 있는데 성문법주의는 법의 통일적 정비가 용이하고 법의 내용이 명확하다는 장점이 있지만, 법을 개정하는데 절차와 기간이 소요되므로 사회변화에 민감하게 대응할 수 없다는 단점이 있다.

영미법은 영국과 미국의 법을 말하는데 보통법의 의미를 담고 있는 커먼로(common law)라고도 불린다. 영미법은 각 지역의 다양하고 복잡한 관습법을 존중하면서 다른 한편으로 이를 통일적으로 적용하기 위하여 법원을 설립하고 판례를 통하여 형성되는 판례법과 관습법을 중시하게 되었다. 영국이 불문법국가라고 하지만 성문법이 존재하지 않는 것은 아니며, 영미법계도 불문법인 판례법을 중시하면서도 성문법의 존재를 인정하고 있다.

한편 동양의 법계는 중국을 중심으로 발달하였는데 중국의 수나라와 당나라 당시의 율령격식이나 대명률은 조선시대의 조선경국전, 경제6전, 경국대전 등에 계수되어 많은 영향을 미쳤다.

이상과 같은 법의 체계를 중심으로 나누어보면, 법계는 법의 현실적 존재여부에 따라 자연법과 실정법으로 구분되며, 실정법은 다시 국내법과 국제법으로, 국내법은 공법, 사법, 사회법으로 대별된다.

II. 자연법과 실정법

자연법은 실제로 존재하는 법이 아니라 실정법을 초월하는 자연적 이치를 담고 있는 법이라 할 수 있다. 즉, 자연법은 인간의 본성과 사물의 법칙에 객관적인 질서로서 존재하는 자연적인 법규범으로 실정법을 만드는데 근본이 되는 법을 말한다. 또한 자연법은 실정법의 효력을 보충해 주거나, 실정법이 법규범으로서 효력을 지니게 하는 근본규범을 의미한다.

그러나 자연법의 진정한 의미에 대해서는 아직 뚜렷하게 그 개념을 정의내리지 못하고 있다. 홉스(T. Hobbes, 1588~1679) 로크(J. Locke, 1632~1704), 루소(J. J, Rousseau, 1712~1778) 등 자연법주장자들은 모든 실정법이 존재하기 전에 시간과 공간을 초월하여 존재하는 보편타당한 이치를 담고 있는 초실정법으로 자연법의 개념을 긍정하였다.

이들은 국가도 법도 존재하지 않는 자연의 상태와 같은 존재를 상정하고, 인간의 자유와 평등을 천부적 인권으로 존중하였다. 따라서 자연법은 시대와 공간과 민족을 초월하여 일관성 있는 보편타당한 이치를 담고 있는 초실정법적인 법규범을 의미한다고 하겠다.

실정법은 현재 우리 사회에서 적용되고 효력을 가지는 실증적으로 존재하며 파악되는 모든 법규범을 일컫는다. 예컨대 우리나라에서 시행되었거나 시행되고 있는 성문법, 관습법, 조리 등의 법규범을 말하며, 영국과 같은 불문법국가에서는 판례법도 실정법으로 인정된다.

Ⅲ. 국내법과 국제법

국내법은 우리나라의 주권이 미치는 영역 내에서 적용되는 대한민국의 법을 말한다. 자유주의적 자본주의 국가의 국내법은 공법, 사법, 사회법 등으로 구별되는 것이 보통이다.

국제법은 주권을 보유하고 있는 개별 국가와 국가 사이나 국가와 국제기구 간에 적용되는 국제사회의 규범을 말하며, 이에는 조약과 국제관습법이 있다.

국내법과 국제법 사이에는 그 효력을 두고 우열에 관한 학설의 대립이 존재하는데 우리 헌법(제6조)은 국내법 우위설의 입장을 견지하고 있다. 조약은 국제법의 주체 간에 발생되는 법률관계에 대하여 명시적으로 합의한 문서를 말하며, 헌장·협약·의정서·규약·잠정협정 등의 용어로 다양하게 불린다.

Ⅳ. 공법·사법·사회법

공법은 국가기관과 국가기관 상호간, 국가기관과 지방자치단체, 지방자치단체 상호간 또는 국가기관이나 지방자치단체와 일반국민 간의 관계, 국가나 지방자치단체 등의 조직체계와 공익작용 등에 관한 법을 말한다.

예컨대 공법에는 헌법, 형법, 행정법, 민사소송법, 형사소송법, 국제법 등의 법이 존재한다. 공법 가운데는 권리와 의무의 실체에 관하여 규정하고 있는 실체법과 소송절차에 관하여 규정하고 있는 절차법이 존재한다.

사법은 주택을 매매할 때처럼 일반 개인과 개인 사이의 법률관계에 적용되는 법을 말하며, 민법·상법 등의 법률이 있다.

사회법은 공법과 사법이 융합되어 양자의 특성을 동시에 지닌 제3의 법을 말한다. 특히 현대사회에서 국민생활에 대한 국가의 개입이 증대되면서 '사법의 공법화' 경향에 따라 사회법·노동법·경제법 등 다양한 사회법의 등장이 확대되고 있는 추세이다.

사회법에는 공법도 아니고 사법도 아닌 제3의 영역에 해당되는 법이라 할 수 있는데 크게 구별하면 노동법·사회보장법·경제법이 있다.

노동법에는 근로기준법·노동조합 및 노동관계조정법·근로자참여 및 협력증진에 관한 법률·최저임금법·산업재해보상보험법·남여고용평등과 일 가정 양립지원에 관한 법률이 있다.

사회보장법에는 사회보장기본법·국민연금법·고용보험법이 있으며, 경제법에는 제조물책임법·독과점금지법 등이 있다.

사회법은 어린이·여성·노약자·장애인·저소득층·근로자 등과 같은 사회적·경제적 약자들을 배려하기 위하여 제정된 법을 말한다. 특히 사회권으로서 주목받고 있는 권리는 근로자에게 보장되는 단결권·단체교섭권·단체행동권 등 노동 3권이 있다.

그러나 사회법과 엄연히 구별되는 사회보호법은 사회법과 명칭은 유사하지만 실제로는 보안처분 등을 규정하고 있으므로 사회법의 영역이 아닌 특별형법에 속한다.

사회법의 등장배경은 개인주의적 원리에 치중하여 자본주의경제가 발달하면서 야기된 빈익빈(貧益貧)·부익부(富益富)의 현상을 완화시키고, 국가가 국민의 인간다운 생활의 보장을 도모하기 위하여 시민생활에 대한 간섭의 필요성에서 등장한 법이다.

V. 일반법과 특별법

일반법은 모든 일반인에게 적용되는 법을 말하며, 특별법은 특정인이나 보통이 아닌 특별한 경우에 적용되는 법을 말하며, 특별법은 일반법에 우선하여 적용된다.

특별법에 규정이 존재하지 않는 경우 일반법의 규정이 보충적으로 적용되는 것도 가능하다. 일반법과 특별법의 관계는 단일 법률의 조항 상호간에도 적용될 수 있다. '민법과 주택임대차보호법'은 상호간에 일반법과 특별법의 관계에 있다. 또한 친구사이에 폭행이 발생하면 일반'형법'이 적용되지만 부부사이에 폭행이 발생하면 '가정폭력에관한특별법'이 적용되는 것도 일반법과 특별법의 경우에 해당된다.

일반법과 특별법의 구별은 법적용의 효력범위를 두고 일반적이고 보편적인 사항에 대해서는 일반법이 적용되고, 특수적이고 예외적인 사항에 대해서는 특례법을 적용하기 위함이다.

한편 민법보다 특별법의 지위에 있는 상법에는 민법의 규정에 우선한다는 규정도 있다. 일반법과 특별법을 구별하는 실익은 법률의 적용에 있어 특별법은 일반법에 우선하여 적용된다는 점이다.

VI. 실체법과 절차법

실체법은 권리와 의무의 발생·변경·소멸 등의 실체에 대하여 규정하고 있는 법으로 권리 · 의무의 종류와 변동, 그리고 효과와 그 내용 등을 규정하고 있는 법을 말하며, 헌법, 민법, 형법, 상법 등이 대표적인 법률에 해당한다.

한편 절차법은 재판을 통하여 실체법의 효과와 내용을 실현하고 적용하기 위한 구체적인 절차를 규정하고 있는 법을 말하며, 민사소송법·형사소송법·부동산등기법·파산법 등이 대표적인 예에 해당된다.

실체법과 절차법의 상호관계는 실체법이 목적인 반면, 절차법은 수단을 의미하며 실체법과 절차법이 상호 충돌하는 경우에는 실체법을 우선하여 적용하는 것이 원칙이다.

VII. 강행법과 임의법

강행법은 당사자의 의사와 무관하게 일방적·강제적으로 적용되는 법을 말하며, 임의법은 법의 규정과 다른 당사자의 의사표시가 당해 법률의 규정을 배제하고 우선 적용될 수 있는 법을 의미한다.

두 법의 구별은 당사자의 의사가 법률의 효력을 배제할 수 있는지 여부에 따른 구분이다. 강행법에는 헌법, 형법, 소송법 등 공법규정의 대부분이 이에 해당되므로, 가령 살인을 저지르고 상대방과 합의하더라도 처벌을 받게 되는 것이다.

임의법에는 사법규정이 많이 존재하지만 강행법과 임의법의 구별이 항상 공법과 사법의 구별에 일치하는 것은 아니다. 예컨대, 민법은 임의법에 해당되는 사법에 해당되므로 가령, 100만원을 타인에게 빌려주고 갚아야 할 만기가 도래하였을 때 민법에 의하여 채권자가 채무자에게 돈을 갚지 않아도 좋다며 자신의 채권을 임의로 포기할 수 있다.

그러나 민법이 사법이라 하여 항상 임의규정만 존재하는 것은 아니다. 권리능력이나 행위능력자 제도에 관한 규정이나 물권의 종류·내용에 관한 규정, 친족(가족)·상속에 관한 규정 등은 임의규정이 아니라 강행규정에 해당된다.

제6절 법의 효력

I. 법의 효력

법의 목적 가운데 중요한 것은 사회질서의 유지이므로 법은 사회구성원에게 강제력을 지니는 규범으로서의 효력을 가져야 한다. 그러므로 어떤 법에 대하여 지킬만한 내용을 규정하고 있으므로 타당한 규범에 해당된다는 의미의 타당성과, 특정 사회에서 실제로 준수되어 규범으로서 실질적 효력을 가진다는 의미의 실효성을 지녀야 법의 효력은 발생된다.

따라서 법의 효력은 크게 나누면 타당성과 실효성을 의미하는 실질적 효력과 시간·지역·사람 등 한정된 범위 내에서 효력을 의미하는 형식적 효력으로 구별된다.

II. 법의 실질적 효력

일반인들이 법의 내용을 수긍하고 준수하는 것은 어떤 법에 대하여 법으로서의 일정한 효력을 인정하기 때문인데, 이것을 법의 실질적 효력이라 한다. 법의 실질적 효력과 관련하여서는 규범적 타당성과 사실적 실효성의 문제가 있으며, 이 양자가 합치되어야 법의 실질적 효력은 발생된다.

법의 타당성은 법이 규범으로 효력을 가지려면 실질적으로 그 규범이 일반인들이 지키고 순응할 만한 내용을 지니고 있어야 한다는 의미이며, 법의 실효성은 법이 규범으로서 타당한 효력을 지니고 있으므로 법이 강제규범으로 국민들에게 현실적으로 규범으로 준수되고 수용된다는 의미인 것이다.

이와 관련하여 북한지역에서 우리나라 현행법의 실질적 효력에 대하여 법의 타당성은 인정되지만, 법의 실효성은 확보할 수 없다는 표현이 가능할 수 있다.

Ⅲ. 법의 형식적 효력

법은 시간·지역·사람 등 일정한 범위와 조건에 따라 효력을 가지는데 이것을 법의 형식적 효력이라 한다.

1. 시간에 관한 효력

(1) 법의 시행과 폐지

법은 입법기관인 국회를 통과하자마자 바로 효력을 발생하는 것은 아니고, 보통 법의 부칙에서 규정하는 바에 따라 시행하는 날로부터 효력을 발생한다. 즉, 국회를 통하여 제정된 성문의 법률은 일반적으로 특별한 규정이 존재하면 그 규정에 따르고, 특별한 규정이 없으면 대통령의 공포일로부터 일반 국민들이 충분히 숙지할 수 있는 기간인 20일의 홍보기간이 지난 후에 효력을 가진다(헌법 제53조). 이처럼 성문법은 일반적으로 관보에 게재하는 등 공포절차를 거친 후에 효력을 발생한다.

따라서 공포 후 시행일부터 법으로서의 효력을 가지며 시행되는 것이다. 주지기간 또는 시행 유예기간은 일반적으로 20일이 원칙이지만, 수개월부터 몇 년까지 예정된 법도 있으며, 공포일로부터 바로 시행되는 법도 있다. 법은 시행일로부터 효력을 발생하여 폐지될 때까지 효력을 가지는 데 이를 시행기간이라 한다.

법의 폐지는 법의 효력을 상실시키는 방법으로 여기에는 보통 명시적 폐지와 묵시적 폐지의 방법이 있다. 그러므로 법은 명문규정이나 종기의 도래와 같은 명시적 폐지가 아니라도 효력을 상실할 수 있다. 법이 폐지되면 그 법의 유효기간 안에 이루어진 위법행위에 대해서는 형사소송법의 규정에 따라 면소판결이 행해진다.

(2) 한시법의 문제

한시법은 법의 유효기간이 1월 1일~12월 31일까지처럼 미리 정해진 기간 내에서 효력을 가지는 법을 말한다. 예컨대 부칙에 "이 법은 1일로부터 적용하여 30일까지 효력을 가진다."라고 법의 시행시기와 폐지기간이 미리 정해져 있는 법을 말한다.

보통 대부분의 법은 폐지되지 않는 한 계속적으로 효력을 가지지만, 한시법은 일정한 경우에 유효기간이 한시적으로 정해져 있으므로 이를 한시법이라 한다. 일정한 상황이나 사유에 대처하기 위하여 제정된 임시법도 넓은 의미의 한시법에 해당된다. 한시법은 그 종료기간이 임박해지면 면소판결을 염두에 두고 범행 가능성이 높아지므로 입법론적으로 한시법에 특별규정을 마련하여 이를 해결하는 것이 일반적이다.

(3) 경과법의 문제

법령의 제정 또는 개정으로 구법과 신법이 존재할 때 그 적용은 신법시행 당시의 행위는 신법을 적용하고, 구법시행 당시의 행위에 대해서는 구법을 적용하는 것이 일반적이다. 예컨대, 어느 사건에 적용되는 법령이 행위 당시의 법령보다 당사자에게 불리하게 개정된 경우에는 특별한 규정이 존재하지 않는다면 행위 당시의 법령을 적용한다. 경과법은 행위가 신법과 구법사이에 걸쳐서 진행된 경우에 신법과 구법의 적용상 문제를 해결하기 위하여 제정된 법이 경과법이다. 경과법은 별도의 규정을 두고 있지 아니하고 신법의 부칙에 그 해결방법을 규정하고 있는 것이 일반적이다.

(4) 법률불소급의 원칙

법률불소급의 원칙이란 법은 일단 국회를 통과하여 제정된 이후 효력을 가지고 시행되므로, 시행되기 이전의 행위에 대하여서는 소급하여 적용하지 아니하는 데 이를 법률불소급의 원칙이라 말한다. 예컨대 3월에 제정된 법률은 지난 1월에 발생된 행위에 대해서는 적용되어서는 아니 된다.

법죄의 성립과 처벌은 행위시의 법률에 의한다(형법 제1조). 모든 국민은 행위시의 법률에 의하여 범죄를 구성하지 아니하는 행위로 소추되지 아니하며, 동일한 범죄에 대하여 거듭 처벌받지 아니한다. 또한 모든 국민은 소급입법에 의하여 참정권의 제한을 받거나 재산권을 박탈당하지 아니한다(헌법 제13조).

2. 공간에 관한 효력

(1) 국가의 영역

국가가 성립하려면 그 요소 가운데 하나인 일정한 영역을 가지고 있어야 한다. 영역에는 영토·영해·영공 등의 유형이 있으며, 경우에 따라서는 영역에도 국내법의 적용이 배제되는 예외적인 경우도 발생한다.

우리 헌법은 영토조항에서 대한민국의 영토를 '한반도와 그 부속도서'로 하고 있어 북한도 헌법상으로는 우리 영토에 해당된다. 영토는 토지에 해당되는 국가의 영역을 의미하며, 영해는 바다에 해당되는 영역으로 영해법에는 영해의 범위를 12해리(1해리, 1.85㎞)로 규정되어 있으나, 일부 국가는 200해리를 주장하는 국가도 있다. 해양자원의 문제로 국가마다 대륙붕에 대하여 지배권을 주장하는 나라도 많다. 따라서 대한민국의 주권은 주권이 미치는 대한민국의 영역 안에서 효력을 지닌다.

한편 영공의 범위는 영토와 영해의 수직상공을 의미하지만 무한대가 아니라 지배 가능한 상공으로 제한된다는 것이 일반적이다. 그리고 영공에서의 비행통과는 당사국의 개별적인 조약에 의해 규정되기도 한다.

(2) 예외

선박이나 항공기에 대해서는 영역에 관한 예외가 적용된다. 따라서 대한민국의 군함·선박·항공기는 타국에 체류하고 있는 중에도 자국 영토의 연장으로 보기 때문에, 그 안에서 발생한 사건에 대하여 대한민국의 법을 적용할 수 있다.

3. 사람에 관한 효력

(1) 속지주의 원칙

법을 적용할 때 사람을 기준으로 적용하기도 하고 영역을 기준으로 하는 경우도 있는데 영역을 기준으로 법의 적용범위를 정하는 원칙을 속지주의라고 한다. 따라서 속지주의란 영토주권에 입각하여 범죄를 저지른 범죄인의 국적 여하를 불문하고 국가 사이의 상호평등과 상호주의원칙에 입각하여 자국의 영역 내에서 발생한 범죄에 대해서는 주재지 국가의 법을 일률적으로 적용한다는 원칙이다. 그러므로 속지주의는 소재지 중심의 출생지주의와도 맥락을 같이하므로 자국의 영역 내의 모든 사람에게 법을 적용하고 행사할 수 있게 된다.

속지주의의 또 다른 형태로서 선박이나 항공기에 대해서는 기국(flag state)주의가 적용된다. 기국주의는 선박이나 항공기의 경우 등록된 국가의 국기를 게양하고 운항 중에 발생한 범죄행위에 대해서는 등록국의 법을 적용받게 되는 원칙으로 속지주의의 확대를 의미한다. 특히 선박의 경우 공해에서 선적이 있는 나라의 국기를 게양하므로 선적국의 법을 적용받게 된다.

법의 대인적 효력에 관하여 우리나라를 비롯한 국제사회는 속지주의를 원칙으로 하면서 속인주의와 보호주의의 원칙을 가미하고 있다.

(2) 속인주의 원칙

속인주의는 어느 국가에 소속된 국민은 자국이든 타국의 영역이든 그 소재 여하를 불문하고 국적주의에 입각하여 자국민에 대해서는 자국법을 적용하여야 한다는 원칙이다. 즉, 속인주의에 의하면 자기 나라 국민은 자기 나라의 법을 적용한다는 국가의 대인주권에서 비롯되며, 국적법상의 혈연관계를 중시하는 혈통주의에 근거하고 있다. 내국인의 국외범에 속인주의를 채택할 수 있는데, 가령 필리핀에서 한국인에게 카지노출입이 허용된다 해도 필리핀에서 도박을 한 피고인에게 우리나라 형법을 적용할 수 있게 된다.

(3) 보호주의 원칙

보호주의는 범죄인의 국적이나 범죄발생 장소에 관계없이 자국 또는 자국민의 법익을 침해하는 범죄에 대해서는 자국법을 적용하여야 한다는 원칙이다. 예컨대, 태국의 관광지에서 중국인이 대한민국의 관광객을 폭행한 경우나, 독일에서 일본인이 우리나라 사람을 폭행한 경우에 우리나라 법을 적용하는 것을 말한다.

(4) 세계주의 원칙

세계주의는 반인류적이고 반세계적인 대형범죄나 테러행위에 공동으로 대처하려는 국제사회의 범죄소탕 및 범죄방지에 대한 연대적 필요에서 제기된 원칙으로 일체의 반인류적인 범죄에 대해서는 범죄인과 범죄지를 묻지 아니하고 해당국의 법을 적용할 수 있다는 원칙을 말한다. 예컨대, 집단살해(genocide), 반인도적 범죄, 마약, 테러, 전쟁범죄, 납치, 통화위조, 탈세행위에 대하여 해당국이 법의 관할권을 행사할 수 있다.

(5) 예외

대통령은 내란 또는 외환의 죄를 범한 경우를 제외하고는 재직 중 형사상의 소추를 받지 아니한다(헌법 제84조). 그리고 국회의원에게는 면책특권과 불체포특권이 인정되며, 외국원수, 대사, 공사, 외교사절 등에게도 법을 적용하는데 있어 예외가 적용된다.

제7절 법의 적용과 해석

I. 법규범 상호간의 효력

우리의 생활을 규율하는 법규범은 그 종류가 다양하다. 실정법 가운데는 헌법이 최고의 법에 해당되며 헌법 아래 무수히 많은 법령들이 존재한다. 이처럼 법규범은 상하의 단계구조를 이루고 있으며, 상위법은 하위법에 우선하는 효력을 가진다.

따라서 사회에서 적용되는 법령 상호간에는 헌법→법률(조약 또는 일반적으로 승인된 국제법규 포함)→명령·규칙→조례→규칙의 순으로 단계를 형성하며 단계적으로 효력을 가진다.

II. 법적용의 순서

사람들의 행위를 규율하는 실정법의 내용은 상당히 추상적인 언어로 규정되어 있다. 그러므로 실제 사회생활에서 구체적인 문제가 발생되었을 때 어떤 법을 적용할 것이며, 어느 규정이 사례와 부합하는 것인지를 명확히 판단할 필요가 있다. 이것이 바로 법의 적용에 대한 작업이다.

사실 구체적인 법규범의 적용은 재판절차에서 가장 명확히 나타난다. 그 과정을 순차적으로 보면 우선 법규범이 적용될 사실관계를 확정하고, 다음으로 적용할 법규를 찾아내고 최종적으로는 판결을 이끌어 낸다. 구체적 생활관계를 확정하고 적용할 추상적인 법규범의 해석을 통하여 법적 가치판단을 내리는 3단 논법에 의하여 최종적으로 법의 적용이 있게 된다.

우선 사실관계의 확정은 기본적으로 명확한 증거에 의하여 사실의 존재 또는 부존재의 관계를 입증하게 된다. 그 다음 단계인 법의 적용에 있어서는 사실관계의 존부를 통해 확정된 구체적 관계에 적용할 법령을 발견하는 것이다.

문제는 발견된 법령이 항상 명확한 것은 아니라는 사실이다. 이 때 법의 의미와 내용을 명확히 할 필요가 있는데 이를 위하여 이론적 · 기술적 조작을 행하는데 이것이 바로 법의 해석에 관한 문제이다.

일반적으로 법의 해석은 법이 가지는 그 의미와 내용을 구체적으로 명백히 확정하는 작업을 말한다. 그리고 법해석의 대상은 객관적 법규이지만 종국적으로는 법을 해석하는데 해석자의 주관적 입장이 많이 개입될 수밖에 없다.

III. 법의 해석

법령의 문장이나 단어는 일반적으로 추상적인 어휘로 구성되어 있어, 그 내용이나 적용범위를 둘러싸고 해석이 필요한 경우가 많이 발생한다. 구체적인 사건에 법령을 적용할 때 어떤 법과 어느 규정을 적용할 것인지와 그 법 조항의 문구와 어휘를 어떻게 해석할 것인지의 문제가 발생할 수 있는데, 이 경우 추상적으로 규정되어 있는 법 규정의 용어와 어휘를 구체적인 사건에 적용하기 위하여 그 의미와 내용을 분명하게 밝히는 작업을 법의 해석이라 한다.

민법에서 '물건이라 함은 유체물 및 전기 기타 관리할 수 있는 자연력을 말한다.'라고 규정하고 있는데 여기서 유체물과 전기·관리할 수 있는 자연력의 의미와 범위가 어디까지인지를 확정하는 작업이 필요하게 되는 것이다.

그러므로 법의 해석은 법규의 단순한 언어학적 해석에 치중하기보다는, 법의 의미를 구명하는 이론적 · 기술적 문제이므로 객관적 · 논리적이어야 하며, 법의 적용을 위한 일반적 합리성과 구체적 타당성을 찾는 현실적인 법규범상의 문제이다.

관습법이나 판례법 같은 불문법에서는 구체적 사건에 대하여 해결방법이나 기존의 판례가 존재하므로 법의 해석은 주로 성문법에서 많이 발생한다.

법의 해석은 누가 법을 해석하느냐와 해석에 따른 구속력이 있느냐에 따라 법을 해석할 권한 있는 국가기관에 의한 법의 해석이 행해지는 유권해석과 학문적 · 이론적으로 해석이 이루어지는 학리해석으로 크게 구분된다. 학리적 해석은 어떻게 법을 해석하는

지 그 해석의 방법에 따라 문리적 해석과 논리적 해석으로 구분된다.

법의 규정에 서술된 문자의 의미와 뜻을 분명하게 확정하는 것이 해석에 있어 가장 중요하다. 법률을 제정할 때 일반인들이 쉽게 이해할 수 있는 용어로 규정을 만드는 것이 가장 이상적이지만, 사회가 복잡해짐에 따라 법률에서 전문용어의 등장과 사용도 불가피해진다. 전문용어 가운데 법의 적용과 해석에서 주의할 몇 가지를 소개하면 다음과 같다.

- **준용**은 서로 내용이 비슷한 사항에 대하여 법조항을 제정할 때에 조문을 간결하게 할 목적으로 유사조항을 유추하여 적용할 것을 규정하는 것을 말한다. 준용은 유추와 비슷하나 유추는 법적용이나 해석의 한 방편이지만 준용은 입법기술상의 한 방법이다. 민법은 제12조(한정후견개시의 심판) 2항에서 '한정후견개시의 경우에 제9조 제2항을 준용한다.'라고 규정하고 있다.

- **추정**은 반대의 증거가 제출되면 추정의 효과를 뒤집어 당해 규정의 적용을 면할 수 있게 되는 경우를 말한다. '추정'에 대하여 규정하고 있는 민법규정을 보면 민법은 제30조(동시사망)에서 '2인 이상이 동일한 위난으로 사망한 경우에는 동시에 사망한 것으로 추정한다.'거나, 제262조(물건의 공유)2항에서 '공유자의 지분은 균등한 것으로 추정한다.'고 규정하고 있으며, 또한 제844조(남편의 친생자의 추정)에서 '아내가 혼인 중에 임신한 자녀는 남편의 자녀로 추정한다.'라고 규정하고 있다.

- **의제(본다, 간주)**는 불명확한 어떤 사실에 대하여 공익 또는 법률 정책의 이유로 진실여부와 상관없이 확정의 사실로 인정하는 법률효과를 부여하는 것을 말한다. 일단 간주로 인정되면 반대의 증거가 제출되더라도 반증을 허용하지 않고 법률이 정한대로의 효력을 발생시킨다. '간주'는 일본식 한자표기로 '~로 본다.'라고 표기하는 것이 일반적이다. 이와 관련된 민법규정에는 민법 제19조(거소) '주소를 알수 없으면 거소를 주소로 본다.'거나 민법 제15조(제한능력자의 상대방의 확답을 촉구할 권리)1항에서 '제한능력자의 상대방은 제한능력자가 능력자가 된 후에 그

에게 1개월 이상의 기간을 정하여 그 취소할 수 있는 행위를 추인할 것인지 여부의 확답을 촉구할 수 있다. 능력자로 된 사람이 그 기간 내에 확답을 발송하지 아니하면 그 행위를 추인한 것으로 본다.' 거나 제28조(실종선고의 효과)에서 '실종선고를 받은 자는 전조의 기간이 만료한 때에 사망한 것으로 본다.'는 규정이 있다.

- **선의·악의**는 국어의 의미로는 남을 해치려는 의사가 있느냐 없느냐로 구별하지만, 법률에서는 선의는 어떤 사실을 알지 못하는 것이고, 악의는 어떤 사실에 대하여 미리 알고도 행했다는 것을 말한다.

- **제3자**는 소송에서의 원고와 피고 또는 법률관계나 법률행위에서의 직접 관계되는 당사자를 말한다.

- **대항하지 못한다**는 것은 법률행위에서의 당사자가 제3자에 대하여 법률행위의 효력을 주장하지 못하는 것을 말한다. 그러나 제3자가 당사자에 대하여 그 효력을 인정하는 것은 무방한 경우를 말한다. 민법은 제8조(영업의 허락)에서 '① 미성년자가 법정대리인으로부터 허락을 얻은 특정한 영업에 관하여는 성년자와 동일한 행위능력이 있다. ② 법정대리인은 전항의 허락을 취소 또는 제한할 수 있다. 그러나 **선의의 제3자에게 대항**하지 못한다.'라고 규정하고 있다.

- **입증책임**은 입증의 부담이라고도 하는데 소송의 진행과정에서 자신에게 불이익한 판단을 받을 당사자가 그 불이익을 당하지 않기 위하여 어느 사실의 증명에 필요한 증거를 제출할 부담을 말한다. 가령, 형사소송에서 피고인이 알리바이(현장부재증명)를 주장하면 검사는 이를 번복할 입증책임을 가지게 된다.

1. 유권해석

유권해석은 법령을 해석할 권한이 국가기관 등에 의하여 법규범의 의미가 해석·확정이 이루어지는 경우이며, 공적 구속력을 가지므로 공권적 해석이라고도 한다. 유권해석의 종류에는 행정해석·입법해석·사법해석 등이 있다.

행정해석은 상급행정기관이 하급행정기관의 질의나 법의 적용에 대하여 훈령이나 지시를 통하여 법령의 해석 또는 지침을 내리는 경우를 말한다.

입법해석은 입법기관이 법령의 규정 안에 따로 법의 해석규정을 두거나 특정용어에 대한 개념정의를 내려, 법규의 내용 또는 문구의 의미를 밝히는 것을 말한다. 입법해석은 실질적으로는 법의 해석이 아니라 법령에 의해서 법령의 용어를 해석하는 것이므로 일종의 입법이라 할 수 있다. 예를 들면 민법 제98조는 법률의 규정으로 직접 법률의 정의개념을 내리고 있는데, '본법에서 물건이라 함은 유체물 및 전기 기타 관리할 수 있는 자연력을 말한다.'라고 하여 '물건'의 의미에 대하여 법의 명문조항을 통하여 그 개념을 정의하고 있다. 이는 법을 제정하는 입법부가 물건의 의미에 대해서 규정하는 것이라 하여 이것을 입법해석이라 하는 것이다.

사법해석은 사법부의 기관인 법원의 판결을 통하여 법의 규정을 해석하는 경우를 말하며, 대법원의 최종적 해석은 고등법원이나 지방법원의 해석보다 상위에 존재한다.

2. 학리해석

학리해석은 학자들이 학설과 연구를 통한 학술적 해석에 의하여 법의 조문에 대한 내용과 의미, 입법취지와 입법배경, 그리고 상위법과 하위법 사이의 관계 등을 고려하여 내리는 학문적·논리적 해석방법을 말하며, 이에는 문리해석과 논리해석이 있다. 이 해석은 강제력을 가지지 못하므로 무권해석이라고도 한다.

(1) 문리해석

문리해석은 법을 해석함에 있어 문장의 의미와 단어의 본연의 뜻에 충실하게 살피고, 조문 전체의 구조를 검토하여 그 의미와 내용을 명확히 해석하는 경우를 말하며, 문언적 해석이라고도 한다. 법조문을 형성하는 용어나 문장의 위치와 내용에 충실하게 그 문자가 지니는 의미를 바탕으로 해석하는 방법이다. 예컨대, 형법 제250조의 살인죄의 규정에서 '사람'의 의미에 대하여 살아 있는 인간의 생명체라고 사전에 있는 의미처럼 해석하는 것을 말한다.

문리해석은 법의 해석 방법 가운데 가장 기본적인 해석방법이기는 하나, 문자 그대로 해석할 경우 급격한 사회변화에 따라 입법 당시에는 미리 예상하지 못했던 문제들에 대하여 대응하지 못하는 문제점이 있어, 논리적 해석으로 보충할 필요가 있게 된다.

(2) 논리해석

논리해석은 어떤 법령의 입법목적이나 입법배경을 중시하여 내리는 해석방법을 말한다.

1) 확장해석

확장해석은 법령에 있는 조문의 의미를 원래의 의미보다 확대시켜 해석하는 방법을 말한다. 확장해석은 '마차통행금지'라는 문구에 대하여 법조문의 원래의 의미를 벗어나지만 입법의 목적을 고려하여 소를 포함시켜 '우마차통행금지'로 해석하는 경우를 말한다. 확장해석은 형벌법규의 해석에서는 죄형법정주의의 원칙에 따라 적극적으로 허용되지 않는다.

2) 축소해석

축소해석은 확장해석과는 반대로 법령에 있는 조문의 의미를 본래의 의미보다 축소하거나 제한하여 해석하는 방법을 말하며, 제한해석이라고도 한다. 예컨대, '차량통행금지'라는 문구를 해석함에 있어 자동차는 포함시키지만 입법취지를 고려할 때 자전거는 통행이 가능하다는 의미로 해석하는 경우를 말한다. 그리고 형법 제329(절도)에서 절도죄의 객체인 '재물'에 동산은 포함되지만, 부동산은 포함되지 않는다고 해석하는 것도 이에 해당한다.

3) 반대해석

반대해석은 법령의 조문에서 명문으로 규정하고 있지 않는 사항에 대하여 법의 제정목적에 비추어 표현하고 있는 내용과 반대되는 것은 그 내용에 포함시키지 않는 법령의 해석방법을 말한다. 예컨대, 민법 제832조에서 '부부의 일방이 일상의 가사에 관하여 제

3자와 법률행위를 한 때에는 다른 일방은 이로 인한 채무에 대하여 연대책임이 있다.'라고 규정하고 있는데, 일상가사에 관한 일이 아니면 연대책임이 없다고 해석하는 방법을 말한다.

4) 물론해석

물론해석은 입법의 취지나 목적을 고려할 때 법령의 조문에 명확하게 규정되어 있지 않는 내용이지만 당연히 그 내용도 포함된다고 해석하는 방법을 말한다. 예컨대 '마차통행금지'라는 표현에는 우차도 포함됨은 물론이고 자동차도 포함시켜 해석하는 방법을 말한다.

5) 유추해석

유추해석은 사안에 직접 적용할 규정이 법령에 존재하지 않는 경우에 법령의 조문에 규정되어 있는 내용과 성질이 유사한 사안에 대해서는 법령에 있는 유사한 규정을 적용하여 해석하는 방법을 말한다. 유추해석은 입법자의 입법을 존중하여 법을 적용하는 해석방법으로 법조문에 의한 구속을 받는 반대해석과는 다르다. 예컨대, '주차금지'라는 규정을 해석함에 있어 마차도 금지된다고 해석하는 경우를 말한다.

유추해석이 허용되지 않는다면 법규범의 효용성은 크게 훼손되고 유사한 사항에 서로 다른 규정이 적용되는 부당한 결과가 초래될 수 있다. 그러므로 유추해석은 어떤 사항에 대하여 직접 규정하는 조문이 없을 경우, 이와 유사한 사항을 규정하고 있는 다른 조문을 적용하여 해석하는 것이다.

일반적으로 유추해석은 죄형법정주의의 원칙을 고려할 때 형법에서는 원칙적으로 인정되지 않는다.

제8절 권리와 의무

Ⅰ. 권리의 내용과 유사개념

법은 사회 속에서 주로 권리와 의무의 형태로 나타나므로, 법의 규율을 받는 사회적 생활관계인 법률관계를 권리·의무관계라고도 한다. 인간의 사회생활관계가 법의 입장에서 평가되어 법률관계로 나타나는 것이다.

가령 자동차를 구입하게 되면 구입비용을 지불할 의무를 지는 동시에 자동차의 소유권을 넘겨받을 권리가 발생하게 되는 것과 같다. 또한 주택에 대한 임차비용을 지불하고 주택을 사용할 권리를 가질 수 있는 것도 법률관계에 따른 권리·의무관계라 할 수 있다.

법률관계의 목적은 사회와 개인의 이익을 보호하려는 것이므로 법이 보호하는 이익이나 가치를 법익이라고 한다. 그러므로 법의 목적이 법익의 보호에 있으므로 법익을 보호받고 누리기 위해서는 법이 부여한 힘이 필요한데 이것이 바로 권리이다.

권리는 법적 권리 및 헌법상 기본권에서 볼 수 있듯이 자연권 등으로 구분이 가능하다. 따라서 헌법에서는 기본권과 국민의 의무, 민법에서는 물권·채권·친권과 그에 따른 채무자, 친권자의 의무에 이르기까지 권리와 의무의 종류와 형태는 매우 다양하고 복잡하다.

권리가 절대적으로 보장된다 하더라도 오늘날에 와서는 경우에 따라 사회적 제한을 받으므로 민법은 제2조 1항에서 권리·의무는 신의성실에 따라 행사·이행하여야 하며, 제2항에서는 한계를 넘는 권리행사는 법의 보호에서 배제된다는 권리의 남용을 금지하는 규정을 두고 있다.

법과 권리는 매우 밀접한 관련을 가지는데 이것은 용어를 통하여서 알 수 있다. 법과 권리의 두 가지 의미를 지니는 말은 라틴어의 ius, 독일어 recht, 불어 droi, 영어 right가 있으며, 이러한 용어는 원래 '올바른, 타당한'의 의미를 지니고 있는데 법이라는 의미도 함께 내포하고 있다.

여기서 권리는 구체적으로 법이 강제하고 있는 의사의 힘이라고 할 수 있다. 따라서 권리를 방해하거나 침해하는 경우에는 이를 배제하기 위하여 침해예방이나 방해배제를 청구하는 권리 등을 행사하는 것이 가능하다. 따라서 타인의 물건을 절취한 자는 절도죄로 처벌받고 타인의 물건을 훼손한 자는 손괴죄의 형사책임을 지게 되는 것이다.

그러므로 권리는 객관적·추상적인 법과 달리 기본권, 물권, 임차권 등과 같이 주관적·구체적인 성질을 띠는 것이 보통이다.

한편 권리와 구별되어야 할 유사한 개념으로 권력, 권한, 권능, 권원, 반사적 이익 등이 있다.

'**권력**'은 조세권, 경찰권 등과 같이 국가기관 등이 국민에게 행사하는 합법적인 강제력을 말한다.

'**권한**'은 대표이사 또는 대리인의 권한, 시장, 총장 등의 권한과 같이 공법상 또는 사법상 법인이나 단체의 기관이 법령이나 정관에서 정한 일의 범위나 특정한 일을 할 수 있는 법률상의 자격을 말한다.

'**권능**'이란 일반적으로 권한과 유사한 의미로 사용되지만, 흔히 권리의 구체적 내용인 개개의 기능을 의미한다. 소유권이 물건에 대한 권리라면 권능은 소유권의 구체적 내용인 물건을 사용하고, 수익하고, 처분할 수 있는데 이를 권능이라 한다. 예컨대 민법 제211조는 '소유자는 법률의 범위 내에서 그 사용·수익·처분할 권리가 있다.'라고 규정하고 있는 것에서 권능의 의미를 알 수 있다.

'**권원**'이란 일정한 법률상 또는 사실상의 행위를 법적으로 정당화시키는 법률상의 원인을 말한다. 그러므로 전세권·임차권 등과 같이 일정한 요건에 타인의 부동산을 자기 것처럼 이용할 수 있는 권리를 가지게 된 법률상의 원인을 말한다. 가령 원룸에서 월세를 지급하고 사용하고 있다면 그 사용할 수 있게 된 임대차와 같은 법률상의 원인을 말한다.

'**반사권 또는 반사적 이익**'은 법이 사회의 일정한 사람에게 일정한 행위를 명하거나 금지함에 따라 반사적 효과로서 다른 사람이 누리는 이익을 말한다. 예컨대, 형법에서 사회일반의 교통안전을 위하여 교통방해죄(제185조)를 규정하고 있는데, 이 조항의 반사적 효과로서 개인은 안전하게 도로를 통행할 수 있는 이익을 얻게 되는 경우를 말한다.

흔히 권리는 객관적 · 추상적인 법에 비하여 주관적 · 구체적인 성격을 지니며 내용과 성격에 따라 크게 공법상 인정되는 공권과 사법에서 인정되는 사권으로 분류가 가능하다.

1. 공권(公權)

권리는 법을 통하여 부여된 힘을 말하므로, 법에 근거가 있는 경우에 권리는 행사할 수 있다. 법을 분류하면 공법 · 사법 · 사회법으로 나누어지므로 권리도 이와 마찬가지로 공권 · 사권 · 사회권으로 구분이 가능하다.

공권이란 공적 · 국가적 생활의 이익을 목적으로 하는 권리이므로 공법에서 인정되고 누릴 수 있는 권리를 말하는데, 영역에 따라 국내법상의 공권과 국제법상의 공권으로 구분되며, 그 행사주체가 누구냐에 따라 국가공권과 국민공권으로 나누어진다.

국가공권에는 형벌권, 경찰권, 조세권 등 권리라기보다는 권력에 가깝고, 국민공권에는 헌법에서 보장되는 개인이 국가에 대하여 가지는 권리로서 국민이 생존하는데 필요한 기본적인 권리인 기본권이 주를 이룬다.

기본권에는 인간의 존엄과 행복추구권, 평등권, 자유권적 기본권, 경제적 기본권, 정치적 기본권, 청구권적 기본권, 사회적 기본권 등으로 구분된다.

2. 사권(私權)

사권은 개인이 개인과의 법률관계에서 가지는 사법상 인정되는 사적인 권리를 말한다. 사권은 그 내용을 표준으로 구분하면 인격권, 재산권, 가족권, 사원권이 있다.

인격권은 권리자의 인격적 이익을 보호하기 위하여 권리의 주체와 분리하여 양도할 수 없는 권리(명예권, 성명권, 초상권)이다.

재산권은 권리자의 재산적 이익을 목적으로 하는 권리(물권, 채권, 발명 · 저작 · 특허 등 무체재산권 · 지적 재산권)이다.

가족권은 권리자의 일정한 신분이나 가족법에서 비롯되는 권리로서 신분 · 가족에 대한 권리(친족권, 상속권, 친권, 후견권)이다.

사원권은 사단법인의 사원이 행사할 수 있는 권리(사원의 의결권, 업무집행권, 이익배당청구권, 잔여재산분배청구권)이다.

특히 재산권 가운데 물권에는 소유권, 점유권, 제한물권 등이 있다. 제한물권에는 용익물권(지상권·지역권·전세권), 담보물권(유치권·질권·저당권) 등이 있다.

물권과 물권 상호간이나 물권과 채권 상호간에는 권리의 충돌에 따른 우선순위가 적용된다. 가령, 소유권과 이를 제한하는 제한물권 사이에는 원칙적으로 제한물권이 우선한다. 물권과 채권 사이에는 물권이 우선순위에서 앞서므로 상호 충돌할 경우에는 물권이 우선한다. 그리고 물권 상호 간에는 성립의 우선에 따른 순위가 존재하지만, 채권 상호 간에는 성립의 우선에 따른 순위의 차이가 존재하지 않는다.

사권은 효력과 그 작용에 따라 지배권·청구권·형성권·항변권 등으로 구분된다.

지배권은 권리의 객체를 직접 지배하는 권리를 말하며 이에는 물권 · 지적 소유권 등이 있다. 청구권은 타인에게 일정한 행위를 요구하는 권리로 채권 · 물상청구권 등이 있다. 형성권은 권리자의 일방적 의사표시로 법률관계의 발생·변경·소멸을 일으키는 권리이며, 형성권에는 다시 권리자의 의사표시만으로 효과가 발생하는 형성권으로 동의권·취소권·해제권 · 해지권 · 추인권 등이 있으며, 법원의 재판에서 행사되어 비로소 법률관계를 발생· 변동시키는 형성권에는 채권자취소권·친생부인권 등이 있다. 항변권은 일단 청구권의 행사에 대하여 그 청구를 거절할 수 있는 권리(동시이행의 항변권, 보증인의 최고 · 검색의 항변권)를 말한다.

또한 사권은 권리의 효력범위를 기준으로 구분하면 절대권과 상대권으로 나누어진다. 절대권은 물권 · 지적재산권 · 인격권처럼 권리자가 누구에게나 주장이 가능한 권리를 말하며, 상대권은 채권의 경우처럼 권리자가 특정인에 대해서만 주장할 수 있는 권리를 말한다.

Ⅱ. 의무의 내용

권리와 대칭되는 의무는 일정한 작위 또는 부작위를 행해야 하거나 어떤 행위에 대해서는 참아야 할 법률상의 구속을 말한다. 의무는 원칙적으로 권리에 대응하여 성립하므로 권리가 존재하면 그에 대응하여 의무가 발생한다.

예컨대 채권관계에서 채권자의 권리인 채권에 대응하여 채무자에게는 채무를 이행할 의무가 발생하는 것이다. 물론 이것은 절대적으로 성립하는 것은 아니고, 경우에 따라서는 권리(형성권)만 있거나 반대로 의무(납세의무, 국방의무)만 존재하고 권리가없는 경우도 있다.

한편 의무도 권리의 예와 같이 공법상의 의무와 사법상의 의무로 구분된다. 먼저 공법상의 의무는 헌법에서 규정하고 있는 의무를 순차적으로 보면 재산권행사의 공공복리 적합의무, 교육의 의무, 근로의 의무, 환경보존의 의무, 납세의 의무, 국방의 의무 등이 있다. 사법상의 의무는 민법에서 규정하고 있는 신의성실의 의무, 권리남용금지의 의무, 채무이행의무, 친권과 부양의무 등으로 나누어진다.

제 2 장

헌법

제1절 헌법의 일반이론

I. 헌법의 의의

헌법은 국가의 실정법 가운데 가장 높은 지위에 존재하는 최고의 기본법을 말한다. 또한 헌법은 국가의 조직·구조·체제 등의 의미로 사용되기도 한다. 그러므로 헌법은 국가권력의 설정에 대한 정치적 공감대를 반영하여, 통치방식과 국민의 기본권에 대하여 규정하고 있는 최고의 법규범을 의미한다.

그리고 헌법은 개인사이의 법률관계를 규정하는 사법(私法)과는 달리 국가의 통치질서를 규정하는 법으로 공법영역에 해당되며, 국가사이의 관계를 규율대상으로 하는 국제법과는 구별되는 국내법이다. 또한 헌법은 성문법으로 존재하는 것이 일반적이지만 영국처럼 불문법의 형식으로도 존재한다.

한편 우리나라는 전문과 본문 130개 조항, 그리고 부칙으로 구성된 성문헌법을 가지고 있다.

II. 헌법의 개념

1. 헌법개념의 양면성

헌법은 이념이나 국민의 정치적 공감대와 같은 정치적 사실과 순수 규범과 같은 법규범의 성질을 가지는 양면성을 띠고 있기 때문에, 헌법의 개념도 사회학적 헌법개념과 법학적 헌법개념으로 나누어진다. 그리고 헌법은 역사적 발전과정과 존재형식에 따른 분류도 가능하다.

(1) 역사적 발전에 따른 헌법개념

헌법은 국가의 근본법으로서 특히 역사성을 띠고 있어 그 시대의 헌법특성을 제대로 파악하기 위해서는 당시의 역사적 흐름을 이해할 필요가 크다.

헌법은 역사적 발전과정에 따라 고유의 헌법, 근대입헌주의(시민국가)헌법, 현대복지국가(사회국가적)헌법 등으로 구분된다.

고유의 의미의 헌법은 국가최고기관의 조직과 권한, 그리고 그 상호간의 관계와 국가와 국민사이의 기본원칙을 정한 국가의 기본법을 말하며, 모든 국가에 존재하는 헌법을 말한다.

입헌주의헌법은 개인주의·자유주의·법치주의·의회주의 등을 기초로 권력분립과 기본권보장, 그리고 헌법에 의한 통치를 요구하는 헌법을 말한다. 1789년의 프랑스의 '인간과 시민의 권리선언' 제16조에서 그 예를 찾아 볼 수 있으며, 일명 근대적 의미의 헌법, 역사적 의미의 헌법, 시민국가 헌법이라고도 한다.

기본적 원리로는 국민주권의 원리, 자유주의 또는 기본권보장의 원리, 대의제의 원리, 권력분립의 원리, 법치주의, 성문헌법주의 등을 들 수 있다. 근대입헌주의적 헌법은 점진적으로 민주화와 복지국가화 외에 실질적 법치주의, 헌법재판제도, 행정국가화, 정당제도, 국제평화주의, 선거권을 비롯한 정치참여와 국민투표·국민발안 등 직접민주제의 확대·강화로 현대복지국가헌법으로 나타났다.

현대복지국가의 헌법은 2차대전 이후 복지국가화 외에 실질적 법치주의, 헌법재판제도, 행정국가화, 정당제도, 국제평화주의, 선거권을 비롯한 정치참여와 국민투표·국민발안 등 직접민주제의 확대·강화로 나타났다.

예를 들면 복지국가경향과, 사회주의의 영향으로 재산권의 상대화, 노동기본권과 생존권을 비롯한 사회적 기본권의 반영, 주요 사기업의 국·공유화 등의 형태로 나타났다. 기본적 원리로는 행정국가화의 경향, 정당정치의 활성화, 실질적·절차적 법치주의의 고양, 헌법재판제도의 활성화, 국제평화주의의 지향 등을 들 수 있다.

(2) 존재형식에 따른 헌법개념

형식적 헌법은 법의 외형적 특징(존재형식 등)을 기준으로 하여, 헌법전의 형식으로 존재하는 최고의 효력을 가진 헌법을 말한다.

실질적 헌법은 국가최고기관의 조직과 권한, 그 상호간의 관계 그리고 국가와 국민의 관계에 대하여 규정하고 있는 한 이를 실질적 의미의 헌법이라 한다. 헌법전을 비롯한 법률·명령·규칙은 물론, 관습법도 헌법사항을 규정한 것이면 그 명칭 여하에 불구하고 모두 포함된다. 실질적 헌법을 전부 헌법전에 담는 것은 입법기술상 곤란하며, 특히 개정이 빈번한 내용은 헌법전에 규정하지 않는 것이 편리하다. 반면 비헌법사항을 헌법에 규정하는 경우도 있다.

2. 헌법의 특성과 기능

(1) 헌법의 특성

헌법은 사실적 측면과 규범적 측면의 두 관점에서 그 특성을 고찰할 수 있다. 헌법의 사실적 특성은 일정한 이념과 가치질서를 구현하려고 하는 속성을 가지는 것을 말한다.

가령 근대 시민국가는 시민적 자유주의를, 현대복지국가는 사회적 법치주의를, 사회주의국가는 프롤레타리아독재와 사회주의이념 및 그 가치질서를 담고 있다. 특정국가의 역사성과 정치성 등이 헌법에 반영되어 있는 것을 의미한다.

한편 헌법의 규범적 특성은 최고법규성, 기본권보장규범성, 조직·수권규범성, 권력제한규범성, 자기보장규범성, 생활규범성 등을 그 요소로 한다.

한편 헌법은 일반법령과는 다른 구조적 특성을 가지고 있다. 예컨대 규범구조의 간결성과 미완결성, 규범내용의 추상성·유동성·불확정성·개방성, 규범체계의 불완전성 등을 들 수 있다.

(2) 헌법의 기능

헌법은 일반적으로 다른 법규범보다 다양한 기능을 수행한다. 헌법이 수행하는 기능에는 순기능과 역기능, 긍정적 기능과 부정적 기능, 현재적 기능과 잠재적 기능, 그리고 정치적 기능과 규범적 기능이 있다.

3. 헌법의 분류

헌법의 분류는 각국의 헌법을 일정한 기준에 따라 몇 가지 그룹으로 유형화하는 것을 말한다.

(1) 전통적 분류방식

헌법은 존재형식에 따라 성문헌법과 불문헌법으로 구분된다. 또한 개정절차의 난이도에 따라 경성헌법과 연성헌법으로 구분된다. 그리고 제정주체에 의한 분류로 흠정·민정·협약·국약 헌법 등이 있다.

(2) 새로운 분류방식

전통적인 분류방식은 오늘날의 헌법환경과 불일치하는 부분이 많아, 다소 비현실적이라, 새로운 관점에서 헌법을 분류할 필요가 있다.

1) 통치권력의 배분에 따른 분류

중앙과 지방정부 사이에 통치권력이 어떻게 배분되어 있는가에 따라 연방국가헌법과 단일국가헌법으로 나누어지며, 또는 중앙정부를 구성하는 각 기관에게 통치권력이 어떻게 배분되는가에 따라 대통령제헌법, 의원내각제헌법, 의회정부제(회의제)헌법으로 분류할 수 있다.

2) 뢰벤슈타인의 분류

① 독창적 헌법과 모방적 헌법

독창적(창조적) 헌법이 다른 헌법을 모방하지 아니한 독창적 헌법이라면, 모방적 헌법은 다른 나라의 기존헌법을 그 국가의 정치적 현실에 적합하도록 재구성한 헌법이라고 한다.

② 존재론적 분류

정치적 현실과의 일치 여부를 기준으로 헌법을 규범적 헌법, 명목적 헌법, 장식적 (의미론적) 헌법으로 분류한다.

규범적 헌법은 개인의 자유와 권리의 보장뿐 아니라 현실적으로 규범으로서의 실효성을 발휘하고 있는 헌법이다.

명목적 헌법은 그 헌법의 내용을 구현하는 데 필요한 전제조건의 결여로 말미암아, 현실적으로 규범으로서의 기능을 발휘하지 못하는 명목적인 도구에 불과한 헌법이다.

장식적 헌법은 개인의 자유와 권리의 보장보다는 권력을 장악하고 있는 독재자의 지배에 이용되는 수단으로 봉사하는 헌법을 말한다.

3) 사회·경제체제에 의한 분류

헌법은 사회·경제체제를 기준으로 자본주의헌법과 사회주의헌법으로 구분된다.

4) 정당제도에 의한 분류

정당제도를 긍정하는 헌법과 정당제도를 부인하는 헌법으로 분류할 수 있다.

III. 헌법의 제정·개정과 변천

1. 헌법제정권력

헌법제정권력(제헌권)은 헌법을 시원적으로 창조하는 힘을 말한다. 헌법제정권력은 단순한 힘만이 아니라 그 성격상 '국민이 정치적 존재형식에 관하여 근본적인 결단을 내리는 정치적 권력인 동시에 법적 의사'라는 이중성을 가진다. 그러므로 헌법제정권력의 본질은 그 사실성과 규범성, 시원성, 자율성, 항구성, 단일불가분성, 불가양성 등에 있다.

슈미트는 헌법제정권력의 주체(헌법제정권력자)에 대하여, 시대에 따라 신·국민·

군주·조직된 소수자집단을 그 주체로 들고 있다. 그러나 오늘날은 시에예스의 주장과 같이 국민만이 유일한 헌법제정권력의 주체가 되어야 한다. 사실 헌법제정권력의 행사절차는 존재하지 아니하며, 그 행사방법을 미리 정할 수도 없다.

민주국가에서는 국민투표에 의한 방법, 국민의 민주적 선거원칙에 의해 구성된 헌법제정국민회의가 국민을 대신하여 실행하는 방법, 양 방법을 혼용하여 행사하는 방법 등이 있다. 한편 연방국가의 경우 연방을 형성하는 연방의회를 통한 특이한 행사방법도 있다.

2. 헌법개정

(1) 의미

헌법개정은 헌법에서 미리 규정하고 있는 개정절차에 따라(형식적 요건), 그 헌법의 동일성을 유지하면서(실질적 요건), 헌법전의 개개의 조항을 수정하거나 새로운 조항을 추가함으로써 그 형식이나 내용에 변경을 가하는 행위를 말한다.

(2) 헌법개정과 유사개념

헌법개정과 유사한 개념으로 헌법변동을 들 수 있다. 헌법변동이란 헌법상의 개정절차에 따르지 아니하고 헌법이 변경된 경우나, 개정절차에 따랐을지라도 헌법의 기본적 동일성이 파괴된 경우를 말한다.

슈미트는 헌법개정과 구별되는 인접개념으로서 헌법의 변동을 들고 있으며, 헌법의 변동에는 헌법의 파괴·폐제·침해·정지·변천 등이 있다.

헌법의 파괴, 폐제, 정지, 침해 등은 헌법에 규정된 개정절차에 의한 헌법의 변동이 아닌 점에서 헌법의 개정과 구별되고, 또 명시적·의식적인 헌법의 변경이라는 점에서 암묵적인 헌법의 변동인 헌법의 변천과도 구별된다.

그리고 헌법의 변동 중 헌법의 파괴·폐제·침해는 위헌적 또는 초헌법적인 것이라는 점에서 헌법의 개정과 구별되고, 헌법의 정지는 일시적인 것이라는 점에서 헌법의 파괴·폐제 및 개정과 구별된다.

(3) 헌법개정의 형식

'증보'의 형식을 취하는 amendment와 기존의 조항을 수정·삭제하거나 새로운 조항을 '삽입'하는 revision이 있다. 한편 헌법개혁·헌법교체와 같은 전면개정도 있으나 헌법개정의 일반적인 형식은 부분개정이다.

(4) 현행헌법의 개정절차

1) 제안

국회의원과 정부는 헌법개정안을 제안할 수 있다. 국회의 제안에는 재적의원과반수의 발의가 있어야 하고, 대통령의 제안에는 국무회의의 심의를 거쳐야 한다(제128조①).

2) 공고

현행헌법은 20일 이상의 기간 이를 공고하도록 규정하고 있다(제129조).

3) 의결과 국민투표

국회는 헌법개정안이 공고된 날로부터 60일 이내에 의결하여야 하며, 국회의 의결은 재적의원 3분의 2이상의 찬성을 얻어야 한다(제130조①). 헌법개정안은 국회가 의결한 후 30일 이내에 국민투표를 거쳐 국회의원선거권자 과반수의 투표와 투표자 과반수의 찬성을 얻어야 한다(제130조②).

4) 공포·발효시기

헌법개정이 확정되면, 대통령은 즉시 이를 공포하여야 한다(제130조③). 헌법개정의 발효시기에 관해서는, 부칙에 특별한 규정이 없으면, 개정헌법은 공포한 날로부터 효력이 발생한다는 공포시설과, 헌법 제53조 제7항을 유추하여 공포한 날로부터 20일이 경과하면 효력을 발생한다는 20일 경과설이 대립하고 있다.

한편 현행헌법 부칙 제1조는 헌법의 효력발생 시기를 1988년 2월 25일부터 헌법의 효력이 시작된다는 규정을 두고 있다.

3. 헌법변천의 의의

헌법변천은 특정의 헌법조항이 헌법상의 개정절차에 의하지 아니하고, 원상태로 존속하면서 헌법조항의 의미·내용만이 실질적으로 변하는 것을 말한다.

헌법변천의 사례는 우선 미국의 경우 연방최고법원은 헌법이 부여하지 않은 위헌법률심사권을 행사하며, 대통령선거는 간접선거방식이 원칙이지만 실제로는 직접선거처럼 운용되고 있다.

영국은 국왕의 실질적 권한의 상실과 수상에 의한 내각의 지배, 총선결과에 따라 다수당에게 정권을 이양하는 것 등은 헌법적 관습에 의한 헌법변천의 소산이다. 일본은 평화헌법조항에 따라 무력을 보유할 수 없으나, 실제로는 육·해·공 자위대를 설치하여 막강한 국방력을 유지하는 것도 헌법변천의 사례이다.

한국헌정사에 있어서도 1952년 헌법에는 참의원에 관한 규정이(제31조) 있었지만 단원제로 국회가 운용되었고, 1962년 헌법 이래 제5공화국 헌법까지 헌법에는 지방의회에 관한 명문규정이 있었지만, 지방자치를 실시하지 아니하고 관치행정으로 운용하며, 지방자치의 조항을 사문화시킨 것도 헌법변천의 사례로 들 수 있다.

Ⅳ. 헌법의 수호

1. 의의

헌법의 수호(헌법보장)는 헌법의 침해나 파괴와 같은 위헌적 행위를 사전에 방지하거나 사후에 배제함으로써 헌법의 최고법규성과 규범력을 확보하는 제도를 말한다. 이 제도는 헌법 적대적·위협적 상황으로부터 헌법을 방위하여 헌법이념을 실현하기 위한 것이다.

근대적 헌법보장제도의 시초는 1791년의 프랑스헌법이며, 제2차 대전 이후 각국 헌법에 반영되었다. 헌법수호의 주체는 헌법의 위기에서 누가·어떤 수단으로 헌법을 수호할 것인지에 대한 문제이다. 민주국가에서 최종적인 헌법수호자는 국민이다.

2. 헌법수호제도

(1) 평상적 헌법수호제도

평상적 헌법수호제도에는 사전예방적 헌법수호제도와 사후교정적 헌법수호제도가 있다.

사전예방적 헌법수호제도에는 헌법의 최고법규성의 선언, 헌법수호의무의 선서, 국가권력의 분립, 경성헌법, 방어적 민주주의의 채택, 공무원의 정치적 중립성의 보장, 군의 정치적 중립성 등이 있다.

사후교정적 헌법수호제도에는 위헌법령·처분심사제, 탄핵제도, 위헌정당해산제도, 헌법소원제도, 국무총리·국무위원 해임건의제도, 국회의 긴급명령 등의 승인제도와 계엄해제요구제도, 국회의 국정감사·조사제도, 공무원의 책임제도 등이 있다.

(2) 비상적 헌법수호제도

한국헌법의 비상적 헌법수호제도로는 대통령의 계엄선포권과 긴급명령권, 긴급재정·경제처분 및 그 명령권과 같은 국가긴급권, 국민에 의한 저항권행사 등을 들 수 있다.

3. 국가긴급권

(1) 국가긴급권의 의의

국가긴급권은 전쟁·내란·경제공황과 같은 비상사태에서, 국가원수가 국가의 안전과 헌법질서를 유지하기 위하여 필요한 조치를 할 수 있는 비상권한을 말한다. 국가의 존립이나 헌법질서가 위태로운 경우에는 비상조치가 불가피하며, 이러한 비상수단을 발동할 수 있는 권한이 국가긴급권이고, 이 때의 정부체제를 위기정부 또는 긴급사태정부라 한다.

(2) 현행헌법상의 국가긴급권

현행헌법상의 국가긴급권에는 대통령의 계엄선포권(제77)과 긴급명령권 및 긴급재정·경제처분·명령권 등이 있다(제76).

4. 저항권

(1) 저항권의 의의

저항권은 헌법수호제도의 일종으로 헌법질서를 침해 또는 파괴하려는 부당한 공권력에 대하여, 다른 법적 구제방법이 없는 경우에, 법치국가적 질서를 유지하고 회복하기 위한 비상수단으로서 공권력에 저항할 수 있는 국민의 권리를 말한다.

국가권력이 헌법의 기본원리를 부인하고 불법을 행사하는 경우, 그에 복종하지 않을 권리와 헌법수호차원에서 국민들이 실력을 행사하여 부당한 공권력에 저항할 수 있는 권리 등이 저항권의 핵심적 내용이 된다.

(2) 저항권행사의 요건

저항권행사의 요건으로는 민주적 기본질서를 전면적으로 부인하는 경우, 불법이 객관적으로 명백한 경우, 최후로 남겨진 수단인 경우에만 행사될 수 있겠다. 현행헌법에는 저항권에 대한 명문규정은 없으나, 헌법전문의 '불의에 항거한 4·19민주이념을 계승하고'라는 부분을 간접적인 근거규정으로 볼 수 있다.

5. 방어적 민주주의

방어적 민주주의는 민주주의의 이름으로 가장하여 민주주의 그 자체를 파괴하거나 파탄을 시도하고 민주주의를 말살하려는 헌법질서의 적에 대항하여 민주주의를 방어하기 위한 헌법의 자기방어 · 자기수호 민주주의를 말한다.

방어적 민주주의의 기원은 프랑스혁명에서 찾기도 하지만, 1930년대 후반 독일에서 바이마르공화국의 붕괴와 히틀러의 집권으로 이어지는 시기에 형식적 민주주의의 가치 중립성에 대한 자제 내지 한계이론으로 등장한 바 있다.

V. 대한민국의 헌정사

1. 헌법의 제정과정

우리나라 최초의 성문헌법은 국호를 조선에서 대한제국으로 개명한 이후에 제정된 대한제국 국제 9개조(1899)이며, 이는 흠정헌법의 성격을 지닌 것이라 하겠다.

한일합병(1910. 8. 29)을 통해 일제의 식민지가 된 이후 3 · 1운동 이후인 1919. 4월 11일에는 대한민국임시정부가 수립되면서, 대한민국임시헌법(약헌 · 헌약, 5차례 개정)이 다양한 명칭의 변경을 겪으며 제정되었다.

제2차 세계대전 중에 열린 1943년의 카이로회담과 1945년의 포츠담선언의 결과에 따라 독립을 쟁취하게 되었으며, 1948년 12월 9일에는 UN총회에서 독립국가로 승인받게 되었다.

2. 건국헌법의 제정

1945년 8월 15일 일본으로부터 독립하였으나, 1948년 8월 15일 대한민국 정부가 수립되기까지는 미국의 군정이 우리나라를 지배하였다.

1948년 1월 UN임시한국위원단이 총선거를 준비하였으나, 소련의 반대로 무산되자 1948년 2월 27일 UN총회의 결의와 동년 3월 17일 미군정법령 제175호에 의거한 남조선 과도정부임시입법의원에서 제정한 국회의원선거법에 따라 동년 5월 10일에 남한지역만의 최초의 총선거가 실시되었다. 이 선거로 제헌의원 198명을 선출하여 동년 5월 31일에 초대 국회가 구성되었다.

국회는 동년 6월 3일 헌법기초위원회를 구성하여 유진오의 원안과 권승렬의 참고안을 중심으로 헌법제정에 착수하여 불과 16차 회의 끝에 헌법안에 대한 기초를 완료하고 6월 23일에 국회본회의에 상정하였다.

당초 국회구성에 있어 양원제를 바탕으로 한 의원내각제의 정부형태를 가지고 토의를 진행하였으나, 이승만(국회의장, 부의장에 신익희와 김동원)과 그 동조세력은 대통령제와 헌법위원회설치를 강력히 주장하여, 결국 이승만의 주장대로 대통령제와 단원제가 채택되고 한민당의 의원내각제 중에서 국무원제와 국무총리제를 반영하여 전문과 10장 제103조의 건국헌법이 국회 본회의에 상정되었다.

당시 8·15일까지 정부를 수립해야 한다는 정치일정 때문에 상해임시정부계의 김구·김규식 등의 반대를 무릅쓰고 헌법은 1948년 7월 12일 국회를 통과하였으며, 동년 7월 17일 국회의장 이승만에 의하여 공포되었으며, 부칙규정에 따라 공포일로부터 바로 시행되었다.

건국헌법에 따라 7월 22일에 국회에서 정·부통령(이승만, 이시영)을 선출하고 8월 7일에는 국무총리(이범석)를 임명하고, 8월 15일에는 대한민국정부수립을 국내·외에 선포하였다.

사실 건국헌법에는 이승만·미군정(대통령제, 단원제)안과 유진오의 초안(의원내각제, 양원제)가운데 이승만의 안이 주로 채택되었다. 주요 내용에는 민주공화국, 국민주권, 노동 3권과 사기업에 있어서의 근로자의 이익분배균점권(1962년 제5차 개정 때 삭제됨), 생활무능력자의 보호 등 사회적 약자를 배려하는 사회적 기본권의 내용이 크게 반영된 것은 당시로서는 매우 이례적이라 할 수 있다.

그리고 국회단원제와 대통령·부통령(임기4년)의 국회간선과 1차 중임허용, 대통령의 법률안 거부권 및 법률안제출권, 국무원설치, 가예산제도, 헌법위원회와 탄핵재판소의 설치, 헌법개정안의 국회의결절차 등이 있으며, 경제질서에 대해서는 통제경제 내지 계획경제 체제가 주축을 이루었다(경자유전에 입각한 농지개혁, 지하자원·수산자원의 국유화 등).

3. 제1차 헌법개정(발췌개헌, 1952. 7. 7)

1950년 1월 한국민주당은 이승만의 자유당 독재를 저지하기 위하여 의원내각제의 개헌안(제1차 개헌안)을 제출하였으나, 일단 국회에서 부결되었다. 이후 이승만은 임기 종료가 다가옴에 따라 자신의 반대세력이 대거 진출한 국회에서 간접선거방식으로는 대통령의 재선이 어렵다는 정황을 파악한 뒤, 1951년 11월 30일에 정·부통령의 직선제와 국회 양원 제를 골자로 하는 개헌안(제2차 개헌안)을 제출하였다. 이 개헌안은 6·25 전쟁 중인 1952년 1월 18일에 임시수도였던 부산에서 개최된 회의에서 부결(재적 163명 중 가19, 부143, 기권1)되었다.

이후 이승만은 장기집권의 토대를 마련하려고 개헌안을 무리하게 통과시키기 위해 자유당까지 창당하며 준비하였으나, 결국 개헌은 실패로 끝났다. 그 이후 1952년 4월 15일에 이승만을 반대하는 의원들이 재차 의원내각제를 골자로 한 개헌안을 국회에 제출하게 되었고, 이승만도 동년 5월 14일에 당초 정부안인 정·부통령직선제와 양원제국회(실제 구성되지는 않음)의 개헌안을 국회에 제출하게 되어, 두 개헌안이 국회에서 충돌하는 상황이 연출되었다.

자유당 정부는 국회의원들을 강제연행하는 등 온갖 불법적인 방법을 동원하면서 정부여당의 원안과 야당의 국무원불신임제도를 절충하여 이른바 '발췌개헌안'(제3차 개헌안)을 강제로 국회에서 통과시켰다.

발췌개헌안은 국회의 일반적 의사결정의 원칙이라 할 수 있는 '일사부재의'의 원칙에 반할 뿐만 아니라, 개헌안에 대한 국회의 토의과정과 헌법상의 공고절차도 거치지 않았다. 그리고 국회의원들을 폭력으로 위협하고 연금한 상태에서 기립투표방식(출석166명, 찬성163, 기권3명)으로 의결을 강제한 점에서 헌법절차를 무시한 개헌이며, 또한 대통령

직선제에서 국무원불신임제도를 도입한 점도 타당하지 않다.

4. 제2차 헌법개정(사사오입개헌, 1954. 11. 27)

6·25전쟁 중에 발췌개헌으로 이승만은 대통령에 재선(1952. 8)된 이후, 자신의 영구집권을 위하여 공작정치까지 시도하였다. 1953년 1월에는 자유시장경제체제의 내용을 담은 개헌안(제4차 개헌안)을 제출하였다가 갑자기 철회하기도 하였다.

한편 이듬 해 5월 20일에 실시된 총선에서 압승한 후, 자유당은 이승만의 3선 당선을 위해 동년 9월 8일 재적 203명 중 135명의 찬성을 얻어, 제5차 개헌안을 제출하였다. 이 개헌의 의결정족수는 원래 재적의원 203명의 3분의 2에 해당하는 136명이어야 하지만 135명이 찬성(반대60, 기권7명)하여 1명이 부족한 상태이므로 동년 11월 27일 국회는 일단 부결로 선언하였다. 그러나 부결을 선언한 지 이틀 후 203명의 3분의 2에 대하여 수학적 계산에 동원되는 산술적 반올림을 적용하고 사사오입으로 계산하면 135명의 찬성으로 가능하다며, 부결된 개헌안을 번복하여 이를 통과시켰다.

동 헌법의 내용은 주권의 제약이나 국가안위에 관한 중대사항의 국민투표제, 부칙조항에서 초대대통령의 중임제한 철폐, 국무총리제의 폐지와 국무위원에 대한 개별적 불신임제도 채택, 특별법원(군법회의)의 헌법적 근거, 헌법개정에 대한 국민발안제도, 통제경제의 헌법규정을 완화하여 자유시장경제로 전환을 시도한 점이 특징적이다.

1956년 5월 15일에는 당시 야당의 대통령후보(신익희)가 선거유세 도중에 갑자기 사망하는 사건이 발생하였다. 우여곡절 끝에 정·부통령선거에서 야당의 부통령후보인 장면(민주당)이 여당후보인 이기붕(자유당)을 누르고 부통령에 당선되는 이변으로 정·부통령의 당적이 서로 다른 당에서 배출되면서, 정권은 분쟁의 여지를 안고 출범하게 되었다.

동 헌법은 초대 대통령의 중임제한을 철폐하여 헌법상 평등의 원칙에 위반되며, 특히 개헌절차에 있어 관행을 무시하고 수학의 계산에서 통용되는 사사오입(四捨五入)의 계산방식을 국회의 의결정족수 계산에 무리하게 적용하였고, 특히 국회의 표결에서 가부동수(可否同數)인 경우에는 부결이 원칙임에도 개헌안을 강행으로 통과시킨 점에서 위헌적인 개헌이라 하겠다.

5. 제3차 개정헌법(의원내각제 개헌, 1960. 6. 15)

1960년 3월 15일 부정선거가 자행되기 1개월 전에 야당(민주당)의 조병옥 대통령후보가 선거유세 도중에 갑자기 사망하고, 이른바 3·15 부정선거를 통하여 자유당의 이승만(부통령 이기붕)이 정부수립 이후 4차례나 집권에 성공하였다.

그러나 4·19혁명으로 동년 4월 26일 자유당정권이 붕괴되면서 이승만은 하야를 선언하고 하와이로 망명하게 되었으며, 5월 2일에는 허정(내각수반)의 과도정부가 수립되었고, 동년 6월 15일에 개헌안은 국회를 통과하였다.

동 헌법은 헌정사 최초로 헌법절차에 따라 개정되었으며, 본문 55개조와 부칙 15개조를 전면적으로 개정하여 신헌법의 제정에 버금가는 개헌에 해당된다고 볼 수 있다.

동 헌법의 내용으로는 국민의 기본권보장, 공무원의 신분 및 정치적 중립성(경찰), 언론에 대한 사전허가·검열제폐지, 정당조항 신설과, 의원내각제채택, 헌법재판소제도(실제 구성은 못함), 대법관 선거제, 중앙선거관리위원회의 헌법적 보장, 지방자치단체장 직선제 등을 규정한 바 있다. 그러나 집권당내부의 파벌과 자유당 독재정치에 대한 과거청산 등의 난제로 말미암아 정치적 혼란은 지속되었다.

6. 제4차 개정헌법(부정선거관련자처벌등부칙개정, 1960. 11. 29)

1960년 3·15부정선거의 선거사범을 심판하던 서울지방법원에서 동년 10월 7일에 이들을 처벌하는 유효한 법조항이 명확하게 존재하지 않는다는 이유로, 이들에게 관대한 판결이 내려지자 국민들의 분노가 극에 달하면서 정국은 혼란에 빠졌다.

이에 동년 10월 11일에 4·19혁명 부상학생들의 주동으로 국회의사당이 점거되자, 국회는 부정선거의 원흉과 민간인살상 등의 반민주행위자를 처벌하기 위하여 제7차 개헌안을 제출하게 되었다.

이 개헌안은 3·15부정선거 및 4·19혁명 당시 발포자 등 관련자처벌·반민주행위자공민권제한·부정축재자처벌 등의 특별소급입법 제정과 특별재판소 및 특별검찰부를 설치하기 위한 헌법상의 근거를 마련하기 위한 것이 주된 내용이었다.

　　동 헌법은 형법불소급에 대한 예외적용과 소급입법에 의한 참정권·재산권의 제한으로 위헌논란을 초래한 바 있다. 그러나 개헌 후 국회는 헌법에 근거하여 이러한 법률의 제정을 강행하였으나, 1961년의 5·16 군사쿠데타로 제2공화국은 결국 붕괴되는 운명을 맞이하게 되었다.

7. 제5차 개정헌법(군사정권의 대통령제, 1962. 12. 27)

　　1961년 5월 16일 오전 3시에 군사쿠데타로 집권한 당시 박정희 육군소장은 5월 19일 군사혁명위원회를 국가재건최고회의로 명칭을 변경하였고, 6월 6일에는 초헌법적인 국가재건비상조치법을 통하여 혁명내각을 설치하였다.

　　대한민국 헌정사에서 군인의 정치개입으로 헌정사의 왜곡이 시작되면서, 제5차 개헌안은 국가재건최고회의의 의결과 12월 17일 국민투표(최초의 국민투표)로 확정되어 1962년 12월 27일 공포되었다. 이 헌법은 부칙조항에서 국회의 최초 집회일로부터 효력이 발생한다고 규정한 이유로 1963년 12월 17일부터 효력이 발생하였다.

　　동 헌법의 내용으로는 최초의 헌법전문개정, 인간의 존엄성존중 반영, 철저한 정당국가지향(무소속출마배제, 당적이탈시 의원직 상실), 국회단원제와 대통령중심제의 환원, 기본권보장의 약화(국가안전보장명분), 대법원의 위헌법률심사, 법관추천회의의 제청에 의한 법관임명, 탄핵심판위원회설치, 국가안전보장회의와 경제과학심의회의 신설 등이다. 동 헌법에서는 전반적으로 국회의 지위가 크게 약화된 반면, 행정부의 권한은 크게 강화되면서 국회가 행정부의 시녀로 전락하게 되었다.

8. 제6차 개정헌법(3선개헌, 1969. 10. 21)

　　제9차 개헌안의 내용으로는 대통령의 연임횟수 3기 연장, 대통령에 대한 탄핵소추정족수가중, 국회의원의 국무위원겸직허용, 국회의원정수 250명 확정 등이다. 동 개헌안의 처리는 야당의원이 배제된 채 여당의원(공화당)만으로 1969년 9월 14일 일요일 오전 2시에 등화관제가 된 상태에서 처리되었다. 더구나 국회 본회의장도 아닌 제3별관에서 기습적으로 처리된 반민주적인 개헌에 해당된다고 할 수 있다.

9. 제7차 개정헌법(유신헌법, 1972. 12. 27)

박정희는 1971년 대통령선거에서 3선연임으로 제7대 대통령에 당선되었으나, 국회의원선거에서는 야당인 신민당의 약진으로 국회에서 야당의 견제기능이 크게 강화되었다. 이에 자극받은 박정희는 냉전적 안보논리를 내세워 1971년 12월에는 국가비상사태를 선포하고, 동년 12월 27일에 국가보위에 관한 특별조치법을 제정하여 초헌법적인 국가긴급권을 행사하였다.

이후 정치적 자유는 크게 약화되었고, 남북사이의 비밀왕래를 통하여 1972년에는 7 · 4 남북공동성명을 발표하였으며, 동년 10 · 17일에는 특별조치법에 따라 비상조치를 단행하였다. 이러한 비상조치를 통하여 2개월간 헌정중단을 선언하여 국회해산과 정당활동을 금지하였고, 국회기능은 비상국무회의에서 대신하면서 이른바 유신헌법의 토대를 구축하였다. 동년 11월 21일에는 유신헌법에 대한 국민투표를 실시하여 91.9%의 투표율과 91.5%의 찬성으로 유신헌법은 국회를 통과하게 되었다.

동년 12월 15일에는 통일주체국민회의 대의원선거를 거쳐 12월 23일에는 이 기구의 대의원에 의한 간접선거를 통하여 대통령(2359명 중 2357찬성, 2표 무효)에 당선되었다.

유신헌법의 내용으로는 주권의 행사방법, 각종 기본권의 제한(구속적부심폐지 · 국가배상청구제한 · 노동3권의 범위제한 · 국가안전보장조항 추가), 통일주체국민회의설치(대통령과 국회의원 1/3선출), '유정회'라는 원내교섭단체구성, 대통령의 6년 임기제(중임 · 연임제한 없음) · 긴급조치권 · 국회해산권 · 법관임명권행사, 헌법위원회설치, 국회의 회기단축과 국정감사의 폐지, 헌법개정의 이원화 (대통령은 국민투표, 의원은 통일주체국민회의의 의결), 조국통일까지 지방의회구성의 유예 등이다.

유신헌법을 기반으로 박정희정권은 국가배상법을 위헌으로 결정한 법관들을 법관재임명에서 탈락시키는 등 절대적 대통령제를 실시한 권위주의 정권이라 할 수 있다.

10. 제8차 개정헌법(전두환정권의 국보위개헌, 1980. 10. 27)

1979년 2월의 총선거에서 야당이 여당보다 득표율에서 앞서고, 동년 10월에는 야당총재인 김영삼의 정치적 고향인 부산과 마산에서 이른바 부·마사태가 발생하고, 연이어 이른바 10·26사건으로 제주도를 제외한 전국에 비상계엄이 실시되었다. 이후 11월 10일에는 최규하대통령 권한대행이 새로운 헌법질서를 약속하였으나, 정치군인들에 의하여 동년의 12·12사태와 1980년 5·17사태를 거치면서 비상계엄이 전국에 확대되고 국가보위비상대책위원회가 설치되었다. 당시 계엄사령관인 전두환이 국보위상임위원장에 취임하면서, 동 위원회는 언론기본법·국보위법·집회및시위에관한법률·사회보호법 등의 악법을 제정하였다.

1980년 10월 23일에 실시된 국민투표에서 유권자 95.5%의 투표와 투표자의 91.6%가 찬성하여 동년 10월 27일에는 제11차 개헌안이 공포와 동시에 시행되었다.

동 헌법은 헌법전문에 제5공화국이라는 명칭을 사용하였으며, 전통문화의 창달, 재외국민보호, 행복추구권, 무죄추정, 연좌제폐지, 구속적부심사부활, 사생활비밀, 환경권, 적정임금조항, 통일주체국민회의폐지(대통령선거인단신설), 대통령간선제와 7년 단임제, 긴급조치권폐지(비상조치권으로 변경), 국회권한의 회복(국정조사권신설, 청문회), 일반법관의 대법원장 임명, 행정심판의 헌법적 근거, 헌법개정절차의 일원화(국민투표제만 채택), 경제질서의 규제확대(독과점규제, 국가표준제도, 소비자보호) 등을 담고 있다.

제8차 개정헌법에서 사용한 공화국이라는 명칭은 프랑스헌법의 공화국에서 그 연원을 찾을 수 있다. 프랑스는 1789년의 프랑스혁명이후 오늘날의 제5공화국(입헌군주제 3회, 제정 2회, 반독제 1회, 공화국 5회)에 이르고 있으나, 공화국(정)이 중단된 후 계승될 때마다 순차적으로 공화국이라는 명칭을 부여하면서 공화국의 의미를 정권의 정통성에 대한 상징적 의미로 사용하여 왔다.

그러나 우리나라는 이와 달리 정권의 교체마다 일방적으로 다른 정권과의 차별성을 부각시키려는 정치적인 수사로 공화국의 명칭을 사용하므로, 프랑스의 기준으로 정권이 사용한 공화국의 의미를 구별하는 것은 타당하지 않다.

이후 우리나라는 노태우정부에서 제6공화국의 명칭을 사용한 이래, 특정정권에 의한 공화국명칭의 사용은 자취를 감추었다.

11. 제9차 개정헌법(현행헌법, 1987. 10. 29)

1985년은 전두환의 군사정권이 집권하고 있던 시기임에도 불구하고 당시 이른바 2·12총선에서 야당인 신민당이 득표율에서 집권당인 민주정의당에 크게 약진하는 등 국민들의 민주화 열기가 매우 높게 나타났다. 1986년 1월에는 당시 서울대생 박종철군이 경찰의 남영동 대공분실에서 조사 중에 욕조에 목이 눌려 압사하는 고문치사사건이 발생하면서 정국은 격랑 속으로 빠져 들었다.

1987년에는 이른바 6·10항쟁을 통해 전국적으로 대규모의 시위가 계속되면서 군사정권은 난국돌파를 위하여 당시 집권당대표였던 노태우의 이른바 6·29선언의 발표와 여·야간의 8인 정치회담을 개최하여 개헌논의를 진행하였다.

여기서 대통령직선제를 중심으로 한 제12차 개헌안은 1987년 10월 12일 국회의 의결 및 10월 27일 국민투표에 의해 확정되어 1987년 10월 29일에 공포되었다. 그러나 동 헌법은 부칙조항에 따라 1988년 2월 25일부터 시행되어 오늘에 이르게 되었다(부칙 제1조). 이 헌법은 헌정사상 최초로 여·야의 합의로 성립된 점에 그 의의를 찾을 수 있다.

동 헌법의 내용으로는 기본권보장의 강화조치로 신체의 자유와 표현의 자유의 강화, 노동3권의 보장 및 최저임금제 실시와, 대통령 5년 단임의 직선제채택, 대통령비상조치권과 국회해산폐지 등 대통령의 권한축소, 그리고 국회의 권한강화조치로 국정감사부활, 회기제한삭제와 정기회연장, 법관임명절차 개선, 헌법재판소의 신설 등을 들 수 있다.

VI. 한국헌법의 기본원리와 기본질서

1. 헌법의 기본원리와 헌법전문

(1) 헌법의 기본원리

헌법의 기본원리는 최고의 법에 해당되는 헌법의 이념적 기초인 동시에 헌법을 전체적으로 지배하는 지도원리를 말한다. 이것은 헌법의 전문과 본문 중에 명시되어 있거나 조문을 추론하여 파악할 수 있다. 현행헌법의 기본원리는 국민주권, 자유민주주의, 사회국가, 문화국가, 법치국가(기본권존중), 평화국가의 원리 등을 들 수 있다.

(2) 한국헌법의 전문

헌법의 전문(前文)은 헌법본문 앞에 위치하고 있는 선언적 문장으로 헌법전의 일부를 구성하며 헌법조문의 선두에 규정되어 있는 문장을 말한다. 전문은 단순한 선언적 문장에 그치는 것이 아니라 헌법 본문의 각 조항과 조화를 이루어 헌법전의 일부를 구성하는 것이며, 여기에는 헌법제정의 유래와 목적, 헌법의 제정주체와 헌법의 기본원리 등 헌법의 다양한 특징을 담고 있다.

현행헌법의 전문

유구한 역사와 전통에 빛나는 우리 대한국민은 3·1운동으로 건립된 대한민국임시정부의 법통과 불의에 항거한 4·19민주이념을 계승하고, 조국의 민주개혁과 평화적 통일의 사명에 입각하여 정의·인도와 동포애로써 민족의 단결을 공고히 하고, 모든 사회적 폐습과 불의를 타파하며, 자율과 조화를 바탕으로 자유민주적 기본질서를 더욱 확고히 하여 정치·경제·사회·문화의 모든 영역에 있어서 각인의 기회를 균등히 하고, 능력을 최고도로 발휘하게 하며, 자유와 권리에 따르는 책임과 의무를 완수하게 하여, 안으로는 국민생활의 균등한 향상을 기하고 밖으로는 항구적인 세계평화와 인류공영에 이바지함으로써 우리들과 우리들의 자손의 안전과 자유와 행복을 영원히 확보할 것을 다짐하면서 1948년 7월 12일에 제정되고 8차에 걸쳐 개정된 헌법을 이제 국회의 의결을 거쳐 국민투표에 의하여 개정한다.

---

2. 한국헌법의 기본원리

(1) 국민주권의 원리

국민주권이란 국가의 최고·최종적인 의사결정권을 국민이 보유한다는 원리를 말한다. 우리 헌법은 제1조 2항에서 '대한민국의 주권은 국민에게 있고'라고 규정하여 국민주권의 원리를 선언하고 있다. 따라서 주권자인 국민은 참정권과 공무원선거권을 가지며 이와 함께 국민투표권도 가진다.

국민주권의 행사를 위하여 우리나라는 간접민주정치의 대의제도를 원칙으로 하면서 직접민주제의 요소를 가미하고 있다.

(2) 자유민주주의

자유민주주의는 자유주의와 민주주의가 결합된 정치원리를 말한다. 헌법은 전문에서 '자유민주적 기본질서를 더욱 확고히 하여'라고 규정하고 있으며, 제4조에서 '자유민주적 기본질서에 입각한 평화적 통일정책을 수립하고…'라고 하고 있고 제8조 4항에서는 '정당의 목적이나 활동이 민주적 기본질서에 위배될 때에는…'라고 하여 자유민주적 기본질서가 한국헌법의 기본원리라는 점을 분명히 밝히고 있다.

(3) 사회국가의 원리

사회국가의 원리는 사회정의의 실현을 위하여 법치국가적 방법에 의한 국민복지를 실현하려는 원리를 말한다. 사회국가의 사상은 1789년 프랑스혁명이념의 하나인 박애주의 정신에서 기원하지만, 헌법원리의 등장은 자본주의와 산업사회의 발전에 따른 각종 사회문제의 출현에서 비롯된다. 헌법은 전문과 제10조, 그리고 제119조 2항 등에서 사회국가원리에 대한 조항을 규정하고 있다.

(4) 문화국가의 원리

문화국가란 국가로부터 문화의 자유가 보장되며, 국가에 의한 문화급부가 실현되어 국가에 의한 문화의 적극적 구현을 추구하는 국가를 말한다. 헌법은 제9조에서 국가에 대하여 전통문화의 계승·발전과 민족문화의 창달에 노력할 의무를 부과하고 있으며, 또한 전문과 대통령의 취임선서에도 이를 규정하고 있고, 평생교육을 통한 국가의 문화책임 등에 관한 조항이 바로 문화국가조항에 해당한다.

(5) 평화국가의 원리

평화국가란 국제협력을 통하여 국제평화를 지향하는 것을 이념적 기반으로 하는 국가를 말한다. 현대국가들은 세계 대전의 참혹성에 대한 반성적 차원에서 국제평화주의를 헌법의 기본원리로 정하고 있다. 현행헌법은 전문에서 '세계평화와 인류공영에 이바지함으로써'라고 하고 제5조 1항에서는 '대한민국은 국제평화의 유지에 노력하고 침략적 전쟁을 부인한다.'라고 하여 평화주의를 표방하고 있다.

(6) 법치국가의 원리

법치국가는 독재자나 폭력에 의한 지배가 아니라 법이 지배하는 국가를 말한다. 법치국가의 목적은 국민의 자유와 권리의 보장이고 그 제도적 기초는 권력분립이며, 그 내용은 법률의 우위·법률에 의한 행정·법률에 의한 재판이다. 현행헌법은 전문에서 모든 영역에 있어서의 기회균등의 보장과 안전·자유·행복의 확보를 규정하고 있으며 제2장에서 이를 개별적으로 규정하고 있다.

특히 헌법 제10조의 인간의 존엄·가치의 존중과 기본권의 불가침성·행복추구권의 대원칙 아래 제11조의 평등권·제12조 제1항의 인신의 자유와 적법절차, 인간다운 생활권을 규정한 제34조 1항 등에서 실질적 법치국가에 관한 근거규정을 두고 있다. 또한 제37조 2항에서 기본권 제한에 관한 일반원칙을 명시하고 있다.

3. 헌법의 기본질서

헌법이 추구하는 기본질서는 국내 정치에서 민주적 기본질서, 경제에서 사회적 시장경제질서, 그리고 외국과의 관계에서 요구되는 국제질서로 크게 분류되고 있다.

(1) 민주적 기본질서

민주적 기본질서는 헌법학의 중심개념이라 할 수 있는 민주주의에 대한 본질적 내용을 말한다. 따라서 민주적 기본질서는 모든 폭력적 지배와 자의적 지배를 배제하고 다수 의사에 따른 법치국가의 통치질서이며, 자유·평등 및 정의를 이념으로 하는 법치국가의 기본질서를 말한다. 민주적 기본질서의 내용에는 국민주권주의, 권력분립주의, 법치주의, 사법권의 독립 등이 요구되고 있다.

현행헌법은 전문에서 '자유민주적 기본질서를 더욱 확고히' 한다고 하며, 자유민주적 기본질서에 입각한 통일을 지향하며(제4조), 제8조 4항에서 정당의 목적이나 활동이 민주적 기본질서에 위배되면 해산할 수 있도록 규정하여 민주적 기본질서를 정치의 기본질서로 규정하고 있다.

(2) 사회적·경제적 질서

1) 경제헌법

헌법에서 경제에 관한 규정을 경제헌법이라 하고 국가의 기본적인 경제구조를 '경제질서'라고 한다. 우리나라 헌법의 역사에서 경제헌법의 내용은 건국헌법이래 다양한 변천을 겪었다.

현행헌법은 제119조에서 '대한민국의 경제질서는 개인과 기업의 경제상의 자유와 창의를 존중함을 기본으로 한다.' 라고 하여 재산권의 보장, 사유재산제의 보장과 함께 기본적으로 자유주의 경제제도에 관한 원칙을 천명하고 있으며, 실질적 평등과 자유를 확보하기 위하여 재산권의 상대화, 경제에 대한 규제와 조정을 통한 경제민주화를 달성하기 위하여 사회적 시장경제주의를 표방한 여러 내용을 헌법에 담고 있다.

이러한 조항들은 19세기말에서 20세기 초에 걸쳐 나타난 자본주의체제의 모순과 문제점을 해결하고 사회적 약자들을 배려하기 위한 모색에서 도입되었다.

2) 현행헌법의 경제조항

헌법은 전문에서 '국민생활의 균등한 향상을 기하고' 라고 선언하고 있으며, 헌법 제

10조의 인간의 존엄·가치존중 및 행복추구권과 제34조의 인간다운 생활권 등 사회적 기본권에 관하여 규정하고 있다. 또한 경제적 자유를 인정하면서도 제119조 2항에서 국가는 균형 있는 국민경제의 성장 및 안정과 적정한 소득의 분배를 유지하고, 시장의 지배와 경제력의 남용을 방지하며, 경제주체간의 조화를 통한 경제의 민주화를 위하여 경제에 관한 규제와 조정을 하고 있다.

경제질서에 관한 헌법내용으로는 재산권의 보장(제120조), 천연자원의 개발이용(제120조 1항), 국토개발계획의 수립(제120조 2항), 농지 등 국토의 효율적 이용(제122조), 농지소작제금지(제121조), 농어촌개발, 지역사회의 균형 있는 발전, 농수산물의 수급균형, 유통구조의 개선, 가격안정, 중소기업의 보호·육성과 경제적 약자의 자조조직의 육성(제123조), 소비자보호운동(제124조), 대외무역의 육성과 규제·조정(제125조), 사영기업의 국·공유화와 통제·관리의 금지(제126조), 국민경제의 발전과 과학기술의 혁신(제127조) 등을 들 수 있다.

(3) 평화주의의 국제질서

헌법은 전문에서 '밖으로는 항구적인 세계평화에 이바지한다.'라고 하여 국제평화에 봉사하고 외국에 대한 침략전쟁을 부인하고 있고, 제5조에서는 '대한민국은 국제평화의 유지에 노력하고 침략적 전쟁을 부인한다.'라고 하고 있으며, 제6조 1항에서는 '이 헌법에 의하여 체결·공포된 조약과 일반적으로 승인된 국제법규는 국내법과 같은 효력을 가진다.'라고 규정하여, 국제평화주의원칙과 국내법에 대한 국제법의 효력관계를 규정하고 있다.

또한 제6조 2항에는 '외국인은 국제법과 조약이 정하는 바에 의하여 그 지위가 보장된다.'는 규정을 두어 국제법질서의 존중과 외국인의 법적 지위를 보장하고 있다.

VII. 헌법의 기본제도

1. 한국헌법과 제도적 보장

제도적 보장은 사유재산제, 정당제도, 선거제도, 공무원제도, 지방자치제, 교육제도 군사제도, 가족제도 등과 같은 오랜 동안 시행되어 온 일정한 제도를 헌법적 차원에서 보장하여 최소한으로나마 이러한 제도의 본질을 유지하려는 것을 의미한다. 제도적 보장이 추구하는 궁극적 목적은 국민에 대한 인권보장의 강화에 있다.

현행헌법상 제도적 보장의 범위에 관해서는 어디까지가 제도적 보장인지를 둘러싸고 견해의 대립이 있으나, 일반적으로 정당제도, 선거제도, 공무원제도, 지방자치제도, 교육제도, 군사제도, 가족제도 등이 헌법에 의하여 보장되는 기본적인 제도라고 할 수 있다.

2. 정당제도

(1) 정당의 의의와 헌법적 수용

정당은 국민과 국가기관을 매개하는 조직체로서 국민의 정치적 의사형성에 참여하는 것을 목적으로 하는 정치결사를 말한다. 한편 헌법 제8조 2항에는 '정당은 국민의 정치적 의사형성에 참여하는 데 필요한 조직을 가져야 한다.'라고 규정하고 있으며, 정당법 제2조는 이를 구체적으로 규정하여 '정당이라 함은 국민의 이익을 위하여 책임 있는 정치적 주장이나 정책을 추진하고 선거의 후보자를 추천 또는 지지함으로써 국민의 정치적 의사형성에 참여함을 목적으로 하는 국민의 자발적 조직'이라고 정의하고 있다.

오늘날 민주정치와 의회제도의 발달은 정당정치의 발달을 그 내용으로 하고 있으며, 정당정치는 대의정치에 있어서 불가결한 원칙으로 인정되고 있다. 의회정치는 정당의 존재를 전제로 하므로 정당의 보호ㆍ육성을 위하여 헌법은 정당설립의 자유를 보장하고 있다. 그러므로 정당을 설립함에 있어 사전허가제는 위헌이나, 정당등록제는 헌법상의 설립의 자유를 침해하는 것은 아니다.

특히 헌법에서 복수정당제를 명시하고 있는 것은 비록 정당설립의 자유는 보장되지만, 일당독재를 배제하기 위해서라도 1개 이상의 정당은 반드시 존재해야 한다는 것을 강조한 것이다.

역사적으로 보아 정당제도가 헌법에 규정된 것은 제2차 대전 이후의 현상이며, 트리펠은 정당에 대한 법제와 헌법적 수용단계를 적대단계, 무관심단계, 합법화단계, 헌법편입의 단계로 구분하였다. 우리나라는 1960년의 제2공화국 이래 정당관련조항을 헌법에 명문으로 규정하고 있다.

(2) 정당의 헌법상 지위와 법적 형태

정당의 헌법상 지위는 일률적으로 단정할 수는 없지만 헌법기관설, 국가기관설, 중개체설 등으로 요약할 수 있으나, 우리나라에서는 정당을 국민의 의사와 국가의사를 매개하는 중개체로 보는 견해가 다수설이다. 한편 법적 형태에 대해서도 학설이 대립하고 있는데, 민법상의 법인격 없는 사단설, 사적 정치결사설, 헌법상의 제도보장설 등으로 갈리고 있다.

판례는 정당을 사법상의 사단으로 해석하기도 하고 자율적 정치단체로 판단한 적도 있으나, 법적 형태는 당원들에 의해 구성된 단체로 법인격 없는 사법상의 사단의 하나로 보는 것이 타당하다.

(3) 정당의 권리와 의무

정당은 일반결사에 비하여 특권을 누리는데 그 내용을 보면, 설립·활동·존립상의 특권과 정치적 특권, 재정상 특권, 그리고 그 밖의 특권과 국가적 보호를 받을 권리를 가진다.

한편 정당의 의무로는 국가긍정의 의무, 민주적 기본질서존중의무, 당내민주화의 의무, 재원공개의무 등을 부담한다.

(4) 위헌정당의 강제해산

정당은 그 목적, 조직과 활동이 민주적이어야 하며 정당의 목적이나 활동이 민주적 기본질서에 위배될 때에는 정부의 제소에 따라 헌법재판소의 심판에 의하여 해산된다. 이른바 2014년의 통합진보당에 대한 헌법재판소의 해산결정을 통하여 정당의 해산을 지켜 본 바 있다.

따라서 정당의 목적이나 활동이 민주적 기본질서에서 위배될 경우에 정부는 헌법재판소에 위헌정당의 해산을 제소할 수 있으며, 헌법재판소의 심판에 따라 해산할 수 있다.

3. 선거제도

(1) 선거의 개념과 기능

선거란 국민적 합의에 의한 정치를 실현하기 위하여 주권자인 국민에 의한 국가기관을 선임하는 행위를 말한다. 한편 선거는 단순히 국가기관의 선출에 국한하지 아니하고 다양한 정치적 기능을 수행하며, 참정권행사를 통하여 정부의 책임을 묻고 그 정당성을 부여하는 기능도 한다.

현행 공직선거및선거부정방지법은 각종 선거법을 통합하여 선거관리의 일관성을 기하고 선거공영제를 확대하여 선거부정과 부패를 방지하는 규정을 두고 있다.

(2) 선거권과 피선거권

선거권은 선거를 통하여 투표에 참여할 수 있는 국민의 권리를 말하며, 정치적 의무성을 수반하는 국민의 정치적 기본권이라고 할 수 있다. 피선거권은 선거에 의하여 대통령 또는 국회의원 등의 국가기관이나 지방자치단체기관의 구성원으로 선출될 수 있는 자격을 의미한다. 공직선거및선거부정방지법에 따르면 피선거권의 요건은 선거권의 경우보다 엄격하게 정하고 있다.

(3) 선거의 기본원칙

선거의 기본원칙은 일반적으로 보통·평등·직접·비밀·자유선거를 기본원칙으로 하는데, 보통선거는 제한선거에 대한 개념으로 누구든지 제한 없이 일정한 연령에 달한 모든 국민에게 선거권을 인정하는 것이고, 평등선거는 차등선거에 대한 개념으로 1인 1표제를 원칙으로 하고 선거인의 투표가치가 평등하게 취급되어지는 선거를 말한다. 1표의 가치와 관련하여 선거구획정에서 최소인구와 최대인구간의 편차는 최대 2대1의 범위를 넘어서는 아니 된다는 것이 헌법재판소의 입장이다.

직접선거는 간접선거에 대한 개념으로 선거인이 직접선거하는 것이며, 비밀선거란 공개선거에 대한 개념으로 선거인이 누구에게 투표하였나를 외부에서 알 수 없도록 하는 것이며, 자유선거는 강제선거에 대한 것으로 직·간접적인 외압 없이 자유롭게 투표가 행해지는 선거를 말한다.

(4) 대표제

대표제는 대표결정방식 또는 의원정수의 배분방법을 말한다. 대표제의 유형에는 다수대표제, 소수대표제, 비례대표제, 할증제, 병용제, 직능대표제 등이 있다.

다수대표제는 1선거구에서 다수의 득표자만을 당선자로 하는 제도를 말한다. 다수대표제는 소선구제와 결탁하여 다수당에게 유리한 결과를 가져온다.

소수대표제는 1선거구에서 2인 이상의 당선자를 내는 제도로서 이를 대선거구제에 사용하면 소수당에 유리하다.

비례대표제는 정당의 존재를 전제로 하고 각 정당의 득표수에 비례하여 당선자를 결정하는 선거제도이다. 이것은 한 선거구에서 다수인을 선출하는 대선거구제와 결탁된다. 비례대표제의 전형적인 방법에는 명부식비례대표제를 들 수 있다.

할증제는 유효표의 일정한 득표율이상을 획득한 정당에 대하여 득표수에 따른 의석배분이 아니라 할증을 감안하여 의석배분을 한다. 병용제는 우리나라나 독일과 같이 다수대표제와 비례대표제 또는 할증제도을 병용하는 제도를 말한다.

직능대표제는 선거인단을 직능별로 분할하여 직능을 단위로 대표를 선출한다.

(5) 선거구제도(소선거구제 · 중선거구제 · 대선거구제)

1) 소선거구

소선거구제도는 한 선거구에서 1인의 대표자를 선출하므로 선거인은 반드시 후보자 중의 1인에게만 투표하고 그 중 다수를 얻은 자가 당선자가 된다. 이에는 단기투표법과 다수대표제가 적용된다. 소선거구제도는 다수당에 유리한 단점이 있는 반면에 지역이 협소하여 선거운동이 쉽고 경비가 절감되며 입후보자의 선택에 유권자들이 정통하다는 장점이 있다.

2) 중선거구

중선거구제도는 한 선거구에서 2~4인의 대표자를 선출하는 선거구제를 말한다. 중 선거구제는 소선거구제와 대선거구제의 결함을 완화할 수 있는 장점이 있으나, 후보자 선정의 어려움과 선거비용의 과다가 문제된다.

3) 대선거구

대선거구제도는 한 선거구에서 5인 이상을 선출하는 제도로 투표방법 여하에 따라 다수당이 유리하기도 하고 또는 소수당이 유리하기도 하다. 각 선거인이 정수만큼 투표할 수 있다면 이는 다수당에 절대적으로 유리하다. 그러나 정수를 제한하면 소수당에 유리하다. 대선거구제는 선거구역이 광대하므로 선거운동의 불편과 선거경비의 과중한 지출이 부담되고 또 입후보자에 대한 유권자의 적절한 후보선택과 판단이 어려운 단점이 있다.

(6) 선거에 관한 쟁송

선거에 관한 쟁송에는 선거소청, 선거소송, 당선소송, 재정신청, 선거인명부에 관한 불복소송 등이 있다.

4. 공무원제도

(1) 공무원의 의의

공무원은 넓은 의미로 국가 또는 지방자치단체의 공무를 수행하는 모든 사람을 말하고 좁은 의미로는 국가 또는 지방자치단체와 공법적 근무관계에 있는 사람을 말한다. 공무원은 분류기준에 따라 국가공무원과 지방공무원 그리고 경력직공무원과 특수경력직공무원 등으로 분류할 수 있다.

(2) 헌법상 지위

공무원은 국민전체에 대한 봉사자를 말한다. 따라서 헌법은 제7조 1항에서 '공무원은 국민전체에 대한 봉사자이며 국민에 대하여 책임을 진다.'라고 규정하고 있다 한편 여기서의 책임의 성격에 대하여는 헌법적 책임설과 정치적 책임설의 견해의 대립이 있으나, 정치적 책임을 의미한다.

(3) 직업공무원제도와 정치적 중립성

직업공무원제도는 정당국가에서의 정권교체에 관계없이 행정의 독자성을 유지하기 위하여 공무원의 신분이 보장되는 공무원제도를 말한다. 직업공무원제도의 실현을 위하여 공무원의 과학적 직급제도, 성적주의, 인사의 공정성 등의 확립이 필요하다.

한편 직업공무원이 집권당의 영향에서 벗어나 국정을 자율적으로 운영하기 위해서는 특히 정치적 중립성과 신분보장, 그리고 실적주의 등이 중요하다.

공무원의 정치적 중립성은 법률이 정한 바에 따라 보장된다(제7조 2항). 여기서 정치적 중립성이란 정치적 활동의 금지를 말하며, 구체적으로 정당가입·정당활동의 금지 및 공무 이외의 집단행동의 금지를 포함한다.

(4) 기본권제한

헌법과 법률은 공무원은 국민전체에 대한 봉사자임을 전제로 직무의 공정한 수행과 정치적 중립성 등의 보장을 위하여 공무원에 대해서는 일반국민보다 기본권제한을 폭넓게 규정하고 있다.

공무원에게 제한이 가능한 기본권의 유형들을 살펴보면 정당가입의 제한, 정치활동의 제한, 노동 3권의 제한 등이 있다.

5. 지방자치제도

(1) 자치제도와 본질

지방자치제는 일정한 지역을 기초로 하는 자치단체나 일정한 지역적 행정을 지역주민이 자신의 책임 하에 자신이 선출한 대표기관을 통하여 처리하는 제도를 말한다. 지방자치의 개념은 일정지역 주민이 지역행정사무를 스스로 처리한다는 주민자치와 공법인 지역단체가 그 지역의 행정사무를 처리하는 단체자치를 요소로 한다.

주민자치는 영국에서 발달한 자치제도인데, 민주주의의 원리에 따라 지방적인 국가행정사무를 지방 주민으로 하여금 담당시키는 제도로서 발달된 것이다.

단체자치는 대륙법계, 즉 독일·프랑스에서 발달한 것으로서 국가 안에 일정한 지역을 토대로 하는 독립된 단체가 존재하는 것을 전제로 하여 그 단체의 의사 기관으로 그 단체의 사무를 처리하는 것이다.

지방자치의 실시는 민주국가에서 민주주의의 원천인 동시에 그 산실로 간주되고 있으며, 일명 '풀뿌리 민주정치'라고도 한다.

지방자치의 본질에 관한 학설로는 고유권설, 즉 지방자치는 지역주민이 국가성립 이전부터 가지고 있는 고유의 권리라고 보는 설이 있고, 자치위임설, 즉 지방자치권은 국가가 위임한 것이며, 국가가 승인하는 한도 안에서만 행사할 수 있다는 설(다수설)이 있다.

(2) 현행헌법과 지방자치제도

헌법은 제117조와 118조에서 지방자치제도에 관한 명문규정을 두고 있다. 지방자치단체의 종류는 법률로 정하고 있는데 현행 지방자치법에 따르면 일반지방자치단체는 광역자치단체와 기초자치단체로 분류하고, 전자의 경우로는 특별시(서울, 세종시)·광역시(부산 · 대구 · 인천 · 광주 · 대전 · 울산)및 자치도(제주) · 도가 있으며, 후자의 경우로는 시 · 군 · 자치구가 있다. 특히 자치구는 특별시와 광역시의 관할 구역 안에만 설치하고 있다.

지방자치단체의 기관으로는 의결기관인 지방의회와 집행기관인 지방자치단체의 장이 있다. 지방의회의 조직 · 권한 · 의원선거에 대해서는 법률로 정하며, 지방의회의원은 주민의 보통 · 평등 · 직접 · 비밀투표에 의하여 선거한다.

또 집행기관인 지방자치단체의 장의 선임방법은 법률로 정한다. 지방자치단체의 권한에는 자치입법권(조례 · 규칙제정권), 자치행정권(고유사무 · 단체위임사무 · 기관위임사무처리권), 자치재정권, 주민투표권 등이 있다.

(3) 지방자치의 한계

자치행정에 대한 국가의 간섭은 지방자치의 본질상 배제하는 것이 바람직하지만, 지방자치도 국가의 법질서의 안에서만 허용되기에 어느 정도 국가의 통제가 불가피하다.

국가에 의한 지방자치의 감독방법은 우선 입법의 통제를 통하여 국회가 제정하는 법률에 의하여 지방자치단체의 조직 · 권한 · 운영을 통제하는 방법이 있고, 사법의 통제의 경우는 입법적 통제를 전제로 하여 지방자치단체가 법률에 위배되는 권한행사를 할 때에 재판을 통하여 통제하는 방법이다. 마지막으로 행정의 통제는 지방자치단체의 일반적 권한만을 법률로 정하고 지방자치단체의 권한행사를 중앙행정기관이 명령 · 인가 · 허가 · 검사 · 취소 · 임명 · 파면 등의 방법으로 통제하는 방법이다.

6. 군사제도

(1) 군사제도의 의의

군사제도는 국가의 존립과 독립적 지위유지, 그리고 국민의 자유 · 안전 · 생명 · 재산권 등을 보장하기 위하여 군사의 측면에서 체계적인 국가안전의 보장체제를 말한다.

(2) 현행헌법과 군사제도

군사에 관한 헌법의 원칙은 국가수호원칙, 국민군의 원칙, 평화지향원칙, 문민우위원칙, 정치적 중립원칙, 병정통합원칙, 민주기반의 군정원칙 등을 들 수 있다.

한편 헌법 제5조 제2항은 국군의 사명과 정치적 중립성에 관하여 '국군은 국가의 안전보장과 국토방위의 신성한 의무를 수행함을 사명으로 하며, 그 정치적 중립성은 준수된다.'라고 규정하고 있다. 또 대통령의 국군통수권(제74조 1항), 국군편성조직의 법정주의(제74조 2항), 국무총리와 국무위원의 문민원칙(제87조 4항) 등을 규정하고 있다.

7. 교육제도

(1) 교육제도의 의의

교육제도는 교육이념과 기본방침, 교육담당기관, 교육내용, 교육행정 등에 관한 법체계를 말한다. 즉 교육은 인간의 발달과정을 바람직한 방향으로 현실화시키는 작용인 동시에 사회개조를 위한 수단으로 인간가치의 제고를 위한 모든 활동을 의미한다.

(2) 현행헌법과 교육제도

현행헌법은 제31조에서 교육을 받을 권리와 기본적인 교육원리 그리고 대학자치제를 규정하고 있다. 즉 현행헌법은 교육의 기본원칙으로 제31조 4항에서 교육의 자주성 전문성 정치적 중립성 및 대학자치제 등을 교육의 기본원칙으로 정하고 있고 동조 제6항에서는 교육제도를 비롯한 교육재정과 교원의 법정주의를 명시하고 있다.

8. 가족제도

(1) 가족제도의 의의

가족은 혼인·혈연 등으로 결합하여 동거하면서 협동하는 생활공동체를 말한다. 한편 가족제도라 함은 혼인이나 혈연적으로 맺어진 가족공동체를 규율하는 법적 제도를 의미한다. 혼인과 가족생활은 개인의 존엄과 양성평등의 원칙을 기초로 하는 민주주의의 기본이념이기 때문에 각국은 헌법에서 이를 보장하고 있다. 가족제도에 대한 헌법상의 보장은 1919년 독일의 바이마르헌법에서 시작되었다.

(2) 현행헌법과 가족제도

현행헌법 제35조 제1항은 '혼인과 가족생활은 개인의 존엄과 양성의 평등을 기초로 성립되고 유지되어야 하며, 국가는 이를 보장한다.'라고 규정하여 가족제도에 관한 명문규정을 두고 있다. 이 조항은 가족제도와 더불어 혼인제도를 지배하는 기본원리로서 인간의 존엄성존중과 민주주의의 원리를 선언한 최고의 헌법규범이다. 한편 민법의 호주제도가 폐지되면서 호적부는 사라지게 되었고, 가족관계 등에 대해서는 새로이 '가족관계등의등록에관한법률'에 따라 가족부에서 규정하고 있다.

제2절 기본권

I. 기본권총론

1. 기본권의 의의

인권 또는 기본권은 인간이 사람이기 때문에 당연히 누릴 수 있는 권리를 말한다. 인권을 최초로 선언한 것은 버지니아 권리장전과 프랑스 인권선언이며, 독일은 이를 기본권이라고 한다.

따라서 인권은 인간의 천부적ㆍ생래적 권리를 의미하지만, 기본권은 헌법이 보장하는 국민의 기본적 권리를 의미하기 때문에 동일한 의미는 아니지만, 헌법의 기본권규정은 인간의 권리와 불가분의 관계에 있으므로 결국 양자를 동일하게 취급하여도 무방하리라 본다.

2. 기본권의 전개과정

(1) 인권사상의 형성

인권의 역사는 인류의 민주주의에 대한 역사와 맥락을 함께 하지만, 천부적 인권사상은 주로 사회계약론자와 계몽주의자들에 의하여 천부적 인권이론이 제기된 18세기에 이르러 체계화 되었다. 따라서 근대 입헌주의의 헌법에서는 인권보장을 그 이념으로 하고 이를 보장하기 위하여 권력분립제와 법치주의를 채택하였다.

(2) 각국에서의 인권선언

인권보장은 1215년의 영국의 마그나 카르타(Magna Charta)에서 비롯되어 1628년의 권리청원(Petition of Rights), 1679년의 인신보호법(Habeas Corpus), 1689년의 관리장전(Bill of Rights) 등에서 실질적으로 비롯되었다.

그리고 18세기 후반, 미국·프랑스에서 일어난 개인주의·자유주의사상을 배경으로 한 인권투쟁의 결과물로 이루어진 권리선언에 규정되면서 각국의 헌법에 수용되었다. 즉 1776년 미국의 버지니아권리장전 및 독립선언과 1789년 프랑스의 '인간과 시민의 권리선언' 등이다.

(3) 인권보장의 현대적 경향

제1차 대전을 계기로 세계인권사는 몇 가지 특색과 새로운 경향을 띠게 되었다. 그것은 먼저 사회국가원리의 헌법의 수용과 사회주의국가의 등장에 따라, 자유권에 버금가는 사회적 기본권의 중시와 자연권사상의 부활에 따라 국제 차원의 인권보장경향을 말한다.

근대자유주의는 정치적 자유를 기반으로 경제영역에서 자유경쟁이 보장되었기 때문에 고도의 자본주의사회로 발달하는 과정에서 여러 문제점과 폐단이 노출되었다. 그것은 바로 자유계약과 개인의 재산에 대한 절대적 보장으로 말미암아 자본가와 근로자의 빈부격차가 점차 벌어짐으로서 그 대립이 날로 격화되었고, 이는 건전한 자본주의 발전과는 거리가 멀었다.

노사의 대립은 중대한 사회문제로 비화되었으며, 종래와 같은 국가로부터의 자유는 국가의 개입에 의한 근로자의 인간다운 생활의 보장을 요구하는 적극적 권리로 인정할 필요가 제기되었다.

이와 같이 기본권의 성격에 대한 변화는 자유권적 기본권의 사회적 기본권으로의 수정을 말한다. 현대적 기본권의 하나인 사회적 기본권의 연원은 1919년의 독일의 바이마르(Weimar) 헌법이다.

3. 기본권의 성격

기본권의 성격에 관한 문제는 국민이 헌법상의 기본권규정을 국가권력을 제한하는 현실적 권리로서 주장할 수 있는 주관적 공권인지, 구체적인 입법에 의해서만 비로소 현실적 권리가 될 수 있는 추상적 권리인지 여부가 문제된다.

특히 제2차 대전 후 세계 각국은 독재국가·전체주의의 억압에 대한 교훈으로 기본권의 자연권의 성격을 헌법에 규정하는 경향이다. 헌법도 제10조와 제37조 1항의 해석에 비추어 볼 때 기본권을 자연권으로 인정하고 있다.

한편 헌법에 규정된 기본권은 개인의 주관적 권리일 뿐 아니라 공동사회의 객관적 질서로서 이중적 성격을 가지며, 이는 객관적 법규범으로서의 제도적 보장과는 구별된다.

4. 기본권의 분류와 체계

우리나라는 옐리네크의 영향으로 1960년대까지는 자유권·참정권·수익권으로 분류하는 기본권의 3분류법이 주류를 이루었으나, 현재는 5분류법·6분류법·7분류법 등의 새로운 기본권분류방식이 있다.

기본권분류유형을 주체를 기준으로 하여 인간의 권리와 국민의 권리·자연인의 권리와 법인의 권리로 구별되고, 성질을 기준으로 초국가적 기본권과 실정법상의 기본권·절대적 기본권과 상대적 기본권·진정한 기본권과 부진정한 기본권으로 나누어진다.

또 내용을 기준으로 행복추구권·평등권·자유권적 기본권·경제적 기본권·정치적 기본권·청구권적 기본권·사회적 기본권 등으로 분류되며, 효력을 기준으로 구체적·현실적 기본권과 추상적 기본권, 대국가적 기본권과 제3자적 기본권으로 분류할 수 있다.

그리고 헌법 제10조에서 제37조 제1항까지 규정되어 있는 기본권의 체계는 모든 기본권의 궁극적 목적이라 할 수 있는 인간의 존엄과 가치(제10조 1문 전단), 행복추구권(제10조 2문 전단), 개별적·구체적 기본권(제11조~36조), 헌법에 열거되지 아니한 자유와 권리(제37조 1항) 등으로 분류된다.

5. 기본권의 주체

입헌주의헌법은 국민의 기본권보장을 예외 없이 규정하고 있지만, 기본권의 주체가 될 수 있는 국민의 성격과 범위는 일정하지 아니하다. 기본권의 주체란 헌법상 보장된 기본권의 향유자를 말하는데 이는 기본권향유능력과 기본권행사능력으로 나누어진다.

원칙상 모든 국민은 기본권 향유능력의 주체가 되지만, 기본권행사능력과 기본권의 성질에 따라 법인·외국인의 경우에는 특정한 기본권의 행사가 제한받을 수 있으며, 특수신분관계(공법상의 특수한 법률관계)에 있는 국민에 대하여는 예외적으로 합리적인 범위 내에서 제한된다.

6. 기본권의 효력

(1) 기본권의 대국가적 효력

기본권은 원칙적으로 모든 국가권력을 직접 구속하는 효력을 갖는다. 따라서 입법부는 기본권보장에 배치되는 법률을 제정하여서는 아니 되고, 행정부도 권력작용·관리작용·사경제적 국고작용을 발동하는 경우에 기본권에 구속되며, 사법부도 재판절차나 판결로 기본권을 침해할 수가 없다.

(2) 기본권의 제3자적 효력(대사인적 효력)

기본권이 사인간의 법률행위 또는 사인상호간의 법률관계에 적용되는가하는 문제가 바로 기본권의 제3자적 효력 내지 대사인적 효력이다. 오늘날 기본권에 대한 침해는 국가권력뿐만 아니라 개인 또는 사회적 집단에 의한 침해의 가능성이 커짐에 따라 기본권의 효력확장이 문제된다.

독일에서는 기본권의 제3자에 대한 적용의 학설로 적용부인설, 직접적용설, 간접적용설로 견해가 갈리며, 반면 미국에서는 국가유사(국가행위의제)론(theory of looks-like-government)이 있다.

현행헌법은 간접효력설 내지 공서양속설에 따라 사법상의 일반원칙에 따라 기본권의 효력이 제3자에게 적용된다는 것이 통설이다. 그러나 헌법 제33조의 노동3권은 그 속성상 사용자에게 직접 적용된다. 그 밖의 경우에는 간접효력설에 따라 사법상 일반원리(민법 제103조 등)를 통하여 간접적으로 적용된다 할 것이다.

(3) 기본권의 갈등

기본권의 갈등은 기본권의 주체가 국가나 개인에게 기본권을 주장하는 경우에 제기되는 문제를 말한다. 기본권의 갈등은 동일한 기본권의 주체가 둘 이상의 기본권을 주장하는 경합이나, 상이한 기본권의 주체가 상충하는 기본권을 주장하는 경우의 충돌을 포함하는 개념이다.

기본권의 경합과 충돌의 문제는 기본권의 실질적 보장측면에서 가장 효과적이고 규범의 조화적 해석에 의한 해결이 모색되어야 한다.

7. 기본권의 한계와 제한

기본권은 항상 보장되는 절대적 권리가 아니며, 일정한 제약이 가해질 수 있는데, 헌법 내재적 한계(타인의 권리의 불가침·도덕률의 준수·헌법질서의 존중), 헌법유보에 의한 제한(헌법 제21조 4항, 제29조 2항), 법률유보에 의한 제한(헌법 제37조 2항) 등을 말한다.

특히 헌법 제37조 2항의 일반적 법률유보는 절대적 기본권을 제외한 '국민의 모든 자유와 권리는 국가안전보장, 질서유지, 공공복리를 위하여 필요한 경우에 한하여 법률로써 제한할 수 있다.'고 규정한다. 이 때 법률은 국회에 의하여 제정된 법률을 의미하며, 제한의 정도와 관련하여 과잉금지의 원칙, 이중기준의 원칙, 본질적 내용의 침해금지의 원칙 등의 제한을 받는다.

예외적인 제한으로는 긴급명령, 긴급재정·경제명령에 의한 경우(제76조 1항~2항), 비상계엄에 의한 경우(제77조), 특수신분관계에 의한 경우가 있다.

8. 기본권의 확인과 보장

(1) 국가의 기본권확인과 보장의무

현행헌법 제10조 제2항은 '국가는 개인이 가지는 불가침의 기본적 인권을 확인하고 이를 보장할 의무를 진다.'라고 규정하여 국가의 기본권 확인과 보장의무를 규정하고 있다. 기본권보장의무는 법적 의무를 의미하며, 보장은 개인의 기본권에 대한 국가의 침해금지라는 소극적 의미와 함께 기본권을 보호하고 실현해야 하는 적극적 의미를 담고 있다.

(2) 기본권의 침해와 구제

기본권의 실질적 보장을 위해서는 기본권침해에 대한 사전적 예방조치와 더불어 현실적인 침해의 경우에 그 배제와 사후구제절차가 충분히 뒷받침되어야 한다. 기본권의 침해는 입법·행정·사법 등의 국가기관에 의한 경우와 사인에 의한 경우가 있으며, 기본권의 구제절차로서는 입법기관에 의한 경우, 행정기관에 의한 경우, 사법기관에 의한 경우 등으로 분류할 수 있다.

예외적으로 정당방위, 긴급피난에 의한 사적 구제와 저항권의 행사가 있다.

II. 인간의 존엄성존중·행복추구권·법 앞의 평등

1. 인간으로서의 존엄과 가치

헌법 제10조는 '모든 국민은 인간으로서의 존엄과 가치를 가지며 행복추구의 권리를 갖는다. 국가는 개인이 가지는 불가침의 기본적 인권을 확인하고 이를 보장할 의무를 진다.' 라고 규정하여. 반전체주의적인 인격체로서의 존엄과 가치를 헌법에서 선언함과 동시에 이러한 근본원리에 따라 국가는 개인이 가지는 불가침의 기본적 인권을 확인하고 보장할 의무를 규정하였다. 이것은 기본권의 이념적 전제이며 모든 기본권의 목적규범이라 할 수 있다.

한편 헌법 제10조에 근거하여 비록 헌법에서 명시된 기본권은 아니지만, 동 조문의 해석을 통하여 새로운 유형의 기본권으로서 생명권, 평화적 생존권, 휴식권, 건강권, 일조권, 알권리, 액세스(access)권 등을 들 수 있다.

2. 행복추구권

(1) 의의

행복은 워낙 다의적 개념을 지닌 단어이므로 개인의 주관에 따라 달라지기도 하지만, 행복추구권은 안락하고 만족스러운 삶을 추구할 수 있는 권리를 말한다. 헌법은 제10조 제1항 후단에서 '모든 국민은 …행복을 추구할 권리를 가진다.'라고 하여 행복추구권을 보장하고 있다. 행복추구권은 1776년의 미국의 버지니아 권리장전에서 처음 규정되었으며, 우리나라는 1980년 헌법에서 신설되었다.

(2) 행복추구권의 본질

행복추구권의 본질에 대하여는 자유권에 관한 총칙규정으로 보는 입장과 사회적 기본권에 관한 총칙규정으로 보는 입장으로 견해가 갈리고 있으나, 행복추구권의 성격을 포괄적 기본권으로 이해한다면, 기본권 전반에 관한 총칙규정으로 보는 것이 타당하다.

3. 평등권

(1) 평등권의 의의

근대적 의미의 평등사상은 주로 신에 대한 평등의 문제에서 제기 되었지만, 중세의 교리와 봉건적 · 신분적 · 권력지배를 부정하고 인간의 본성에 따른 생래의 자유와 평등을 주장한 자연법적 사상에서 비롯되었다. 그 후 근대민주주의와 결합되어 국가의사 형성에 평등한 참가를 요구하는 정치적 평등으로 발전하였다.

현대적 평등사상은 배분적 정의에 입각한 실질적 평등을 지향하고 있어 모든 사람에게 인간다운 생활을 보장하려는 의미를 가지고 있다.

(2) 성질

평등권은 인간이 그 자연상태에서 누리는 생래적·천부적 권리이며 국가에 대한 주관적 공권이다. 또한 평등권은 모든 기본권을 실현하기 위한 방법으로서 기능적·수단적 권리이며, 국법질서의 기본적 요소가 되는 객관적 법질서성을 가진다.

(3) 내용

헌법 제11조 1항은 '모든 국민은 법 앞에 평등하다.'고 규정하고 있어, 법 앞의 평등을 보장하고 있다. '모든 국민은 법 앞에 평등'에서 '법 앞에'의 의미를 두고 법적용평등과 법내용평등을 두고 견해의 대립이 있으나, 법내용평등을 의미한다고 보는 것이 타당하다. 따라서 이것은 행정·사법기관뿐만 아니라 입법기관까지도 구속한다.

여기에서 '법'이란 법률뿐만 아니라 일국의 법체계를 형성하는 모든 법규범을 포함한다. 또한 평등의 본질에 관해 절대적 평등설과 상대적 평등설의 대립이 있으나, 여기서는 절대적 평등이 아니라 같은 것은 같게, 다른 것은 다르게 취급하여 합리적 차별에 따르는 상대적 평등을 의미한다.

차별금지사유로 헌법은 성별·종교 또는 사회적 신분을 들고 있고 차별금지영역으로는 정치적·경제적·사회적·문화적 생활의 모든 영역에 있어서 차별을 받지 아니한다.'고 규정하여 법 앞의 평등의 내용을 구체적으로 예시하고 있다.

(4) 현행헌법과 평등권의 구체형태

헌법 제11조 제2항은 '사회적 특수계급의 제도는 인정되지 아니하며 어떠한 형태로도 이를 창설할 수 없다'고 하고, 제11조 제3항은 '훈장 등의 영전은 이를 받은 자에게만 효력이 있고 어떠한 특권도 이에 따르지 아니한다.'라고 하여 사회적 특수계급제도의 부인과 영전일대의 원칙을 선언하고 있다.

그 밖에도 헌법규정에 의한 평등원칙으로는 평등선거원칙(제41조 1항, 제67조 1항), 교육의 기회균등(제31조 1항), 혼인과 가족생활에서의 양성평등(제36조), 여성근로자의 차별금지(제32조 4항), 경제질서에 있어서의 균형성(헌법 전문 제9장)등을 규정하고 있다.

Ⅲ. 자유권적 기본권

1. 의의

자유권적 기본권은 국민이 일정한 자유로운 영역에 관하여 국가의 간섭이나 침해를 받지 아니할 소극적 방어적 공권을 말하며, 국민의 기본권 가운데 가장 기본적인 것이다.

2. 성질

자유권은 개인적 자유와 권리의 보장을 그 내용으로 한 것이며 근대시민혁명 이후 인권선언과 헌법들은 이러한 자유권을 인류보편의 원리와 최고 가치로 초국가적인 자연 법적 권리 내지 인간의 권리로 규정하고 있다. 국가와의 관계에서 자유권이 국가로부터의 자유인지 아니면 국가 안에서의 자유 또는 국가 안에서만 가능한 자유인지에 관해서는 자연법론자와 법실증주의자간의 견해의 대립이 있다. 자유권은 국가로부터의 자유이며, 국가권력에 대한 방어적·소극적 권리이며, 초국가적 인간의 권리라 할 수 있다.

3. 신체의 자유권

헌법 제12조 제1항은 '모든 국민은 신체의 자유를 가진다.'라고 규정하고 있다. 신체의 자유는 법률과 적법절차에 의하지 아니하고는 신체의 안전성과 침해당하지 않을 자유를 의미한다. 원래 신체의 자유는 자유권적 기본권 가운데 가장 기초가 되는 권리라 할 수 있으며, 신체(인신)의 자유가 침해되지 않도록 하기 위하여 헌법 제12조 제1항에서 상세히 규정하고 있다. 신체의 자유는 이에 대한 실체적 보장과 절차적 보장으로 구분할 수 있는데, 이를 살펴보면 다음과 같다.

(1) 실체적 보장

1) 법률주의

신체의 자유를 제한하는 경우 헌법 제12조도 제1항 제2문 전단과 같이 '법률에 의하지 아니하고는' 신체의 자유를 제한하지 못하도록 하는 것을 의미한다. 이는 신체의 자유의 제한에 관한 법률유보 내지 죄형법정주의의 원칙을 의미한다.

2) 죄형법정주의

죄형법정주의는 법률에 의하지 아니 하고는 처벌되지 아니한다는 원칙을 말하며, '법률 없으면 범죄 없고, 법률 없으면 형벌 없다.'는 표현으로 요약된다. 헌법 제13조 1항 전단은 '모든 국민은 행위시의 법률에 의하여 범죄를 구성하지 아니하는 행위로 소추되지 아니하며'라고 하여 죄형법정주의를 규정하고 있다.

3) 일사부재리의 원칙

일사부재리의 원칙 내지 이중처벌금지원칙은 판결의 효력이 확정되면 그 후 동일사건에 대하여 거듭 처벌하지 못한다는 원칙을 말한다. 헌법 제13조 1항 후단은 '동일한 범죄에 거듭하여 처벌되지 아니한다.'라고 하여 일사부재리의 원칙을 규정하고 있다.

4) 연좌제의 금지

헌법 제13조 제3항은 '자기의 행위가 아닌 친족의 행위로 인하여 불이익한 처우를 받지 아니한다.'는 규정을 두어, 연좌제를 금지하고 있다

(2) 절차적 보장

1) 적법절차의 원칙

미연방헌법의 판례를 통하여 발전한 적법절차의 원칙은 원래 형사절차에 있어서의 적정에 관한 문제에서 비롯되었다. 하지만 지금은 모든 공권력행사의 절차상의 적법성

뿐만 아니라 법률에 대한 실체법상의 적정문제로까지 포함하는 의미로 발전하게 되었다. 헌법 제12조 1항 2문은 '법률과 적법한 절차에 의하지 아니하고는 처벌·보안처분 또는 강제노역을 받지 아니한다.'라고 하거나, 동조 제3항은 '체포·구속·압수 또는 수색을 할 때에는 적법한 절차에 따라 법관이 발부한 영장을 제시하여야 한다.'라고 하여 적법절차의 원칙을 규정하고 있다.

2) 영장주의

영장주의는 형사절차에서 수사기관이 강제처분을 함에 있어 반드시 법관이 발부한 영장에 의하도록 하는 원칙을 말한다. 헌법 제12조 3항은 '체포·구속·압수·수색에는 적법한 절차에 따라 검사의 신청에 의하여 법관이 발부한 영장을 제시하여야 한다.'는 영장주의를 규정하고 있다. 영장주의는 수사기관에 의한 불법한 체포구속의 남용을 막고 신체의 자유를 보호하기 위한 것이다.

영장주의에 대하여는 예외적으로 현행범과 긴급체포·구속(장기 3년 이상의 형에 해당하는 죄를 범하고 도피 또는 증거인멸의 염려가 있는 자, 제12조 3항), 또는 비상계엄의 경우는 영장 없이 체포·구속·수색·압수하고 사후에 영장을 청구할 수도 있다.

3) 구속적부심사제도

헌법 제12조 6항은 '구속영장에 의하여 체포·구속을 당한 자는 그 적부의 심사를 법원에 청구할 수 있다.'라고 하여 구속적부심제도를 두고 있다. 구속적부심제도는 잘못된 인신구속에 대한 시정을 통하여 불법체포, 인신불법구속을 방지하여 신체의 자유를 확보하는 것 그 목적이다.

4) 구속이유 등 고지제도

헌법 제12조 5항은 '누구든지 체포·구속의 이유와 변호인의 조력을 받을 권리가 있음을 고지 받으며, 또한 가족 등에게 그 이유와 일시·장소가 지체 없이 통지되어야 한다.'는 규정을 두고 있으며, 이는 현행헌법에서 신설되었다.

(3) 형사절차에 있어서의 인권보장

1) 무죄추정의 원칙

무죄추정의 원칙은 형사절차에 있어 피의자 또는 피고인까지도 유죄의 확정판결이 있기 까지는 무죄로 취급되어야 한다는 원칙을 말한다. 헌법 제27조 4항은 '형사피고인은 유죄의 판결이 확정될 때까지 무죄로 추정된다.'라고 하여 무죄추정의 원칙을 규정하고 있다.

2) 자백의 증거능력제한의 원칙

헌법 제12조 7항은 피고인의 자백이 고문 등 부당한 방법에 의한 때에는 증거능력을 엄격히 제한하고 또 자백이 유일한 증거일 때에는 이를 이유로 처벌하지 못하도록 하여 임의성 없는 자백의 증거능력과 증명력을 엄격히 제한하고 있다.

3) 고문을 받지 아니할 권리

고문은 자백을 강제하기 위하여 가해지는 유·무형의 폭력을 의미한다. 헌법 제12조 제2항은 '모든 국민은 고문을 받지 아니하며'라고 하여 고문을 금지하고 있으며, 이에 따라 형사소송법도 고문에 의한 자백의 증거능력을 부인하고 있다.

4) 진술거부권

진술거부권은 피의자 또는 피고인이 공판절차 또는 수사절차에서 신문에 대하여 진술을 거부할 수 있는 권리를 말한다. 헌법 제12조 2항은 '모든 국민은 형사상 자기에게 불리한 진술을 강요당하지 아니한다.'라고 하여 진술거부권 내지 묵비권을 보장하고 있다.

5) 변호인의 조력을 받을 권리

헌법 제12조 4항은 '누구든지 체포·구속을 당한 때에는 즉시 변호인의 조력을 받을 권리를 가진다.'라고 변호인의 접견교통권을 보장하여 변호인의 조력을 받을 권리를 보장하고 있다.

한편 동 조항 단서에는 '형사피고인이 스스로 변호인을 구할 수 없을 때에는 법률이 정하는 바에 따라 변호인을 붙인다.'라고 하여 국선변호인제도를 규정하고 있다. 또한 구속적부심에 있어서도 일정한 경우에는 법원이 직권으로 국선변호인을 선임한다(형소법 제214조의 2항).

6) 형사기록의 열람 · 복사청구권

형사피의자와 피고인은 형사절차에 있어 자신의 피의사실에 관한 자세한 사항에 대하여 알권리를 가지므로, 확정된 형사기록을 열람하고 복사를 청구할 수 있는 권리를 가진다.

4. 사생활자유권

(1) 체계

사생활의 자유권은 국가적 생활이나 공공적 생활과는 직접 관련이 없는 사생활영역에 대하여는, 불가피한 경우가 아니면 국가적 간섭이나 침해를 배제하여 일련의 자유를 누릴 수 있는 권리를 말한다. 헌법상의 사생활에 관한 자유와 권리의 내용과 체계는 먼저 제17조의 사생활의 비밀과 자유의 불가침을 핵심조항 내지 목적조항으로 하여, 제16조의 주거의 자유, 제14조의 거주 이전의 자유, 제18조의 통신의 자유 등이 그 실현을 위한 수단조항이라 할 수 있다.

사생활의 비밀과 자유의 불가침은 19세기 말부터 미국에서 프라이버시권으로 발전하여, 각국에서 판례와 헌법 등에 반영되었다. 우리나라도 공공기관의개인정보보호에관한법을 제정하여 시행하고 있다.

(2) 사생활의 비밀과 자유

헌법 제17조는 '모든 국민은 사생활의 비밀과 자유를 침해받지 아니한다.'는 규정을 두고 있다. 현대사회가 정보화 사회로 진전되면서 개인의 사생활영역이 중대한 위기를 맞이하여 사생활을 헌법적 차원에서 보호하게 되었다.

이 권리의 내용에는 첫째, 개인에 관한 사적 사항 또는 명예와 신용, 그리고 인격적 징표에 대한 불가침을 의미하는 사생활비밀의 불가침과 둘째, 평온한 사생활의 유지와 자유로운 사생활을 형성하고 유지하는 사생활자유의 불가침, 그리고 마지막으로 자신에 관련된 정보를 열람하고 정정·사용중지 등을 요청할 수 있는 자기정보의 관리통제권 등이 그 내용이다.

(3) 주거의 자유

주거의 자유는 공권력이나 제3자로부터 개인의 사생활을 영위하는 주거를 침해받지 아니할 권리를 말한다. 헌법 제16조는 '모든 국민은 주거의 자유를 침해받지 아니한다. 주거에 대한 압수나 수색을 할 때에는 검사의 신청에 의하여 법관이 발부한 영장을 제시하여야 한다.'라고 하여 주거의 자유와 영장주의를 규정하고 있다. 영장주의는 다만 순수한 행정목적을 위하거나 현행범체포 또는 방화·위생 등의 이유로 법률에 근거가 있을 때에는 그 예외가 인정된다.

(4) 거주·이전의 자유

거주·이전의 자유는 자신이 원하는 주소 또는 거소 등의 장소에 국가의 간섭 없이 자유롭게 장소를 이전하거나 체류를 변경할 자유를 말한다. 헌법 제14조는 '모든 국민은 거주·이전의 자유를 가진다.'라고 규정하고 있다. 이는 국내에서의 거주·이전의 자유뿐만 아니라 국외이주와 해외여행, 그리고 국적이탈의 자유까지도 포함한다. 그러나 한국국적을 이탈하여 무국적의 자유까지 보장된다고는 볼 수 없다.

(5) 통신의 자유

통신의 자유는 우편물 또는 통신수단에 의한 자신의 의사나 정보전달이 공개되지 아니할 자유를 말한다. 헌법 제18조는 모든 국민은 통신의 비밀을 침해받지 아니한다.'라고 하여 통신의 자유를 규정하고 있다.

통신은 격지자간의 서신·전신·전화·소포·팩스·그 밖의 모든 우편물 등을 통한 의사의 전달을 말한다. 통신의 불가침은 통신사무에 종사하는 공무원이 우편물의 내용을 열람하거나 열람한 내용이나 지득한 정보를 누설하는 것을 금지하는 것을 의미한다.

그러나 수사기관이나 피해자의 요청에 의한 전화역탐지나 감청과정에서 얻은 범죄에 관한 통화를 청취한 경우 이를 수사기관에 통보하는 것이 허용된다.

한편 통신비밀보호법(제13조)에 따라 제한적으로 감청은 허용된다.

5. 정신적 자유권

(1) 정신적 자유권의 의의

정신적 자유는 중세의 암흑기와 종교개혁을 거치면서 국가중립이론의 형태로 발전되어 인간에게 고유한 자연적 권리로 부각되었으나, 현대국가에 있어서는 국가의 존립과 정신적 자유의 조화여부가 문제된다.

헌법은 정신적 자유권과 관련하여 양심의 자유, 종교의 자유, 언론·출판·집회·결사의 자유, 학문과 예술의 자유 등을 제19조에서 제22조에 걸쳐 규정하고 있다.

(2) 신앙(양심)의 자유

양심의 개념에 대해서는 견해가 분분하나 헌법 제19조의 양심은 인생관·세계관·신조 등은 물론이고 인격을 형성하는 내적 가치관·윤리관도 포함하는 것으로 본다. 양심의 자유는 인간의 내심적 사상을 외부에 강제로 표명당하지 아니할 자유와 사상에 반하는 행위를 강요당하지 아니할 자유를 말한다.

헌법 제19조는 '모든 국민은 양심의 자유를 가진다.'라고 하여 양심의 자유를 규정하고 있다. 양심의 자유는 양심결정의 자유와 침묵의 자유를 거론할 수 있지만, 특히 양심상의 결정을 이유로 병역(집총)을 거부할 수 있는가가 문제되는데, 우리나라 판례는 이를 부인하고 있다. 그러나 이른바 여호와의 증인과 같은 종교적인 이유들 들어 양심상 결정에 따른 병역의무의 거부에 대하여는 대체복무제도의 도입에 대한 논의가 활발히 진행되고 있다.

(3) 종교의 자유

종교는 인간의 의식 속에 존재하는 신이나 절대자 등 초월적 존재를 신봉하고 그것에 의지하려는 것을 말한다. 종교의 자유는 자신이 택한 종교를 자신이 원하는 방법으로 신봉하고 귀의하는 자유를 말한다.

헌법 제20조 제1항은 '모든 국민은 종교의 자유를 가진다. 국교는 인정되지 아니하며 종교와 정치는 분리된다.'라고 하여 국교분리와 정교분리의 원칙을 천명하고 있다. 종교의 자유는 신앙의 자유(신앙선택 · 개종 · 신앙고백 · 무신앙의 자유), 종교행사의 자유, 종교적 집회결사의 자유, 선교와 종교교육의 자유 등을 포함한다. 그러나 종교의 자유에 있어서도 공서양속 또는 안녕질서를 침해하는 행위, 병역의무를 회피하는 행위, 미신적 치료행위, 사이비종교행위 등은 제한을 받게 된다.

(4) 언론 · 출판의 자유(표현의 자유)

언론이란 담화 · 토론 · 연설 · 연극 · 방송 · 음악 · 영화 등 구두를 통한 사상의 발표를 말하고, 출판이란 문서 · 도서 · 사진 · 조각 등 문자 및 상형에 의한 사상의 발표를 말한다. 헌법 제21조는 '① 모든 국민은 언론 · 출판의 자유…를 가진다. 언론 · 출판은 타인의 명예와 권리 또는 공중도덕이나 사회윤리를 침해하여서는 아니 된다. ④ 언론 · 출판이 타인의 명예나 권리를 침해한 때에는 피해자는 이에 대한 피해의 배상을 청구할 수 있다.'라고 규정하여 언론 · 출판의 자유를 보장하고 있다.

사실 언론 · 출판의 자유는 원래 사상 또는 의견을 언어나 문자에 의해 표명하거나 전달하는 자유를 의미하나 현대적 의미의 언론출판의 자유는 그 외에도 알권리 · 액세스권 · 반론권 · 언론기관설립 · 보도의 자유 · 취재 · 편성권 등을 포함하는 의미로 사용된다. 그리고 언론 · 출판은 타인의 명예나 권리 또는 공중도덕이나 사회윤리를 침해할 수 없고, 침해한 경우 피해의 배상를 규정한 것은 언론 · 출판이 내재적 한계를 벗어나 남용을 방지하고 그 한계를 설정하기 위한 것이다. 한편 언론 · 출판의 자유와 표현의 자유와의 관계가 문제된다.

표현의 자유는 개인적 표현의 자유인 언론 · 출판의 자유와 집단적 표현의 자유인 집회 · 결사의 자유까지 포괄하는 의미에서 언론 · 출판의 자유보다 넓은 개념이다. 언론 · 출판의 자유는 민주정치를 유지하는 보루로서 정신적 자유권의 핵심일 뿐만 아니라 민주사회의 초석이다.

그러므로 경제적 기본권에 비하여 우월성을 가지므로 규제입법에 대한 합헌성판단에 있어 경제적 기본권보다 엄격한 기준에 따라야 하는 이중기준의 이론이 적용된다. 언론출판규제입법의 합헌성판단기준은 명확성의 이론·과잉금지의 원칙·명백·현존위험의 원칙(clear and present danger)·법익형량이론 등 엄격한 기준 아래에서만 인정하고 있다.

(5) 집회·결사의 자유

집회는 다수인이 공동목적을 위하여 일정장소에서 행하는 일시적 회합을 말한다. 집단적 시위도 움직이는 집회로서 여기에 포함된다고 보는 것이 다수견해이다. 결사는 다수의 자연인 또는 법인이 일정한 공동목적을 위하여 단체를 조직하는 것을 말한다. 한편 결사의 자유는 일반적 결사와 특수적 결사로 구분되는데 헌법 제21조의 결사의 자유는 정당·교단·노동조합 등의 특수한 결사를 제외한 일반적 결사의 자유를 의미한다.

헌법 제21조는 '모든 국민은…집회·결사의 자유를 가진다. 집회결사에 대한 허가는 인정되지 아니한다.'라고 하여 집단적 표현의 자유인 집회·결사의 자유와 그 허가제를 금지하고 있다. 집회·결사의 자유도 헌법내재적 한계를 지니며, 또한 집회및시위에관한법률·화염병사용등의처벌에관한법률과 사회단체신고에관한법률에 의하여 제한을 받는다.

(6) 학문과 예술의 자유

학문은 자연과 사회법칙에 관한 연구와 진리를 탐구하는 행위를 말하며, 학문의 자유는 이러한 학문적 활동에 대한 간섭을 받지 않을 자유를 의미한다.

학문의 자유는 17세기의 영국에서 베이컨과 밀튼에 의하여 주창되어 헌법에는 1849년의 프랑크푸르트헌법이 이를 처음 규정하였다. 학문의 자유의 내용은 연구의 자유, 연구성과 발표의 자유, 강학의 자유, 학문적 집회·결사의 자유 등이 있다. 예술은 예술가의 개인견문 체험의 창조적 표현을 말한다. 예술의 자유는 예술창작의 자유를 비롯하여 예술표현의 자유, 예술적 집회·결사의 자유 등이 있다.

헌법 제22조는 '모든 국민은 학문과 예술의 자유를 가진다. 저작자·발명가·과학기술자·예술가의 권리는 법률로써 보호한다.'라고 규정하여 학문과 예술의 자유를 보장하고 있다.

Ⅳ. 경제적 기본권

1. 의의

시민혁명이후의 각종 인권선언은 소유권의 불가침 등을 내용으로 하는 경제적 자유와 권리를 존중하는 경제적 자유방임주의를 표방하였다. 그러나 산업화가 진행된 19세기중엽 이후에는 자본주의에 대한 폐단으로 그 수정과 재편성이 불가피 하게 되었다. 헌법적 차원에서는 1919년의 바이마르헌법이 재산권의 상대화를 최초로 선언하였으며, 동 헌법은 지나친 경제적 자유의 방임을 지양하고 재산권행사의 한계를 강조하였다.

한편 현행헌법은 자유시장 경제원칙을 근간으로 하며, 필요한 범위 안에서 사회적 시장경제질서를 가미하고 있다. 경제적 기본권의 내용에는 직업선택의 자유(제15조), 재산권(제23조)만을 규정하고 있으나, 소비자의 권리도 이에 포함된다고 보는 것이 일반적이다.

2. 재산권

재산권은 경제적 가치가 있는 모든 공법적·사법적 권리를 말한다. 헌법 제23조는 '① 모든 국민의 재산권은 보장된다. 그 내용과 한계는 법률로 정한다. ② 재산권의 행사는 공공복리에 적합하도록 하여야 한다. ③ 공공필요에 의한 재산권의 수용·사용 또는 제한 및 그에 대한 보상은 법률로써 하되, 정당한 보상을 지급하여야 한다.'라고 하고 있다. 공공필요에 의한 재산권의 수용과 사용, 그리고 제한에는 반드시 정당한 보상이 지급되어야 한다.

이는 근대 초기의 재산권을 신성불가침의 권리로 간주하던 것을 20세기의 사회국가화의 경향으로 재산권의 절대적 보장과 계약자유의 원칙이 수정되면서 재산권에 대한 사회적 한계를 규정하고 있다.

3. 직업선택의 자유

직업선택의 자유는 자유로이 자신의 직업을 선택하고 종사할 수 있는 직업에 관련된 포괄적인 자유를 의미한다. 헌법 제15조는 '모든 국민은 직업선택의 자유를 가진다.'라고 규정하여 직업선택의 자유를 보장하고 있다. 헌법적 차원에서는 바이마르헌법이 그 시초이며, 우리 헌법도 1962년 헌법에서 최초로 규정하였다.

직업의 자유에는 직업결정의 자유, 직업수행의 자유, 직업이탈의 자유 등이 있으며, 직업의 자유에 대한 제한의 한계와 관련하여서는 독일의 판례와 학설을 통해 확립된 3단계 제한이론이 유명하다.

4. 소비자의 권리(소비자기본권)

소비자의 권리는 국민이 인간다운 생활을 영위하기 위하여 소비행위에 있어 공정한 가격과 적절한 유통구조를 통하여 상품을 구입하고 사용할 수 있는 권리를 말한다. 우리나라는 1980년 헌법부터 소비자권리문제를 소비자보호운동의 차원에서 규정하고 있을 뿐, 동 권리를 직접 헌법에서 명문으로 규정하고 있는 것은 아니다.

V. 정치적 기본권

1. 의의

정치적 기본권은 좁은 의미로는 전통적인 의미의 참정권을 지칭하나 넓은 의미로는 참정권외에 정치적 의사표명을 비롯한 일련의 정치적 활동권을 포함하는 의미를 담고 있다. 정치적 기본권의 발전유형은 정치적 자유→참정권→정치적 기본권의 형태로 확대되어 왔다. 헌법 제24조는 '모든 국민은 법률이 정하는 바에 의하여 선거권을 가진다.'고 규정하고, 또 제25조는 '모든 국민은 법률이 정하는 바에 의하여 공무담임권을 가진다.'고 규정하고 있고, 그리고 일정한 경우에 국민투표를 인정하고 있다.

2. 참정권

(1) 의의

참정권은 국민이 국가의 정책결정에 직접 참여하거나 선거투표에 참여하거나 공무원으로 선임될 수 있는 주관적 공권을 의미한다. 그러므로 참정권은 민주정치에 필수불가결한 권리이며, 소급입법에 의하여 제한당하지 아니한다. 참정권도 국민의 참여방식에 따라 직접참정권과 간접참정권으로 나누어진다.

(2) 직접참정권

1) 국민발안권

국민발안권은 헌법개정안이나 법률안을 국민이 직접 제출할 수 있는 권리를 말한다. 국민발안제는 미국의 주 헌법이나 스위스헌법, 그리고 독일헌법 등에서 인정되고 있다.

2) 국민표결권

국민표결권은 중요한 법안이나 정책을 국민투표를 통하여 결정하는 권리를 말한다. 국민표결에는 레퍼렌덤과 플레비지트가 있다. 레퍼렌덤은 헌법상 제도화되어 있는 헌법규범적인 국민표결제를 말하며, 플레비지트는 헌법상 제도화되어 있지 아니한 헌법현실적인 국민결정제를 말한다. 현행헌법은 직접참정권으로 대통령이 회부한 국가안위에 관한 중요정책과 헌법개정안에 대하여 국민투표를 인정하고 있다(제72조, 제130조 2항).

3) 국민소환(국민파면)

국민소환은 국민이 임기만료 전에 공직자를 그 직위에서 물러나도록 해직시킬 수 있는 권리를 말한다. 이 제도는 미국의 일부 주 등에서 채택하고 있다. 우리나라는 지방자치영역에서 일정한 조건에서 지방자치단체의 장과 의원에 대한 주민소환제를 규정하고 있다.

(3) 간접참정권

1) 선거권

헌법 제24조는 '모든 국민은 법률이 정하는 바에 의하여 선거권을 가진다.'라고 하여 선거권을 규정하고 있는데, 이는 국민이 각급 공무원을 선임하는 권리를 말한다. 헌법은 대통령과 국회의원, 지방의회의원과 지자치단체장의 선거권을 인정하고 있다.

2) 공무담임권

헌법 제25조는 '모든 국민은 법률이 정하는 바에 의하여 공무담임권을 가진다.'라고 하여 공무담임권을 보장하고 있다. 이는 모든 국민이 공무집행권을 가진다는 것이 아니라 국민은 법률이 정하는 바에 따라 국가기관에 참여할 수 있는 기본권을 가진다는 것을 의미한다. 현행 공직선거법에 의하면 공무담임권에 대하여는 거주요건·연령요건 등의 제한이 있다.

Ⅵ. 청구권적 기본권

1. 의의

청구권적 기본권은 국가에 대하여 일정한 행위를 적극적으로 청구할 수 있는 수단적 성질의 기본권으로, 일명 「기본권보장을 위한 기본권」이라고도 한다. 현행헌법상의 청구권적 기본권에는 청원권, 재판청구권, 국가배상청구권, 국가보상청구권, 범죄피해자 구조청구권 등이 있다.

2. 청원권

청원권은 국민이 국가기관에 대하여 청원사항에 대한 의견이나 희망을 진술할 권리를 말한다. 여기서의 국가기관에는 지방자치단체까지 포함한다.

헌법 제26조는 '모든 국민은 법률이 정하는 바에 의하여 국가기관에 문서로 청원할 권리를 가진다.'라고 하여 청원권을 보장하고 있다. 청원은 반드시 문서로만 가능하며, 특히 국회나 지방의회에 청원을 하는 때에는 반드시 의원의 소개를 얻어 제출하여야 한다. 국가는 청원에 대하여 수리 · 심사는 물론이고 통지할 의무까지 부담하며, 자세한 사항은 청원법 등에서 규정하고 있다.

3. 재판청구권

재판청구권은 재판절차는 반드시 법률로써 정하여야 하며, 그 내용과 절차에 의해서만 재판을 받을 권리를 말한다. 헌법 제27조는 '모든 국민은 헌법과 법률이 정한 법관에 의하여 법률에 의한 재판을 받을 권리를 가진다.'라고 하여 재판청구권을 보장하고 있다. 그러므로 그 내용과 소송절차를 정하는 형사소송법, 민법, 상법, 민사소송법, 행정소송법 등의 법률에 위반되는 재판은 국민이 거부할 수 있다. 재판을 받을 권리는 모든 국민은 신속한 재판을 받을 권리를 가진다. 전자는 모든 재판의 피고 또는 소송당사자를 위한 것이고, 후자는 형사피고인의 신체의 자유를 보장하기 위한 기본권이다.

공개재판이란 공정한 재판을 보장하기 위하여 재판의 심리와 판결을 공개한 것을 말한다. 그러나 국가의 안전보장 또는 안녕질서를 방해하거나 선량한 풍속을 해할 염려가 있을 때에는 법원의 결정으로 재판의 심리만은 공개하지 아니할 수 있다.

특히 헌법과 법률이 정한 법관에 의한 재판받을 권리와 관련하여 문제되는 것은 배심재판제도, 군사재판, 통고처분, 행정기관에 의한 재결 또는 결정, 특허심판과 해난심판

등이 있다.

4. 국가배상청구권

국가배상청구권은 공무원이 직무상의 불법행위로 국민에게 손해를 입힌 경우 국민은 국가(공공단체)에 대하여 배상을 청구할 수 있는 권리를 의미한다. 우리나라는 프랑스 법체계를 따랐다고 볼 수 있으며, 건국헌법이래 이를 헌법에 규정하고 있다.

헌법 제29조는 '① 공무원의 직무상 불법행위로 손해를 받은 국민은 법률이 정하는 바에 의하여 국가 또는 공공단체에 정당한 배상을 청구할 수 있다. ② 군인·군무원·경찰공무원 기타 법률이 정하는 자가 전투·훈련 등 직무집행과 관련하여 받은 손해에 대하여는 법률이 정하는 보상 외에 국가 또는 공공단체에 공무원의 직무상 불법행위로 인한 배상은 청구할 수 없다.'라고 하여 국가배상청구권과 공법상 특수한 신분관계에 있는 자에 대하여는 법정보상만을 인정하고 이중배상을 금지하는 예외조항을 규정하고 있다. 국가배상청구권의 성립요건으로는 공무원의 행위, 직무상의 행위, 불법행위로 인한 손해의 발생 등을 들 수 있다.

5. 국가보상청구권

(1) 의의

국가보상청구권은 적법한 행위로 인한 국가의 침해행위에 대하여 국가에 그 보상을 청구할 수 있는 권리를 말하며, 손실보상청구권과 형사보상청구권이 있다.

(2) 손실보상청구권

손실보상청구권은 적법한 공권력의 행사, 즉 공용수용·공용사용·공용제한 등으로 특별히 재산상 피해를 당한 국민이 국가에 대하여 희생에 대한 공평부담의 견지에서 그 손실의 보상을 청구할 수 있는 권리를 말한다. 헌법 제23조 제3항은 '공공필요에 의한 재산권의 수용·사용 또는 제한 및 그에 대한 보상은 법률로써 하되, 정당한 보상을 지급하여야 한다.'라고 하여 손실보상청구권을 규정하고 있다.

(3) 형사보상청구권

형사보상청구권은 형사피의자 또는 형사피고인으로서 구금되었던 자가 불기소처분을 받거나 무죄판결을 받은 경우에는 법률이 정하는 바에 의하여 국가에 물질적·정신적 손실을 보상하여 주도록 청구할 수 있는 권리를 말한다. 헌법 제28조는 '형사피의자 또는 형사피고인으로 구금되었던 자가 법률이 정하는 불기소처분을 받거나 무죄판결을 받은 때에는 법률이 정하는 바에 의하여 국가에 정당한 보상을 청구할 수 있다.'라고 하여 형사보상청구권을 규정하고 있다.

형사보상의 성립요건인 불기소처분에는 협의의 불기소처분을 말하며, 기소중지처분이나 기소유예처분은 형사보상을 청구할 수 없다. 한편 무죄판결이란 당해 절차에 의한 무죄판결뿐만 아니라 재심·비상상고에 의한 무죄판결도 포함된다.

6. 범죄피해자구조청구권

범죄피해자구조청구권은 타인의 범죄행위로 생명이나 신체에 피해를 입은 당사자나 그 유족이 가해자로부터 충분한 배상을 받지 못한 경우에 국가에 그 보상을 청구할 수 있는 권리를 말한다. 헌법은 제30조에서 '타인의 범죄행위로 인하여 생명·신체에 대한 피해를 받은 국민은 법률이 정하는 바에 의하여 국가로부터 구조를 받을 수 있다.'라고 하여 범죄피해자구조제도를 인정하고 있으며, 범죄피해자구조법이 제정되어 1988년 7월 1일부터 시행되고 있다.

Ⅶ. 사회적 기본권

1. 의의

사회적 기본권은 사회정의의 실현을 통하여 국민의 인간다운 생활을 확보하기 위하여 국가적 급부와 배려를 요구할 수 있는 기본권을 말한다. 사회적 기본권은 자본주의의 발전에 따른 폐해를 극복하여 최저한의 인간다운 생존의 보장과 실질적 평등을 구현하기 위하여 시민적 자유권에 대한 수정이론으로 등장하였다. 사회적 기본권의 실정화는 제1차 대전 이후이며 헌법에 처음 등장한 것은 1919년의 바이마르헌법이다.

사회적 기본권의 법적 성격에는 프로그램권리설과 법적 권리설이 있으며, 후자는 다시 추상적 권리설과 구체적 권리설로 견해가 구분된다. 자유권적 기본권과 사회적 기본권의 관계는 헌법의 이념을 실현함에 있어 상호 목적과 수단의 관계에 있다고 볼 수 있다.

2. 인간다운 생활권

인간다운 생활권(생존권)은 인간의 존엄성에 상응하는 건강하고 문화적인 생활을 영위할 권리를 의미한다. 헌법 제34조 제1항은 '모든 국민은 인간다운 생활을 할 권리를 가진다.'라고 규정하여 인간다운 생활권을 보장하고 있다.

'인간다운 생활권'조항은 헌법의 사회적 기본권에 있어 핵심조항인 동시에 이념적·총칙적 규정이라 할 수 있으며, 헌법 제10조의 인간의 존엄성존중조항을 보완하는 조항이라 할 수 있다. 인간다운 생활의 헌법상 보장은 헌법상의 사회적 기본권과 경제에 관한 규제와 조정에 의한 조항 등에서 예정하고 있다.

3. 사회보장수급권(사회보장권)

사회보장수급권은 국가적 보호를 필요로 하는 개인이 인간의 존엄에 상응한 생활을 영위하기 위하여 국가에 대하여 적극적 급부를 청구할 수 있는 권리를 말한다. 헌법 제

34조는 '② 국가는 사회보장 사회복지의 증진에 노력할 의무를 진다. ③ 국가는 여자의 복지와 권익의 향상을 위하여 노력하여야 한다. ④ 국가는 노인과 청소년의 복지향상을 위한 정책을 실시할 의무를 진다. ⑤ 신체장애자 및 질병노령 기타의 사유로 생활능력이 없는 국민은 법률이 정하는 바에 의하여 국가의 보호를 받는다. ⑥ 국가는 재해를 예방하고 그 위험으로부터 국민을 보호하기 위하여 노력하여야 한다.'라고 규정하여 모든 국민에게 인간다운 생활을 누리도록 하기 위하여 국민에게는 일련의 사회보장수급권을 보장하고, 국가에 대하여는 사회보장증진의무를 부과하고 있다.

4. 교육을 받을 권리

교육을 받을 권리는 개인의 능력에 따라 균등하게 교육을 받을 수 있을 뿐만 아니라 자녀에게 적절한 교육기회의 제공을 요구할 수 있는 권리까지 포함하는 의미이나, 좁은 의미로는 국가의 방해 없이 교육을 받을 수 있으며, 이를 국가가 배려할 수 있도록 요구할 수 있는 권리를 말한다.

헌법 제31조는 '모든 국민은 능력에 따라 균등하게 교육을 받을 권리를 가진다.'라고 규정하여 교육을 받을 권리를 보장하고 있다. 교육을 받을 권리는 능력에 상응한 교육을 요구할 수 있는 권리와 교육기회의 균등을 보장하고 있다.

한편 헌법 제31조 2항 내지 제6항은 의무교육(제31조 2항), 의무교육의 무상(제31조 3항), 교육의 자주성·전문성·정치적 중립성, 평생교육의 진흥, 교육제도의 법정주의 등은 교육을 받을 권리를 뒷받침하는 수단적 규정이라 할 수 있다.

5. 근로의 권리

근로의 권리는 근로자가 자신의 선택에 따라 근로관계를 형성하고 이를 방해받지 아니하고 지속적으로 유지할 수 있어야 하며, 또한 근로의 기회를 얻지 못한 경우에는 국가에 대하여 근로기회를 요청할 수 있는 권리를 의미한다.

한편 근로자란 사용주에 대하여 근로의 의사와 능력을 가지면서 자기의 생산수단을 가지지 않기 때문에 피고용자로서 임금·급료에 의하여 생활하는 자를 말한다. 근로의 권리는 자유권적 성격과 사회권적 성격을 아울러 가지고 있으나, 자유권적 성격은 부수적이라 할 수 있으며 본질적으로는 사회적 기본권의 성질을 띠고 있다고 하겠다.

경제적 약자인 근로자의 인간다운 생존을 보장하기 위한 일련의 헌법조항들을 총괄하여 노동헌법이라 하며, 노동헌법의 핵심을 근로기본권(근로의 권리+노동3권)이라 한다. 근로권을 헌법에서 최초로 규정한 것은 1919년 바이마르헌법이다.

헌법은 제32조 1항에서 '모든 국민은 근로의 권리를 가진다. 국가는 사회적·경제적 방법으로 근로자의 고용의 증진과 적정임금의 보장에 노력하여야 하며, 법률이 정하는 바에 의하여 최저임금제를 시행하여야 한다.'라고 하여 근로의 권리를 보장하고 있고, 제2항 내지 제6항에서는 근로의 권리, 근로조건의 법정주의, 여자의 근로에 대한 특별보호와 근로관계에 있어서 여성에 대한 차별금지, 연소근로자의 특별보호, 국가유공자·상이군경·전몰군경유가족에 대한 근로기회우선보장 등을 규정하고 있다.

한편 시간단위의 최저임금제를 규정하고 있는 최저임금법이 시행되고 있다.

6. 노동3권

노동3권(근로3권)은 경제적 약자의 지위에 있는 근로자들이 근로조건의 향상을 위하여 조직체를 결성하고 사용자와 교섭·타협의 조정을 하며 단체행동도 할 수 있는 권리를 말한다. 노동3권에는 단결권·단체교섭권·단체행동권이 있으며, 이들 노동3권 또는 노동기본권은 밀접하게 상호관련을 가지면서 근로자의 생존을 확보하고 경제적 지위향상을 꾀하기 위한 수단으로 간주되고 있다.

단결권이란 근로자들이 근로조건의 향상을 위하여 사용자와 대등한 입장에서 자주적 단체를 결성하고 이에 가입하여 활동할 수 있는 권리를 말하며, 단체교섭권이란 근로자단결체의 대표자가 사용자단체와 자주적으로 교섭하는 권리를 말하며, 단체행동권은 근로자가 노동쟁의가 발생한 경우에 쟁의행위(동맹파업·태업 등)를 할 수 있는 권리를 말한다. 한편 사용자는 근로자의 쟁의행위에 상응하는 조치로 직장폐쇄라는 수단을 행사할 수 있다.

헌법은 제33조에서 '① 근로자는 근로조건의 향상을 위하여 자주적인 단결권·단체교섭권 및 단체행동권을 가진다. ② 공무원인 근로자는 법률이 정하는 자에 한하여 단결권·단체교섭권 및 단체행동권을 가진다. ③ 법률이 정하는 주요방위산업체에 종사하는 근로자의 단체행동권은 법률이 정하는 바에 의하여 이를 제한하거나 인정하지 아니할 수 있다.'라고 하여 근로자의 노동3권과 공무원근로자에 대한 노동3권제한, 그리고 주요방위산업체종사자에 대한 단체행동권의 제한 등을 규정하고 있다.

7. 환경권

환경권은 환경의 오염에 대하여 국가나 제3자에 대하여 예방이나 그 배제를 요구할 수 있는 권리를 말하나, 넓은 의미로는 청정하고 쾌적한 환경에서 살 수 있는 권리까지도 포함한다.

환경정책기본법은 환경권의 대상이 되는 환경에는 자연환경과 생활환경으로 구분하고 있다. 헌법 제35조는 '① 모든 국민은 건강하고 쾌적한 환경에서 생활할 권리를 가지며, 국가와 국민은 환경보전을 위하여 노력하여야 한다. ② 환경권의 내용과 행사에 관하여는 법률로 정한다. ③ 국가는 주택개발정책 등을 통하여 모든 국민이 쾌적한 주거생활을 할 수 있도록 노력하여야 한다.'라고 하여 환경권의 보장과 국가의 환경보전의무, 그리고 환경권에 대한 법률유보와 쾌적한 주거생활권을 보장하고 있다.

8. 보건권과 모성을 보호받을 권리

보건권이란 국민이 건강을 유지하는데 필요한 국가적 지원을 요구할 수 있는 권리를 말한다. 보건권의 개념은 제1차대전이후의 바이마르헌법에서 처음 등장하였으며, 우리나라도 건국헌법 제20조에서 규정한 이래 역대헌법에서 이를 규정하고 있다.

보건권의 보호 법률에는 식품위생법, 의료법, 환경보전법, 전염병예방법 등이 있다. 헌법 제36조 제3항은 '모든 국민은 보건에 관하여 국가의 보호를 받는다.'라고 하여 보건권을 규정하고 있다.

한편 모성을 보호받을 권리는 가족의 핵심적 구성요소이며 가족구성원의 생산적 모체라 할 수 있는 자녀를 가진 여성인 모성에 대하여 보호받을 권리를 말한다. 모성보호에 대하여 헌법은 국가적 의무만을 규정하고 있지만 모성은 국가적 보호를 청구할 수 있다. 헌법 제36조 제2항은 '국가는 모성의 보호를 위하여 노력하여야 한다.'라고 하여 국가의 모성보호의무를 규정하고 있다.

Ⅷ. 국민의 기본의무

1. 기본적 의무의 의의

국민의 기본적 의무는 국민이 부담하는 의무 중에서 헌법이 특별히 규정하고 있는 의무를 말하며, 이를 헌법상의 의무 또는 공의무라고도 한다. 기본적 의무는 원래 고전적 의무로서 납세·국방의 의무부터 사회국가의 요청에 따라 교육·근로·환경보전의 의무 등이 새롭게 추가되었다.

2. 납세의 의무

납세의 의무는 근대국가 헌법에서부터 국방의 의무와 함께 고전적 의무로 간주되고 있으며, 납세라 함은 조세의 납부를 의미한다. 납세의 의무는 개인의 재정능력에 따라 공평하여야 하는 조세평등주의와 법률에 의한 과세를 의미하는 조세법률주의의 원칙에 따라야 한다.

헌법 제38조는 '모든 국민은 법률이 정하는 바에 의하여 납세의 의무를 진다.'라고 하여 납세의 의무를 규정하고 있다.

3. 국방의 의무

국방의 의무는 외국의 침략으로부터 국가를 방위하고 영토를 보전하기 위한 의무를 말한다. 국방의 의무는 병역법에 따른 군복무에 응할 직접적인 병력형성의무와 병역법 이외의 관련 법률에 따른 의무를 그 내용으로 하며, 이는 반드시 법률로써 부과하여야 한다. 헌법 제39조는 '① 모든 국민은 법률이 정하는 바에 의하여 국방의 의무를 진다. ② 누구든지 병역의무의 이행으로 인하여 불이익한 처우를 받지 아니한다.'라고 하여 국방의 의무와 그로인한 불이익금지를 규정하고 있다.

4. 교육을 받게 할 의무

교육을 받게 할 의무는 친권자 또는 후견인이 그 자녀에게 초등교육과 법률이 정하는 교육을 받을 수 있도록 취학시킬 의무를 말한다. 납세의 의무와 국방의 의무는 고전적인 국민의 의무에 해당되나 교육의 의무는 현대복지국가헌법의 내용으로 교육을 받을 권리를 인정해줌과 동시에 문화국가를 지향하는 현대국가가 친권자 또는 후견인에게 자녀의 초등교육에 대한 취학의무를 부과한 것이다. 헌법 제31조는 '② 모든 국민은 보호하는 자녀에게 적어도 초등교육과 법률이 정하는 교육을 받게 할 의무를 진다. ③ 의무교육은 무상으로 한다.'라고 하여 교육을 받게 할 의무와 의무교육의 무상제도를 규정하고 있다.

5. 근로의 의무

근로의 의무는 근로할 능력이 있지만 근로하지 않는 자에 대하여 윤리적·도덕적 비난을 가할 수 있다는 의미로 받아들여지는 것이 일반적이다. 근로는 노동과 동일한 개념이며 근로의 의무의 법적 성격에 대하여는 자본주의국가와 사회주의국가는 서로 상이하다. 따라서 근로의 의무는 민주주의원칙을 전제로 하고 있으므로 그 내용과 조건이 사회주의국가의 강제노동과 같은 의미를 가질 수는 없다. 헌법 제32조 제2항은 '모든 국민은 근로의 의무를 진다. 국가는 근로의 의무의 내용과 조건을 민주주의원칙에 따라 법률로 정한다.'라고 하여 근로의 의무를 규정하고 있다.

6. 환경보전의 의무

헌법 제35조 1항 후단은 '국민은 환경보전을 위하여 노력하여야 한다.'라고 하여 국민의 환경보전의무를 규정하고 있다. 따라서 개인 또는 기업은 환경오염이나 공해유발 행위를 자제하고 오염방지시설을 설치할 의무를 지며, 이를 위반한 경우에는 국가적 제재를 받게 된다.

7. 재산권행사의 제한

헌법 제23조 제2항은 '재산권의 행사는 공공복리에 적합하도록 하여야 한다.'라고 하여 재산권행사의 사회구속성을 규정하고 있다. 동조의 성질에 대하여는 재산권행사의무설과 재산권제한설, 그리고 헌법원리설 등의 견해가 대립하고 있다.

제3절 통치구조

I. 권력분립의 원리

현대국가는 국가권력을 정부에만 허락하지 않고 정부에 대립되는 국민 자신들의 국가기관을 창설하였다. 이것이 바로 국가기관으로서의 국민이란 지위이다.

따라서 국민주권국가에서는 국가권력을 제1차적으로 양분하여 국가기관으로서의 국민과 정부에 부여하고 통치권을 받은 정부는 다시 이 권한을 제2차적으로 입법부 · 행정부 · 사법부 및 헌법재판소에 부여한다. 그러므로 국민주권국가에서 국가권력은 국가기능기관으로서의 국민 · 입법부 · 행정부 · 사법부 · 헌법재판소의 기관 등에 분산된다.

1. 삼권분립제도

(1) 의의

권력분립(separation of power)의 이론은 로크와 몽테스키외에 의하여 완성되었다. 몽테스키외의 권력분립이론은 국가권력의 합리화를 위한 조직윤리가 아니고 당시의 자유주의사상을 기반으로 시민의 정치적 자유를 보장하기 위한 정치기술의 수단이었다.

(2) 내용

권력분립이론은 적극적으로 국가권력을 구성하는 조직원리가 아니라 국가권력의 일방적 집중을 방지하고 권력의 남용을 방지하려는 소극적 원리였다. 그것은 입법권 · 행정권 · 사법권의 분리를 전제로 하고 이를 각각 독립기관에 분담시키는 동시에 권력담당기관의 상호견제를 도모하여 권력균형을 그 중대한 수단으로 삼는다.

따라서 권력분립이론에 반드시 따르는 '견제와 균형의 원칙'(principle of checks and balances)은 인간의 심리를 이용한 교묘한 정치기술인 것이다. 이와 같은 몽테스키외의 권력의 억제와 권력상호간의 원칙은 근대자유주의국가 및 입헌주의국가의 모든 헌법의 기본적 구조원리로 채택되었다.

(3) 현대적 변용

권력분립이론은 현대국가에서 많은 비판을 받았는데, 특히 국민주권사상과 복지국가, 적극국가, 그리고 정당국가화의 경향에 따라 그 실질적인 기능을 제대로 발휘하지 못하게 되자, 뢰벤슈타인은 국가기능의 분리를 주장하여 정책결정 · 정책집행 · 정책통제의 기능은 상호 분리되어야 함을 주장하였다.

2. 정부형태

정부형태란 권력분립의 원리가 권력구조의 형성에 어떻게 적용되는가 하는 것을 말한다. 전통적으로 입법부와 행정부의 관계를 중심으로 하여 대통령제 · 의원내각제 · 제3의 유형으로 분류하였으나 오늘날에는 주로 권력통제의 여부에 따라 전제주의 정부형태와 입헌주의 정부형태로 분류된다.

(1) 대통령제

대통령제는 1787년 미국 필라델피아의 헌법회의에서 유래한다. 제도적 내용에는 입법부와 행정부를 서로 독립시켜 국무위원의 국회위원 겸직이 금지되고, 국무위원의 국회 출석발언권과 행정부의 법률안제출권이 없으며, 대통령의 법률안거부권이 인정된다. 다음은 행정부의 일원성인데, 대통령은 국가원수인 동시에 행정부의 수반이며, 국무회의는 자문기관이다. 그리고 양원제가 대부분이고 부통령제가 있는 것이 대통령제의 원칙이다.

대통령제의 장점은 임기 중 정국의 안정, 정책의 계속성 보장, 소수자의 이익보호, 국회의 졸속입법방지 등을 들 수 있고, 단점으로는 대통령 독재의 위험성, 국정의 통일적 수행의 방해, 입법부와 행정부의 충돌에는 그 해소방법을 찾기 어렵다는 것 등이다.

(2) 의원내각제

내각책임제는 1688년 영국의 명예혁명 후 특수한 상황에서 제도적으로 성립되었다.

그 후 의원내각제로서 프랑스의 제3 · 4공화국의 정부형태가 이에 속하며, 현재 대부분의 국가는 이 제도를 채택하고 있다.

의원내각제의 제도적 내용은 국가원수의 국정에 대한 초연, 정부의 이원화, 내각의 성립과 존속의 국회의존, 국회의 내각불신임과 정부의 국회해산권, 각원의 의원겸직, 내각의 의결기관 등을 들 수가 있다.

그 장점은 민주적 요청에 적합, 책임정치의 구현, 내각과 국회의 이원 일체적 국정수행, 내각과 국회의 대립이 신속히 해결된다는 점 등이다. 그러나 단점으로 국회와 내각이 같은 정당에 의해 독점될 경우에 이에 대한 견제장치가 없는 점, 다수정당이 난립될 때에는 정국의 불안정 우려, 국회가 정권획득을 위한 정쟁장소로 될 우려가 있다는 점 등이다.

(3) 이원정부제

이원정부제는 1919년 바이마르헌법과 1958년 드골헌법의 정부형태가 여기에 속하며, 그 제도적 내용은 의원내각제의 요소와 대통령제의 요소가 결합되어 있다. 평시에는 내각수상이 행정권을 행사하고 국회에 대하여 책임을 지지만 위기에 있어서는 대통령이 행정권을 행사한다. 대통령은 의회에서 독립하고, 위기 때에는 대통령에게 국정의 영도자적 지위가 부여된다.

장점은 평시에는 의원내각제적으로 운영되므로 국회와 행정부의 마찰을 회피할 수 있고, 국가가 위기에 처한 때 대통령의 강력한 통치로 신속 · 안정된 국정처리를 할 수 있는 점이다. 그러나 단점은 내각과 국회의 대통령에 대한 견제권이 약화되어 독재화될 우려가 있는 점이다.

(4) 의회제정부형태

입법부가 모든 권력을 독점하고, 집행부는 입법부에 종속되어 있는 정부형태를 의미하는데, 국회는 단원제가 원칙이고, 국가원수를 두지 않는 것이 일반적이다. 스위스헌법, 1936년 스탈린헌법 이래 1990년 이전의 소련헌법이 여기에 속한다.

3. 우리나라의 정부형태

정부형태는 대통령제 · 의원내각제 · 이원정부제의 절충적 형태라 할 수 있지만, 국정이 대통령 중심으로 행정부의 수반과 국가원수가 대통령인 점에 비추어 현실적으로는 대통령제이다. 즉 국가권력을 국가원수로서의 대통령에게 집중시키는 권력집중의 원리와 견제 · 균형의 원리에 입각한 3권 분립의 원리를 동시에 채택하여 절충하고 있다. 그러나 대통령의 상대다수선거제와 일부 간선제의 도입, 부통령의 부재, 견제수단의 불균형 등이 문제점으로 지적되고 있다.

그러나 정부형태는 각국의 정치환경 등 역사적 조건과 특히 권력담당자와 국민의 민주적 운용 여부에 따라 그 성패가 좌우되므로, 제도의 장단점은 상대적이라 하겠다.

II. 국회

1. 국회의 지위

(1) 국민대표기관의 국회

국회는 국민의 대표기관이다. 그러나 이것을 헌법상으로 볼 때 대표기관이라는 데에 관해서 네 가지 견해가 있다. 첫째는 국민과 국회간의 대표관계를 법적 위임관계라 하고(위임관계설), 둘째는 법정대표관계라 하며(법정대표설), 셋째는 국민과 국회의 법적인 대표 · 대리를 인정하지 않고 정치적 대표관계라 하고(정치적 국민대표설), 넷째는 국민과 국회와의 관계를 헌법대표관계라고 한다(헌법적 국민대표설).

그런데 헌법에서 국민을 대표한다고 할 때 헌법규정을 그대로 받아들이고 또 실제적으로 관념되어온 국민대표의 관념과 일치시키는 의미에서 우리나라 학자들은 전체적 헌법질서에서 대표관계가 인정되는 이상 엄연한 헌법상의 국민대표기관이라 한다.

(2) 입법기관의 국회

국회의 가장 본질적·역사적 권한은 입법에 관한 권한이다. 그러나 국회가 입법부라고 하지만 입법권이 국회의 전속권한이므로 다른 기관은 입법에 관여할 수 없다는 의미는 아니며, 또 국회가 입법권 이외에 다른 권한을 가지지 않는 것도 아니다. 오늘날 국가의 사회적·경제적 기능의 확대에 따른 국가행정의 기술화로 인하여 실질적인 입법권은 국회로부터 행정부로 이동하고 있다.

(3) 국정감시·비판기관의 국회

정당국가, 행정국가의 경향에 따라 국회의 국민대표기관성, 입법기관성이 약화되면서 국회의 국정감시·비판기능이 실제 정치운용상 국회의 중대한 기능으로 나타나고 있다. 그것은 국회가 국민의 대표기관으로 민의를 반영시켜 입법 기타 중요한 국가의사구성에 참여하고, 행정부 등을 감시하는 권한을 가지고 있기 때문이다.

2. 국회의 구성

(1) 양원제와 단원제

우리나라 헌법은 단원제를 채택하고 있다. 양원제와 단원제의 장·단점에 대해서는 여러 가지 견해가 있다. 헌법은 최초에 단원제를 채택하였다가, 제1차 개정에 의하여 양원제로 되고 제3공화국 이후부터 다시 단원제로 환원되었다. 군주국이나 연방국가에 있어서의 양원제는 사회구조상 또는 합리적 목적에 그 제도적 가치를 발견할 수 있는데, 기타의 국가에 있어서의 양원제는 이와 같은 절대적인 이유를 발견할 수 없으므로 양원제를 채택하기도 하고 단원제를 채택하기도 한다.

국회의 구성에 있어서 양원제의 장점으로는 권력분립주의의 구현으로서 행정부에 대한 입법부의 지나친 우월을 견제할 수 있고, 국회의 심의를 신중히 하여 경솔한 의결과 과오를 방지할 수 있으며, 상원은 국회와 정부의 충돌을 완화하는 장소가 될 수 있다는 점을 들 수 있다. 단점으로는 국회기능의 지연과 막대한 비용을 필요로 하고, 국회의 책임소재가 불분명하고 국회를 양원에 분리하므로 행정부에 대한 국회의 지위가 저하된다.

이외에도 양원제의 단점으로는 이론적으로 볼 때 양원의 의견이 불일치하면 그 일원은 불필요한 존재이고, 만일 양원의 의견이 일치하면 국민의 정치적 대표성에서 모순을 의미하게 된다는 점 등을 들 수 있다. 한편 단원제의 장·단점은 양원제의 장·단점과 상반된다.

(2) 국회의원의 선거

주권국가에서는 주권자인 국민의 의사를 국정에 반영시켜야 한다는 요청에 의하여 중요한 국가기관을 선거에 의하여 선출한다. 어떤 기관을 선거에 의하여 결정할 것인가의 문제는 국민의사에 따라 결정된다. 그러나 국회의원, 특히 하원의원은 선거에 의하여 선출한다는 것은 일반 현상이다.

1) 선거와 선거권

선거는 다수인의 복수의사에 의하여 국가기관에 취임할 사람을 결정하는 합성행위이다. 따라서 선거는 다수인이 하는 합성행위를 말하며 개개인의 선거인단구성분자의 개개의 투표행위를 말하는 것은 아니다. 개개의 선거인은 선거인단이라는 국가기관에 참가하여 그 부분기관으로서 합성행위의 일부인 투표를 하는 데 불과하다.

선거권은 국민이 법률의 규정에 의하여 누구든지 선거인단이란 국가기관에 당연히 참가할 수 있는 권리이다. 이것은 선거인단으로서 개개 국민이 직접투표에 참가하는 권리와는 구별된다.

2) 국회의 구성과 선거제도

국회는 국민의 보통·평등·직접·비밀선거에 의하여 선출된 의원으로 구성되며 국회의원의 임기는 4년이다. 국회의원의 수는 법률로 정하되 200인 이상으로 하며, 우리나라의 국회의원 선거제도는 소선거구제·다수대표제와 비례대표제를 병행하고 있다.

3. 국회의 운영

(1) 회기 및 집회 · 개회 · 폐회 · 휴회

1) 회기

국회가 활동능력을 가진 기간을 회기라고 한다. 회기는 집회당일부터 시작된다. 회기가 만료되면 국회는 당연히 스스로 폐회한다.

2) 국회의 회의 종류

국회의 정기회는 매년 1회 정기적으로 소집되는 국회의 회기를 말한다. 국회의 정기회는 매년 1회 집회하는데 정기회의 회기는 100일을 초과할 수 없다.

임시회는 임시 긴급한 필요가 있을 경우에 집회되는 회기로 대통령 또는 국회의 재적의원 4분의 1이상의 요구에 의하여 집회한다. 임시회는 30일을 초과할 수 없다.

3) 휴회 및 폐회

국회는 의결로 기간을 정하여 폐회할 수 있다. 휴회란 회기 중 일시 국회의 활동을 중지하는 것을 말한다. 국회의 회기는 정기회이건 임시회이건 집회 후 즉시 정하여야 하는데, 폐회는 회기의 종료에 따라 스스로 행한다.

(2) 의사절차

1) 정족수

정족수는 의사와 의결에 필요한 참여인원의 요건을 의미하는데 두 가지가 있다. 전자는 국회가 의사를 하는 데 필요한 수를 말하고, 후자는 의결을 하는 데 필요한 수를 말한다.

국회의 의결정족수는 헌법 또는 법률에 특별한 규정이 없는 한 재적의원 과반수의 출석과 출석의원 과반수의 찬성으로 의결한다. 그리고 헌법의 특별규정에 따르면 헌법개정안의 의결, 국회의 재의결, 국무총리·국무위원의 해임건의, 탄핵소추의 의결, 국회의원 제명의결 등은 특별정족수를 요구한다.

2) 의사공개의 원칙

국회의 의사공개는 국회제도의 본질의 하나로서 요청되는 공개토론과 국민의 비판에 절대로 필요한 것이다. 그러므로 우리 헌법도 국회의 회의는 공개한다는 의사공개의 원칙을 선언하였다. 그러나 의사의 공개는 비밀정치의 배제와 국민의 국정비판의 정신에 위반되지 않는 한도 안에서 국가의 안전보장을 위하여 필요하다고 인정될 경우에는 국회의 의결에 의하여 비밀회의도 할 수 있다. 비밀회의의 의결은 출석의원 과반수의 찬성으로 한다.

3) 회기계속의 원칙

회기 중에 의결하지 아니한 의안은 다음 회기에 계속하지 아니하는 것을 회기불계속의 원칙이라 한다. 우리나라에 있어서는 회기불계속의 원칙을 인정하지 않고 국회에 제출된 법률안 기타의 의안은 회기 중에 의결되지 못한 이유로 폐기되지 아니한다. 다만 국회의원의 임기가 만료된 때에는 예외로 하고 있다.

4) 일사부재의의 원칙

회기 중에 부결된 안건은 그 회기 중에 다시 제출하지 못하는 것을 일사부재의의 원칙이라고 한다. 이것은 국회의 의사가 일단 확정되었으므로, 이것을 재의함은 신속한 의사진행에 장애를 가져오기 때문이다. 이 원칙은 필리버스터(filibuster)를 통한 소수파의 의사진행방해를 방지하는 효과가 있다.

4. 국회의 권한

(1) 입법에 관한 권한

1) 입법권의 개념

헌법 제40조는 '입법권은 국회에 속한다.'라고 하여 국회가 입법권을 가진다는 것을 규정하고 있다. 입법권은 국회가 가지는 가장 본질적이며 전통적인 권한이다.

원래 국가권력을 입법권 · 행정권 · 사법권으로 분류한 것은 국민의 자유와 권리를 보장하려는 자유주의 · 입헌주의 정치의 기술요청에서 유래한 것이다. 그러나 입법권 · 행정권 · 사법권의 개념 및 3권을 명확하게 구별하는 것은 어렵기 때문에, 입법권의 개념에 대하여서도 견해가 대립하고 있다.

한편 입법의 권한에 대하여는 실질설과 형식설이 있다. 실질설은 입법이란 실질적 의미의 법률을 제정하는 것이라는 주장이다. 즉 실질적 의미의 법률은 국민의 권리 · 의무를 규정하는 법규를 말한다. 형식설은 입법이란 형식적 의미의 법률을 제정하는 것이다. 즉 형식적 의미의 법률은 실질적 의미의 법률에 대응하는 개념으로서 법률정립에 있어서 일정한 형식에 따라서 개정되는 법률을 말한다.

그런데 현대국가에 있어서 국회의 입법권은 특히 헌법규정에 위반되지 않는 한 모두 그 대상이 될 수 있다. 그리고 명령은 법률보다 하위법규범이므로 이 하위법규범을 구속하기 위한 법률제정이 포함된다.

헌법 제40조의 입법은 실질적 의미의 법률제정으로 보는 것 보다 오히려 법률의 형식으로서 제정되는 형식적 의미의 법률제정을 그 내용으로 하고 있다.

국회의 입법권은 국회만이 입법에 관한 모든 행위를 배타적으로 할 수 있다는 의미가 아니며, 따라서 입법과정에서는 다소간 행정부의 관여를 인정할 수 있다. 특히 의원내각제의 국가에 있어서는 이러한 경향이 많다.

헌법은 대통령의 법률안거부권, 정부의 법률안 제출권, 국회출석발언권을 인정하고, 예외로서 대통령의 긴급명령권 등과 위임명령 · 집행명령을 발할 수 있다. 이는 국회의 입법권에 행정부가 관여할 수 있음을 인정한 중요한 경우이다. 기타 법률 이외의 입법에 관한 권한으로는 헌법개정 권한, 조약체결비준 동의권 등이 있다.

2) 법률안제출과 심의

법률안의 제출권은 국회의원과 정부에 있다. 법률안 발의에는 의원 20인 이상의 찬성을 얻어 의장에게 제출한다. 정부가 법률안을 제출함에는 국무회의의 심의를 거쳐야 한다.

법률안이 제출되면 의장이 의원에게 배부하고 국회에 보고하며 소관 상임위원회에 회부한다. 위원회의 심사가 끝난 법률안은 본회의에 회부된다. 법률안의 의결은 보통 의결정족수, 즉 재적의원 과반수의 출석과 출석의원 과반수의 찬성으로 의결한다.

3) 법률의 성립

① 대통령의 서명 · 공포

국회에서 의결된 법률안이 정부에 이송되면 대통령은 국무회의에 심의를 거쳐 이에 서명함으로써 법률로 성립되며, 대통령은 15일 이내에 이를 공포하여야 한다. 대통령의 서명은 법률의 성립요건이고 공포는 법률의 효력발생요건이다. 대통령은 확정된 법률을 공포를 이행하지 않을 경우에는 국회의장이 법률을 공포한다.

② 법률의 효력발생시기

법률 자체에 시행일에 관한 특별한 규정이 없을 경우에는 공포한 날로부터 20일이 경과함으로써 효력이 발생한다고 헌법은 규정하고 있다.

③ 법률안거부권

법률안거부권이란 국회에서 의결되어 정부에 이송해온 법률안에 대하여 이의가 있을 때 이것을 국회의 재의에 붙이는 대통령의 권한이다.

대통령이 법률안을 거부함에는 두 가지 경우가 있다. 첫째는 환부거부(direct veto)로 대통령이 국회에서 의결된 법률안에 대하여 이의가 있을 때에 국무회의의 심의를 거쳐 15일 이내에 이의서를 붙여 국회로 환부하고 그 재의를 요구할 수 있다.

환부거부의 경우 대통령이 일부 또는 수정거부를 할 수 있는지에 대해서 현행헌법 제53조 3항은 '대통령은 법률의 일부에 대하여 또는 법률안을 수정하여 재의를 요구할 수 없다.'고 규정하고 있다. 둘째 보유거부는 정부로 이송된 뒤 15일 이내에 국회로 반환하려 해도 당해 의원의 임기가 종료되어 환부할 수 없는 경우를 말한다. 이 경우에는 그 법률안은 폐기된다. 헌법은 회기계속의 원칙을 취하고 국회가 폐회 중인 때도 환부하여야 한다고 하며, 보유거부는 인정되지 않고 있다.

4) 입법권의 한계

국회에 입법재량권이 있다 하여도 이는 일반적·구체적 법률의 제정이며, 헌법에 위반되거나 헌법개정의 내재적 한계를 벗어난 입법은 할 수가 없다.

(2) 재정에 관한 권한

1) 조세법률주의

조세의 종목과 세율은 법률로써 정한다. 조세란 국가 또는 공공단체가 그 경비에 충당하기 위하여 국민으로부터 무상으로 강제적으로 징수하는 재화를 말한다. 반드시 조세라는 형식의 명칭을 사용하지 않아도 무방하다. 조세는 매년 국회의 의결을 요하는 일년세주의도 있지만, 헌법은 국회의 의결이 있으면 이를 변경할 경우를 제외하고는 다시 국회에 부의하지 않고 부과·징수할 수 있는 영구세주의를 채택하고 있다.

2) 예산심의권

예산은 한 회계연도에 있어서 국가의 세입·세출의 예산준칙을 내용으로 하고 국회의 의결에 의하여 성립하는 법형식이다. 예산은 국가기관만을 구속하며 법률과 달리 일반국민을 구속하는 것은 아니다.

예산은 정부가 매 회계연도마다 편성하여 매년 회계연도 개시 90일 전까지 국회에 제출해야 한다. 예산안 제출권은 정부에만 있고 국회는 없다. 이 예산은 국가의 총수입과 총지출을 계산하고 이것을 통합하여 단일예산으로 편성해야 한다. 즉 총계단일예산주의이다.

예산안의 심의 및 조정에 대하여 정부가 제출한 예산안은 국회의 의결로 성립된다. 이 의결은 회계연도 개시 30일 전까지 하여야 한다. 국회는 정부안에 대한 폐지·삭감(소극적 수정)은 할 수 있으나, 원안의 증액·수정 또는 신항목 설치(적극적 수정)는 정부의 동의 없이는 할 수 없다.

3) 임시예산

예산은 정부가 회계연도 개시 90일 전까지 국회에 제출하는데 국회가 회계연도가 개시되기 30일 전까지 이것을 의결하지 못한 때에는 정부는 국회에서 예산이 의결될 때까지 공무원의 보수와 사무처리에 필요한 기본경비, 헌법 및 법률에 의하여 설치된 기관 또는 시설의 유지비와 법률상 지출의무 있는 경비와 이미 예산상 승인된 계속비에 대해서는 전년도 예산에 준하여 세입의 범위 안에서 지출할 수 있다.

4) 계속비의 의결

헌법은 매년 예산안을 편성하여 국회에 제출해야 한다는 예산 1년 주의의 원칙을 채택하고 있다. 그러나 정부는 특별히 한 회계연도를 넘어 계속하여 지출할 필요가 있을 때에는 연한을 정하여 계속비로서 국회의 의결을 얻어야 한다.

5) 추가경정예산안

예산이 성립한 뒤에 생긴 사유로 인하여 예산에 변경을 가할 필요가 있을 때에는 정부가 추가경정예산을 편성하여 국회에 제출할 수 있다.

6) 예산의 효력

예산은 1회계연도에 한하여 효력을 가진다. 예산은 법률과 달라서 일반국민은 구속하지 않고 국가기관만 구속한다.

7) 기채동의권

예산 외에 국가부담이 될 계약체결에 대한 동의권, 예비비의 설치에 대한 의결권과 그 지출에 대한 승인권, 결산심사권, 국가 또는 국민에게 재정적 부담을 지우는 조약체결·비준에 대한 동의권 등은 국회의 기타 재정에 관한 권한에 속한다.

(3) 일반국정에 관한 권한

1) 국무총리·국무위원해임건의권

국회는 국무총리 또는 국무위원의 해임을 대통령에게 건의할 수 있다. 대통령의 국회해산권의 폐지와 균형을 맞추기 위한 것이다. 해임건의는 국회재적의원 3분의 1 이상의 발의에 의하며, 국회재적의원 과반수의 찬성이 있어야 한다.

2) 탄핵소추권

헌법 제65조에 의하면 국회는 대통령을 비롯한 고위공무원이 그 직무집행에 있어서 헌법이나 법률을 위배한 때 탄핵소추를 할 수 있다고 규정하고 있다.

① 탄핵대상자

헌법은 탄핵대상자로서 대통령·국무총리·국무위원·행정각부의 장·헌법재판소 재판관·법관·중앙선거관리위원회 위원·감사원장·감사위원 기타 법률이 정한 공무원으로 규정하고 있다.

② 탄핵사유

탄핵대상자가 그 직무집행에 있어서 헌법이나 법률을 위배한 경우를 탄핵사유로 하고 있다. 직무에 관계없는 행위, 취임 전·퇴임 후 행위 등은 탄핵사유가 되지 않는다.

③ 탄핵절차

탄핵소추는 국회가 제기하고 탄핵심판은 헌법재판소가 담당한다. 국회의 탄핵소추의 발의는 국회재적의원 3분의 1이상의 찬성이 있어야 하고, 그 의결은 재적의원 과반수의 찬성이 있어야 한다. 다만 대통령에 대한 탄핵소추는 국회재적의원 과반수의 발의와 재적의원 3분의 2이상의 찬성이 있어야 한다. 탄핵심판은 헌법 재판소가 관장한다. 헌정사에 실제로 현직 대통령에 대한 탄핵소추가 문제된 적 이 있는데, 제17대 노무현 대통령은 재임기간에 탄핵소추가 국회를 통과하였으나 헌법재판소에서 부결된 바 있으나, 제19대 박근혜 대통령은 최종적으로 탄핵되어 현직에서 물러난 바 있다.

④ 탄핵심판의 효과

탄핵소추의 의결이 국회에서 성립하면 의결을 받은 자는 탄핵심판이 있을 때까지 일단 그 권한 행사가 정지된다. 그리고 탄핵심판의 효과는 공직으로부터 파면에 그친다. 그러나 탄핵심판에 의하여 파면된 자는 민·형사의 책임이 면제되는 것 이 아니며, 일반 재판기관에서 심판을 받을 수 있다.

3) 기타 일반국정에 관한 권한

국회출석요구권 및 질문권·선전포고·국군외국파견·외국군 국내주둔에 대한 동 의권·일반사면에 대한 동의권·대법원장임명에 대한 동의권·긴급명령권 등에 대한 승인권·계엄해제요구권·중앙선거관리위원회 위원의 일부 선출권 등이 있다.

(4) 국정조사·감사권

제헌헌법과 제3공화국 헌법은 국정감사권을 규정하였으나 제4공화국 헌법은 이를 삭제하였다. 제5공화국 헌법 제97조는 '국회는 특정한 국정사안에 관하여 조사할 수 있 다.'고 하여 국정조사권만을 규정하고 있었다.

현행헌법은 '① 국회는 국정을 감사하거나 특정한 국정사안에 대하여 조사할 수 있으 며, 이에 필요한 서류의 제출 또는 증인의 출석과 증언이나 의견의 진술을 요구할 수 있 다. ② 국정감사 및 조사에 관한 절차 기타 필요한 사항은 법률로 정한다.'고 규정하여 국정감사 · 조사권을 규정하고 있다(제61조).

(5) 국회내부사항에 대한 자율적 권한

국회는 의사규칙제정권 · 의사진행에 관한 자율권 · 내부경찰권 · 국회 가택권 · 내부 조직권 · 의원신분에 관한 권한 등을 가진다.

5. 국회의원의 지위

(1) 의원의 헌법상 지위

우리 헌법에는 국회의원의 지위에 대하여 바이마르헌법과 같이 의원은 전체국민의 대표자라는 표현은 없다. 그러나 우리 헌법에서는 의원이 지역의 선거인 등 누구에게도 구속받지 않고 표결을 자유로이 할 수 있다는 제45조의 규정과, 국회의원도 공무원의 한 사람으로서 국민전체에 대한 봉사자라는 제7조의 규정은 의원이 국민전체의 대표자라는 헌법의 원리를 뒷받침하기도 한다. 그러므로 국회는 국민의 대표기관이며, 국회의원도 헌법상 국민의 대표기관이다.

(2) 의원자격의 발생과 소멸

국회의원은 헌법과 법률이 정한 임기개시와 동시에 의원자격이 발생한다. 의원자격의 소멸을 임기만료 · 사직 · 퇴직 · 제명 · 자격심사 등의 사유가 있다.

(3) 의원의 임기

국회의원의 임기는 4년이다.

(4) 의원의 의무

국회의원은 넓은 의미의 국가공무원에 속한다. 따라서 국회의원이 가진 권한은 공무원의 의무를 당연히 진다. 그리고 국회의원은 청렴의 의무가 있다. 이 청렴의 의무를 보장하기 위하여 국회의원은 국가이익을 우선하여 양심에 따라 직무를 행하며, 그 지위를 남용하여 국가·공공단체 또는 기업체와의 계약이나 그 처분에 의하여 재산상의 권리·이익 또는 직위를 취득하거나 타인을 위하여 그 취득을 알선할 수 없다. 또한 국회의원은 법률이 정하는 직을 겸할 수 없다.

(5) 의원의 특권

1) 발언·표결의 자유

국회의원은 국회에서 직무상 행한 발언과 표결에 관하여 국회 밖(외)에서 책임을 지지 아니하는데, 이것을 의원의 발언·표결의 면책특권이라 한다.

2) 불체포특권

국회의원은 현행범인인 경우를 제외하고는 회기 중 국회의 동의 없이 체포 또는 구금되지 아니한다. 그리고 국회의원은 회기 전 체포·구금된 때에는 현행범인이 아닌 한, 국회의 요구가 있으면 회기 중 석방되는데, 이것을 불체포특권이라 한다.

III. 행정부

1. 대통령

(1) 대통령의 지위

1) 국가원수의 지위

헌법 제66조 1항은 대통령은 국가의 원수이며, 외국에 대하여 국가를 대표한다.'고 규정하고 있다. 국가원수로서 대통령의 헌법상 지위는 외국에 대하여 국가를 대표한다.

국내·외에서 국민을 대표한다. 국가와 헌법의 수호자이다(제66조 2항). 평화적 통일의 책임자이다(제66조 3항). 국정조정자로서의 지위이다. 대외적으로 국가를 대표하고 대내적으로는 국가기관의 기능을 중립적 입장에서 조정한다.

2) 행정부수반의 지위

① 행정권의 실질적 수반

대통령은 행정권의 실질적 수반이며, 행정권의 수반은 행정권을 가진 정부의 최고책임자가 된다. 대통령은 행정권행사는 물론이고 모든 행정기관을 지휘·감독하는 지위에 있다.

② 정부기관의 조직

대통령은 국무총리·국무위원·행정각부의 장을 임명하여 중앙행정기관을 조직한다. 또 감사원장·감사위원을 임명하여 감사원을 조직한다.

③ 국무회의의 의장

헌법은 헌법상 심의기관으로서의 국무회의를 두었다. 대통령은 이와 같은 국무회의의 의장이 된다.

④ 입법부·사법부의 수반과의 지위

대통령은 입법권·사법권을 장악하고 있는 입법부·사법부의 수반과 병립적 지위에 있다.

3) 특권과 겸직금지

대통령은 내란 또는 외환의 죄를 범한 경우를 제외하고는 재직 중 형사상의 소추를 받지 아니한다. 그러나 직무수행에 있어서 헌법과 법률에 위배되면 탄핵소추의 대상이 된다. 그리고 대통령은 국무총리·국무위원·행정각부의 장 기타 법률이 정하는 공사의 직을 겸할 수 없다.

(2) 대통령의 선거

1) 선거기관

대통령은 국민의 직접선거에 의하여 선출된다. 이는 국민의 정부선택권을 보장하기 위한 것이다.

2) 피선자격

대통령은 국회의원의 피선거권 자격이 있고, 선거일 현재 40세에 달하여야 한다.

3) 선거절차

대통령 입후보자는 정당의 추천 또는 법률이 정하는 수의 대통령선거인의 추천을 받아야 한다. 헌법은 입후보에 특별한 조건이 없어, 입후보를 용이하게 하여 자유경쟁을 보장하고 있다.

대통령선거권자의 투표 중 최고득표자를 당선자로 한다. 최고득표자가 2인 이상인 때에는 국회의 재적의원 과반수가 출석한 공개회의에서 다수표를 얻은 자를 당선자로 한다. 후보가 1인일 때에는 그 득표수가 선거권자 총수의 3분의 1 이상이 아니면 대통령으로 당선될 수 없다. 그리고 임기만료 70일 내지 40일 전에 후임자를 선거한다.

한편 현행헌법에는 보궐선거제도가 없다. 따라서 대통령이 궐위된 때 또는 대통령 당선자가 사망하거나 판결 기타의 사유로 그 자격을 상실한 때에는 60일 이내에 후임자를 선거하고 임기는 그때부터 5년이 시작된다.

4) 대통령의 임기

대통령의 임기는 5년이며 중임할 수 없는 5년 단임제이다. 이는 장기집권을 근본적으로 방지하기 위하여 연임은 물론 중임까지 금지하여 평생 동안 다시 못하게 한 것이다. 그리고 임기연장 또는 중임변경을 위한 헌법개정은 그 헌법개정안 당시의 대통령에 대해서는 효력이 없음을 명문으로 규정하였다.

5) 권한대행

대통령이 궐위되거나 사고로 인하여 직무를 수행할 수 없을 때에는 1차적으로 국무총리가 그 권한을 대행하고 2차적으로는 법률이 정한 국무위원의 순서로 그 권한을 대행한다.

(3) 대통령의 권한

대통령의 권한은 국가원수·행정권의 수반으로서 행정에 관한 권한, 입법에 관한 권한, 사법에 관한 권한 등으로 분류할 수 있다.

1) 행정에 관한 권한

① 행정의 최고결정권

대통령은 행정권의 주체인 정부의 수반이므로 행정의 최고결정권을 가지고 있다. 행정은 대통령의 책임 아래 수행되며, 대통령은 하부행정기관에 대한 지휘·감독권을 가진다.

② 법률집행권

통령은 국회가 의결한 법률에 대하여 서명·공포할 뿐만 아니라 행정권의 수반으로서 법률을 집행하는 권한을 가진다.

③ 외교권

대통령은 외국에 대하여 국가를 대표하는 국가원수로서의 지위를 가진다. 또한 대통령은 조약을 체결·비준하고, 외교사절을 신임·접수 또는 파견하며, 선전포고와 강화를 하는 권한을 가지고 있는데 국무회의의 심의를 거쳐야 한다.

④ 군통수권

대통령은 헌법과 더불어 법률이 정하는 바에 의하여 국군을 통수한다. 이것은 대통령의 국군통수권을 규정한 것인데, 이것은 국가의 원수로서의 지위에서 오는 권한이며 국군최고사령관으로서 국군을 지위·통솔하는 것을 말한다. 우리나라는 통수권독립의 원칙을 배척하고 군령의 독립을 허용하지 않는다.

⑤ 긴급명령권, 긴급재정·경제처분명령권

헌법 제76조는 '대통령은 내우·외환·천재·지변 또는 중대한 재정·경제상의 위기에 있어서 국가의 안전보장 또는 공공의 안녕질서를 유지하기 위하여 긴급한 조치가 필요하고 국회의 집회를 기다릴 여유가 없을 때에 한하여 최소한으로 필요한 재정·경제상의 처분을 하거나 이에 관하여 법률의 효력을 가지는 명령을 발할 수 있다(동조 1항).' '대통령은 국가의 안위에 관계되는 중대한 교전상태에 있어서 국가를 보위하기 위하여 긴급한 조치가 필요하고 국회의 집회가 불가능한 때에 한하여 법률의 효력을 가지는 명령을 발할 수 있다.(동조 2항)'고 규정하고 있다.

이 긴급명령권과 긴급재정·경제명령권·처분권은 제1공화국 헌법과 제3공화국 헌법에 규정되어 있었는데, 제5공화국 헌법의 비상조치권을 대신하여 현행헌법에서 부활한 것이다.

이 긴급명령은 국회의 승인을 얻은 경우에는 법률의 효력을 가지기 때문에 국회입법권에 대한 침해가 될 수 있고, 국민의 기본권을 제한할 수 있는 점에서 국가긴급권의 하나이다. 긴급재정·경제명령권이나 처분권도 국회의 집회를 기다릴 여유가 없는 경우에 한하여 인정되는 국가긴급권이다.

그러나 이 국가긴급권은 제4공화국의 긴급조치권이나 제5공화국의 비상조치권이 헌법정지의 권한까지 있었던 데 비하여, 법률대체적인 효력에 불과하므로 훨씬 약화되었다.

⑥ 계엄선포권

대통령은 전시·사변 또는 이에 준하는 국가비상사태에 있어서 병력으로 군사상의 필요 또는 공공의 안녕질서를 유지할 필요가 있을 때에는 계엄을 선포할 수 있다. 대통령은 계엄을 선포한 때에는 지체 없이 국회에 통고하여야 하며 국회가 계엄의 해제를 요구한 때에는 이를 해제하여야 한다.

⑦ 공무원임명권

대통령은 헌법과 법률이 정하는 바에 의하여 공무원을 임명한다.

⑧ 영전수여권

대통령은 법률이 정하는 바에 의하여 훈장 기타의 영전을 수여한다. 대통령의 영전수여권은 국가원수의 지위에서 가지는 권한이다.

⑨ 정당해산제소권

대통령은 그 정당이 그 목적이나 활동에 있어서 민주적 기본질서에 위배되거나 국가의 존립에 위해가 된다고 생각되는 경우에는 헌법재판소에 그 정당의 해산을 제소할 수 있다.

⑩ 재정에 관한 권한

정부는 국가운영에 필요한 예산을 편성하여 이를 국회에 제출하고 그 의결을 거쳐 집행한다. 그 외에 계속비·예비비·추가경정예산안·기채 및 예산의 국가부담계약 등에 관해서도 국회동의를 얻어서 집행한다.

2) 입법에 관한 권한

① 법률안제출권

우리나라는 정부에 대하여 법률안제출권을 인정하고 있다. 이것은 정부의 수반으로서의 대통령이 가지는 권한이다.

② 법률공포권

대통령은 국회에서 의결된 법률안을 이송된 날로부터 15일 이내에 공포해야 한다. 그런데 대통령은 그 법률안에 이의가 있으면 국회에 환부할 수 있으나 국회에서 재의결하면 법률로서 확정된다.

또 15일 이내에 재의를 요구하지 않을 경우에도 법률안은 법률로서 확정된다. 만일 확정된 법률안을 대통령이 5일 이내에 공포하지 않으면 대통령의 법률공포권에 대한 예외로 국회의장이 그 법률을 공포한다.

③ 법률안거부권

대통령은 법률안에 이의가 있을 때에는 법률안이 정부에 이송된 후 15일 이내에 이의서를 붙여 국회로 환부하여 그 재의를 요구할 수 있다.

④ 헌법개정에 관한 권한

대통령은 헌법개정의 제안권을 가지며 제안된 헌법개정안을 20일 이상 공고하여야 한다. 헌법개정이 국민투표로 확정되면 대통령은 즉시 이를 공포하여야 한다.

⑤ 임시국회 집회요구권

대통령은 기간과 집회요구의 이유를 명시하여 임시국회의 집회를 요구할 수 있다. 대통령의 요구가 있으면 국회의장은 임시국회의 집회를 공고하여야 한다.

⑥ 명령제정권

대통령은 법률에서 구체적으로 범위를 정하여 위임받은 사항과 법률을 집행하기 위하여 필요한 사항에 관하여 대통령령을 발할 수 있다. 이것이 대통령령의 발포권인데, 전자는 위임명령이고 후자는 집행명령인데, 이는 국무회의의 심의를 거쳐서 대통령이 발한다.

⑦ 국회에 대한 의견 발표권

대통령은 국회에 출석하여 발언하거나 서한으로 의견표시를 할 수 있는 의견발표권이다.

2. 행정부

(1) 국무회의의 지위

국무회의는 정부의 권한에 속하는 중요한 정책을 심의하는 헌법상의 기관이다. 우리 헌법상의 국무회의는 의결기관이 아닌 단순한 심의기관이므로 의원내각제의 내각과 다르며 또 대통령제의 내각과도 다르다. 이러한 국무회의의 지위는 다음과 같이 설명될 수 있다.

1) 행정부의 최고심의기관

국무회의는 정부의 중요한 정책을 심의하는 기관이므로 정부의 최고심의기관이다. 따라서 정부의 권한에 속하는 중요한 정책은 반드시 심의를 거쳐야만 수립될 수 있고, 이에 따라 행정권의 행사도 가능하다. 이러한 국무회의가 심의할 수 있는 사항은 헌법 제89조에서 17개 항목에 걸쳐 구체적으로 규정하고 있다.

2) 헌법상의 필수기관

국무회의는 헌법상 필수기관이며 정부의 중요정책에 대한 심의기관이다. 이것이 헌법상의 기관인 점에서 미국의 내각과 차이점이 있다. 미국의 내각은 헌법이 요구하는 국가기관이 아니라, 대통령이 임의적으로 소집하는 자문기관이다.

3) 정부의 중요정책심의기관

정부에 속하는 권한에는 헌법상 대통령에게 속하는 권한과 기타 정부에 속하는 권한을 포함한다.

(2) 국무회의의 구성

국무회의는 대통령 및 국무총리와 15인 이상 30인 이하의 국무위원으로 구성한다. 대통령은 국무회의의 의장이 되고 국무총리는 대통령을 보좌하며 국무회의의 부의장이 된다.

(3) 국무총리 · 국무위원

1) 국무총리의 지위와 권한

국무총리는 대통령이 국회의 동의를 얻어 임명되며, 국무회의의 구성원으로서의 지위와 행정기관으로서의 지위를 가진다.

국무위원임면권한으로 국무총리는 대통령의 국무위원 임명에 대한 재청권을 가지며 또 국무위원의 해임을 대통령에게 건의할 수 있는 권한도 가진다.

대통령 권한대행권으로 국무총리는 대통령이 궐위되거나 사고로 인하여 직무를 수행할 수 없을 때에는 제1차적으로 그 권한을 대행한다. 그 외에도 국무총리는 국무회의에서의 심의권 · 부서권 · 국회출석발언권 · 행정각부 통할권 · 총리령을 발하는 권한 등을 가진다.

2) 국무위원의 지위와 권한

국무위원은 국무총리의 재청에 의하여 대통령이 임명하며 대통령에 의하여 언제든지 해임된다. 다만 국무총리는 국무위원의 해임을 대통령에게 건의할 수 있으나, 법적 구속력은 없다.

그리고 국무위원은 국무회의에서의 심의권 · 대통령의 권한대행권 · 부서권 · 국회출석발언권 등을 가진다.

국무총리와 국무위원은 국회나 위원회의 요구가 있을 때에는 출석하여 답변하고, 대통령의 국법상의 행위를 위한 문서에 부서하여야 한다. 국회는 국무총리 또는 국무위원의 해임을 대통령에게 건의할 수 있다.

(4) 대통령의 자문기관

국가안전보장에 관련되는 대외정책, 군사정책과 국내정책의 수립에 관하여 대통령의 자문에 응하기 위하여 국가안전보장회의를 두고 있다. 또한 국정의 중요한 사항에 관해서 대통령의 자문에 응하기 위하여 국가원로로 구성되는 국가원로자문회의를 둘 수 있고, 평화통일정책수립의 자문을 위한 민주평화통일정책자문회의와 국민경제의 발전을 위한 중요정책의 수립에 관하여 대통령의 자문에 응하기 위해서는 국민경제자문회의를 둘 도 있다.

3. 행정각부

(1) 성질

대통령은 행정권을 담당하는 최고기관이며 대통령의 통할 아래 행정각부를 둔다. 행정각부는 대통령에 속하는 행정권을 헌법과 법률이 정하는 바에 의하여 집행하는 하급기관이다.

(2) 행정각부장관의 지위

행정각부의 장은 국무위원이어야 하며 국무총리의 제청으로 대통령이 임명한다. 국무위원이 아닌 자는 행정각부의 장이 될 수 없다. 그러나 행정각부의 장이 아닌 자라도 국무위원은 될 수 있다.

(3) 행정각부의 조직 및 직무범위

행정각부의 설치·조직과 직무범위는 법률로 정하게 되어 있는데, 이에 관한 법률이 정부조직법이다. 행정각부의 장은 소관 사무에 관하여 법률이나 대통령령의 위임 또는 직권으로 부령을 발할 수 있다.

4. 감사원

(1) 감사원의 지위

국가의 세입·세출의 결산, 국가 및 법률이 정한 단체의 회계검사와 행정기관 및 공무원의 직무에 관한 감찰을 하기 위하여 대통령 소속 아래 감사원을 둔다. 감사원은 국가의 세입·세출의 결산과 국가 및 법률이 정한 단체의 회계검사라는 두 가지 점에서 국가 또는 법률이 정한 단체에 대한 재정적 감사를 하는 기관이다. 또한 감사원은 행정기관 및 공무원의 직무에 관한 감찰을 담당하는 대통령 직속기관이다.

(2) 조직과 권한

감사원은 원장을 포함한 5인 이상 11인 이하의 감사위원으로 구성된다. 감사원장은 대통령이 국회의 동의를 얻어 임명하며 그 임기는 4년이다. 감사위원은 원장의 제청에 의하여 대통령이 임명하며, 그 임기는 원장과 같이 4년인데 1차에 한하여 중임할 수 있다.

감사원장과 감사위원이 그 직무집행에 있어서 헌법이나 법률을 위배한 때에는 국회의 탄핵소추의 대상이 된다. 감사원은 국가의 세입·세출의 결산과 국가 및 법률이 정한 단체의 회계검사를 하는 권한과 행정기관 및 공무원의 직무에 관한 감찰을 하는 권한의 두 가지가 있는데 구체적인 권한은 법률로써 정하여진다. 그리고 감사원은 세입·세출의 결산을 매년 검사하여 대통령과 차년도 국회에 그 결과를 보고하여야 한다.

5. 선거관리위원회

(1) 선거관리위원회의 의의

헌법은 선거와 국민투표의 공정한 관리 및 정당에 관한 사무를 처리하기 위하여 선거관리위원회를 설치하여 그 독립성과 정치적 중립성을 보장하고 있다.(제114조). 그리고 중앙선거관리위원회는 헌법기관이지만 각급 선거관리위원회의 조직과 직무 범위는 법률에 위임하고 있다.

(2) 중앙선거관리위원회의 조직

중앙선거관리위원회는 대통령이 임명하는 3인, 국회가 선출하는 3인, 대법원장이 지명하는 3인의 위원으로 구성하며, 위원장은 위원 중에서 호선한다. 위원은 6년의 임기로, 탄핵 또는 금고이상의 형의 선고에 의하지 아니하고는 파면되지 아니하며, 또한 정당에 가입하거나 정치에 관여할 수가 없다.(제114조 3항~5항).

(3) 중앙선거관리위원회의 권한

중앙선거관리위원회는 법령이 정하는 범위 안에서 그 직무에 관한 자치입법권, 투표와 개표 등에 관한 선거 및 국민투표관리권, 그리고 정당의 등록, 공고, 등록취소 등 정당사무 관리권을 갖는다.

(4) 선거운동의 원칙

선거운동은 각급 선거관리위원회의 관리에 따라 법률이 정하는 범위 안에서 하되, 균등한 기회가 보장되어야 하며, 선거경비는 법률이 정하는 경우를 제외하고는 정당 또는 후보자에게 부담시킬 수 없게 하여(제116조). 선거운동에 있어 기회균등과 선거경비의 원칙적인 국가부담을 내용으로 하는 선거공영제를 규정하고 있다.

IV. 법원

1. 사법권

(1) 권력분립과 사법

헌법 제101조는 '사법권은 법관으로 구성된 법원에 속한다.' 라고 규정하고 있다. 이것은 우리나라가 3권분립을 채택하고 있는 것을 표명하는 것이며, 따라서 본조는 사법권의 독립을 의미하는 조항이다.

(2) 사법의 실질적 개념과 형식적 개념

실질적 개념의 사법이란 법규에 의한 민사 및 형사의 재판작용을 말한다. 형식적 개념의 사법은 신분이 보장된 법관으로 구성된 법원이 행하는 법적용작용, 즉 재판작용을 말한다.

헌법 제101조의 사법을 형식적 개념으로서 이해할 때 법원이 행하는 민사·형사의 재판권은 물론이고 그 밖에도 헌법이 법원에 부여한 행정재판권, 법률이 부여한 선거에 관한 재판권 등도 이에 포함된다.

(3) 사법권과 행정재판

행정재판이 일반법원의 관할사항인지 독립한 행정재판소의 관할인지에 관해서는 대륙법계와 영미법계의 입장이 다르다. 대륙법계의 제도를 행정형국가라고도 하고 영미법계를 사법형국가라 한다. 헌법은 행정재판을 사법법원의 관할사항으로 하는 영미법계의 제도를 채택하고 있다.

2. 사법권의 독립

사법권의 독립은 공정한 재판을 보장하기 위하여 첫째, 사법기관인 법원을 입법부와 행정부로부터 독립시키고, 둘째는 법관의 심판을 독립시켜 사법부 밖의 압력은 물론이고 사법부 안의 간섭으로부터의 독립을 말하고, 셋째는 법관의 신분보장과 인사의 독립을 말한다.

(1) 법원의 지위

헌법은 권력분립의 원칙에 의하여 사법부는 입법부와 행정부로부터 독립하여야 하며 상호 견제와 균형을 유지하여야 한다. 이를 위하여 대법원은 법원의 내부규율 및 사무처리에 관한 규칙제정권을 갖는다.

(2) 법관의 재판상 독립

법관의 재판상 독립은 물적 독립이라고도 하며 법관은 재판을 함에 있어서 일체의 외부적 영향에서 독립하여 "헌법과 법률에 의하여 그 양심에 따라" 재판해야 한다. 따라서 입법·행정은 물론 사법부 내부와 당사자 및 사회적 압력으로부터의 독립이 요청된다.

(3) 법관의 신분보장

법관에게 재판의 독립을 보장하기 위해서는 법관의 신분보장, 즉 인적 독립이 요구되는데, 법관의 파면·정직·감봉·휴직의 원칙적인 금지를 그 내용으로 한다. 이를 위해서 법관인사의 독립, 임기와 정년제 등이 요구되며 사법부의 자주성과 용기도 필요하다.

3. 법원의 조직

법원은 최고법원인 대법원과 각급 법원으로 조직된다. 그 상세한 것은 법률에 위임하였다. 법원조직법에 따르면 법원에는 대법원·고등법원·지방법원(행정법원·군사법원·가정법원) 등이 있다.

(1) 대법원

대법원은 최고법원이며 수도에 둔다. 대법원은 대법원장과 대법관으로 구성된다. 대법원은 다음의 사건을 중심으로 재판한다. 즉 상고사건, 고등법원의 결정·명령 및 지방법원 본원합의부와 가정법원 본원합의부의 제2심결정 명령에 대한 항고사건, 법률에 의하여 대법원의 권한에 속하는 사건(선거소송) 등이다.

(2) 고등법원

고등법원은 합의부를 구성하는 판사를 두며 그 정수는 법률로 정한다. 고등법원은 다음의 사건을 심판한다. 즉 지방법원 합의부의 1심판결 또는 가정법원 합의부의 심판에 대한 항소사건, 지방법원 합의부 또는 가정법원 합의부의 제2심결정·명령 등에 대한 항고사건, 법률에 의하여 고등법원의 권한에 속하는 사건(행정재판권) 등이다.

(3) 지방법원

지방법원의 심판은 원칙적으로 단독판사가 행하며, 합의재판을 요할 때에는 판사 3인으로 구성된 합의부에서 행한다. 다음 사건은 지방법원 합의부에서 제1심으로 한다. 즉 합의부에서 심판할 것을 합의부가 스스로 결정한 사건, 대법원규칙으로 정한 민사사건, 사형·무기 또는 단기 1년 이상의 징역 또는 금고에 해당하는 사건 등이다.

(4) 가정법원

가정법원 및 가정법원지원의 합의부는 다음의 사건을 심판한다. 예컨대, 가사소송법에서 정한 가사소송사건, 가정법원판사에 대한 제척·기피사건 및 법률에 의하여 합의부의 권한에 속하는 사건, 가정법원 단독판사의 심판·결정·명령에 대한 항고사건을 원심으로 심판한다. 그리고 가정법원은 가사심판과 조정 및 소년보호사건에 관한 사무를 관장한다.

(5) 특별법원(군사법원)

군사재판을 관할하기 위하여 특별법원으로서 군사법원을 둘 수 있다. 군사법원의 관할 상고심은 대법원이다. 비상계엄하의 군사재판은 일정한 경우 단심으로 하는 특례가 인정된다.

4. 법관의 자격과 임명

법관의 자격은 법률로 정하게 되어 있다.(제101조 3항). 따라서 법원조직법에 법관의 임용자격이 규정되어 있다(법원조직법 제42조). 대법원장은 국회의 동의를 얻어 대통령이 임명하고, 대법관은 대법원장의 제청으로 국회의 동의를 얻어 대통령이 임명한다. 그리고 대법원장과 대법관이 아닌 법관은 대법관회의의 동의를 얻어 대법관을 임명한다(제104조).

대법원장의 임기는 6년으로 하며 중임할 수 없고, 대법관의 임기는 6년으로 하며 법률이 정하는 바에 의하여 연임할 수 있다. 그리고 일반법관의 임기는 10년이며 법률이 정하는 바에 의하여 연임할 수 있다(제105조). 법관정년은 대법원장과 대법관은 70세, 판사의 정년은 65세로 되어 있다(법원조직법 제45조).

5. 법원의 명령심사권

대법원은 법률이 정하는 바에 따라 명령·규칙이 헌법과 법률에 위반되는지 여부를 최종적으로 심사할 권한이 있다. 법원은 법률의 위헌 여부가 재판의 전제가 될 경우에 위헌여부를 헌법재판소에 제청할 수 있다.

6. 재판의 공개주의

헌법은 재판의 공개주의를 규정하여, 재판의 심리와 판결을 공개하도록 한다. 그러나 국민전체의 행복, 국가안전보장 또는 안녕질서의 방해, 선량한 풍속을 해할 염려가 있을 때에는 재판심리에 한하여 법원의 결정으로 공개하지 아니할 수 있다.

V. 헌법재판소와 헌법보장

1. 헌법재판소의 지위

현행헌법은 제2공화국에서 규정된 바 있는 헌법재판소제도를 부활하였다. 우리 헌법 재판소는 프랑스의 헌법평의회(헌법원), 오스트리아, 독일의 헌법재판소 등과 유사한 제도를 도입한 것이며, 헌법재판을 대법원에서 관장하는 영미법과는 대조를 이룬다.

헌법재판소는 최고의 헌법보장기관이며 기본권보장기관으로서 정치적 사법기관이라 하겠다. 헌법재판소는 법관의 자격을 가진 9인의 재판관으로 구성되며 대통령이 임명한다(제111조 2항). 그러나 재판관 중 3인은 국회에서 선출하는 자를, 3인은 대법원장이 지명하는 자를 임명하도록 되어 있다(제111조 3항). 헌법재판소의 권한 가운데 기관의 권한쟁의심판에는 5인 이상의 찬성으로 인용결정이 가능하며, 나머지 사항에 대한 인용 결정에는 재판관 6인 이상의 찬성이 필요하다.

재판관의 임기는 6년이며, 탄핵 또는 금고 이상의 형의 선고에 의하지 아니하고는 파면되지 아니한다(제112조 3항).

그리고 재판관은 정당에 가입하거나 정치에 관여할 수 없다(제112조 2항)(헌재법 제9조). 헌법재판소의 조직과 운영 기타 필요한 사항을 정하기 위하여 헌법재판소법이 제정되었다. 동법은 1988년 9월 1일부터 시행되었다.

2. 헌법재판소의 권한

(1) 위헌법률심판권

위헌법률심판권은 법률이 헌법에 위반되느냐의 여부를 헌법재판소가 심판하는 권한으로서 입법권에 대한 통제이며 다른 한편으로는 헌법보장을 위한 제도이다. 위헌심판의 재청은 헌법재판소법에서 크게 간소화되었는데, 즉 법률이 헌법에 위반되는 여부가 재판의 전제가 된 경우에는 법원은 헌법재판소에 심판을 제청한다(제107조 1항).

당해사건을 담당하는 법원은 직권 또는 당사자의 신청에 의한 결정으로 헌법재판소에 위헌여부의 심판을 제청한다. 실질적 의미의 법률은 모두 위헌심사의 대상이 된다.

헌법 제37조 2항에 따라 국가안전보장, 질서유지, 공공복리를 위해 필요한 경우에는 기본권의 제한이 가능하다. 이 경우 헌법재판소는 당해 법률에 대한 위헌여부의 심판에서 어떤 법률의 기본권제한여부에 대한 판단기준으로 자의금지원칙과 함께 정의의 본질적 구성부분에 해당되는 과잉금지원칙을 기본원칙으로 삼고 있다.

헌법재판소는 과잉금지의 원칙의 적용에서 위헌 여부의 판단원칙으로 목적의 정당성, 방법의 적정성, 피해의 최소성, 법익의 균형성, 입법형성의 범위와 헌법재판의 통제범위 등을 들고 있다.

(2) 탄핵심판권

국회의 탄핵소추에 대한 제소가 있으면, 헌법재판소는 헌법재판관 9인 중 6인 이상의 찬성으로 탄핵결정을 한다(제113조 1항). 탄핵결정의 효력은 공직으로부터의 파면에 그친다. 그러나 민사·형사의 책임이 면제되는 것은 아니다. 탄핵결정을 받은 자는 그 선고를 받은 날로부터 5년이 경과하지 아니하면 공무원이 될 수 없다.

그러나 대통령을 비롯한 고위공직자는 탄핵의 대상이지만, 국회의원에 대한 탄핵심판은 허용되지 아니한다.

(3) 정당해산심판권

정부는 정당의 목적이나 활동이 민주적 기본질서에 위배될 때에는 국무회의의 심의를 거쳐 헌법재판소에 그 해산을 제소할 수 있다. 해산결정의 효력으로 당해 정당은 해산되고 대체정당의 구성이 금지된다. 그리고 중앙선거관리위원회는 그 정당의 등록을 말소한다.

한편 그 정당의 당원은 당원자격과 신분을 상실한다. 그리고 정당소속의 국회의원은 그 직을 상실하지 않는다. 그리고 그 정당의 재산은 국고에 귀속된다. 정당해산은 헌법이 방어적·전투적 민주주의를 택하여 헌법질서를 보장하기 위한 제도이다. 헌법재판소가 정당해산의 결정을 할 때에는 재판관 6인 이상의 찬성이 있어야 한다.

(4) 기관별 권한쟁의심판권

국가기관 상호간, 국가기관과 지방자치단체 간 및 지방자치단체 상호간에 권한쟁의가 있는 경우에는 헌법재판소가 심판할 수 있다. 권한쟁의심판은 헌법재판소의 다른 결정과 달리 재판관 과반수의 찬성으로 결정하므로, 권한쟁의심판의 정족수는 9명의 재판관이 참석한 경우 5명의 찬성으로도 가능하다.

(5) 헌법소원심판권

헌법소원은 공권력의 행사·불행사로 말미암아 국민의 기본권이 침해된 경우에 최종적으로 변호사를 통하여 이를 헌법재판소에 제기하는 기본권의 구제수단이다. 이는 오스트리아와 독일헌법재판소에서 인정되어 현재 헌법재판소를 운영하는 국가에서 대부분 인정하고 있다. 우리나라도 현행헌법에서 처음으로 인정한 제도이며, 그 내용과 절차에 대해서는 헌법재판소법에서 규정하고 있다.

제 3 장

민사법의 이해

제1절 민법의 일반이론

제1절 민법의 일반이론

I. 민법의 개념

인간은 공동체를 형성하여 타인과 사회생활을 통하여 살아가고 있다. 그런데 단체와 사회생활을 통한 공동생활에는 상호간의 이해관계에 따른 분쟁과 충돌이 발생하므로, 이를 조정하고 해결하기 위해서는 일정한 준칙이나 규범이 필요하다. 공동생활의 이해관계를 조정하고 분쟁을 해소하기 위한 수단으로 사회규범과 법이 존재한다. 그러한 분쟁을 합리적으로 조정하고 해결하는 수단으로는 합목적적으로 당위성을 지닌 민법이 가장 유력하다고 할 수 있다.

그러므로 본래 개인사이의 이해관계를 규율하기 위하여 제정된 민법은 우리 사회에서 통용되는 가장 일반적인 법규범으로, 개인 간의 분쟁과 충돌을 합리적으로 조정하는 규범의 기능을 수행하고 있다.

특히 민법은 공법이 아니라 사적으로 대등한 관계에 있는 개인과 개인 사이에 적용되는 시민법으로, 사법(私法)이라 한다. 사법은 개인 상호간의 사회생활을 규율하는 법이므로 흔히 재산관계와 가족관계에 대하여 규율하고 있으므로 재산법과 가족법이 주된 내용을 이룬다.

또한 민법은 사법 가운데서도 상법과 같은 특별사법이 아닌 일반사법이며, 민사절차에 대하여 규정하고 있는 민사소송법과는 달리 권리·의무의 실질적 사항을 규정하고 있는 실체법에 해당된다. 실체법으로서의 민법은 원래 행위규범이지만 재판규범의 역할도 수행한다.

한편 민법은 보통 형식적 의미의 민법과 실질적 의미의 민법으로 구분된다. 전자는 흔히 민법이라 불리는 법전 그 자체를 말하며, 후자의 경우는 수많은 사법 가운데 개인 사이의 법률관계를 규정하고 있는 일반법을 통틀어 의미하는 개념이다.

따라서 민법은 시민들의 법률관계에서 각자 대등한 당사자 관계에 대하여 규율하고 있는 것이 법이다. 그러므로 만약 일방 당사자가 상업에 종사하는 상인이고 상거래를 하는 직업 활동을 통한 거래행위를 한 경우에는 상법이 적용된다.

II. 민법의 법원(法源)

법원(法源)은 법이 존재하는 형식이나 형태를 의미하는 '법의 연원'을 줄인 말이다. 그러므로 법원(法源)의 의미는 사법부의 기관에 해당하는 지방법원·고등법원·대법원과 같이 재판을 담당하고 있는 법원(法院)과 구별되는 의미이다.

법원은 현실적으로 어떤 형태로 법이 존재하고 있는지를 의미하는 법의 존재형식이나 존재형태를 말한다. 사회생활의 준칙으로서 법은 대부분 일정한 형식을 취하거나 일반시민이 쉽게 알 수 있도록 일정한 외형을 가진 성문법의 상태로 존재하고 있다. 흔히 일반인이 법의 존재를 인식할 수 있고, 외부로 드러나 있는 법의 모습을 우리는 법 또는 법의 연원이라 한다. 민법의 법원은 성문법과 불문법의 형태로 나타나고 있다.

성문민법의 법원으로는 법률(민법전 · 민법전 이외의 법률), 명령, 대법원규칙, 조약, 자치법 등이 있다. 한편 불문민법에는 관습법, 판례, 조리 등이 있다.

우리 민법전은 민법 전체에 걸친 원칙 규정이라 할 수 있는 총칙규정과 재산법에 해당되는 물권 · 채권규정과 상속문제와 가족관계를 규율하는 가족법이라 할 수 있는 친족에 관한 규정으로 구성되어 있다.

III. 민법의 기본원칙

민법을 이해하고, 그 해석과 적용을 올바르게 하려면 그 기본원리를 제대로 파악하는 것이 무엇보다 중요하다. 따라서 19세기부터 성립한 근대민법의 기본원리를 먼저 살펴보고, 오늘날에 있어 그 근대민법의 원리가 어떻게 변모되었고 수정되었는지를 파악하는 것이 중요하다.

19세기에 성립된 근대민법은 개인주의와 자유주의적 사고를 기본으로 하여 소유권 절대의 원칙(사유재산권 존중), 계약자유의 원칙(사적 자치), 과실책임의 원칙 등을 기본 원칙으로 존중하였다.

그러나 이러한 근대민법의 원칙들은 재산의 축적과 거래원칙으로 통하면서 나름대로 자본주의의 발전에 큰 기여를 하였다. 그러나 20세기 이후 자유방임주의와 자본주의의 발전에 따른 문제의 발생으로 오늘날에는 사회적 약자들을 배려하는 방향으로 수정되지 않을 수 없게 되었다.

따라서 소유권절대의 원칙은 공공복리와 권리남용금지의 원칙에 따라 소유권을 제한하는 법률이 제정되면서 많은 변화를 가져왔다. 그리고 계약자유의 원칙도 계약자유를 제한하는 강행법규의 제정으로 마찬가지로 많은 수정이 가해졌다.

또한 과실책임의 원칙도 대기업의 독점과 횡포에 따른 불공평을 해소하기 위하여 무과실 손해배상제도 등이 도입되면서 기업의 무과실책임을 폭넓게 인정하는 방향으로 수정되었다.

결국 민법의 기본원리는 헌법정신과 수정된 기본원리에 입각하여 정치적 민주주의도 중요하지만, 경제의 민주주의도 강조되면서 두 가지를 합리적으로 조정하게 되었다.

따라서 현행민법의 기본원리는 근대민법의 3대 원칙이 크게 수정되어 소유권상대의 원칙, 계약강제의 원칙, 무과실책임의 원칙이 반영되고 있으며, 오늘날에 있어서는 거래안전과 사회질서의 보호를 위하여 신의성실의 원칙, 권리남용금지의 원칙에 의하여 수정되거나 달리 해석되어 적용되고 있다.

제2절 권리

I. 법률관계와 권리·의무

우리는 복잡한 사회생활 속에서 살고 있다. 이러한 사회생활을 규율하기 위하여 관습·도덕·종교·윤리 등 사회규범이나 법률 등의 법규범이 다양하게 존재한다. 법률관계는 여러 규범 가운데 특히 법률 등에 의하여 규율되는 생활관계를 말한다. 오늘날 사회생활의 대부분은 법률관계 속에서 이루어지고 있다.

이러한 법률관계는 주로 권리와 의무의 관계로 나타나는 것이 일반적이다. 가령, 매매라는 법률관계를 살펴보면 흔히 마트 등에서 생활필수품도 구입하고 주택시장에서 아파트도 거래하는 것이 바로 매매라는 법률관계를 통하여 이루어지는 것이다.

매매라는 법률관계에서 매도인과 매수인은 각자 권리와 의무를 부담한다. 매수인은 목적물에 대한 소유권이전청구권이라는 권리와 대금의 지불이라는 의무를 부담하고, 매도인은 목적물에 대한 대금청구권과 목적물의 인도라는 의무를 부담하면서 복합적인 법률관계를 형성하는 것이다. 결국 법률관계는 권리와 의무관계를 말하는 것이다.

권리의 본질에 대해서는 의사설, 이익설, 권리법력설 등의 견해가 있으나, 유력한 견해인 권리법력설에 따라 '권리'란 일정한 이익을 누릴 수 있는 법률상 인정되는 힘이거나 법적인 힘을 말한다. 권리와 구별되는 개념으로 권한, 권능, 반사적 이익 등이 있다.

한편 '의무'는 법에 의하여 강요되는 법적인 구속으로 의무자가 반드시 지켜야 하는 것을 말한다. 의무는 권리와 대응하는 것이 일반적이나, 의무만 존재하고 권리가 없는 경우(공고의무·등기의무·감독의무 등)와 권리만 존재하고 의무가 없는 경우(형성권)도 있다. 그리고 공법관계에서는 특정인이 의무를 부담하는 반면, 다른 특정인은 이익을 얻는 반사적 이익의 경우도 있다.

II. 권리의 종류

1. 권리의 내용에 따른 분류

일반적으로 법은 규제하는 내용에 따라 공법과 사법으로 구분되듯이, 권리도 그 내용에 따라 흔히 공적인 권리인 공권과 사적인 권리인 사권으로 구분된다.

민법에서 개인의 사적인 권리에 해당되는 '사권'은 크게 3가지 기준으로 분류되는데 권리의 내용에 따른 분류, 권리의 작용이나 법률상의 효력에 따른 분류, 그리고 기타의 분류로 구별된다.

먼저 사권은 내용에 따른 구별로 크게 재산권, 인격권, 가족권(신분권), 사원권 등으로 나누어지며, 다시 재산권은 물권, 채권, 지식재산권 등으로 구분된다.

물권은 물건의 소유자가 직접 그 물건의 지배를 통하여 얻을 수 있는 배타적 권리를 말한다. 민법의 물권은 소유권과 점유권, 용익물권(지상권·지역권·전세권)과 담보물권(질권·유치권·저당권) 등 8종으로 구분된다. 한편 광업권, 어업권 등은 물건을 직접 지배하지 않는 점에서 물권이라 하지 아니하고 '준물권'이라 한다.

채권은 채권자가 채무자에게 일정한 급부 또는 급여를 요구하는 권리를 말한다. 지식재산권(저작권·특허권·상표권·실용신안권·디자인권 등)은 저작권이나 발명권 등 정신적 지능의 창조물을 배타적으로 이용할 수 있는 권리이며, 무체재산권이나 지적 재산권, 지적 소유권 등으로 불리기도 한다.

인격권은 권리의 주체인 자연인과 분리할 수 없는 인격적 이익을 내용으로 하는 권리를 말한다. 사람은 인간으로서의 존엄과 가치를 가지는 존재이므로 자연인에 대한 권리능력을 부여하는 것이나 명예·정조·초상권이나 프라이버시권 등이 인격권에 해당된다.

가족권은 가족관계나 친족관계 등에서 발생하는 권리로 친권이나 부양청구권 등이 존재하며, 신분권이나 친족권이라고도 일컫는다.

사원권은 단체를 형성하는 구성원이 그 단체에 대하여 행사하는 권리를 말하는데, 사단법인에 대한 사원권, 주식회사에 대한 주주의 권리를 일컫는다.

2. 권리의 효력(작용)에 따른 분류

권리가 행사되는 경우 권리의 작용에 따른 법률상의 힘이라 할 수 있는 권리의 효력을 기준으로 나눈다면, 권리를 지배권·청구권·형성권·항변권 등으로 분류된다.

지배권은 물권처럼 권리자가 일정한 객체에 대하여 직접 지배하는 것을 내용으로 하며, 대내적·대외적 효력을 가지는 지배력을 행사할 수 있는 권리를 말한다.

청구권은 특정인이 다른 특정인에 대하여 금전의 지급이나 물건의 인도 등 작위 또는 부작위 등의 일정한 행위를 요구할 수 있는 권리를 말한다.

형성권은 권리자가 일방적으로 자신의 의사표시를 통하여 법률관계의 발생·변경·소멸을 초래할 수 있는 권리를 말한다. 형성권의 종류에는 권리자의 의사표시만으로 효과가 발생하는 경우와 법원의 판결에 따라 효과가 발생하는 경우로 구분된다.

항변권은 일정한 사유에 근거하여 청구권의 행사에 대한 급부를 거절하여 이를 방어할 수 있는 권리를 말한다. 항변권은 청구권자의 이행청구에 대한 방어이므로 반대권이라고도 하며, 연기적 항변권과 영구적 항변권이 있다.

그리고 사권의 기타에 따른 분류에는 절대권과 상대권, 일신전속권과 비전속권, 주된 권리와 종된 권리, 기대권 등으로 나누어진다.

제3절 권리의 주체

Ⅰ. 자연인

개인 상호간의 권리의무관계에서 권리의무를 지는 자를 권리의무의 주체라고 하며 이에는 인(人)이 있으며 人에는 자연인과 법인이 있다.

살아서 호흡을 하고 있는 생명체에 해당되는 자연인인 사람은 권리능력과 행위능력을 가질 수 있다. 그러므로 살아서 출생하기만 하면 모두 권리능력을 가진다.

반면, 사람은 출생한 때로부터 권리능력을 취득하므로, 모체 내에서 자라고 있는 태아는 민법에서 사람이 아니므로 권리능력을 취득하지 못한다. 이런 사정을 감안하여 태아에게도 일정한 경우에 개별적 보호주의에 입각하여 권리능력을 인정하고 있다. 가령 불법행위에 따른 손해배상청구(762조), 상속(1000조 3항), 대습상속(1001조), 유증(1064조), 사인증여(562조) 등에서 태아는 자연인과 동일한 권리능력을 부여받고 있다.

한편 사람은 출생에서부터 사망에 이르기까지 권리와 의무의 주체가 된다. 그러나 언제부터 사람이고 언제까지 사람인지를 명확히 확정하는 것은 사실 어렵다.

사람의 시기와 종기에 대해서는 학설을 통하여 여러 견해가 대립하고 있으며, 형법과 민법은 서로 다른 입장을 취하고 있다.

1. 사람의 시기와 종기

1) 사람의 시기

사람의 시기에 대하여는 여러 학설이 대립하고 있다. 가령 수태설·진통설·일부노출설·전부노출설·독립호흡설 등의 견해가 존재하고 있다. 민법은 태아가 모체로부터 완전히 분리되어 밖으로 드러난 때를 사람으로 보는데, 이는 태아가 모체로부터 분리되면 물리적으로 출생의 시기를 쉽게 확인할 수 있다는 점에서 전부노출설의 입장을 취하고 있다.

사람의 시기에 대한 견해의 차이는 원래 형법에서 살인죄와 낙태죄를 구별하기 위한 필요성에서 그 구별의 실익이 있다. 그러므로 모체와 분리된 생명·신체를 보호할 필요성이 형법이나 민법에 따라 다르므로 학설이 대립하는 것도 그와 같은 이유에서 비롯되었다.

그러나 형법은 보통살인죄와 구별되는 영아살해죄(직계존속이 치욕을 은폐하기 위하여 양육할 수 없음을 예상하거나 특히 참작할 만한 동기로 인하여 분만 중 또는 분만 직후의 영아를 살해함으로써 성립하는 범죄)를 처벌하기 위하여 출생의 시기를 민법에서 인정하는 전부노출설의 견해보다 앞당길 필요성이 있어, 이른바 진통설(분만개시설)을 취하고 있고, 판례와 통설도 현재 같은 입장이다.

2) 학설

먼저 수태설은 헌법상의 인간존엄의 관점에서 거론되고 있다. 분만개시설(진통설)은 산모가 분만을 시작하게 되면 규칙적인 진통을 수반하므로 태아가 태반으로부터 분리되는 분만이 개시된 때를 사람으로 보는 입장이다. 우리나라와 독일의 통설·판례도 이 입장을 취하고 있다.

일부노출설(두부노출설)은 태아의 머리가 모체로부터 노출된 때를 사람의 시기로 보며 일본의 통설이다. 전부노출설은 분만이 완성되어 태아가 모체로부터 완전히 분리된 때를 사람으로 보며 현재 우리나라 민법의 통설이다.

독립호흡설은 태아가 태반에 의한 호흡을 중지하고, 독립하여 자신의 폐로 호흡을 할 수 있게 된 때를 사람으로 본다.

2. 사람의 종기

사람의 종기를 판단하는 학설에서 맥박종지설은 심장의 고동이 영구적으로 정지한 때로 사망으로 보는 입장이며, 통설이 취하고 있는 입장이다. 호흡중지설은 호흡이 영구적으로 정지한 때를 사망의 시점으로 보며, 생활현상종지설은 생활현상이 전부 단절된 때를 사람의 종기로 판단한다.

위의 어느 경우이든 의학에서 사망의 징후는 맥박·호흡의 정지 및 동공반응의 소실 내지 동공의 확대를 전제로 하며, 호흡과 혈액순환이 정지되어 심장의 기능이 정지되는 것을 일반적인 사망의 판정기준으로 삼고 있다.

최근에는 장기이식과 의료기술의 발달로 말미암아 뇌사설이 크게 부각되고 있다. 뇌사설은 뇌의 완전한 정지를 사망으로 간주하여, 사망의 시기를 뇌파의 측정으로 뇌파가 일정기간 동안 정지된 상태를 사망의 시기로 본다. 인공심장의 등장과 전기쇼크로 심장을 소생하는 기술 및 인공호흡장치의 발달에 따른 결과이다.

그러나 뇌사의 개념자체가 아직 애매하고, 일반인의 관점에서 볼 때 심장이 뛰고 있는 상태에서 이를 사망의 시점으로 본다는 점에서 사망의 판단이 너무 이르다는 견해와 장기의 불법매매에 대한 철저한 근절책 등이 완비된 상태라야 이를 수용할 수 있다는 견해가 주장되고 있다.

우리나라도 장기 등 이식에 관한 법률의 제정(2010년)에 따라 뇌사판정절차에 따라 뇌사자에 대한 장기이식이 가능하다. 뇌사자가 장기 등의 적출로 사망한 경우에 뇌사의 원인이 된 질병 또는 행위로 사망한 것으로 사망원인이 의제되며, 뇌사자의 사망시각은 뇌사판정위원회가 뇌사판정을 내린 시각으로 하고 있다.

3. 권리능력

'권리능력'은 권리의무의 주체가 될 수 있는 지위를 말하는데, 민법은 '사람은 생존한 동안 권리와 의무의 주체가 된다(제3조).'라고 규정하고 있다. 따라서 사람은 출생한 때로부터 권리능력을 취득하므로 아직 출생하지 않은 태아는 권리능력을 부여받을 수 없다. 그러나 출생의 시기를 언제로 보느냐에 따라 그에 따른 법적 판단이 다르므로, 출생의 시기에 관하여는 여러 학설의 대립이 있는 것이다.

한편 사람은 사망하면 권리능력을 상실한다. 사망의 순위에 대한 입증곤란을 피하기 위하여 동시사망의 추정(제30조, 2인 이상이 동일한 위난으로 사망한 때에는 동시에 사망한 것으로 추정한다), 인정사망(가족관계의 등록 등에 관한 법률, 수해, 화재나 그 밖의 재난으로 사체는 발견되지 않았으나 사망이 확실시 되는 경우에 이를 조사한 행정기관의 통보에 기초하여 가족부에 사망으로 기록하는 제도), 실종선고제도(부재자의 생사불명이 일정기간 1~5년 계속되면 사망의 개연성이 매우 크므로 가정법원의 실종선고로 사망한 것으로 간주하는 제도) 등을 두고 있다.

4. 행위능력

모든 자연인은 태어나면서 권리능력을 향유하지만, 복잡한 현대의 거래사회에서 독자적으로 자기의 판단과 의사에 따라 완전하게 법률행위를 할 수 있는 능력은 없다. 완전히 유효하게 법률행위에 대한 판단을 할 수 있는 능력을 의사능력 또는 정신능력이라고 한다.

이러한 의사능력은 법률행위 당시에 지니고 있어야 하나 실거래관계에서 일일이 의사능력여부를 판단하기란 사실상 곤란하기 때문에, 민법은 획일적인 기준으로 행위능력이라고 하는 개념을 별도로 설정하였다. 행위능력이란 독자적으로 법률행위를 할 수 있는 능력을 말하며, 이를 가진 자를 능력자라 하며 갖지 못한 사람을 행위무능력자라 한다.

5. 제한능력자

민법은 그동안 미성년자·한정치산자·금치산자 등의 무능력자를 제한능력자라는 용어로 변경하면서, 한정치산제도와 금치산제도를 대신하여 한정후견인과 특정후견인 등의 성년후견제도를 도입하였다. 그리고 미성년자는 만19세미만의 사람을 말하며, 미성년자도 법률이 정한 바에 따라 혼인을 하고 혼인신고를 종료하게 되면 민법에서 성년으로 의제된다(성년의제).

미성년자는 법정대리인의 동의 없이 유효한 법률행위를 할 수 없으며, 법정대리인의 동의 없이 미성년자가 스스로 자신의 재산에 대하여 한 법률행위는 취소가 가능하다.

미성년자가 법정대리인의 동의 없이 혼자 할 수 있는 행위는 다음과 같다. 미성년자가 단순히 권리만을 얻거나 의무만을 면하는 행위, 처분이 허락된 재산의 처분행위, 영업을 허락받은 미성년자의 그 영업에 관한 행위, 혼인을 한 미성년자의 행위, 대리행위, 유언행위, 근로계약에 따른 임금청구행위 등이다.

II. 법인

1. 법인의 종류

공공단체·공익단체·회사 등의 단체도 법률이 정하는 일정한 요건을 구비하면 그 단체의 이름으로 권리의무의 주체가 될 수 있는 권리능력을 부여하는데, 이러한 단체를 법인이라 한다. 법인은 자연인 이외에 법인격이 인정된 사단법인 · 재단법인 등의 단체를 말한다. 법인의 성립을 인정하는 법률은 민법과 많은 특별법이 있다. 따라서 법인에는 공법인 · 사법인, 영리법인(주식회사) · 비영리법인(학술 · 종교 · 자선 등의 단체) 등으로 구분된다.

민법이 적용되는 비영리법인은 그 구성요소가 사단이냐 재단이냐에 따라 사단법인 · 재단법인으로 나누어진다. 사단법인은 법률상 일정한 목적과 조직에 의하여 결합한 사람의 전체에 대하여 법인격이 부여되어 있는 것을 말한다.

한편 재단법인은 일정한 목적을 위하여 출연된 재산으로 이루어진 재단에 대하여 법인격이 부여되고 있는 것을 말한다. 반면, 법인에 대하여는 자연인에게 부여되는 인간의 성질을 전제로 하는 친권 · 생명권 · 신체의 자유 등의 권리를 갖지 못한다.

2. 법인의 기관

법인은 인격자인 사람과 구조가 다르므로 법인의 의사결정과 활동을 지원하기 위하여 법인의 사무를 처리하는 일정한 조직이 필요한데, 이러한 조직을 법인의 기관이라 한다. 법인의 기관에는 대표기관이면서 집행기관에 해당하는 이사와, 이사를 감독하는 기관으로 감사가 있으며, 법인의 최고의사결정기관이라 할 수 있는 사원총회 등이 있다.

이사는 집행기관으로 각자 법인을 대표하고 법인의 업무를 집행하므로 사단법인이든 재단법인이든 반드시 설치해야하는 필요기관이다. 이사가 될 수 있는 자격은 자연인에 한하며 이사의 수는 제한이 없으므로 그 수를 정관에서 임의로 정할 수 있다. 이사는 선관주의의 의무에 따라 선량한 관리자의 주의를 다하여 충실하게 직무를 수행해야 된다. 사단법인의 이사는 사원명부를 작성하여 사무소에 비치하고, 매년 1회 이상 통상총회를 소집하여야 한다.

한편 감사는 이사에 대한 감독기관으로 법인은 정관 또는 총회의 결의로 1인 또는 여러 명의 감사를 둘 수 있다. 그리고 사원총회는 의사결정기관으로 사단법인을 구성하는 전체 사원으로 구성되는 필수적 의결기관이다. 사원이 존재하지 않는 재단법인에는 사원총회가 없으므로, 재단법인의 최고의사는 법인이 정해놓은 정관에 따르고 있다.

제4절 권리의 객체

I. 민법과 권리의 객체

일반적으로 권리는 법률상으로 보장되는 사용·수익·처분 등 일정한 이익을 누릴 수 있는 법적인 힘을 의미하며, 이 경우 일정한 이익은 권리의 내용이 된다.

권리의 객체는 권리주체에게 일정한 이익을 가져다주는 권리의 내용이나 목적이 되는 일정한 대상을 말한다. 권리는 권리주체에게 법에 의하여 주어진 법적인 힘이고, 권리의 객체는 이익발생의 대상이 되는 물건을 말한다. 가령 자동차의 소유자는 자동차에 대한 소유권이라는 권리의 행사를 통하여 자동차를 직접 사용하거나 자동차를 이용하여 수익을 얻는 것이며, 그 사용과 수익의 대상인 자동차라는 물건은 권리의 객체인 셈이다.

권리의 객체는 권리의 종류에 따라 물권에서는 물건, 채권에서는 채무자의 행위(급부), 지식재산권은 발명·창작, 상속권에서는 상속재산 등 다양한 유형이 있지만, 민법은 그 가운데 '물건'에 대해서만 일반적 규정을 두고 있다.

II. 물건

민법은 물건에 대하여 '물건이라 함은 유체물 및 전기 기타 관리할 수 있는 자연력을 말한다.'라고 규정(98조)하고 있다. 따라서 민법에서 물건이 되려면 우선 고체·액체·기체 등의 유체물이어야 하며, 형체가 없거나 만질 수 없는 무체물에 대해서는 예외적으로 물건으로 인정한다.

따라서 모든 무체물이 민법상 물건이 되는 것은 아니며, 관리할 수 있는 자연력에 해당되어야 민법상의 물건에 해당되는 것이다. 그러므로 전기·에너지·열 등의 자연력 가운데 관리가 가능한 자연력의 무체물이어야 물건이 될 수 있다. 과학의 발달로 전기나

에너지 등의 무체물도 거래의 객체가 되어 재산적 가치가 인정되면서 물건에 포함된 것이다.

민법은 제98조에서 관리가 가능한 물건이나 무체물인 자연력에 대해서는 명문으로 규정하고 있으나, 일반적인 유체물에 대해서도 달리 해석할 필요는 없다. 따라서 해나 별, 그리고 바다와 공기 등은 유체물이지만, 사실상 관리가 불가능한 존재이므로, 민법의 물건에서 제외되는 것이다. 그리고 물건은 물리적으로 하나의 독립한 모양과 존재를 가지는 형태이어야 한다.

그리고 물건은 사람의 관리나 지배가 가능한 객체로 인격과 결부된 신체에 대한 물건이 아니어야 된다. 살아 있는 사람의 신체나 신체에 부속된 의수나 의족 등도 법률상의 물건이 될 수 없다. 인체의 일부이더라도 생체로부터 분리된 모발이나 혈액 등은 원소유자의 물건에 해당될 수 있다.

사체가 물건으로서 소유권의 객체가 되는지 여부는 의견이 나누어진다. 사체에 대한 소유권에 대해서는 일반적 소유권의 의미와 내용과는 달리 매장이나 제사 등을 할 수 있는 권능과 의무가 주로 인정된다. 사람의 사체나 유골은 제사나 공양의 대상이 되는 유체물로 제사주재자에게 승계된다고 보는 것이 판례의 입장이기도 하다.

결론적으로 민법상 물건으로 인정되기 위해서는 법률적으로 관리가 가능하고 배타적 지배가 가능한 유체물이거나 무체물 가운데 관리가 가능한 자연력에 해당되어야 한다.

Ⅲ. 동산과 부동산

1. 동산과 부동산의 차이

동산과 부동산은 민법에서 다르게 취급되므로 엄격하게 구별할 필요가 있다. 특히 부동산은 고가의 경제적 가치를 가지며, 규모도 방대하여 동산에 비하여 장소적 이전이 쉽지 않은 반면, 등기와 같은 방법으로 권리관계에 대한 공시가 가능한 점에서 동산과 구별된다.

그러나 공시방법에 따른 부동산과 동산의 구별은 사회의 발전에 따라 많은 변화를 거치고 있다. 가령 공시가 가능한 자동차·항공기·선박·건설기계(불도저·굴착기·지게차·덤프트럭·기중기 등) 등은 동산이라도 부동산의 경우처럼 등기 또는 등록의 공시방법을 채택하고 있다.

2. 부동산

민법에 따르면 부동산은 '토지와 그 정착물을 의미한다(제99조 1항).'라고 규정하고 있다. 토지는 일정한 범위에서 땅의 표면과 함께 정상적인 이익의 범위로 볼 수 있는 토지의 공중이나 지하를 포함하며, 그 소유권은 토지의 구성물(밭둑은 밭의 구성물)에까지 미친다.

하나의 토지는 번지에 해당하는 지번으로 표시되고 그 개수는 필이라 칭한다. 1필의 토지 일부에 대해서는 분할하기 전에는 소유권이나 저당권 등의 물권변동에 대한 객체가 될 수 없지만, 용익물권의 설정은 가능하다.

한편 토지의 정착물은 토지에 밀접하게 고정된 상태로 사용되는 건물·수목 등의 물건을 말한다. 토지에 정착되어 있는 정착물의 종류에는 건물 · 집단수목 · 열린 과실 · 농작물 등이 있다.

건물은 토지와 별개의 독립된 부동산으로 인정되며, 등기부에 등기하여야 권리변동에 대한 취득이나 상실의 변경이 이루어진다. 산지나 야외 등에서 자라는 수목은 '입목에 관한 법률'의 제정에 따라 입목법이나 판례로 인정되는 명인방법에 의하여 독립한 부동산으로 거래되고 있다. 과일·호박·벼 등 수목에 열린 과실(미분리 과실)은 명인방법이 구비된 경우에는 독립된 물건으로 거래의 객체가 되며 동산에 해당된다. 농작물은 토지의 정착물로 토지와 일체의 구성부분을 형성한다. 판례에 따르면 권원 없이 타인의 토지에서 경작한 경우에도 농작물의 소유권은 토지와는 별개의 독립한 물건으로 항상 경작자에게 인정된다는 것이다.

3. 동산

민법에 따르면 부동산 이외의 물건은 모두 동산에 해당된다(제99조 2항). 전기 기타 사실상 사람의 관리가 가능한 자연력도 동산이며, 토지에 심기 위하여 흙속에 덮어둔 묘목처럼 일시적으로 부동산에 정착된 물건처럼 토지의 정착물에 해당되지 않으면 동산이 된다. 선박이나 자동차처럼 규모가 크고 등록이 가능한 비싼 물건일지라도 부동산이 아닌 동산으로 인정된다.

특히 일정한 가치를 상징하는 금전의 경우는 원칙적으로 동산에 해당되지만, 보통의 물건과 사용이 다르므로 달리 취급된다. 따라서 금전은 보통의 물건과 성질이 다르므로, 금전에 대한 채권적 반환청구권은 인정되지만, 물권적 반환청구권은 인정되지 않는다.

Ⅳ. 주물과 종물

1. 주물과 종물의 의미

어떤 물건과 '그 물건의 상용에 공하기 위하여' 부속하게 된 물건이 있는 경우에 주된 물건이 되는 어떤 물건을 주물이라 부르고, 주물에 부속되는 물건을 종물이라 한다. 따라서 종물은 주물을 전제로 존재하는 것이며, 주물에 따른 종물의 지위는 주물과 함께 경제적·법률적 운명을 같이 하게 된다. 가령, 자물쇠와 열쇠, 새와 새장의 관계에서 자물쇠와 새는 주물이고, 열쇠와 새장은 종물에 해당하는 것이다.

2. 종물의 요건과 효과

민법의 규정에 따르면, 종물의 요건은 주물의 일반적인 사용에 제공되는 독립한 물건이어야 하며, 모두 동일한 소유권자의 소유에 해당되는 물건으로 동산과 부동산이면 된다(민법 제100조 1항).

종물은 소유권의 양도, 제한물권의 설정, 매매, 임대차 등 법률관계에서 주물의 처분에 따라 법적 지위가 결정된다. 따라서 주물에 저당권이 설정된 경우에 그 저당권의 효력은 종물에도 미친다.

V. 원물과 과실

1. 원물과 과실의 의미

'원물'은 과실이나 이자를 발생시켜 경제적 이익을 창출하는 어떤 물건을 말하며, 과실은 물건으로부터 발생되는 경제적 수익을 말한다. 경제적 수익은 원물의 수익권자가 취득하는 것이 원칙이지만, 중간에 원물의 수익권자가 변동된 경우에 최종적으로 과실을 누가 가져갈 것인지에 대한 분쟁을 해결하기 위하여 민법은 원물과 과실의 귀속에 대한 내용을 규정하고 있다(제101조 1항).

민법은 과실의 종류에 대하여 천연과실과 법정과실을 규정하고 있는데, 양자는 물건에서 발생되는 경제적 수익이라는 측면에서는 공통적이나 성질의 측면에서는 서로 다르다.

2. 천연과실과 법정과실

천연과실은 원래 물건의 용법에 의하여 수취하는 산출물로 원물로부터 거두어들이는 수익에 해당하는 자연적·인공적 산출물 모두를 포함한다. 천연과실의 귀속과 관련하여 보통 원물의 소유자에게 수취권을 인정하는 원칙인 생산주의에 따르는 것이 일반적이나, 민법은 분리주의에 입각하여 천연과실의 경우 원물에서 분리할 당시의 권리자에게 소유권을 인정하고 있다(제102조 1항).

미분리의 천연과실은 명인방법을 구비한 경우에는 독립한 물건의 동산으로 물권의 성립이 인정된다는 것이 판례의 입장이다.

법정과실은 타인에게 물건을 사용하게 하고 그 물건의 사용대가에 따르는 금전이나 기타의 물건을 말한다. 가령 집세, 토지사용료, 이자 등을 말한다. 민법에 따르면 법정과실은 원물에 대한 권리의 존속기간을 산정하여 일수의 비율로 취득한다(제102조 2항).

제5절 권리변동

I. 법률관계의 변동

법률관계는 우리가 민법의 적용을 받으며 행하는 사회생활의 관계를 말한다. 사회생활에서 행하는 우리의 생활관계는 대부분 법률관계이며, 그것은 주로 권리와 의무의 관계로 나타난다.

법률관계의 변동은 일정한 원인에 의하여 법률관계의 발생과 변경, 그리고 소멸의 결과로 나타난다. 여기서 어떤 법률관계의 변동이 되는 원인을 '법률요건'이라 하는 반면, 어떤 결과로 나타나는 법률관계의 변동을 '법률효과'라고 부른다.

구체적으로 권리의 변동은 권리의 발생, 권리의 소멸, 권리의 변경 등을 모두 일컫는 말이다.

권리의 발생은 어떤 사람이 권리를 취득하는 것을 말한다. 권리의 취득에는 원시취득과 승계취득이 있다. 원시취득은 이미 성립하고 있는 타인의 권리와는 무관하게 어떤 권리가 새롭게 사회에 나타나는 것으로 선점, 습득, 시효취득 등이 있다. 승계취득은 기존에 존재하는 타인의 권리에 의존하여 그 권리를 이어받아 발생하는 권리를 말하는데 매매, 상속 등의 경우를 말한다.

권리의 소멸은 존재하고 있는 권리가 권리주체로부터 분리되어 상실되는 것을 말하며, 이에는 절대적 소멸과 상대적 소멸로 구분된다.

권리의 변경은 권리 자체에는 아무런 변동 없이 권리의 주체나 권리의 내용, 그리고 권리의 작용이 변경하는 것을 말한다.

1. 권리의 변동원인

권리의 변동원인에는 법률요건과 법률사실이 있다. 법률요건은 구성요건이라고도 하며, 가장 주요한 법률요건인 법률행위와 준법률행위, 불법행위, 부당이득, 사무관리 등의 유형이 있다. 법률사실은 법률요건을 이루고 있는 개개의 사실을 말하며, 단독으로나 여러 법률사실이 합쳐서 하나의 법률효과를 발생하게 하기도 한다. 법률사실은 사람의 정신 작용에 의한 법률사실(행위)과 사람의 정신작용이 아닌 법률사실(사건)로 구분된다.

민법은 권리의 변동 가운데 주로 의사표시 내지 법률행위·기간·소멸시효 등의 법률요 건에 대하여 규정하고 있다.

II. 법률행위

1. 법률행위

법률행위는 사적 자치를 실현하기 위하여 하나 또는 여러 개의 의사표시를 통하여 법률효과의 발생을 초래하는 법률요건에 해당되는 적법행위를 말한다.

의사표시는 법률행위의 성립에 반드시 필요한 요소로 법률사실이며, 일정한 법률효 과를 가져오는 내심의 의사를 외부에 표명하는 행위를 말한다. 법률은 표의자의 의사표 시에 대하여 일정한 법률효과가 발생하도록 이를 인정한다.

법률행위는 반드시 의사표시를 구성요소로 하며, 의사표시를 행한 행위자의 의도하 는 바에 따라 사법상의 효과를 발생하게 한다.

헌법 제10조 '인간의 존엄성 존중'조항의 정신에 입각하여 민법의 분야에서도 개인사 이의 법률관계에서 사적 자치가 존중되거나 널리 허용되고 있다.

우리 사회에서 사적 자치의 실현은 주로 법률행위를 통하여 나타난다. 법률행위의 대부분은 주로 계약의 형태로 실현되므로 계약자유의 원칙이 존중된다.

그러나 계약자유의 원칙은 자본주의가 발전하면서 빈부격차의 문제를 초래하는 주 요 원인으로 지목되어 경제적·사회적 약자의 보호를 위하여 크게 수정되었다.

2. 법률행위의 종류

법률행위의 종류에는 몇 가지 기준에 따라 구별된다. 우선 의사표시의 수에 따라 단독행위, 계약, 합동행위로 나누어진다. 그리고 의사표시의 방식에 따라 요식행위와 불요식행위로 나누어진다. 또한 법률효과의 종류에 따라 채권행위·물권행위·준물권행위로 나누어진다. 그리고 재산관계의 변동을 목적으로 하는 재산행위와 비재산행위로 출연행위·비출연행위로 나누어지기도 한다.

3. 법률행위의 해석

법률행위를 구성하는 본질적 요소는 의사를 표시하는 당사자의 의사표시에 있으므로 법률행위의 해석은 의사표시의 해석이나 다름없다. 물론 당사자가 의도하여 표시한 바에 따라 언제나 명확하게 법률행위에 대한 효과가 인정되는 것은 아니다. 추가적으로 법률행위가 명확하지 아니 하거나 비법률적인 경우도 있으므로, 이를 명확하게하거나 법률적 지원이 가중하도록 보조하는 작업이 필요하다.

법률행위의 해석방법에는 객관적 해석과 주관적 해석, 보충적 해석의 방법이 있으며, 당사자가 의도하는 목적이나 관습, 임의법규, 신의성실의 원칙이나 추가적으로 조리 등의 여러 요소에 의하여 법률적 의미를 보충하거나 확정하는 작업이 필요하다.

4. 의사표시

의사표시는 이를 직접 발표한 행위자가 의도하는 바에 따라 민법이 법률효과를 인정하므 로, 법률행위에 있어서 필수요소에 해당하는 의사표시의 내용은 법률관계에서 매우 중요한 의미를 가진다.

의사표시는 의사와 표시라는 두 가지 요소로 구성되어 있으므로, 만약 의사요소에 어떤 흠이 있는 경우에 그 표시의 효과는 어떻게 될 지가 문제된다. 이에 관한 이론에는 의사주의, 표시주의, 절충중의의 입장이 있다. 절충주의의 내용은 의사표시를 행한 표의자를 위해서는 의사주의를 취하기도 하지만, 상대방의 보호를 위해서는 표시주의를 따르게 된다.

민법은 의사주의와 표시를 함께 고려하여 절충주의를 원칙으로 하지만, 재산법분야에서는 상대방 보호와 거래안전을 도모하기 위하여 표시주의의 입장을 취하기도 한다.

(1) 의사와 표시의 불일치

법률행위를 통하여 나타나는 법률효과는 의사표시를 행한 당사자의 마음이 그대로 외부에 표시되면서 의사와 표시가 일치한 때에 나타나는 것이 원칙이다. 그러나 표의자의 진실한 의사가 표시하는 효과의사와 다르게 나타날 수 있는데, 이를 의사와 표시의 불일치라고 한다.

의사와 표시의 불일치는 표의자가 그 사실을 알고 있는 경우와 모르는 경우로 구별된다. 전자는 다시 상대방과 서로 알면서 통정한 경우(허위표시)와 그렇지 않은 경우(진의 없는 의사표시)로 구별되며, 후자는 착오에 해당된다.

'허위표시'는 표의자가 거래의 상대방과 서로 알면서 통정을 통하여 행하는 진의가 아닌 거짓의 의사표시를 말한다. 민법은 표의자와 상대방이 서로 알면서도 이를 행하였다는 점에서 통정한 허위의 의사표시를 '상대방과의 통정'이라고 한다. 가령, 부동산을 거래하면서 세금의 이익을 보려고 매매대금을 실제와 다르게 기재하여 계약을 체결하는 경우이다. 허위표시는 당사자 사이에는 무효이며, 선의의 제3자에게는 대항하지 못한다.

'진의 없는 의사표시'는 표의자가 스스로 의사표시를 행하면서 자신의 참된 의사가 결여된 상태의 의사를 표시하여 의사와 표시가 불일치하는 사실을 알면서도 행하는 의사표시를 말한다. 이것은 비진의 의사표시라고도 부르며 표의자가 단독으로 하는 경우가 많아 '단독허위표시'라고도 하며, 상대방이 있는 경우에도 서로 알면서 하지 않기에 '통정허위표시'와 구별된다. '비진의 의사표시'는 원칙적으로 표시된 바에 따라 효력이 발생하지만, 상대방이 이미 표의자의 진의 아님을 알았거나 이를 알 수 있을 경우에는 무효이며, 이 무효는 선의의 제3자에게 대항하지 못한다.

'착오에 의한 의사표시'는 객관식 사실에 대하여 의사표시를 나타내는 표의자의 주관적 인식이 이와 불일치하는 경우로 진의와 표시의 불일치를 스스로 알지 못하는 경우를 말한다. 법률행위의 중요부분에 착오가 있는 때에는 표의자는 자신의 의사표시를 취소할 수 있으나, 표의자의 중대한 과실로 착오가 발생한 경우에는 이를 취소하지 못한다. 취소가 있기 전에는 유효한 법률행위로 효력을 발생하지만, 취소하게 되면 그 법률행위는 소급하여 무효로 된다. 착오로 인한 의사표시의 취소는 선의의 제3자에게 대항하지 못한다.

(2) 사기·강박에 의한 의사표시

의사표시는 표의자가 자유로운 상태에서 의사의 결정이 순조롭게 이루어져야 한다. 그러므로 의사의 결정에 부당한 간섭이 개입되어서는 아니 되므로, 의사표시의 발표가 사기나 강박에 의하여 성립되는 것은 위법행위에 해당한다. 민법은 상대방이 표의자에 대하여 사기나 강박에 의한 의사표시를 한 경우에 표의자가 이를 취소할 수 있는 것으로 하고 있다. 제3자의 사기·강박으로 표의자가 상대방이 없는 의사표시를 한 경우에는 표의자는 언제든지 그 의사표시를 취소할 수 있으며, 제3자의 사기·강박으로 상대방 있는 의사표시를 한 경우에는 상대방이 사기·강박의 사실을 알고 있거나, 또는 알 수 있었을 경우에 한하여 표의자는 그 의사표시를 취소할 수 있다.

(3) 의사표시의 효력발생

상대방이 없는 의사표시는 원칙적으로 의사표시의 요건을 모두 구비한 경우에 일단 효력이 발생한다. 이와 달리 상대방이 있는 의사표시는 상대방의 존재를 고려하여 의사표시에 대한 효력발생시기와 수령능력의 문제가 발생한다.

상대방이 있는 경우 의사표시는 상대방에게 표시되거나 전달되어야 효력이 발생하는데, 이에는 발신주의와 도달주의 등의 원칙이 있다. 민법은 특별한 경우에는 발신주의를 취하기도 하지만, 일반적으로 도달주의의 원칙을 채용하고 있다.

민법의 도달주의원칙에 따라 의사표시의 효력은 상대방에게 도달하여야 효력을 발생하므로, 상대방을 모르거나 주소 등 소재를 알 수 없는 경우에는 민사소송법의 규정에 의한 공시송달의 방법이 인정된다. 법원게시판, 관보·공보, 신문 등 공시송달에 의한 의사표시는 게시한 날로부터 2주일이 경과하면 상대방에게 도달된 것으로 인정한다.

5. 대리제도

(1) 대리제도와 대리권

오늘날 자본주의 경제의 발달에 따라 거래관계의 형태가 다양하고 복잡해지면서 본인이 모든 법률행위를 직접 행하는 것은 현실적으로 불가능하다. 이러한 문제점을 해결하기 위하여 등장한 제도가 대리제도이다. 특히 대리제도는 법률행위를 함에 있어 사적 자치의 확장을 도모하거나 의사무능력자나 행위무능력자의 능력을 보충하기 위하여 등장한 제도이다.

대리제도는 대리인이 당초 대리관계를 위탁한 본인의 이름으로 의사표시를 하거나, 의사표시를 수령하는 법률행위를 행하고, 그 법률효과는 대리인이 아니라 직접본인에게 발생하는 제도를 말한다.

원래 법률효과는 의사를 표시하는 자에게 속하는 것이 원칙이지만, 복잡한 현대사회의 거래에서 그 예외를 인정하여 대리인의 행위에 대한 법적 효과가 법적으로 본인에게 귀속되게 하는 제도이다.

대리는 사실행위나 불법행위에는 인정되지 않으며, 의사표시를 하거나 의사표시를 수령하는 법률행위에만 인정된다. 그러나 재산상의 법률행위에는 대리가 인정되지만, 대리에 친하지 않는 법률행위인 혼인·유언·상속과 같은 일신전속적인 법률행위나 의사표시에는 대리가 원칙적으로 허용되지 않는다.

대리의 종류에는 크게 보면 임의대리와 무권대리, 능동대리와 수동대리, 유권대리와 무권대리 등으로 구별된다. 대리권은 권리의 일종이라기보다는 법률에 의하여 일정한 법률효과를 가지는 능력 내지 자격이라고 할 수 있다. 대리권은 발생원인에 따라 법정대리권과 임의대리권으로 구분된다. 법정대리권의 발생원인에는 법률의 규정(친권자·후견인)이나 지정권자의 지정행위(지정후견인), 그리고 법원의 선임행위(상속재산관리인) 등이 있다. 임의대리권의 발생원인은 대리권을 부여하려는 본인의 의사에 따라 '대리권 수여행위'로 대리권의 발생만을 목적으로 하는 수권행위에 의하여 발생한다.

(2) 대리행위와 대리효과

대리행위의 당사자는 대리인과 그 상대방을 말한다. 민법은 현명주의에 따라 대리인이 법률행위를 함에 있어서는 법률효과를 본인에게 귀속시키려는 의사인 '본인을 위한 것임을 표시'하고 의사표시를 하여야 한다. 따라서 대리인이 본인을 위한 대리의사가 표시되지 않은 대리인의 의사표시는 대리인 자신을 위한 것으로 본다. 대리인이 대리행위를 행함에 있어 임의대리이든 법정대리이든 대리인에게 반드시 행위능력자임을 요하지 않는다.

대리인이 상대방과 행한 의사표시의 효과는 마치 본인이 스스로 행위를 한 것과 같이 모두 본인에게 귀속한다. 그러나 대리인이 불법행위를 한 경우에는 그 법률효과가 대리인 자신에게 발생하므로 본인에게 귀속하지 않는다.

(3) 복대리

복대리는 이중의 대리관계로 대리인이 자신의 권한 내에서 자신의 이름으로 선임한 본인의 대리인을 말한다. 복대리의 법률관계에서는 본인, 대리인, 복대리인 등 3자 사이의 법률관계가 존재 하게 된다.

특히 복대리인을 선임할 수 있는 대리인의 권한을 복임권이라 하고, 복임권에 의하여 복대리인을 선임하는 행위를 복임행위라고 한다. 복임권은 본인과 대리인 간의 내부관계에서 발생하며, 복임권의 유무와 범위는 임의대리와 법정대리에 따라 달리 나타난다. 임의대리인의 복임권은 본인의 승낙이 있거나 또는 부득한 사유가 있는 때에 예외적으로 행사할 수 있다.

복대리인은 스스로 의사를 결정하고 표시하는 대리인이 그의 책임으로 선임하는 본인의 대리인이다. 대리인이 복대리인을 선임한 이후에도 대리인의 대리권은 존속한다.

복대리권은 대리권 일반의 소멸원인에 의하여 소멸하고, 대리인의 대리권이소멸하면 복대리권도 소멸한다.

(4) 무권대리

무권대리란 대리행위의 요건을 모두 구비하고 있으나, 대리권이 없는 상태에서 행해진 대리를 말한다.

　무권대리의 행위가 있게되면 원칙적으로 그 법률효과는 본인이나 대리인에게 귀속시킬 수 없고, 무권대리인과 상대방 사이에 불법행위의 문제가 발생한다. 민법은 대리제도의 존속과 거래의 안전을 위하여 표현대리(125조·126조의 표현대리)와 협의의 무권대리에 대한 규정을 통하여 이를 해결하고 있다.

Ⅲ. 기간

　기간은 특정의 시점에서 다른 특정의 시점까지 두 시점간의 연속적인 시간의 구간을 말한다. 기간은 계속적인 시간을 흐름을 의미하므로 특정의 시점을 나타내는 기일과 의미가 구별된다.

　민법은 기간의 계산방법에 대하여 단기간의 계산에는 자연의 계산방법을 사용하고, 장기간의 계산방법에는 역법의 계산방법을 사용하고 있다. 시·분·초의 계산방법은 자연의 계산방법에 의하여 즉시를 기산점으로 계산한다. 일·주·월·년의 계산법에서는 초일을 포함하지 않는 것이 원칙이나, 시점이 오전 영시로부터 시작하는 때나 연령의 계산에서는 초일을 포함하여 계산한다.

　기간 말일의 종료로 기간은 만료한다. 기간을 주·월·년으로 정한 때에는 역에 의하여 계산한다. 기간의 말일이 토요일 또는 공휴일에 해당하는 때에는 그 기간은 그 다음 날에 만료한다.

Ⅳ. 소멸시효

　시효제도는 일정한 사실상태가 장기간에 걸쳐 지속되는 경우 그 상태를 존중하여 실제적으로 권리관계에 합치하는지 여부를 묻지 아니하고, 이에 대하여 일정한 법률효과로 권리의 취득이나 소멸을 인정하는 제도를 말한다. 시효는 취득시효와 소멸시효로 구분되는데, 취득시효는 일정한 사실상태가 계속된 경우에 원래 권리의 소유사실과 무관하게 새롭게 권리자로 인정하는 제도이며, 소멸시효는 어떤 권리자가 권리행사가 가능함에도 소홀하여 권리의 불행사가 일정한 기간 계속된 경우에 그 권리를 소멸시키는 제도이다.

시효제도의 존재의미는 취득시효의 경우 장기간에 걸쳐 계속된 일정한 사실의 상태를 존중하는 것이며, 소멸시효의 경우 권리 위에 잠자는 자를 보호할 필요가 없다는 취지에서 인정되는 제도이다.

소멸시효는 시효로 권리가 소멸되는 제도인데, 권리가 소멸시효의 목적이 되어야 하고, 권리의 행사가 가능함에도 불행사가 된 경우로 일정한 기간 동안 불행사의 상태가 계속되어야 하는 요건이 필요하다.

민법은 소멸시효에 걸리는 권리로 채권과 소유권 이외의 재산권에 대하여 이를 인정하고 있다.

소멸시효의 기간은 보통의 채권에 대해서는 10년이며, 상법상의 상행위로 인한 채권은 5년의 소멸시효가 인정된다.

'3년의 시효에 걸리는 채권'에는 이자·부양료·급료·사용료 그 밖의 1년 이내의 기간으로 정한 금전 또는 물건의 지급을 목적으로 하는 채권, 의사·조산사·간호사 및 약사의 치료·근로 및 조제에 관한 채권, 도급받은 자기사·기타 공사의 설계 또는 감독에 종사하는 자의 공사에 관한 채권, 변호사·변리사·공증인·공인회계사 및 법무사에 대한 직무상 보관한 서류의 반환을 청구하는 채권, 변호사·변리사·공증인·공인회계사 및 법무사의 직무에 관한 채권, 생산자 및 상인이 판매한 생산물 및 상품의 대가, 수공업자 및 제조업자의 업무에 관한 채권 등이 있다.

'1년의 시효에 걸리는 채권'에는 여관·음식점·대석·오락장의 숙박료·음식료·대석료·입장료, 소비물의 대가 및 체당금의 채권, 의복·침구·장구 기타 동산의 사용료 채권, 노역인·연예인의 임금 및 그에 공급한 물건의 대금채권, 학생 및 수업자의 교육·의식 및 유숙에 관한 교주·교사 등의 개인이 가지는 채권 등이 이에 해당한다.

제6절 물권법

Ⅰ. 물권의 종류와 효력

물권이란 독립적이고 특정된 물건이나 기타의 객체에 대하여 권리자가 이를 직접 이용하여 타인을 배제하고 수익을 취할 수 있는 배타적인 권리를 말한다. '일물일권주의'에 따라 하나의 물건에는 하나의 물권만 인정되므로, 내용상 동시에 성립이 불가능한 물권은 동시에 인정되지 않는 것이 원칙이다.

가령, 주택에 대하여 소유권이라는 권리를 가진 자가 이 주택을 임대차나 전세제도를 이용하여 수익을 얻을 수 있는 권리가 물권에 해당한다.

Ⅱ. 물권의 변동

물권의 변동은 물권의 발생·변경·소멸을 일컫는다. 물권의 발생은 원시취득과 승계취득으로 구별된다. 원시취득은 기존에 성립하고 있는 타인의 물권을 전제로 하지 아니하고, 사회에 새로운 물권이 발생하는 것을 말한다. 원시취득에는 주택을 신축하여 소유권을 취득하거나 선점·습득·발견·취득시효·선의의 소유권 취득 등이 있다.

승계취득은 이미 존재하는 타인의 물권을 전제로 성립하는 물권의 취득을 말한다. 승계취득에는 이전의 승계와 설정의 승계로 구분된다.

물권의 변경은 어떤 물권이 동일성을 유지하는 가운데 물권의 주체와 내용 그리고 작용의 측면에서 변하는 것을 말한다. 물권의 주체변경은 어떤 물건에 대하여 소유권자가 변경되는 것이며, 내용의 변경은 소유권의 객체가 부합·혼화·가공으로 증가하는 것과 제한물권의 증가나 소멸로 소유권의 내용이 감소·증가하는 것을 말하며, 작용의 변경에 해당하는 경우는 물건에 이미 설정된 선순위 저당권의 소멸로 후순위 저당권의 순위가 올라가는 것을 말한다.

물권의 변동 종류에는 공시방법에 따라 부동산 물권변동과 동산 물권변동으로 구분

되며, 당사자가 원하는 바에 따라 법률효과가 발생하는지에 따라 법률행위에 의한 물권
변동과 비법률행위에 의한 물권변동으로 구분된다.

III. 점유권과 소유권

1. 점유권

(1) 점유권의 의의와 내용

점유권은 어떤 물건을 객관적으로 사실상 지배하고 있는 경우에 그 점유자에게 인정
되는 권리를 말한다. 점유권의 취득은 직접점유에 의한 취득으로 무주물의 선점·유실
물의 습득 등 원시취득, 물건의 인도에 의한 승계취득, 그리고 상속인의 점유에 따른 상
속취득 등이 있다. 그리고 간접점유의 취득은 점유개정 등 점유매개관계를 통하여 인정
된다.

(2) 점유권의 효력

점유권의 효력의 내용에는 권리의 추정, 선의점유자의 과실취득권, 선의점유자의 책
임경감, 비용상환청구권, 저유보호청구권, 자력구제권 등이 인정된다.

(3) 준점유

물건에 대한 사실상의 지배를 점유라고 하는 반면, 물건에 대한 재산권을 사실상 행
사하는 것을 준점유라 한다. 민법은 준점유에 대해서도 점유에 관한 규정을 준용하여 보
호하고 있다.

준점유의 객체는 재산권이며, 재산권 가운데서도 점유를 수반하는 재산권이나 재산
권이 아닌 가족권에는 준점유의 권리가 인정되지 않는다. 준점유가 인정되는 권리에는
재산권·지역권·저당권·어업권·광업권 등의 권리가 있다. 준점유의 효과에는 권리추정·과
실취득·비용상환·점유보호청구권 등 의 점유권의 보호에 관한 규정이 준용될 수 있다.

2. 소유권

(1) 소유권의 의의와 내용

소유권은 자신이 소유한 물건에 대하여 그 사용가치와 교환가치를 전면적으로 지배할 수 있는 권리를 말한다. 소유권은 존속기간이 없으므로 소멸시효의 대상이 되지 않는다. 소유권의 내용은 소유자가 그 소유물을 사용·수익·처분할 권리로 구분된다.

소유권절대의 원칙은 현대에 들어 크게 수정되어 특별법 등에 의하여 여러 제한이 뒤따른다. 민법상의 제한에는 상린관계에 의한 제한·권리남용의 금지 등에 의한 제한이 가해지고, 특별법에 의한 제한에는 농지소유의 제한이나 토지거래허가제도와 공용수용에 의한 소유권의 박탈이 가능하다.

(2) 소유권의 취득

소유권의 취득은 일반적으로 매매·증여·상속 등 승계취득의 방법에 의한 경우가 대부분이다. 그러나 민법은 소유권의 특수한 취득원인으로 취득시효·선의취득·선점·습득·발견·부합·혼화·가공 등의 방법을 인정하고 있다.

(3) 공동소유

공동소유란 하나의 물건에 대하여 2인 이상의 다수가 일정 비율에 따라 공동으로 소유하는 형태를 말한다. 민법은 공동소유의 형태에 대하여 공유·총유·합유의 세 종류를 규정하고 있다.

'공유'는 개인주의를 존중하는 공동소유의 형태로 어떤 물건에 대하여 여러 사람이 지분에 따라 공동으로 소유하며, 공유자는 자신의 지분을 자유롭게 처분할 수 있는 것이 특징이다. 각자의 지분은 균등한 것으로 추정되며, 다른 공유자의 동의 없이 양도하거나 담보로 제공하거나 포기하는 것도 가능하다.

'총유'는 단체주의를 존중하는 공동소유의 형태이므로 인적 구성원의 결합력이 강하게 나타나며, 종중·어촌계·교회처럼 흔히 '법인격이 없는 사단'의 소유형태를 말한다. 총유의 경우 법률관계는 정관이나 기타 규약에 따르며, 정한 바가 없으면 민법에 의한다

(제276조). 따라서 총유에서 소유한 물건의 처분권은 법인 아닌 사단에 속하고, 사용이나 수익권은 총유를 이루는 구성원에 귀속된다.

'합유'는 소유의 단체성이 총유보다 비교적 약하지만, 공동의 목적으로 결합한 다수가 참여한 조합단체에서 나타나는 소유형태를 말한다. 합유자도 공유자처럼 물건에 대한 지분권을 가지나 지분의 처분이나 분할청구권이 제한되는 점에서 공유와 내용이 다르다. 지분권은 합유 물건의 전부에 미치며, 합유 관계의 내용은 계약에 따르고 계약이 없으면 민법에 따른다(제271-274조). 따라서 합유물에 대한 보존행위는 합유자 단독으로 가능하나, 합유물의 지분처분이나 변경에는 전원의 동의가 필요하며, 조합관계의 종료까지 합유물의 분할청구는 불가능하다.

합유관계의 종료는 합유물의 전부양도와 조합단체의 해산으로 발생하며, 이 때 합유재산의 분할도 가능하다. 일반적으로 동업계약이나 법률규정에 의하여 성립하는 합유에 대해서는 공유와 총유의 중간적인 소유형태의 성격을 가지는 제도로 본다.

Ⅳ. 용익물권

권리의 내용에서 일반적으로 소유권의 내용이나 효력보다 그 물건의 사용과 가치 등 목적에 따라 소유권보다 제한되는 물권을 제한물권이라 하는데, 제한물권에는 용익물권과 담보물권이 있다.

용익물권은 타인의 물건을 사용하거나 사용에 따른 수익을 얻을 수 있는 권리를 말하며, 담보물권은 타인의 물건에 대하여 그 교환가치를 이용하여 자신의 채권에 대한 담보로 활용할 수 있는 권리를 말한다. 용익물권에는 지상권·지역권·전세권이 있으며, 담보물권에는 유치권·질권·저당권이 존재한다.

1. 지상권

지상권은 타인의 토지에 건물 기타 공작물이나 수목을 소유하기 위하여 그 토지를 비교적 장기간에 걸쳐 사용할 수 있는 권리를 말한다. 지상권의 기간은 석조·석회조·연와조 등 견고한 건물이나 수목의 소유를 위해서는 30년, 기타 건물은 15년, 건물 이외의 공작물은 5년 이상이며, 이 기간 동안 지상권을 인정한다.

2. 지역권

지역권은 자신의 토지에 대한 편익을 위하여 타인의 토지를 이용할 수 있는 권리를 말한다. 이 때 편익을 제공받는 자신의 토지를 요역지라 하고, 편익을 제공하는 타인의 토지를 승역지라고 한다. 민법은 인수지역권, 용수지역권, 통행지역권 등을 인정하고 있다.

3. 전세권

전세권은 전세권자가 타인의 부동산을 점유하고 사용·수익하기 위하여 전세금을 지급하고, 그 부동산을 반환할 때는 전세금을 반환받을 수 있는 권리를 말한다.

V. 담보물권

1. 유치권

유치권은 타인의 물건이나 유가증권을 점유하고 있는 자가 그 물건이나 유가증권에 대하여 발생한 자신의 채권을 실현할 때까지, 타인의 물건이나 유가증권을 스스로 유치할 수 있는 권리를 말한다. 가령, 휴대폰수리를 맡긴 자가 수리비를 받을 때까지 타인의 휴대폰을 자신의 점유아래 유치해 둘 수 있는 권리 등이 유치권의 일종이다.

2. 질권

질권은 채권자가 채무자나 제3자(물상보증인)로부터 채권을 담보하기 위하여 수령한 물건을 유치하고 있다가 채무의 변제가 없는 경우, 그 물건을 경매한 대금으로 다른 채권자보다 우선하여 자신의 채권을 확보할 수 있는 권리를 말한다. 질권의 설정은 동산과 권리에만 가능하고 부동산에 대해서는 질권의 설정이 인정되지 않는 것이 일반적이다.

3. 저당권

저당권은 채권자가 채무자나 제3자(물상보증인)로부터 채무의 담보로 제공된 부동산이나 부동산물권을 직접 점유하거나 유치하지는 않지만, 자신의 채무에 대한 변제가 없는 경우 제공된 담보물로부터 우선하여 변제받을 수 있는 권리를 말한다. 민법에서 저당권의 객체는 원칙적으로 1필의 토지나 건물 등 부동산이어야 한다. 지상권·전세권 등 부동산물권은 예외적으로 저당권의 객체가 된다. 입목법의 입목, 광업권·어업권, 공장재단·광업재단, 상법이나 민사특별법에 의한 선박·자동차·항공기·건설기계 등도 저당권의 객체가 된다.

민법은 계속적 거래관계(상품공급계약)에서 발생하는 불특정의 여러 채무를 장래의 일정한 결산기에 한도액까지 담보할 목적으로, 우선 채무의 최고액만을 정하고 나머지 채무는 장래에 최종적으로 확정짓는 근저당권에 대하여도 규정하고 있다.

4. 동산과 채권담보권

그동안 동산이나 채권에 대한 담보는 민법의 질권제도에 의존하였으나, 공시방법이 부동산등기처럼 명확하지 않아 이용이 저조하였다. 부동산자산이 빈약한 중소기업이나 자영업자의 자금조달을 지원하기 위하여 2012년 6월부터 동산·채권·지식재산권을 목적으로 하는 담보권과 그 등기에 관한 사항에 대하여는 '동산·채권 등의 담보에 관한 법률'이 시행되고 있다. 이법의 규정에 따라 동산담보권과 채권담보권이 인정된다.

'동산담보권'은 상호간의 담보약정에 따라 하나 또는 여러 개의 특정할 수 있는 동산을 담보의 목적으로 제공하여 등기한 담보권을 일컫는다. 동산담보권의 성립요건은 담보권자와 담보설정자 사이의 동산을 담보에 제공한다는 '담보약정'과 '담보등기'를 필요로 한다. 담보설정자의 자격은 모두 법인 또는 상업등기법에 따라 상호등기를 행한 사람이어야 한다.

'채권담보권'은 상호간의 담보약정에 따라 금전의 지급을 내용으로 하는 지명채권을 담보의 목적으로 제공하여 등기한 담보권을 일컫는다. 채권담보권의 성립에도 지명채권을 담보에 제공한다는 '담보약정'과 '담보등기'를 필요로 한다.

5. 비전형담보

비전형담보는 거래관계에서 민법의 담보물권이 아니면서도 채권담보의 기능을 수행하는 각종 제도를 일컫는다. 이 제도의 취지는 담보설정에 목적물의 현실적 이전을 요구하는 민법의 질권제도나 경매제도의 불편을 대신하여 담보방법을 규정하고 있다는 점이다.

비전형담보를 규제하는 법률로 '가등기 담보 등에 관한 법률'이 있으며, 비전형담보의 유형에는 크게 가등기담보와 양도담보가 있다.

가등기담보는 채권을 담보하기 위하여 채무자(제3자)의 부동산에 대하여 매매예약 또는 대물변제예약을 하기로 약정하고, 이에 대하여 장차 채권자의 소유권이전청구권을 보전하기 위하여 그 부동산에 일단 가등기를 하는 담보방법을 말한다. 가등기담보권의 성립은 가등기담보계약과 담보가등기에 의하며, 가등기담보계약은 대물변제예약이나 매매예약과 동시에 행하여지는 점이 특징이다.

가등기담보계약에서 당사자는 채권자와 채무자이나 가등기담보권설정자는 제3자(담보물제공 보증인)도 가능하다.

　　양도담보는 담보에 제공된 물건의 소유권을 채권자에게 이전하는 방법으로 채권을 담보하는 것을 일컫는다. 나중에 채무자가 채무이행을 하면 담보로 제공된 목적물은 원상태로 반환되는 반면, 채무불이행이 있게 되면 그 목적물로부터 채권자는 자신의 채권에 대하여 우선변제를 받게 된다.

　　넓은 의미의 양도담보는 채권의 발생이 소비대차의 형식인지 매매의 형식인지에 따라 좁은 의미의 양도담보와 매도담보로 구별하여 양자를 포함하는 의미이나, 가등기담보법은 이에 대하여 법적으로 동일하게 취급하므로 구별의 실익은 적다.

제7절 채권법

I. 채권총론

1. 채권관계와 채권의 종류

채권은 채권자가 채무자에게 어떤 행위의 이행이나 급부를 청구할 수 있는 권리를 말한다. 채권은 주로 채무자의 이행이나 급부라는 행위를 목적으로 하는 특정인에 대한 권리로 채무자의 협력을 요구하는 청구권을 통하여 실현된다.

한편 채권관계는 채권을 매개로 성립하는 채권자와 채무자 사이의 포괄적인 특별구속관계에 해당하는 법률관계로 호의관계와 구별된다.

채권의 특질은 청구권·상대권·평등성의 성질을 띠지만, 채권과 청구권은 동일한 의미의 권리는 아니다.

민법은 채권의 효력에 대하여 채무불이행과 그 구제수단인 강제이행 및 손해배상, 채권자지체, 채무자의 책임재산에 대한 보전으로 채권자대위권과 채권자취소권에 대하여 규정하고 있다.

채권의 발생원인은 법률행위에 의한 발생과 민법의 규정에 의한 발생으로 구분된다. 전자의 경우에는 단독행위와 계약에 의한 채권의 발생이 문제되며, 후자의 경우에는 사무관리, 부당이득, 불법행위가 있다.

채권의 목적은 채무자가 법률의 규정이나 법률행위에 따라 이행해야 될 급부의무를 실현하는 것이다. 채권의 목적을 실현하는 것은 구체적으로 채권의 목적물과 그 내용에 따라 구분이 가능한데, 여기에 대하여 민법은 채권의 목적의 금전적 가치문제, 특정물채권, 종류채권, 금전채권, 이자채권, 선택채권 등으로 구분하여 이를 규정하고 있다.

2. 채무불이행

채무불이행은 채무자의 책임으로 원래의 채무를 그 내용대로 이행하지 못하는 경우를 일컫는다. 채무불이행의 책임에 대해서는 채권자에게 손해배상청구권이라는 법률효과가 발생한다.

손해배상의 성립에는 채무자의 고의·과실이 필요하며, 그 배상에는 금전배상을 원칙으로 한다. 손해배상액이 계약에서 미리 예정되어 있으나 그 금액이 부당하게 과다한 경우에 법원은 정당한 금액으로 감액할 수 있다. 채무자의 채무불이행에 채권자의 고의·과실이 있는 경우에 법원은 손해배상의 책임과 범위를 정함에 있어 이를 참작할 수 있다.

채무불이행의 유형에는 이행지체·이행불능이 있으며, 그 밖에 불완전이행과 기타 행위의무의 위반이 있다.

'이행지체'는 '채무자지체'라고도 하는데 이행기가 되었거나 이행이 가능함에도 채무자의 책임 있는 사유로 그 의무의 이행을 하지 않은 경우를 말한다. 이행지체가 발생하여도 본래의 채무는 그대로 존속하며, 채권자에게 손해배상청구권과 계약해제권이 발생한다. 손해배상청구권의 경우 지연배상을 원칙으로 하며, 전보배상은 일정한 요건에 따라 예외적으로 행사가 가능하다.

이행불능은 일단 채권이 성립한 후에 채무자의 책임으로 채무이행이 불가능한 경우를 일컫는다. 이 경우의 불능은 절대적 불능이 아니라 거래관행에 따른 이행의 불능을 의미하며, 채무자의 유책사유와 이행불능의 위법성이 요구된다. 이행불능의 경우에도 민법은 손해배상청구권과 계약해제권에 대하여 규정하고 있으며, 판례는 대상청구권도 인정한다.

3. 채권자 지체

'채권자지체'는 '수령지체'라고도 하는데 채무를 이행함에 있어 채권자의 협조가 요구되는 경우에, 채무자가 원래의 내용으로 채무를 이행하였음에도 채권자의 비협조로 급부의 이행이 지연되는 것을 일컫는다. 일반적으로 채무의 이행에는 채권자의 협력이 요구되므로, 채권자의 책임으로 채무이행이 불완전한 경우에 채권자지체의 제도를 통하여 채무자의 부담을 완화하는 제도이다.

채권자지체가 성립하려면 채권의 이행에서 채권자의 협력이 필요하며, 당초 채무의 내용대로 이행이 제공되었으며, 채권자의 수령불능이나 수령거절이 없어야 한다. 채권 자지체가 있게 되면 채무자의 주의의무 경감, 이자지급정지, 증가비용의 채권자부담, 위험부담의 이전 등의 효과가 발생한다.

4. 채권자대위권과 채권자취소권

채권의 실현은 주로 금전의 급부로 이행되는 경우가 많은데 가령, 채무불이행의 경우도 결국은 손해배상을 통하여 금전으로 실현되는 것을 말한다. 금전채권의 실현을 위해서는 부족한 금전에 대해서 채무자의 일반재산이 최종적으로 책임을 진다는 의미에서 이 재산을 책임재산이라고 하는데, 이 책임재산의 보전을 위하여 민법은 채권자대위권과 채권자취소권에 대하여 규정하고 있다.

채권자대위권은 채권자가 자신의 채권보전을 위하여 채무자의 권리를 대신하여 행사할 수 있는 권리를 일컫는다. 채권자대위권의 행사는 채권자가 자기의 채권을 보전할 필요가 존재하여야 하며, 채무자의 제3자에 대한 권리가 대신하여 행사하는데 적합한데도 채무자가 권리를 행사하지 않고 있으며, 채권의 이행기가 도래할 것을 요건으로 한다.

채권자취소권은 채무자가 채권자에게 손해를 초래하는 법률행위를 한 경우, 그 행위를 취소하고 채무자의 재산을 원래대로 회복시키는 채권자의 권리를 일컫는다. 채권자취소권제도는 채무자가 자신의 재산이 공동담보에 부족한 줄 알면서도 재산의 감소행위를 하게 되면, 채권자는 일정한 기간 이내에 재판을 통하여 채무자가 제3자와 행한 유효한 법률행위를 취소하는 제도이므로 엄격하게 행사되어야 한다.

5. 다수당사자의 채권관계

'다수당사자의 채권관계'는 채권이든 채무이든 하나의 급부에 대하여 채권자나 채무자가 다수 존재하는 경우를 말한다. 이에 대하여 민법은 '수인의 채권자 및 채무자'라고 규정하고, 그 유형으로는 분할채권관계·불가분채권관계·연대채무·보증채무의 4가지로 구분하고 있다.

분할채권관계는 하나의 급부에 채권자나 채무자가 여럿이 존재하는 경우에, 그 채권이나 채무가 각 채권자나 채무자에게 분할되어 귀속되는 다수당사자의 채권관계를 말한다. 분할채권관계에서는 채권자가 여러 명인 분할채권과 채무자가 여러 명인 분할채무의 유형이 있다. 민법은 이를 다수당사자의 채권관계에서 원칙으로 삼고 있다.

불가분채권관계는 급부를 행함에 있어 급부의 나눔이 곤란한 경우에 불가분의 급부를 목적으로 하는 다수당사자의 채권관계를 말한다. 불가분채권관계의 유형에는 채권자가 여러 명인 불가분채권과 채무자가 여러 명인 불가분채무가 있다. 불가분채권관계는 급부의 성질상 불가분인 경우도 있고, 당사자의 의사표시에 의하여 분가분인 경우도 있다.

연대채무는 여러 명의 채무자가 동일한 급부에 대하여 각자 독립하여 전부급부의 채무를 부담하고, 그 가운데 1인의 채무자가 전부급부를 하게 되면 모든 채무자의 채무가 소멸하는 다수당사자의 채무를 말한다. 연대채무는 하나의 채무에 모든 채무자가 전부급부의 의무를 부담하여 채무자 사이에 주종관계가 없이 담보작용을 강하게 부담한다.

한편 채권자는 연대채무자 중 어떤 1인에 대하여 채무의 전부 또는 일부의 이행을 청구할 수 있고, 또한 모든 채무자에 대하여 동시에 또는 순차로 전부나 일부의 이행을 청구할 수 있다.

연대채무자 1인에게 발생한 효력이 다른 연대채무자에게도 당연히 효력이 발생하는 절대적 효력의 발생사유는 다음과 같다. 변제·대물변제·공탁, 이행의 청구, 채권자지체, 상계, 경개, 면제, 혼동, 시효의 완성, 계약의 해지·해제 등의 사유는 어느 연대채무자에게 발생하더라도 다른 연대채무자에게도 효력이 인정된다.

보증채무는 주채무자가 채무를 이행하지 않는 경우에 이를 이행하여야 할 채무를 말한다. 민법에서 보증채무는 기본적으로 다수당사자의 채무에 해당되며, 보증인의 재산을 책임재산으로 하여 주채무자에 대한 채권을 담보하는 인적 담보제도의 일종이다.

보증채무는 연대채무와 달리 주채무자와의 사이에 주종관계가 뚜렷하며, 도한 보증채무는 주채무와 동일한 내용의 채무이기는 하나, 주채무와는 별개의 독립한 채무이다. 그러므로 보증채무를 다시 보증하는 부보증도 가능하다. 그리고 보증채무는 주채무의 이행을 담보하는 것이므로 주채무에 종속하는 성질인 부종성을 가진다.

6. 채권양도와 채무인수

채권양도는 계약에 따라 채권의 동일성을 유지하는 가운데 채권이 이전되는 것을 말한다. 채권양도는 채권의 귀속주체를 직접 변경시키는 계약으로 양도인이 채권을 처분할 수 있는 권한을 필요로 한다. 특히 채권자가 특정되어 있는 지명채권의 양도는 채권자와 채권의 양수인 사이에 합의만으로 가능한 낙성·불요식의 계약으로 가능하다.

채무인수는 계약에 따라 종래의 채무자가 채무의 동일성을 유지하면서 채무를 인수인에게 이전시키는 것을 말한다. 이 경우 종래의 채무자는 채무를 면하게 되고 인수인이 새로운 채무자로 되는 데, 이를 면책적 채무인수라고 한다. 채무인수는 낙성·불요식의 계약에 의하여 행해지고, 채무의 존재와 채무의 이전가능성이 그 요건이며, 인수계약의 당사자에 따라 세 경우로 구분된다.

7. 채권소멸

채권의 소멸은 채권이 어떤 사유로 인하여 객관적으로 존재하지 않는 경우를 말한다. 민법은 채권소멸의 원인으로 7가지에 대하여 규정하고 있는데, 변제·대물변제·공탁·상계·경개·면제·혼동이 있다.

변제는 채무자 또는 제3자가 채권자에 대하여 급부를 실현하는 것을 말한다. 변제는 사실상 채무이행과 같지만 개념상 변제의 수단이라 할 수 있는 이행행위와 구별된다.

대물변제는 본래의 급부를 대신하여 채무자가 채권자에게 다른 급부를 실현하여 채권을 소멸시키는 것을 말한다. 1억의 금전채무를 부담하는 대신에 채권자의 승낙을 얻어 1억원 상당의 부동산 소유권을 이전하여 당초의 채권을 소멸시키는 대물변제도 변제와 동일한 효력이 인정된다.

공탁은 법령에 근거하여 채무자가 변제를 위하여 금전이나 유가증권 등을 공탁소에 임치하는 것을 말한다. 변제공탁이 있는 경우 변제와 마찬가지로 채무자는 채무를 면하게 된다. 공탁은 일정한 공탁원인을 전제로 채권자가 변제를 받지 아니하거나 받을 수 없는 때이거나 변제자가 과실 없이 채권자를 알 수 없는 경우에 가능하다.

상계는 당사자가 서로 동일한 종류를 목적으로 하는 채권·채무에 대하여 그것을 대등액에서 소멸시키는 단독행위를 말한다. 상계에 대하여 민법은 일방적으로 상계의 의사표시가 있어야 채무액이 대등하게 소멸하는 단독행위로 규정하고 있으나 상계계약도 가능하다, 상계를 위해서는 쌍방이 능동채권이나 수동채권을 가지고 있으며, 두 채권이 동종의 목적을 가지고 변제기에 도달해야 하고, 채권의 성질이 상계를 허용하고 상계가 금지되어 있지 않을 것을 요건으로 한다. 상계는 상대방에 대한 의사표시로 하며, 상계가 행해지면 쌍방의 채권은 대등액만큼 소멸한다.

경개는 채무의 중요부분을 변경하여 종전채무를 소멸시키고 새로운 채무를 성립시키는 계약을 말한다. 가령 1억원의 금전채무를 소멸시키고 그에 대신하여 새롭게 토지소유권의 이전채무를 발생시키는 것이다. 경개는 대물변제와 유사하나 어떤 급부가 실제로 행해지는 대물변제와 달리 다른 급부를 목적으로 하는 새로운 채무가 성립하는 점에서 서로 구별된다. 경개는 소멸하는 종전의 채권이 존재해야 하고, 종전의 채권에 대신하여 새로운 채권의 성립과 함께 채무의 중요한 부분의 변경을 요건으로 한다.

면제는 채권자가 그의 채권을 무상으로 소멸시키는 채무자에 대한 단독행위이다. 면제는 면제계약으로 성립이 가능하지만, 민법은 단독행위로 규정하고 있다. 면제는 채무자에 대한 일방적 의사표시로 가능하며, 방식의 제한이 없어 묵시적으로 행해질 수도 있다. 면제로 채권자의 채권은 면제된 범위에서 소멸하며, 그 채권에 대하여 면제를 가지는 정당한 제3자에 대하여는 대항하지 못한다.

혼동은 어떤 채권과 채무가 별도로 존재하다가 동일인에게 모두 귀속하는 사실을 말한다. 채무자가 채권을 양수하는 혼동이 있게 되면 채권은 원칙적으로 소멸한다. 그러나 어떤 채권이 제3자의 권리의 목적이 된 때나, 상속인이 상속재산에 대하여 한정승인을 한 경우처럼 채권의 존속을 인정하여 할 정당한 이익이 있는 경우에는 채권을 존속시켜야 한다.

II. 계약과 보통거래약관

1. 계약의 의의와 종류

계약은 광의의 의미의 계약과 협의의 의미의 계약으로 구분된다. 넓은 의미의 계약은 청약과 승낙이라는 둘 이상의 계약 당사자의 서로 대립하는 의사표시의 일치에 의하여 완성되는 법률행위를 말한다. 일반적으로 좁은 의미의 계약은 채권의 발생을 목적으로 하는 채권계약을 지칭한다.

헌법이나 민법의 기본정신을 근거로 계약자유의 원칙은 사적 자치의 원칙에 입각하여 당사자의 자유로운 의사에 의하여 구현된다. 계약자유의 내용에는 체결의 자유, 상대방선택의 자유, 내용결정의 자유, 방식의 자유가 있다.

계약자유에도 한계는 존재하는데, 외적인 한계와 내적인 한계로 구분된다. 전자에는 사회일반이나 제3자의 이익보호를 위한 강행규정과 민법 제103조에 의한 한계가 있으며, 후자에는 약자보호를 위한계약체결의 강제와 경제적 약자보호를 위한 계약내용의 간섭에 의한 한계가 존재한다.

2. 계약의 성립과 효력

계약은 원칙적으로 둘 이상의 계약 당사자가 청약과 승낙이라는 의사표시의 합의에 의하여 성립한다. 민법은 의사실현과 교차청약에 의한 계약의 성립도 인정한다. 청약은 상대방 있는 하나의 의사표시에 불과하며 법률행위는 아니다. 청약은 상대방에게 도달한 때에 효력이 발생하며, 청약이 발송된 뒤 상대방에 도달되기 전에 청약자가 사망하거나 제한능력자가 되어도 청약의 효력에는 제한이 없다.

승낙은 청약의 의사표시에 대하여 계약을 성립시킬 목적으로 행하는 상대방의 청약자에 대한 의사표시를 말한다. 승낙방법은 제한이 없으며, 특정한 청약에 대하여 행해져야 한다. 청약에 승낙기간이 요구되는 경우에는 승낙이 그 기간에 청약자에게 도달하여야 계약이 성립하며, 청약에 승낙기간이 없는 경우에는 승낙이 상당한 기간 내에 청약자에게 도달하여야 계약이 성립한다.

승낙의 효력발생시기에 대하여 격지자 사이에는 상대방에게 승낙이 도달한 때에 효력이 발생하는 도달주의를 원칙으로 한다. 한편 대화자 사이에는 특별한 규정은 없으나 도달주의와 마찬가지로 승낙의 도달에 따라 계약이 성립하는 것으로 해석하고 있다.

계약의 효력은 기본적으로 계약이 체결되어 그 법률효과로 채권과 채무의 발생이 나타나는 것이다. 쌍무계약은 당사자가 서로에게 대가적인 채무를 부담하는 계약이므로 동시이행의 항변권과 위험부담의 문제가 발생한다.

3. 계약의 해제와 해지

계약의 해제는 유효하게 성립하고 있는 계약을 일방의 의사표시에 의하여 계약체결 이전의 상태로 되돌리는 상대방 있는 단독행위를 말한다. 계약해제권은 해제권이 있는 경우에 그 행사가 가능한 형성권의 일종이며, 당사자의 계약이나 법률의 규정에 의하여 발생한다. 민법은 법정해제권의 발생원인으로 이행지체와 이행불능에 대하여 규정하고 있다. 계약해제권의 행사로 계약은 소급하여 소멸되거나 무효화되며, 각 당사자는 원상회복과 채무불이행으로 인한 손해배상의 의무나 마찬가지이므로 상대방의 고의나 과실이 없는 경우에는 배상책임을 부담하지 않는다.

계약의 해지는 계속적으로 효력을 가지는 채권계약의 효력을 장래에 향하여 소멸시

키는 단독행위를 말한다. 해지권은 법률의 규정이나 당사자의 계약에 의하여 발생하는
데, 전자를 법정해지권이라 하고 후자의 경우를 약정해지권이라 한다. 해지권의 행사는
상대방에 대한 일방적 의사표시로 가능하며, 해지의 의사표시는 철회하지 못하고, 해제
권과 마찬가지로 불가분성을 가진다.

계약의 해지에는 해지기간이 있으며, 이미 성립한 채무는 이행하여야 하고, 청산의무
가 존재하며, 손해가 발생하면 손해배상의 청구도 가능하다. 약정해지권을 유보한 경우
에 상대방의 고의나 과실이 없는 경우에는 손해배상의 책임을 부담하지 않는다.

계약의 해지는 그 효력에서 소급효가 없다는 점과 장래에 향하여 계속적 계약에서만
문제가 되는 점에서 계약의 해제와 구별된다.

4. 전형계약의 종류

(1) 증여

증여는 당사자 가운데 한 사람이 재산을 무상으로 상대방에게 주려는 의사를 표시하
고 상대방이 이를 받으려고 승낙하면 성립하는 계약을 말한다. 일상에서는 '기부채납'이
나 교회 등에서 행해지는 '연보'도 증여에 해당된다.

(2) 매매

매매는 당사자가 가운데 한 사람이 자신의 재산권을 상대방에게 이전할 것을 약정하
고 상대방은 매매대금을 지급할 것을 약정하면 성립하는 계약을 말한다. 매매는 우리사
회의 경제생활에서 매우 중요한 제도이다.

(3) 교환

교환은 당사자 모두가 금전 이외의 재산권을 서로에게 이전할 것을 합의하면 성립하
는 계약을 말한다.

(4) 소비대차

소비대차는 당사자 가운데 한 사람이 금전 기타 대체물의 소유권을 상대방에게 이전할 것을 약정하고, 나중에 상대방은 동일한 종류·품질·수량으로 이를 반환할 것을 약정하면 성립하는 계약을 말한다.

(5) 사용대차

사용대차는 당사자 가운데 한쪽이 무상으로 어떤 목적물을 인도할 것을 약정하고 다른 상대방은 사용·수익한 후에 그 목적물을 반환할 것을 약정하면 성립하는 계약이다.

(6) 임대차

임대차는 당사자 가운데 임대인이 임대의 목적물을 사용·수익할 것을 약정하고 그 대신에 다른 임차인은 사용·수익에 대하여 차임을 지급할 것을 약정하면 성립하는 계약이다.

(7) 고용

고용은 당사자 가운데 노무자가 사용자에 대하여 노무를 제공할 것을 약정하고, 사용자가 이에 대하여 보수를 지급할 것을 약정하면 성립하는 계약을 말한다.

(8) 도급

도급은 당사자 가운데 수급인이 어떤 일을 완성할 것을 약정하고, 도급인은 일의 완성에 대하여 보수를 지급할 것을 약정하면 성립하는 계약을 말한다.

(9) 여행계약

여행계약은 여행주최자가 여행자에게 운송·숙박·관광 또는 그 밖의 여행관련 용역을 결합하여 제공하기로 약정하고, 여행자는 그에 대하여 대금을 지급하기로 약정하면 성립하는 계약을 말한다. 여행계약은 이른바 패키지여행에 관한 분쟁이 사회문제가 되면서 2015년에 민법에 전형계약으로 반영되었다.

⑩ 현상광고

현상광고는 광고를 한 자가 어떤 행위를 한 자에게 일정한 보수를 지급할 것을 표시하고, 광고에 응한 자가 광고한 행위를 완료한 경우에 성립하는 계약을 말한다. 반면에 현상광고에 대하여 계약이 아니라 단독행위로 보는 입장에서는 현상광고를 광고한 내용대로 어떤 행위를 완료한 자에게 보수를 지급한다는 광고자의 일방적인 의사표시라고 본다.

⑪ 위임

위임은 당사자 가운데 위임인이 수임인에게 사무의 처리를 위탁하고, 상대방인 수임인이 이를 승낙하면 성립하는 계약을 말한다.

⑫ 임치

임치는 당사자 가운데 임치인이 수치인에게 금전이나 유가증권 기타 물건의 보관을 위탁하고, 임치인이 이를 승낙하면 성립하는 계약을 말한다.

⑬ 조합

조합은 2인 이상의 특정인이 상호 출자하여 공동사업을 경영할 것을 약정하면 성립하는 계약을 말한다. 민법상의 조합은 명칭은 조합으로 불리나 특수한 법인에 해당하는 노동조합·수산업협동조합·농업협동조합 등의 조합과 다르며, 특수한 기업형태인 익명조합이나, 조합의 실질을 구비하고 있으나 상법이 적용되는 합명회사와 구별된다.

⑭ 종신정기금

종신정기금은 당사자 가운데 정기금채무자가 계약에서 정한 자의 종신까지 정기적으로 금전이나 기타 물건을 정기금채권자나 제3자에게 지급할 것을 약정하면 성립하는 계약을 말한다. 이 제도는 외국에서 노후 생활보장제도로 활용되었으나 우리나라에서는 일반적이지 않다.

⒂ 화해

화해는 당사자가 분쟁의 해결에서 서로의 조장을 양보하여 분쟁을 종지를 합의하면
성립하는 계약을 말한다.

Ⅲ. 사무관리와 부당이득

1. 사무관리

'사무관리'는 법률이나 계약에 따른 의무의 부담이 없는데도 타인의 사무를 처리하는
행위를 말한다. 사무관리는 민법에 의한 법정채권의 발생원인으로 사무관리가 성립하면
그에 따라 비용상환청구권·손해배상청구권·계속관리의무·기타의 의무가 발생하다는 것
이다. 사무관리의 사례는 가령, 외출 중인 이웃집에 수도배관이 터져 물이 흐르는 경우
에 그 집에 들어가 수도를 수리한 행위를 말한다.

사무관리는 적법행위이며, '준법률행위'로 사실행위에 해당한다. 사무관리가 성립하
기 위해서는 타인의 사무에 대한 관리가 있어야 하며, 타인을 위한 관리의사가 필요하며,
법률에 의한 의무에 속하지 않아야 하며, 본인에게 불이익을 주거나 본인의 의사에 명백
하게 반하지 않아야 한다.

사무관리의 경우 본인에게는 비용상환의무가 발생하는데 관리자가 본인을 위하여
필요비 또는 유익비를 지출한 때에는 본인에게 그 상환을 청구할 수 있다. 또한 관리자
의 경우 사무관리로 과실 없이 손해를 받은 때에는 본인의 현존이익의 한도 내에서 손해
배상을 청구할 수 있다.

2. 부당이득

부당이득은 법률상 아무런 원인이 없는데도 타인의 재산 또는 노무에 의하여 얻은
이익을 말한다. 민법은 부당이득이 발생한 경우 이득을 얻은 자는 손실자에게 얻은 이득

을 반환하여야 하는 것으로 규정하고 있어, 사무관리·불법행위와 함께 부당이득을 채권발생의 원인으로 인정하고 있다.

부당이득에 대해서는 부당이득반환청구권이라는 채권이 발생하며, 부당이득은 법률사실이고 법률요건에 해당한다.

부당이득반환청구권은 기본적으로 보충성의 성질을 가지므로, 채무자가 채무를 이행하지 않을 때는 부당이득이 아니라 채무불이행이 문제된다.

부당이득이 성립하기 위해서는 타인의 재산 또는 노무에 의하여 이익을 얻거나, 그로 인하여 타인에게 손해를 발생시켜 그 이익과 손해발생 사이에 인과관계가 인정되고, 법률의 아무런 원인 없이 부당이득이 발생하여야 한다.

Ⅳ. 불법행위

1. 불법행위의 의의

불법행위는 행위자가 고의 또는 과실의 위법행위로 타인을 다치게 하거나 타인의 재산에 대하여 손해를 끼치는 경우를 말한다. 민법에 따르면 이 경우 손해를 가한 행위자는 피해를 당한 타인에게 손해배상책임을 부담하게 된다(제750조).

불법행위는 채무불이행과 함께 대표적인 위법행위이며, 채권발생이라는 법률효과를 발생시키는 법률요건에 해당된다. 불법행위는 채무불이행처럼 당초 적법한 채권관계를 전제로 성립하는 것이 아니라, 아무 관계도 없는 사이에 발생한다는 점에서 채무불이행과 다르다. 불법행위에 대해서는 민사책임이 따르고, 이 점에서 형벌에 의한 제재가 부여되는 형사책임과 구별된다.

민법에서 불법행위는 고의 또는 과실로 인한 경우에 책임을 부담한다. 과학기술의 발달에 따라 손해발생에 과실이 없는 경우도 있고, 과실의 입증이 곤란한 경우도 있어 과실이 없는 경우도 책임을 부담하는 무과실책임론이 등장하였다.

2. 불법행위책임과 계약책임

채무불이행에 의한 계약책임과 불법행위책임이 동시에 발생하는 경우 피해자는 어떤 책임에 대하여 청구권을 행사할 수 있는지가 문제되는데, 이 경우 판례는 청구권경합설의 입장을 취하고 있다.

3. 일반불법행위

민법에서 불법행위는 제750조에 의한 일반 불법행위와 제755조이하의 특수 불법행위로 구분된다. 일반불법행위의 성립요건에는 가해자의 고의와 과실행위, 가해자의 책임능력, 가해행위의 위법성, 손해의 발생 등 주관적 요건과 객관적 요건이 있다.

불법행위가 성립하려면 가해자의 고의 또는 과실에 의한 행위가 있어야 한다. 그러나 책임무능력자의 감독자나 피용자를 사용하는 자에게 감독을 받는 책임무능력자와 피용자의 행위에 대하여 책임을 지는 경우도 있다.

불법행위의 성립에는 불법행위에 대한 책임을 인식할 수 있는 가해자의 책임능력은 요구되지만 행위능력이 요구되는 것은 아니다. 미성년자의 경우 타인에게 손해를 가한 행위에 대하여 변식할 지능(대략 12세 전후)이 있으면 책임을 지게 되고, 변식할 지능이 없는 경우에는 배상의 책임이 없다.

가해자가 가해 당시에 판단능력이 없는 심신상실자인 상태에서 타인에게 손해를 가한 때에는 배상의 책임이 없다.

또한 불법행위의 성립에는 가해행위의 위법성이 인정되어야 하며, 손해가 발생했더라도 위법성조각사유가 있게 되면 위법성이 부인된다. 민법은 위법성조각사유로 정당방위와 긴급피난을 인정하고 있다.

마지막으로 불법행위가 성립하려면 가해행위에 의하여 손해의 발생이 요구되며, 가해행위와 손해의 발생 사이에는 인과관계의 인정이 필요하다.

4. 특수불법행위

민법의 일반불법행위의 성립에 필요한 요건과 함께 다른 특수한 요건을 충족하는 불법행위를 특수 불법행위라고 한다.

민법에 따르면 특수 불법행위에 해당되는 유형으로 책임무능력자의 감독자책임, 사용자책임, 공작물 등의 점유자·소유자의 책임, 동물점유자의 책임, 공동불법행위자의 책임 등이 있다.

사용자책임은 사용자가 고용한 피용자가 사무집행을 수행하다가 제3자에게 손해를 가한 경우에 사용자 또는 사용자에 갈음하여 그 사무를 감독하는 자가 그에 대하여 부담하는 손해배상책임을 말한다.

특히 사용자가 법인인 경우 법인의 대표기관의 불법행위에는 민법 제35조가 적용되고 그 책임은 법인의 책임으로 면책이 부정된다. 그러나 법인의 대표기관이 아닌 피용자가 가해행위를 한 경우는 제756조가 적용되며 법인에게는 면책이 인정된다. 사용자책임이 성립하기 위해서는 타인인 피용자를 고용하여 사무에 종사하게 하고, 그 피용자가 사무집행에서 손해를 가하여, 제3자에게 손해가 발생하여야 하며, 피용자의 행위가 불법행위의 요건을 구비하고, 사용자가 면책사유를 증명하지 못하는 경우이다. 배상책임자는 사용자와 사용자에 갈음하여 그 사무를 감독하는 대리감독자이다. 사용자책임이 성립하는 경우에 피용자도 마찬가지로 불법행위책임을 부담한다. 그러므로 사용자 또는 대리감독자가 피해자에게 배상한 경우에는 피용자에 대하여 구상권을 행사할 수 있다.

5. 불법행위의 효과

불법행위의 성립요건이 구비되면 피해자는 손해를 끼친 가해자에 대하여 손해배상청구권을 행사할 수 있다. 그러므로 불법행위로 피해자는 손해배상청구권을 취득하므로 이는 법정의 채권발생원인이 되는 것이다.

일반적으로 피해를 직접으로 당한 피해자는 손해배상청구권을 취득하며, 신체·자유·명예를 침해당하거나 기타 정신상 고통을 입은 자는 위자료 청구권을 취득한다. 민법은 제752조에서 생명침해의 경우 일정한 관계에 있는 유족에게는 위자료청구권을 인정한다.

기타의 손해배상청구권자는 자연인·법인·권리능력없는 사단·재단 등이다. 특히 법인의 경우 불법행위로 명예와 신용이 훼손되어 법인의 사회적 평가가 침해된 경우 손해배상의 청구와 함께 위자료청구권도 인정된다.

태아의 경우 손해배상청구권에 대해서는 이미 출생한 것으로 의제되어, 태아의 지위로 있는 동안에도 손해배상청구권을 가진다. 따라서 태아는 손해배상청구권과 위자료청구권을 가지며, 산모에게 가해진 불법행위는 태아 자신에 대한 불법도 된다.

손해배상청구권은 소멸시효에 걸리는데, 불법행위로 인한 손해배상청구권은 손해 및 가해자를 안 날로부터 3년, 불법행위를 한 날로부터 10년이 경과하면 소멸시효가 완성된다.

손해배상의 방법은 금전배상이 원칙이며, 예외로 법률의 규정이 있거나 특약으로 원상회복의 방법이 인정되기도 한다.

제8절 민사소송법

Ⅰ. 민사소송법의 의의와 주요내용

민사소송은 사법관계에서 발생하는 분쟁의 해결을 통하여 권리를 보호하고 민사의 법질서를 유지하기 위한 소송제도를 말한다. 민사소송을 담당하는 법을 민사소송법이라 하며, 민법이 사법인 반면 민사소송법은 공법에 해당한다.

민사소송보다 더 효율적이고 간편한 분쟁해결방법으로 화해·중재·조정 등의 재판 외 분쟁해결제도가 있다.

소송목적의 가액이 3천만원 이하인 경우는 소액사건심판절차법에 따른다.

민사소송의 절차는 간략하게 소송제기, 소송의 심리, 판결의 선고, 상소, 소송종료, 강제집행의 순서로 진행된다.

소송의 제기는 소의 유형에 따라 지급명령제도나 보전소송절차 등 소송의 준비단계를 거쳐 원고가 법원에 피고를 상대로 소장을 작성하여 일정한 내용의 판결을 구하는 소를 제기하는 것이다. 소의 종류에는 이행의 소, 확인의 소, 형성의 소가 있다.

소송의 심리는 소를 적법하게 하는 요건인 소송의 요건을 구비한 경우에 가능하다. 소송요건에는 관할권, 당사자능력, 당사자적격, 소송능력, 권리보호의 적격과 이익이 있으며, 중복제소가 아니고, 이미 기판력 있는 확정판결이 존재하지 않아야 한다.

판결의 선고는 법원의 재판에서 절차상 문제에 대한 결정·명령 이외의 판결을 내리는 절차이며, 판결의 종류에는 종국판결과 중간판결이 있으며, 전자에는 소송판결과 본안판결이 있다. 특히 본안판결에는 이행판결, 확인판결, 형성판결이 있다.

Ⅱ. 소송의 제기절차

소의 종류는 이행의 소, 확인의 소, 형성의 소가 있다. 소송의 제기는 법원에 소장을 작성하여 제출하여야 하며, 소장에는 판결의 주문에 해당하는 청구취지와 소송의 법적 근거에 해당하는 청구원인을 기재한다.

III. 소송의 대리인

민사소송법은 변호사대리의 원칙에 따라 소송대리인의 자격을 변호사로 한정하고 있으나, 변호사강제주의는 아니라서 당사자인 본인이 소송을 수행하는 것도 가능하다. 단독사건인 경우 소송의 목적물이 5천만원 이하인 경우는 법원의 허가를 받아 배우자·4촌 이내의 친족이 소송대리를 할 수 있다. 특히 미성년자와 피성년후견인 등도 소송제기가 가능하며, 이들의 소송에는 소송대리가 인정된다.

IV. 상소절차(항소심·상고심)

판결의 선고가 있게 되면 법원은 당사자에게 판결의 정본을 송달하는데, 그 때부터 상소제기기간이 경과한다.

당사자가 1심판결에 불복하여 그 재판의 확정 전에 재판의 취소·변경을 구하는 상소를 제기하면, 재판의 효력은 일단 중단되어 상급심으로 이전한다. 상소는 항소·상고·항고(결정·명령)의 세 종류가 있으며, 여기서 항소는 제1심의 종국판결에 대한 불복으로 상소하는 것을 말한다.

항소심은 원칙적으로 1심판결의 소송자료를 토대로 진행하며, 1심에서 제출되지 않았던 새로운 소송자료도 함께 심리하는 속심제의 성격을 가진다. 항소는 판결서 또는 판결서에 대신하는 조서의 송달이 있는 날로부터 2주 이내에 상소해야 된다.

상고심은 항소심(지방법원합의부·고등법원)의 종국판결에 대한 불복으로 행해지는 상소이고, 원판결에 대한 법률상의 불복이므로 사실심이 아니라 법률적 관점에서 판단하는 법률심이며, 사후심의 성격을 가진다. 상고는 판결서 또는 판결서에 대신하는 조서의 송달이 있는 날로부터 2주간 이내에 상소해야 된다. 상고심의 판결에서는 상고인용, 상고기각, 상고각하판결을 할 수 있다.

V. 강제집행

소송의 종료에 따라 강제집행이 진행된다. 소송의 종료는 법원에 의한 경우와 당사자에 의한 경우로 구분된다. 전자의 효과로 종국판결은 소송계속이 소멸하여 형식적 확정력이 발생한다. 형식적 확정력에서 기판력·집행력·형성력이 생기며, 이 때 동일한 소송이 반복되어 판결의 모순이 발생하는 것을 방지하는 효력인 기판력을 실체적 확정력이라고 한다.

당사자에 의한 소송의 종료에는 소의 취하, 청구포기, 청구인낙, 재판상 화해가 있다.

강제집행은 민사소송에서 패하여 채무자로 된 자가 판결이나 조서의 내용을 이행하지 않는 경우 집행관이 강제로 이를 집행하는 제도이다. 강제집행의 방법에는 금전채권에 대한 강제집행과 채권에 대한 강제집행이 있다. 금전채권의 강제집행에는 물건이나 권리에 대한 압류를 하여 현금화 한 뒤 배당절차에 의하거나, 부동산에 대한 강제집행을 통한 강제경매와 강제관리가 인정된다.

강제집행의 실효성을 높이기 위하여 보전소송인 가압류·가처분, 재산명시제도, 채무불이행자 명부제도 등이 있으며, 특히 채무자를 위해서는 '채무자의 생존의 기반'이 되는 것에 대하여는 압류를 금지하거나 제한하고 있다.

제 4 장

형법(刑法)

제1절 ▶ 형법의 일반이론

Ⅰ. 형법의 개념

1. 개념의 분류

(1) 고전적 의미

형법은 범죄와 형벌에 관하여 규정하고 있는 일반법이다. 형법은 형사문제가 발생한 경우에 어떠한 행위가 범죄이고, 그에 대하여 어떠한 종류의 형벌로 처벌할 것인지를 판단하는데 기준이 되는 법률을 말한다.

이와 같이 범죄사실을 전제조건으로 하여 그 범죄에 대한 법적 효과로서 형벌이라는 규범적 효과(법률효과)를 부과하는 법률이 형법이므로, 범죄와 형벌에 대한 내용은 형법의 필수적인 요소가 된다.

형법이라는 명칭은 규범적 요소인 형벌에 중점을 두었기 때문이며, 만약 사실적 요소인 범죄에 더욱 비중을 둔다면 형법을 범죄법이라 부를 수도 있다.

(2) 현대적 의미

현대형법은 원칙적으로 기본적인 범죄에 대하여 규정하고, 사회적 위험성 및 그에 대한 형벌이나 보안처분에 대해서는 부차적으로 규정하고 있다. 형법은 각종 법익을 침해하거나 위태롭게 하는 행위에 대하여 제재를 부과하여 개인과 사회의 안전을 확보하기 위한 법률이다.

그런데 형벌은 범죄, 즉 '이미 행하여진 책임능력자의 행위'를 전제하므로 책임무능력자 또는 장차 범죄를 행할 위험성을 가지고 있는 자에게는 부과할 수 없는 것이 원칙이다. 그러나 범죄로부터 장차 개인과 사회의 안전을 확보할 필요성도 있으므로, 이를 위하여 오늘날 널리 채택하고 있는 것이 보안처분제도이다.

따라서 형법은 범죄와 형벌만을 규정한 규범이 아니라, 범죄와 그에 따른 사회적 위험성에 대하여 형벌과 보안처분을 함께 규정하고 있는 법규범의 전체를 일컫는 의미도 있다.

2. 형법의 법원

형법은 흔히 특정의 사회와 시민사이에 적용되는 형사문제에 대한 법률관계에 적용되는 법이므로, 국제관계에서 적용되는 국제형사법과 구별되는 국내법에 해당한다. 형법은 국가의 법체계에서 가장 상위법인 헌법보다 아래에 위치하고 있는 공법이다. 또한 형법은 재판에 적용하기 위하여 범죄사실의 실체적 내용을 규정하고 있는 점에서 사법(司法) 가운데서도 실체법에 해당된다.

좁은 의미의 형법은 범죄와 형벌에 대하여 규정하고 있는 가장 기본이 되는 '형법'이라는 이름으로 제정·공포되어 시행되고 있는 법을 말하며, 보통 형법이라고 할 때에는 이 법을 말한다. 현행 형법은 1953년 9월 18일에 법률 제293호로 제정·공포되어 동년 10월 3일부터 시행되고 있다.

넓은 의미의 형법은 범죄와 그 법률효과인 형벌에 관한 규정을 담고 있는 모든 실체법의 규정을 말한다. 여기에는 좁은 의미의 형법은 물론이고, 국가보안법, 군형법, 폭력행위등처벌에관한법률, 특정범죄가중처벌등에관한법률, 성폭력범죄의처벌및피해자보호등에관한법률 등과 같은 특별형법과 건축법, 도로교통법, 식품위생법, 관세법, 증권거래법, 의료법, 주민등록법 등의 행정형법도 포함한다.

넓은 의미의 형법은 특별형법 또는 부수형법을 포함하며, 특별(부수)형법에도 원칙적으로 형법의 총칙규정이 적용된다(제8조).

3. 형법의 기능

(1) 보호적 기능

1) 법익의 보호

형법은 일정한 행위를 범죄로 규정하여 처벌하는 법이므로 그러한 범죄행위로부터 일정한 법익을 보호하는 기능을 한다. 나아가 형법은 법익침해 또는 법익에 대한 위험이라는 행위의 결과(결과반가치)만을 금지하는 것이 아니라, 범죄의사와 위험한 방법으로 수행되는 행위 그 자체(행위반가치)도 처벌한다. 이는 사회·윤리의 행위가치를 보호하는 기능을 수행하는 것이 된다.

2) 보충성의 원칙

형법은 위법행위에 대하여 형벌이라는 강력한 수단(생명의 박탈도 가능)을 사용하는 법이므로, 다른 수단에 의해서는 법익보호가 불가능하거나 부적절한 경우에 가장 최후의 수단으로 적용되어야 하는데, 이를 형법의 보충성이라 한다.

이러한 관점에서 형법은 윤리의 영역이나 도덕의 문제에 해당되는 경우에는 형법 스스로 개입이나 처벌을 자제해야 되므로, 형법의 비윤리화 내지 비범죄화의 문제가 발생하는 것이다.

(2) 보장적 기능

형법은 국가형벌권의 적용과 발동한계를 명확히 하여 국가 형벌권의 자의적 행사로부터 국민의 자유와 권리를 보장하는 기능을 수행하는데, 이것을 형법의 보장적 기능 또는 마그나카르타 기능이라고 한다. 형법의 보장적 기능은 일반국민은 물론 법을 위반한 범죄인에게도 작용한다.

우선 형법은 일반국민에 대해서는 마그나카르타와 같은 기능을 수행하므로 모든 국민은 형법에 규정된 범죄구성요건을 실현하는 행위를 하지 않는 한, 형벌의 부과와 무관한 것을 말한다.

또 범죄인에 대해서도 형법은 마그나카르타 기능으로 비록 범죄를 범한 범죄인이라도 형법에 규정되어 있는 형벌 이외의 다른 형벌로 처벌받지 않는다는 것을 의미한다.

(3) 사회보호 기능

형법은 형벌을 수단으로 국가사회질서에 대한 침해를 방지하여 사회를 보전하는 기능을 한다. 사회보호 기능은 한편으로는 일반인에게 심리적 억제를 통하여 잠재적 범죄인의 범죄를 억압하고, 다른 한편으로는 범죄인 자신의 사회복귀에 기여함으로써 달성될 수 있다. 전자를 일반예방기능이라 하고, 후자를 특별예방기능이라 한다.

(4) 기능의 상호관계

형법의 각 기능은 상호 조화를 이루어야 하지만, 때로는 서로 대립하고 충돌하는 경우도 발생할 수 있다. 특히 보장적 기능과 사회보호 기능은 형법의 중요성을 어디에 치중하느냐에 따라 다르게 나타난다.

형법의 제1차적 임무를 개인의 자유와 권리보장에 둘 것인가 아니면, 전체 사회의 질서유지에 둘 것인지에 대한 문제를 말한다. 인간의 존엄과 가치를 최고 이념으로 하는 자유민주주의 국가에서는 전자의 기능을 중시하여야 한다.

4. 죄형법정주의의 의의와 내용

(1) 의의와 기능

죄형법정주의는 어떠한 행위가 범죄가 되며, 그 범죄에 대하여 어떠한 형벌을 부과할 것인가를 미리 성문화된 법률로 규정해 놓아야 한다는 원칙을 말한다. 그러므로 죄형법정주의는 왕조시대에 국왕이 자의적으로 범죄와 형벌을 판단하는 것과 같은 죄형전단주의에 대립하는 개념이다. 따라서 죄형법정주의는 '법률 없으면 범죄 없고 형벌 없다.'든가 '법률 없으면 범죄 없다.' 혹은 '법률 없으면 형벌 없다.'는 등으로 표현된다.

죄형법정주의의 기능은 국가권력에 의한 형벌권의 편의적 행사를 방지함으로써 개인의 자유와 권리를 보장함에 있다. 따라서 아무리 사회적으로 비난받을 비도덕적 행위에 해당된다 할지라도, 범죄로 미리 법률에 규정된 형벌 이외의 어떠한 형벌로도 처벌되지 않는다는 의미를 갖는다.

죄형법정주의의 근거에 대하여 헌법 제12조 제1항은 '누구든지 법률에 의하지 아니하고는 체포·구속·압수·수색 또는 심문을 받지 아니하며, 법률과 적법한 절차에 의하지 아니하고는 처벌·보안처분 또는 강제노역을 받지 아니한다.'라거나 제13조 제1항에서 '모든 국민은 행위시의 법률에 의하여 범죄를 구성하지 아니하는 행위로 소추되지 아니하며'라고 규정하고 있다. 또한 형법 제1조 1항은 '범죄의 성립과 처벌은 행위시의 법률에 의한다.'라고 규정하여 죄형법정주의에 대한 헌법과 형법의 근거를 마련하고 있다.

(2) 역사

죄형법정주의는 '법률 없으면 범죄 없다.' 혹은 '법률 없으면 형벌 없다.'로 표현하는데, 이는 19세기 초 독일의 형법학자인 포이어바흐가 최초로 라틴어로 표기한데서 비롯된다.

죄형법정주의의 사상적 기원은 영국의 대헌장(마그나 카르타)에서 유래하여, 권리청원, 인신보호법, 권리장전 등을 통하여 계승되며 발전하여 왔다.

그 후 미국의 1776년 버지니아권리장전에 표현되었고, 1787년 미국헌법은 '형사사후법의 금지' 및 '법률의 적정한 절차'를 규정하여 죄형법정주의를 헌법상의 원칙으로 선언하였다. 또한 프랑스에서는 1789년의 인권선언에서 명문으로 인정하였고, 1804년 나폴레옹형법은 죄형법정주의를 형법에 최초로 규정한 바 있다.

(3) 사상적 배경

죄형법정주의의 사상적 배경은 유럽의 계몽주의사상과 자연법이론이 그 주축이 된다. 즉, 천부인권사상을 배경으로 인간의 존엄과 가치를 깨닫고 인간의 인권은 철저하게 보장하는 반면, 국가형벌권의 행사는 가급적 제한하려는 것이 죄형법정주의의 사상적 배경이다.

한편 죄형법정주의 이론의 배경에는 삼권분립이론과 심리강제설이 있다. 몽테스키외는 국가권력으로부터 국민의 자유와 권리를 보장하기 위해서는 국가권력을 입법·사법·행정의 삼권으로 분리하여 독립된 별개의 기관으로 하여금 상호 견제와 균형을 유지하여야 한다고 주장하였다.

삼권분립이론에 철저하면, 사법부가 입법부에서 제정한 법을 기계적으로 적용만 하거나 판례와 해석을 통하여 법의 적용범위를 자의적으로 확장하는 경우에 이는 실질적 입법이 되는 것이나 마찬가지이다. 이처럼 사법부에 의한 실질적 입법을 방지하려면, 입법부는 범죄와 형벌을 법률에 엄격히 규정할 것이 요구된다.

한편 포이어바흐는 '심리강제설'이라는 이론을 통하여 우선 인간은 합리적 이성을 지닌 인격체이므로 이익과 불이익을 비교하여 자신의 행동을 판단하는 존재라는 것이다. 이 이론에 따르면 합리적 인간은 범죄로 인한 쾌락과 형벌에 의한 고통을 비교하여 쾌락이 고통보다 클 경우에는 범죄를 저지르지만, 고통이 쾌락보다 크다면 범죄를 범하는 것을 스스로 자제하게 된다는 이론이다.

따라서 범죄와 형벌을 형법에서 미리 명확하게 규정해 놓으면 형벌에 의한 고통이 범죄에 의한 쾌락보다 크다는 것을 미리 깨닫게 되어, 합리적인 인간이라면 자신의 범죄 충동을 억제하여 범죄를 자제하게 된다는 것이다.

(4) 죄형법정주의의 파생원칙

1) 법률주의(관습형법금지의 원칙)

죄형법정주의는 기본적으로 국회에서 만든 명확한 법률에 근거하여 범죄의 성립과 형벌의 부과를 요구하므로, 불문법인 관습법에 대해서는 형법의 존재형식으로 아예 인정하지 않는 것이 원칙이다.

그러므로 존재가 불분명하고 특정사회나 집단에 근거하고 있는 관습법을 적용하여 처벌한다면 일반인의 법에 대한 신뢰를 상실할 우려가 있으며, 이는 죄형법정주의의 근본이념에서 벗어나는 경우가 된다.

그러나 이 원칙은 관습법이 직접적으로 처벌을 위한 법원이 될 수 없다는 의미이므로, 형법의 해석을 통하여 관습에 의한 처벌이 전혀 불가능한 의미는 아닌 것이다. 그러므로 현행 형법의 수리방해죄(제184조)에서 규정하고 있는 수리권도 관습법에 의하여 인정되는 경우를 형법에 반영한 결과이다.

2) 유추해석금지의 원칙

유추해석은 법률해석의 여러 유형 가운데 하나로, 법률에 직접적인 규정이 없는 어떤 사안에 관하여 그것과 유사한 성질을 갖는 다른 사안에 관계되는 법률을 적용하는 해석 방법을 말한다. 유추해석을 널리 허용하면 형법에 규정되지 아니한 행위가 처벌되는 것과 마찬가지이므로, 형법해석에 있어서 유추해석을 통한 법의 적용은 원칙적으로 허용되지 않는다.

문제는 확장해석과 유추해석의 구별에 대한 문제이다. 당해 언어의 가능한 의미나 그 범위 안에 속한다면 확장해석으로서 허용되지만, 가능한 의미나 범위를 벗어난다면 유추해석에 해당되므로 허용되지 않는다. 그러나 유추해석도 피고인에게 유리한 경우에는 허용될 수 있다.

유추적용금지의 원칙은 모든 형벌법규의 구성요건과 가벌성에 관한 규정에 적용된다. 위법성 및 책임의 조각사유나 소추조건 또는 처벌조각사유에 관하여 그 범위를 제한적으로 유추적용하게 되면 행위자의 가벌성의 범위는 확대되어 행위자에게 불리하게 된다. 이는 규정의 내용상 가능한 의미를 넘는 것으로 범죄구성요건을 유추하여 적용하는 것과 동일한 결과를 초래하므로, 죄형법정주의의 파생원칙인 유추적용금지의 원칙에 위반되어 허용되지 않는다.

3) 소급효금지의 원칙

소급효금지의 원칙은 형법이 제정되기 이전의 범죄행위에 대하여 현행의 법을 적용하는 것으로, 법의 효력을 행위 당시로 소급하여 적용하는 것을 금지하는 원칙이다. 즉 형법은 시행 이후의 행위에 대하여 적용되고, 시행 이전의 행위에까지 효력을 거슬러 적용하여 처벌할 수 없다. 만약 형법의 소급효를 인정하면 법적 안정성과 예측가능성을 침해하여 개인의 자유를 보장할 수 없게 된다.

소급효금지는 법률의 변경에 관한 것이므로 판례의 변경은 이에 해당하지 않는다. 따라서 행위 당시의 판례에 의하면 처벌대상이 되지 아니하는 것으로 해석되었던 행위에 대하여, 나중에 판례의 변경에 따라 처벌한다고 하여 헌법상 평등의 원칙과 형벌불소급의 원칙에 반하는 것은 아니다.

소급효금지의 원칙은 형법은 물론 보안처분에도 적용된다. 그러나 대법원은 '형법 제62조의 2 제1항에서 말하는 보호관찰은 형벌이 아니라 보안처분의 성격을 갖는 것으로서, 장래의 위험성으로부터 행위자를 보호하고 사회를 방위하기 위한 합목적적인 조치이므로, 그에 관하여 반드시 행위 이전에 규정되어 있어야 하는 것은 아니며, 재판시의 규정에 의하여 보호관찰을 명할 수 있다고 보아야 할 것이고, 이와 같은 해석이 형벌불소급의 원칙 내지 죄형법정주의에 위배되는 것이라고 볼 수 없다.'라고 하여 보안처분에 대해서는 소급효를 인정한 바 있다.

소급효금지의 원칙은 일반적으로 형사소송법에는 적용되지 않는다는 점에 견해가 일치한다. 따라서 친고죄가 비친고죄로 변경되든가, 공소시효가 완성되기 전에 공소시효의 기간이 연장된 경우에는 신법이 적용된다.

다만 이미 공소시효가 완성된 범죄에 대한 공소시효를 없애거나 이미 진행된 공소시효기간을 정지시키는 법률을 제정하여 새로운 공소시효기간을 적용할 수 있는가에 대하여는 견해가 대립하는데, 헌법재판소는 '기존의 법을 변경하여야 할 공익적 필요는 심히 중대한 반면에, 그 법적 지위에 대한 개인의 신뢰를 보호하여야 할 필요가 상대적으로 적어 개인의 신뢰이익을 관철하는 것이 객관적으로 정당화될 수 없는 경우에는 예외적으로 허용될 수 있다.'고 하였다. 피고인에게 유리한 소급효는 허용되는데, 형법 제1조 2항이 바로 이에 해당한다.

4) 명확성의 원칙

권력기관에 의한 형벌권의 자의적 행사로부터 국민의 자유와 권리를 보장하려면 형벌법규가 명확하여야 한다. 명확성원칙은 구성요건 및 제재의 명확성을 요구한다.

구성요건의 명확성은 구성요건에 사용된 법률용어가 불명확하거나 여러 의미로 해석될 여지가 없어야 된다는 것을 말한다. 가장 바람직한 것은 누구나 그 의미를 알 수 있는 내용으로 입법하는 것이지만, 입법기술에서 가치개념의 사용은 불가피하다. 그러나 이러한 불가피한 경우에도 그 핵심내용이 확정될 수 있는 것이어야 한다.

명확성의 원칙은 형벌에 대하여도 적용된다(절대적 부정기형의 금지). 형벌을 선고하면서 그 형기를 확정하지 아니하는 것을 부정기형이라고 하는데, 이에는 '징역에 처한다.' 또는 '벌금에 처한다.' 등과 같이 절대적으로 형기를 정하지 않는 경우와 형기의 장기와 단기를 함께 선고하는 경우가 있다. 전자를 절대적 부정기형, 후자를 상대적 부정기형이라고 한다.

명확성의 원칙을 준수할 때 일단 절대적 부정기형은 금지되지만, 상대적 부정기형은 일반적으로 허용되고 있다. 형법은 부정기형 자체를 채택하고 있지 않으나, 소년법의 일부조항에서 상대적 부정기형을 채택하고 있다(소년법 제60조).

(5) 현대적 의의

죄형법정주의는 그동안 인권신장에 있어 크게 기여한 바가 있지만, 오늘날의 적용에서는 그 의미와 역할의 변천이 불가피하다. 일례로 삼권분립에 너무 충실하다보면 법원은 단순히 법률을 기계적으로 적용하는 기관으로 전락한다. 물론 입법이 완벽하게 제정되었다면 법원의 역할도 문제가 되지 않겠지만, 현실적으로 완벽한 입법이란 사실상 불가능 하므로 법원의 기계적 법률적용은 죄형법정주의와 관련하여 문제된다.

실제로 독재정권의 역사적 경험을 보더라도 실정법에서 얼마든지 악법도 존재하거나 불완전한 입법도 많다. 특히 불완전한 입법에 대해서는 조문에 대한 올바른 해석을 통하여 그 의미와 내용을 명백하게 하는 과정이 매우 중요하다.

한편 심리강제설의 경우도 현실적으로 이성적 · 합리적 존재로서의 인간을 전제로 하고, 모든 국민이 형벌법규를 사전에 숙지하고 있어야 하는 데 이것 역시 현실적으로 불가능한 일이다. 그리고 형벌의 일반예방기능을 중시한 점도 타당하지 않다. 이러한 점에서 죄형법정주의에 대한 현대적 의의와 해석이 필요하다.

그동안 독재국가의 형법에서 죄형법정주의를 부정한 바 있으나, 죄형법정주의는 국가형벌권의 자의적 행사로부터 개인의 자유와 권리를 보장하는 최후의 보루로서의 기능은 여전히 중요한 의미를 갖고 있다. 다만 오늘날에 있어서 죄형법정주의는 형식상의 법률주의만을 요구하는 것에 그치지 아니하고 추가적으로 내용이나 절차에 있어 '적정한 법률'까지를 요구하고 있다. 즉 적정성의 원칙이 죄형법정주의의 현대적 사명이라고 하겠다.

따라서 오늘날 죄형법정주의는 법을 적용하는 법관을 구속하는 원리에서 입법자를 구속하는 원리로 변천되어 실질적 법치국가의 원리로 기능하고 있다.

'불법 없으면 형벌 없다, 필요 없으면 형벌 없다, 책임 없으면 형벌 없다.'는 명제에서도 죄형법정주의의 현실을 잘 이해할 수 있다.

5. 형법의 효력

형법의 효력은 어떠한 사실에 대하여 형법이 적용되는지의 문제에 해당하는 형법의 적용범위를 말한다. 형법은 모든 사항(범죄)에 대하여 적용되는 것은 아니며, 일정한 시간적·장소적·인적 관계있는 사항에 대해서만 적용된다.

(1) 시간적 효력

1) 의의

형법의 시간적 효력은 발생한 범죄에 대하여 어느 때의 형법이 적용되는가의 문제이다. 형법은 원칙직으로 시행부터 폐지(실효)까지의 사이에 발생한 범죄에 대하여 적용된다. 문제는 행위와 재판 사이에 형벌법규가 변경된 경우인데, 예컨대, 형벌법규의 신설, 형벌법규의 폐지, 형벌의 가중·경감 등을 말한다.

형벌이 신설된 경우나 형이 중하게 변경된 경우는 소급효금지의 원칙 때문에 새로운 형벌법규를 적용하여 처벌하는 것은 허용되지 않는다. 따라서 형법의 시간적 적용범위와 관련한 문제는 형벌법규가 폐지되거나 형이 가볍게 변경된 경우이다.

2) 한시법

한시법의 개념에 대하여는 협의설과 광의설이 있다. 전자는 형벌법규에 미리 유효기간이 정하여져 있는 것만을 한시법으로 보는 입장으로, 유효기간은 제정 당시에 정하여져 있는 경우는 물론 제정 후 법이 폐지되기 전이라도 무방하다. 이에 반하여 이러한 형벌법규(협의의 한시법) 이외에 법률의 내용과 목적이 일시적 사정에 대응하기 위하여 제정된 법률도 한시법으로 보는 견해가 광의설이다.

행위자에게 유리한 경우 재판시법주의를 채택하고 있는 형법(제1조 2항)에 따르면, 한시법의 경우 제1조 2항에 의해 폐지 후에는 당해 법률의 유효기간 중에 행하여진 위법행위를 처벌할 수 없게 된다.

한시법은 폐지에 가까울수록 범죄발생이 빈발할 우려가 있으므로, 폐지 후에도 유효기간 중에 발생한 범죄를 처벌할 수 있는지가 문제된다. 이것은 한시법의 추급효력을 인정할 지에 대한 문제로, 다만 모든 한시법의 경우에 항상 추급효력이 문제되는 것은 아니다. 즉 한시법의 추급효력을 인정하는 규정을 총칙에 두거나, 한시법 자체에 '폐지 후에도 유효기간 중의 위반행위를 처벌하는 명문규정'을 두는 경우에는 추급효의 문제는 해결된다.

(2) 장소적 효력

형법의 장소적 효력은 형법은 어디에서 발생한 범죄에 대하여 적용되는가의 문제로서 이 문제를 규정하는 법규를 국제형법이라고 한다. 형법의 장소적 효력에 관한 입법원칙으로 다음의 4개가 있다.

1) 속지주의

범인의 국적여하를 불문하고 자국의 영토 내에서 발생한 범죄에 대해서는 자국의 형법을 적용한다는 원칙이다. 이 원칙은 국가주권사상과 소송경제에 유리하므로 대부분의 국가가 채택하고 있다.

2) 속인주의

범죄지를 불문하고 자국의 국적을 가진 자(자국민)의 범죄에 대하여는 자국의 형법을 적용한다는 원칙이다. 속인주의는 자국민의 이익을 보호하려는 원칙이다.

3) 보호주의

자국 또는 자국민의 법익을 침해하는 범죄에 대해서는 범죄인의 국적이나 범죄지의 내외국을 불문하고 자기나라의 형법을 적용한다는 원칙이다. 이는 자국 또는 자국민의 이익을 보호하려는 입장이지만 외국형법과 마찰을 일으킬 우려가 있다.

4) 세계주의

범죄인의 국적, 범죄지 또는 침해된 법익의 주체를 불문하고 자국의 형법을 적용한다는 원칙으로서 반인류적 범죄에 대한 사회방위의 국제적 연대성을 강조하는 태도이다.

5) 형법의 규정

형법은 속지주의의 원칙(제2조)과 속인주의와 보호주의의 원칙을 가미(제3조, 제5조, 제6조)하고 있다.

형법 제2조는 '본법은 대한민국 영역 내에서 죄를 범한 내국인과 외국인에게 적용한다.'고 하여 속지주의를 선언하고 있다. 대한민국영역은 영토 · 영공 · 영해를 포함하며, 북한지역도 당연히 대한민국의 영역에 포함된다. '대한민국 영역 내에서 죄를 범한'이란 구성요건의 전부 또는 일부가 대한민국 영역 내에서 발생한 경우를 의미한다. 대한민국 영역 외에 있는 대한민국의 선박 또는 항공기내에서 죄를 범한 외국인에게도 형법이 적용된다(제4조). 이는 기국주의를 선언한 것으로서 속지주의의 연장이다.

그리고 형법 제3조는 '본법은 대한민국 영역 외에서 죄를 범한 내국인에게 적용한다.'고 하여 속인주의를 가미하고 있다. 내국인이란 대한민국의 국적을 가진 자를 말하며, 대한민국의 국적은 행위 당시에 가지고 있어야 한다.

또한 형법은 대한민국 또는 대한민국국민의 법익을 보호하기 위하여 광범위하게 보호주의를 채택하고 있다. 즉 제5조와 제6조는 외국인의 국외범에 대하여 규정하고 있다.

(3) 인적 효력

형법의 인적 효력은 형법이 어떠한 사람에게 적용되는가의 문제를 말하며 형법의 인적 적용범위라고도 한다. 형법은 시간적 효력과 장소적 효력이 미치는 범위에서 죄를 범한 모든 사람에게 적용되는 것이 원칙이다. 따라서 형법의 인적 효력의 문제는 결국, 예외적으로 그 적용을 받지 않는 사람에 관한 문제로 된다.

1) 국내법의 예외

대통령은 내란 또는 외환의 죄를 범한 경우를 제외하고는 재직 중 형사상의 소추를 받지 아니한다(헌법 제84조). 이때 형사소추를 할 수 없는 재직 중의 기간 동안 공소시효가 정지되는가의 대립이 있으나, 헌법재판소는 공소시효가 정지된다고 한다.

국회의원은 면책특권을 가지므로, 국회에서 직무상 행한 발언과 표결에 관하여 국회 외에서 책임을 지지 아니한다(헌법 제45조).

2) 국제상의 예외

국제법상 특권을 가지는 외국원수와 외교사절, 그 가족 및 내국인이 아닌 수행원에 대하여는 형법이 적용되지 않는다. 또한 우리나라와의 협정에 의해 국내에 주둔하고 있는 외국군대에 대해서도 형법의 적용이 배제될 수 있다.

II. 형법이론

1. 형법이론의 의의

형법이론은 형법의 기본개념, 즉 범죄와 형벌의 본질에 관한 법철학적 이론을 말하며, 형벌이론과 범죄이론으로 구성된다. 형법이론은 형법의 해석·적용 및 입법의 지도원리로 작용하므로 형법연구의 출발점이자 도달점이 된다. 이러한 형법이론은 형법학파의 논쟁으로 나타나며, 형벌법규의 입법이나 해석에 있어 견해대립은 상당수가 형법이론의 차이에서 유래한다.

2. 형법이론의 내용

(1) 범죄이론(객관주의와 주관주의)

범죄이론은 범죄의 본질이 무엇인가에 대한 논의이다. 즉 형벌의 대상인 범죄에 대한 형법적 평가의 중점을 객관적 외부적 측면인 행위 내지 결과에 둘 것인가, 아니면 주관적 내부적 측면인 행위자의 의사에 둘 것인가에 관한 이론이다.

1) 객관주의

객관주의는 범죄에 대한 형법적 평가의 중점을 범죄의 객관적 측면인 행위와 그로 인한 결과에 두는 견해로서, 범죄주의, 사실주의, 현실주의라고도 한다. 이 견해는 형벌의 기초를 침해적 사실에 둠으로써 형벌의 종류와 분량도 그것에 상응하여야 한다고 한다.

따라서 결과가 발생하지 아니한 미수에 대하여는 범죄로 되지 않고 설사 범죄가 된다하더라도 결과가 발생한 경우보다는 형이 감경되어야 한다(미수의 필요적 감경).

객관주의는 자유의사를 전제로 하는 개인주의적 계몽사상에서 출발하였고, 형사책임의 기초를 외부적 범죄사실에 둠으로써 형벌권을 제한하여 개인의 자유와 권리를 보장하는데 기여하였다. 객관주의범죄이론은 응보형주의 및 일반예방주의와 결합하여 고전학파의 형법이론을 형성하였다.

2) 주관주의

주관주의는 형법의 평가에서 그 중점을 행위자의 성격이라는 주관적인 측면에 두는 견해로서 범인주의 또는 성격주의라고도 한다. 이 견해는 범죄는 행위의 반사회적 성격의 외부적 징표에 불과하므로(범죄징표설) 형벌의 분량도 행위자의 반사회적 성격에 상응하여야 한다고 주장하며 형벌의 개별화를 강조한다.

따라서 결과발생의 유무에 따른 형벌은 경중에서 의미가 없고, 미수와 기수는 우연한 차이에 불과하므로 반드시 미수범을 감경하여야 하는 것은 아닌 것이다.

주관주의는 자유의사를 부정하는 자연과학적 결정론에 입각한 견해로서 목적형주의 및 특별예방주의와 결합하여 근대학파의 형법이론을 형성하였다.

3) 구별

객관주의와 주관주의는 객관적 요소인 행위 내지 결과와 주관적 요소인 의사 내지 성격이 공존하는 분야에서는 필연적으로 상호 대립하게 된다.

즉 실행의 착수(구성요건의 일부를 실현한 때라는 객관설과 범의가 행위로 인하여 확실히 인정될 때 라는 주관설), 미수범의 처벌(필요적 감경과 차별불필요), 불능범의 인정(객관적 위험성이 없으면 불능범을 인정하느냐 객관적 위험성은 물론 주관적 위험성도 있어야 불능범을 인정하느냐), 사실의 착오(구체적 부합설 · 법정적 부합설과 추상적 부합설), 책임의 근거(자유의사에 기초한 도의적 책임론과 반사회적 성격에 기초한 사회적 책임론), 공범이론(범죄공동설 · 공범종속성설과 행위공동설 · 공범독립성설) 그리고 죄수론(행위표준설 · 법익표준설 · 구성요건표준설과 의사표준설) 등에서 학설의 대립을 형성하고 있다.

이에 반해 순수한 주관적 요소(고의 · 목적)나 순수한 객관적 요소(인과관계) 또는 위법성이론 등에 있어서의 대립은 범죄이론과는 무관하다.

(2) 형벌이론(형벌의 본질 · 근거 · 목적)

1) 응보형주의와 목적형주의

응보형주의는 형벌의 본질을 범죄에 대한 응보로서의 해악으로 이해하는 입장이다. 즉 범죄는 정의에 반하는 악행이므로 범인에게 그 행위에 상응하는 해악을 과하는 것이 바로 정의의 실현이며, 따라서 형벌의 본질은 응보로서 그 자체가 목적이라고 한다.

응보형주의는 범죄를 범하였기 때문에 형벌을 과한다고 하므로 절대주의라고도 하며, 칸트(정의설), 헤겔(이성적 응보설), 빈딩(법률적 응보설) 등의 이론이 여기에 속한다.

목적형주의는 형벌은 그 자체가 목적이 아니라 범죄로부터 사회를 방어 보호하는 목적을 가지고 있다는 입장이다. 즉 목적형주의는 장래의 범죄를 예방하기 위하여 형벌을 과한다고 하므로 상대주의라고도 한다.

2) 일반예방주의와 특별예방주의

일반예방주의는 형벌의 사회적 작용을 중시하여 형벌의 목적은 일반 사회인을 위하여 잠재적 범죄인이 장차 범죄를 범하지 않도록 예방함에 있다고 한다. 일반예방에는 형의 집행에 의한 일반예방과 형의 예고에 의한 일반예방이 있는 바, 전자는 형벌에 엄격성 잔혹성을 강조한 고대 중세의 유물이며, 후자는 포이에르바하의 심리강제설로 대표된다.

원래 일반예방주의는 목적형주의에서 주장되었지만 오늘날에는 응보형주의와 결합하여 상대적 응보형주의로 불린다. 일반예방을 일반인의 위하를 통한 일반예방과 일반인의 규범의식강화를 통한 일반예방으로 나누어, 전자를 소극적 일반예방, 후자를 적극적 일반예방이라고도 한다.

한편 특별예방주의는 형벌의 범죄인에 대한 작용을 중시하여 형벌은 범죄인을 개선 교육하여 다시 범죄를 범하지 않도록(재사회화)하는데 목적이 있다고 한다.

따라서 형벌은 범죄인을 개선하고 교육하는 방법으로 운영되어야 하며 개선형주의 내지 교육형주의로 나아가게 된다. 이탈리아 실증주의학파(Lombroso, Ferri, Garofalo)와 교육형주의사(Liepmann, Lanza, Saldana) 등이 여기에 속한다.

3. 형법학파의 대립(고전학파와 근대학파)

(1) 고전학파(구파)

1) 의의

고전학파 또는 구파라 함은 19세기말 독일형법학파에서 새롭게 대두되던 근대학파와의 상호 논쟁과정에서 종래의 전통적 입장에 있는 형법학파에 대하여 붙여진 이름이다.

고전학파는 18세기의 계몽사상에 영향을 받은 개인주의와 자유주의를 사상적 배경으로 하며, 응보형주의와 일반예방주의 그리고 객관주의를 그 내용으로 한다.

2) 내용

구파는 합리적이고 자유로운 사상을 가진 추상적인 인간(의사자유론)을 전제로 하여, 범죄를 자유의사의 외부적 실현으로 보고 개인의 범죄행위 및 그로 인한 결과를 중시한다(객관주의 범죄이론). 또한 책임을 자유의사에 기하여 범죄의사를 결의한 점에 대한 도의적 비난이라고 한다(도의적 책임론).

그리고 형벌이란 범죄를 범한 행위자에 대한 응보이고(응보형론), 형벌의 목적은 일반인들로 하여금 범죄를 범하지 못하게 하는 것이다(일반예방주의). 나아가 자유의사를 가진 책임능력자에 대한 형벌과 그렇지 못한 책임무능력자에 대한 보안처분은 본질적으로 다르다(이원론).

3) 주요 학자

베까리아(Beccaria)는 18세기 계몽주의적 형법이론을 전개한 구파의 선구자로서 "범죄와 형벌"이라는 책에서 죄형균형론과 사형폐지론을 주장하였다.

칸트(Kant)는 형벌은 오로지 범죄에 대한 응보로서 의미를 가진다는 절대적 형벌론과 동해보복사상을 주장하였다.

헤겔(Hegel))은 변증법적 입장에서 형벌을 파악하여, 범죄는 법의 부정이므로 형벌은 법의 부정(범죄)을 부정하여 정의를 회복하는 것이라고 하였다.

포이어바흐(Feuerbach)는 형벌은 응보에서 끝나는 것이 아니라 형벌의 고통에 따른 위협을 통하여 범죄의 일반예방에 목적이 있다는 '심리강제설'을 주장하였다. 또한 죄형법정주의를 주장하여 근대형법학의 창시자라 할 수 있다.

(2) 근대학파(신파)

1) 의의

근대학파 또는 신파는 19세기말 자본주의의 발달에 따른 누범, 소년범의 증가에 대하여 전통적인 이론의 무력함을 깨닫고 당시 급속히 발전한 자연과학적 방법을 이용하여 범죄인과 범죄원인을 실질적으로 연구함으로써 그 방지대책을 강구하려고 한 형법학파이다.

과거의 전통적인 이론인 구파의 의사자유론을 배척하고, 자연과학사상의 영향을 받아 실증적 방법에 의하여 범죄인과 범죄원인을 밝히려고 하였다. 실증주의와 특별예방주의(교육형주의) 그리고 주관주의를 그 내용으로 한다.

2) 내용

신파는 인간은 자유의사를 가진 존재가 아니라, 소질과 환경에 의해 결정되어진 존재로 파악하고(의사결정론 내지 의사비자유론), 처벌의 대상은 소질에 의해 숙명적으로 나타난 행위가 아니라, 행위에 의하여 외부에 나타나는 행위자의 반사회적 성격이라는 것이다(행위자주의, 주관주의).

그러므로 책임은 반사회적 성격을 가진 행위자로부터 사회를 방위하기 위해 가해지는 사회적 비난이라는 것이다(사회방위주의, 사회적 책임론).

그리고 형벌은 사회방위를 위해 범죄인을 개선·교화하여 이들의 사회복귀를 가능하도록 하는 것을 그 목적으로 하여야 하며(목적형론, 개선 교육형론), 형벌과 보안처분은 사회방위처분이라는 점에서 본질적으로 동일하다는 것이(일원론).

3) 주요 학자

롬브로조(Rombroso)는 범죄인을 생물학적 인류학적으로 연구하여 '생래적 범죄인설'을 주장한 근대학파의 선구자이다.

페리(Ferri)는 범죄원인을 연구하고 분석하여 사회적 원인을 가장 중시하였고, 범죄포화의 법칙을 주장하였다.

가로팔로(Garofalo)는 범죄를 자연범과 법정범으로 구별하였다. 특히 롬브로조, 페리, 가로팔로를 이탈리아 실증주의학파 또는 범죄인류학파라고도 한다.

리스트(Liszt)는 독일 근대학파의 창시자로서 형법학에 목적사상을 도입하여 목적형론을 주장하였고 형사정책을 중시하였다. 그는 범죄란 범죄인의 반사회적 성격이 외부에 표현된 것에 불과하므로 "처벌될 것은 행위가 아니라 행위자이다."라고 하였다.

란짜(Lanza)는 리프만과 더불어 교육형론을 주장하였고 "형벌은 교육이어야 한다. 그렇지 않으면 그 존재이유가 없다."고 까지 하였다.

Ⅲ. 범죄의 성립과 처벌

1. 범죄성립요건

형식적 범죄개념으로 구성요건에 해당하고 위법하고 책임 있는 행위를 의미한다. 범죄의 성립요건에는 구성요건해당성·위법성·책임성 등이 있다.

구성요건해당성은 구체적인 범죄사실이 법에서 규정하고 있는 범죄의 구성요건에 해당하는 성질을 말한다.

위법성은 구성요건에 해당하는 행위가 법률상 허용되지 않는 성질을 말하는데 정당행위 정당방위, 긴급피난, 피해자의 승낙, 자구행위 등이 있다.

책임성은 당해 행위를 한 행위자에 대한 비난가능성을 말하며, 14세미만의 형사미성년자, 심신상실자, 강요된 행위, 원인에 있어 자유로운 행위 등이 책임론과 관련된 문제이다.

2. 범죄의 처벌조건

처벌조건은 범죄가 성립한 이후에 행위자의 특별한 개인적 사정에 의하여 형벌권이 발동되기 위한 필요한 조건을 말하는데, 객관적 처벌조건과 인적 처벌조각사유에 대한 문제로 구분된다.

(1) 객관적 처벌조건

객관적 처벌조건은 이미 성립한 범죄행위에 대한 형벌권발생의 외부적·객관적 사유를 말한다. 가령, 형법의 사전수뢰죄에서 공무원 또는 중재인이 된 사실이나, 사전수뢰죄에서 공무원 또는 중재인이 될 자가 그 담당할 직무에 관하여 청탁을 받고 뇌물을 수수·요구·약속한 후 공무원 또는 중재인이 된 때를 의미한다(제129조 제2항). 또한 파산범죄에 있어서 파산의 선고확정 등이 여기에 해당되는 사례이다(파산법 제366조-368조).

(2) 인적 처벌조각사유

인적 처벌조각사유는 이미 범죄가 성립하였으나 행위자의 특수한 신분관계로 형벌권이 발생하지 않는 경우를 말한다. 형법의 중지범의 경우 형의 면제(제26조)나, 친족 간의 범행과 고소의 특례조항(제328조)에서 직계혈족·배우자·동거친족·동거가족 또는 그 배우자 사이의 범죄에 대한 형의 면제를 말한다. 헌법에서 면책특권이 인정되는 국회의원의 신분도 여기에 해당된다(제45조).

3. 범죄의 소송조건

일단 범죄가 성립하고 형벌권이 발생한 경우라도 그 범죄를 소추하기 위하여 소송법상 필요한 조건(소송조건 또는 소추조건)을 말한다.

(1) 친고죄

친고죄는 피해자 등 고소권자의 고소가 있어야 검사가 공소를 제기하는 것이 가능한 범죄를 말한다. 친고죄의 경우 비교적 경미한 범죄피해자의 비밀과 명예를 보호하기 위하여 검사의 기소를 제한하고 피해자의 의사를 반영하고 있는 것이다.

친고죄는 절대적 친고죄와 상대적 친고죄로 구분된다. 범죄자가 누구이든 묻지 아니하고 피해자의 고소가 있는 경우에만 검사의 공소제기가 가능한 절대적 친고죄(비밀침해죄)와 일반인과 일정한 친족관계에 있는 사람을 구별하여 기소가 결정되는 상대적 친고죄(범인과 피해자 사이에 일정한 신분관계가 있는 경우에만 친고죄로 되는 범죄)가 있다.

예컨대 형법 제344조(친족 간 범행과 고소)는 직계혈족·배우자·동거친족·동거가족 또는 그 배우자간의 죄는 형을 면제하며, 이 이외의 친족 간의 절도죄는 고소가 있어야 공소를 제기할 수 있음을 규정하고 있다. 특히 친고죄는 고소제기기간이 있어 고소할 수 없는 불가항력의 사유가 있는 때를 제외하고는 범인을 알게 된 날로부터 6월을 경과하면 고소하지 못한다(형사소송법 제230조).

(2) 반의사불벌죄

반의사불벌죄는 고소권자의 고소가 없더라도 검사의 공소제기는 가능하지만, 범죄의 피해자가 처벌을 원하지 않는다는 의사를 명시적으로 표시하는 경우에는 검사가 공소를 제기할 수 없어 처벌이 불가능한 범죄를 말한다. 반의사불벌죄는 피해자의 불이익을 방지하기 위하여 인정되며, 폭행죄(제260조 제1항), 명예훼손죄(제307조) 등 비교적 경미한 범죄들이 여기에 해당된다.

제2절 범죄성립요건

I. 구성요건

1. 구성요건의 의의

(1) 의의

구성요건은 위법행위 가운데 특히 범죄로 하여 처벌할 필요가 있는 것을 추상적으로 유형화해 놓은 금지의 실질 내지 자료를 말한다(추상화된 위법유형). 이와 같이 구성요건은 금지된 행위의 정형적 불법내용을 형성하고 다른 범죄와 구별되는 특수한 범죄정형의 형태와 내용이 되는 모든 요소를 결합해 놓은 것이다.

(2) 유사개념의 구별

구성요건은 추상화된 위법행위의 유형임에 반하여, 구성요건해당성이란 구체적인 행위가 불법유형인 구성요건에 부합하는 것을 말한다. 구성요건해당성과 구성요건충족을 구별하지 않고 구성요건해당성이라는 표현이 주로 사용되지만, 구성요건충족이란 구체적인 행위가 구성요건에 규정되어 있는 요소를 전부 충족시키는 것을 의미한다는 견해도 있다. 이에 따르면 구성요건충족에 의하여 기수가 된다.

2. 구성요건요소

(1) 객관적 구성요건요소

행위의 외부적 발현형태를 결정하는 요소로 행위의 주체, 행위의 객체, 행위태양(행위와 수단), 결과, 인과관계가 이에 속한다.

(2) 주관적 구성요건요소

주관적 구성요건요소란 행위자의 정신적·심리적 상황에 속하는 구성요건요소로 목적적 행위론이나 사회적 행위론에 의하면 고의는 일반적·주관적 구성요건요소이지만, 인과적 행위론에 의하면 주관적 위법요소는 목적범, 표현범, 경향범이 있을 뿐 고의는 책임요소이지 주관적 구성요건요소가 아니게 된다.

(3) 기술적 구성요건요소

기술적 구성요건요소란 가치판단에 의함이 없이 대상적·사실적 인식에 의해 의미내용을 확정할 수 있는 구성요건요소를 말하며, 목적범에서 행사의 목적이나 영리의 목적, 건조물, 사람, 불을 놓아, 강간, 재물 등이 이에 속한다.

(4) 규범적 구성요건요소

규범적 구성요건요소는 규범적 평가, 즉 가치판단에 의하지 아니하면 의미내용을 확정할 수 없는 구성요건요소를 말하며, 유가증권, 문서, 배우자, 타인의 재물, 불법영득의사 등이 이에 속한다.

3. 형법상 고의의 개념

(1) 의의

고의는 죄의 성립요소인 사실을 인식하는 행위를 말한다. 형법은 사실을 인식하지 못한 행위는 원칙적으로 벌하지 아니하며, 다만 특별한 규정이 있는 경우에는 예외로 하고 있다(형법 제13조). 죄의 성립요소인 사실은 구성요건에 해당하는 사실에 대한 인식으로 이는 고의를 의미하며, 형법은 원칙적으로 고의행위만 처벌한다.

구성요건에 해당되지 않음에도 해당된다고 믿는 환각범(자살)의 경우는 처벌할 수 없다.

그리고 사실의 흠결에 관한 문제로 구성요건에 해당되지만 실제는 구성요건적 사실이 아닌 경우는 고의를 인정(자기물건을 타인물건으로 오인하여 절취함)한다.

(2) 본질

1) 인식설(관념설)

구성요건적 사실에 대한 인식·표상을 의미하며, 이 설에 따를 경우 인식 있는 과실에 대한 구별이 곤란하다.

2) 의사설(희망설)

구성요건적 사실의 발생을 희망하거나 의욕을 하는 것을 말한다. 이 설을 택할 경우 미필적 고의의 인정이 곤란하다.

3) 인용설

인식설과 의사설을 절충하여 종합한 것이 인용설의 내용이다. 인용은 승낙·시인한다는 뜻으로 용인하거나 계산에 넣거나 염두에 둔다는 의미이다. 즉, 구성요건적 사실을 인식하고 그 발생을 인용한 경우를 말한다.

(3) 고의의 종류

1) 확정적 고의

구체적 확정사실에 대한 인식·예견을 말하며, 예컨대 甲을 살해할 의사로 총을 발사한 결과 실제로 甲을 살해한 경우를 말한다.

2) 불확정적 고의

불확정적 고의에는 개괄적 고의, 택일적 고의, 미필적 고의 등이 있다.

개괄적 고의는 결과의 발생이 확실하나 객체는 불확정·개괄적인 경우로 군중을 향해 총을 발사하는 경우가 이에 해당된다.

택일적 고의는 결과발생은 확실하나 객체가 불확정이나 택일하는 경우, 예컨대 갑과 을 가운데 1인을 살해하기 위해 두 사람에 대한 발사의 경우이다.

미필적 고의는 결과의 발생가능성은 인식하였으나 결과 발생자체는 불확정적인 경우로 지나가는 행인에게 옥상에서 돌을 투하하는 경우가 이에 해당된다.

3) 미필적 고의와 인식 있는 과실

사실 이들 양자에 대한 구별은 어렵다. 그러나 결과발생에 대한 인용여부로 양자를 구별한다. 예컨대 미필적 고의는 결과의 발생을 인식하고 인용으로 나아간 경우이며, 인식 있는 과실은 결과의 발생은 인식하였으나 인용하지 않는 경우로 구별할 수 있다.

II. 위법성

1. 위법성의 개념

(1) 위법성

위법성은 행위가 법률상 허용되지 아니하는 성질을 말한다. 그러므로 위법성은 범죄성립요건의 하나로서 법질서 전체의 입장에서 내려지는 행위에 대한 부정적 가치판단이다.

구성요건해당행위의 위법 여부에 대한 최종적인 판단은 위법성단계에서 이루어지는데, 구성요건은 위법한 행위를 유형화해 놓은 것이기 때문에 구성요건에 해당하는 행위는 위법성조각사유에 해당하지 않으면 일단 위법하게 된다. 따라서 형법은 위법성의 내용을 별도로 규정하지 않고 위법성의 조각되는 경우를 예외적으로 규정하고 있을 뿐이다.

(2) 불법과의 구별

불법과 위법성은 통상 동의어로 사용되지만 형법에서 양자는 구별된다. 위법성은 행위와 전체 법규범과의 충돌을 의미하는 반면, 불법은 행위에 의하여 실현되고 법에 의해 부정적으로 평가된 반가치 자체를 의미한다.

이와 같이 위법성은 행위와 법질서 전체와의 모순을 의미하는 순수한 관계이지만 불법은 규범에 반하는 행위 그 자체인 실체를 의미하므로, 위법성은 언제나 단일하고 동일하지만 불법은 구체적인 질과 양을 가진다.

예컨대 살인과 절도, 고의범과 과실범, 기수와 미수 등은 모두 위법하지만 불법에 있어서는 질적·양적 차이가 있다. 그리하여 형법에서 위법하다는 평가를 받으면 민법에서도 역시 위법하지만, 민법상의 불법이 항상 형법상의 불법이 되는 것은 아니다. 예컨대 채무불이행은 민법상의 불법이지만 형법상의 불법은 아니다.

2. 정당방위

(1) 의의

정당방위는 자기 또는 타인의 법익에 대한 현재의 부당한 침해를 방위하기 위한 상당한 이유가 있는 행위(제21조 1항)를 말한다. 정당방위는 가장 역사가 깊고 전형적인 위법성조각사유로서 법은 불법에 양보할 필요가 없다는 사상에 기초한 것이다.

(2) 유사개념과 구별

정당방위와 긴급피난은 법익에 대한 현재의 위난이라는 긴급한 상황의 행위라는 점에서 동일하다. 그러나 정당방위는 부당한 침해에 대한 방어이므로 부정 대정의 관계임에 반하여, 긴급피난은 부당한 침해일 것을 요하지 않으므로 정 대 정의 관계이다.

정당방위와 자구행위는 부당한 침해에 대하여 스스로의 힘으로 보호한다는 점에서 같다. 그러나 정당방위는 현재의 침해에 대한 것이므로 사전적인 것임에 반하여, 자구행위는 이미 침해된 청구권을 보전하기 위한 것이므로 사후적 성질을 가진다.

(3) 성립요건

정당방위가 성립하기 위해서는 자기 또는 타인의 법익에 대한 침해의 부당한 침해(정당방위상황), 방위하기 위한 행위(방위행위), 상당한 이유(방위행위의 상당성) 등의 요건이 필요하다.

(4) 위법성조각

정당방위는 위법성을 조각하므로 방위행위가 범죄구성요건에 해당하더라도 위법하지 않아 범죄가 성립되지 않고, 따라서 처벌되지 않는다(제21조 1항). 정당방위는 위법하지 않으므로 정당방위에 대한 정당방위는 허용되지 않고 긴급피난만이 가능하다.

(5) 과잉방위와 오상방위

1) 과잉방위

과잉방위는 방위행위가 상당한 정도를 초과한 경우를 말한다. 즉 상당성이 결여된 방위행위를 의미하며 과잉방위는 정당방위의 요건을 구비하지 못한 것이므로 위법하다. 과잉방위는 위법성은 있으나 책임이 감소 내지 소멸되어 형을 감경 또는 면제할 수 있다(제21조 2항). 그러나 야간 기타 불안스러운 상태에서 공포 등으로 인한 때에는 벌하지 아니 하는 바(동조 3항), 이 경우에는 기대가능성의 결여를 이유로 책임조각이 인정된 것이다.

2) 오상방위

오상방위는 객관적으로 정당방위의 요건이 구비되지 않았음에도 불구하고 행위자가 주관적으로 이것이 구비된 것으로 오인하고 방위행위에 나아간 경우를 말하며 착각방위라고도 한다.

예컨대 택배아저씨를 강도로 오인하여 정당방위의 의사로써 반격을 가한 경우가 그것이다. 오상방위는 '위법성조각사유의 전제사실에 관한 착오'에 해당하는 것으로 정당방위의 객관적 요건이 존재하지 않은 경우이므로 위법성이 있다.

3. 긴급피난

(1) 의의

긴급피난은 자기 또는 타인의 법익에 대한 현재의 위난을 피하기 위한 상당한 행위를 말한다(제22조 1항). 예컨대 노상에서 갑자기 달려드는 무서운 개를 피하기 위하여 타인의 가게에 무단으로 들어가는 경우이다.

(2) 타 개념과의 구별

긴급피난도 정당방위와 마찬가지로 긴급행위이다. 다만 정당방위는 부정 대정의 관계임에 반하여, 긴급피난은 정 대 정의 관계인 점에 본질적 차이가 있다. 긴급피난은 정 대 정의 관계이고 현재의 위난에 대한 것이므로 사전적인 것이다. 이에 반하여 자구행위는 부정(不正) 대 정(正)의 관계이고 이미 침해된 청구권을 보전하기 위한 것이므로 사후적인 것이라는 점에서 구별된다.

(3) 성립요건

긴급피난이 성립하기 위해서는 자기 또는 타인의 법익에 대한 현재의 위난(긴급피난 상황)을 피하기 위한 행위(피난행위), 상당한 이유(피난행위의 상당성), 즉 피난행위가 사회상규에 비추어 보아 당연시되어야 하며, 보충성, 법익균형성, 적합성이 필요하다.

(4) 긴급피난의 특칙

정당방위의 주체에는 제한이 없으나 긴급피난에는 제한이 있다. 즉 위난을 피하지 못할 책임이 있는 자(선장, 기장, 경찰·소방공무원)에게는 긴급피난이 허용되지 않는다(제22조 2항). 이것은 일정한 위험이 수반되는 업무를 수행하는 자는 업무와 전형적으로 결합된 위험을 피하여서는 아니 된다는 것을 말한다.

(5) 위법성조각

통설에 의하면 긴급피난은 위법성을 조각하여 범죄가 성립하지 않으므로 처벌되지도 않는다. 이에 반하여 책임조각설에 의하면 책임이 조각되어 범죄가 성립되지 않으며, 이분설에 의하면 위법성이 조각되는 경우와 책임이 조각되는 경우가 있게 된다. 긴급피난의 본질에 대한 통설인 위법성조각설에 의하면 긴급피난에 대하여 정당방위는 불가능하고 긴급피난만이 가능하게 된다. 그러나 책임조각사유설에 의하여 긴급피난에 대해서도 정당방위가 가능하게 된다.

(6) 과잉피난과 오상피난

1) 과잉피난

과잉피난은 긴급피난에 있어서 피난행위가 상당한 정도를 초과한 경우를 말한다. 과잉피난은 긴급피난이 아니므로 위법하여 범죄가 성립한다. 과잉피난은 위법하지만 책임이 감소 또는 소멸되어 형을 감경 또는 면제할 수 있다(제22조 3항, 제21조 2항). 그러나 야간 기타 불안스러운 상태에서 공포 등으로 인한 때에는 벌하지 아니한다(동조 3항). 이 때에는 기대가능성이 없으므로 책임이 조각된다. 따라서 행위자에게는 형이 면제되는 것이 아니라 무죄가 된다.

2) 오상피난

오상피난은 객관적으로 긴급피난의 요건이 구비되어 있지 아니함에도 불구하고 주관적으로 이것이 구비되어 있는 것으로 오인하여 피난행위를 한 것을 말한다. 예컨대 자동차가 자시에게 돌진하지 않음에도 돌진하는 것으로 잘못 알고 상점으로 뛰어 들어간 경우이다.

오상피난은 위법성조각사유의 전제사실에 관한 착오에 해당하는 것으로 정당방위의 객관적 요건이 존재하지 않은 경우이므로 위법성이 있다.

그 효과에 관하여는 견해가 대립한다(오상방위 참조). 오상피난의 경우 피난자가 위법성조각사유의 성립요건을 구성하는 사실을 착오로 인식하지 못한 것으로서, 구성요건적 고의는 존재하지만 책임형식으로서의 고의가 조각되어 과실범으로 처벌된다고 본다 (법효과제한적 책임설).

(7) 의무의 충돌

의무의 충돌이란 둘 이상의 의무가 서로 충돌하여 행위자가 하나의 의무만을 이행할 수밖에 없는 긴급상황에서 하나의 의무만을 이행하고 다른 의무를 이행하지 못한 것이 범죄구성요건에 해당하는 경우를 말한다. 예컨대 아버지가 물에 빠진 두 아들 중에서 한 아들을 구하였는데 다른 아이를 구하지 못하여 익사하게 함으로써 부작위에 의한 살인죄를 실현하게 된 경우이다.

의무의 충돌은 작위의무와 작위의무의 충돌만이 문제된다는 견해와 작위의무와 부작위의무의 충돌도 포함된다는 견해가 있다.

1) 의무의 충돌의 요건

의무의 충돌이 되기 위해서는 둘 이상의 의무가 동시에 존재하여 그들 의무를 동시에 이행하는 것이 불가능한 것을 말한다. 의무는 정당한 근거를 가진 둘 이상의 법적 의무이어야 하며 도덕적·종교적 의무는 이에 해당하지 않는다. 충돌이란 하나의 의무를 이행함으로써 다른 의무의 이행이 불가능한 상황을 말하므로 부작위의무 사이의 충돌은 의무의 충돌이 아니다. 둘 이상의 부작위의무는 충돌하더라도 동시에 이행할 수 있기 때문이다.

상당한 이유로 충돌하는 의무 중 높은 가치의 법익을 보호하는 의무 또는 동등한 가치를 보호하는 의무를 이행하였어야 한다. 즉 균형성이 필요하다.

4. 자구행위

(1) 의의

자구행위란 보통 법률상의 절차에 의하지 아니하고 자력에 의하여 침해당한 권리를 구제하는 행위를 말하며 자력구제 또는 사력구제라고도 한다. 명문으로 자구행위를 규정하지 않는 입법례도 있으나 형법은 명문으로 인정한다.

즉 법정절차에 의하여 청구권을 보전하기 불가능한 경우에 그 청구권의 실행불능 또는 현저한 실행곤란을 피하기 위한 행위는 상당한 이유가 있을 때에는 벌하지 아니한다. '고 규정(제23조 1항)하고 있다. 자구행위는 정당방위·긴급피난과 같이 긴급행위로서 위법성이 조각된다.

(2) 유사개념과 구별

자구행위와 정당방위는 긴급행위이고 부정 대 정의 관계에 있다는 점에서 동일하다. 그러나 정당방위는 사전적 긴급행위이고 자구행위는 사후적 긴급행위이며, 정당방위의 방위대상은 작기 또는 제3자의 모든 법익이지만 자구행위의 대상은 자기의 청구권이라는 점에서 다르다.

자구행위와 긴급피난은 긴급행위이고 보충성이 필요하다는 점에서 동일하다. 그러나 긴급피난은 사전적 긴급행위이고 자구행위는 사후적 긴급행위이며, 긴급피난의 대상은 자기 또는 제3자의 모든 법익이지만 자구행위의 대상은 자기의 청구권이라는 점에서 다르다.

(3) 구성요건

법정절차에 의하여 청구권을 보전하기 불가능할 것이 요구된다. 자구행위를 하려면 청구권이 있어야 한다. 즉 자구행위의 보호대상은 청구권이다. 그리고 청구권에 대한 불법한 침해가 있어야 하며, 법정절차에 의한 청구권의 보전이 불가능해야 한다. 상당한 이유로 자구행위가 사회상규에 비추어 당연시되는 것을 말한다.

(4) 위법성조각

자구행위는 위법성을 조각하므로 구성요건에 해당하는 행위가 있더라도 범죄가 성립되지 않고 따라서 처벌되지 않는다(제23조 1항). 자구행위는 법적행위이므로 이에 대한 정당방위는 허용되지 않는다.

(5) 과잉자구행위와 오상자구행위

1) 과잉자구행위

과잉자구행위란 자구행위, 즉 청구권의 보전수단이 상당한 정도를 초과한 것을 말한다. 이는 자구행위가 아니므로 위법하여 범죄가 성립한다. 과잉자구행위는 범죄의 성립에 영향이 없으나 책임이 감경 또는 소멸되어 형을 감경 또는 면제할 수 있다(제23조 2항). 그러나 과잉피난과는 달리 과잉방위에 관한 제21조 제3항이 준용되지 않으므로, 야간 기타 불안스러운 상태에서의 당황 등에 의하여 형이 면제되기는 상당히 어렵다.

2) 오상자구행위

오상자구행위란 객관적으로 자구행위의 요건이 구비되어 있지 아니함에도 불구하고 주관적으로 이것이 구비되어 있는 것으로 오신하여 자구행위를 한 것을 말한다. 오상방위나 오상피난과 같이 위법성조각사유의 전제사실에 관한 착오에 해당한다.

오상자구행위는 자구행위가 아니므로 위법성이 조각되지 않는다. 이의 효과에 관하여는 견해가 대립한다(오상방위 참조). 생각건대 자구행위자가 위법성조각사유의 성립요건을 구성하는 사실을 착오로 인식하지 못한 것으로서 구성요건적 고의는 존재하지만 책임형식으로서의 고의가 조각되어 과실범으로 처벌된다고 본다(법효과제한적 책임설).

5. 피해자의 승낙에 의한 행위

(1) 의의

피해자가 가해자에 대하여 자기의 법익의 침해를 승낙하는 것을 피해자의 승낙이라고 하며, 이러한 승낙에 터잡아 행하여진 법익침해행위를 피해자의 승낙에 의한 행위라고 한다.

형법은 "처분할 수 있는 자의 승낙에 의하여 그 법익을 훼손한 행위는 벌하지 아니한다 다만 법률에 특별한 규정이 있는 때에는 그러하지 아니하다"고 규정하고 있다(제24조). 형법은 자기보호의 원리는 물론 자기처분의 원리도 위법성을 조각하는 근거로 인정하고 있는 것이다.

(2) 성립요건

처분권한자의 승낙이어야 하므로 타인의 법익에 대한 승낙은 허용되지 않으며, 국가적 법익이나 사회적 법익도 승낙의 대상이 될 수 없다.

승낙은 단순한 방임을 넘어서 승낙의 의미와 그 내용을 알고 그것에 찬동하는 것을 말한다. 즉 승낙능력이 있어야 한다. 주관적 정당화요소와 법률에 특별한 규정이 없을 것이 요구된다.

(3) 관련문제

추정적 승낙에 의한 행위 등이 문제된다. 추정적 승낙이란 피해자의 승낙은 없지만 행위당시의 모든 사정을 객관적으로 판단할 때 피해자의 승낙이 있었을 것이라고 기대되는 경우를 말한다. 예컨대 부재 중인 친구의 원룸에 들어간다거나, 불을 끄기 위하여 불이난 이웃집에 무단으로 들어가는 경우이다. 추정적 승낙이 위법성을 조각할 수 있다는 점에는 견해가 일치하고 있으나 그 근거에 대하여는 견해가 대립한다.

6. 정당행위

(1) 의의

정당행위란 사회상규에 위배되지 아니하여 국가적·사회적으로 정당하다고 여겨지는 행위를 말한다. 즉 법공동체의 지배적인 법적확신이나 사회윤리에 비추어 일반적으로 승인된 가치 있는 행위를 의미한다. 형법은 법령에 의한 행위 또는 업무로 인한 행위 기타 사회상규에 위배되지 아니하는 행위는 벌하지 아니한다(제20조)고 하여 정당행위를 위법성조각사유로 규정하고 있다. 즉 형법은 "기타 사회상규에 위배되지 아니하는 행위"를 정당행위라고 하여 일반적이고 포괄적 성격을 띤 위법성조각사유를 인정하고 있다.

(2) 법령에 의한 행위

법령에 의한 행위란 법령에 근거하여 권리 또는 의무로서 행하는 행위뿐만 아니라 법령의 위임에 의한 구체적인 명령에 의한 행위를 포함한다. 법령에 의한 행위가 적법행위로서 위법성이 조각되려면 법령이 정한 요건과 절차에 부합하는 행위이어야 함은 당연하다.

1) 징계행위

법령에 근거한 징계행위는 위법성을 조각한나. 즉 객관적으로 징계사유가 있고 교육목적을 달성하기 위해 필요하고 적절한 정도이며, 주관적으로 교육의 목적을 갖고 행하여지면 위법성을 조각한다. 친권자·후견인의 자에 대한 징계행위, 학교장의 학생에 대한 징계행위, 소년원장의 수용소년에 대한 징계행위 등이 이에 속한다.

2) 현행범인체포행위

현행범인은 누구나 영장 없이 체포할 수 있으므로(형소법 제212조) 일반인이 현행범을 체포하는 하더라도 체포·감금행위의 위법성이 조각된다. 현행범체포행위가 위법성을 조각하는 것은 직접 체포에 필요한 행위, 즉 폭행·협박·감금 등에 제한되므로 이를 넘어서 타인의 주거에 침입하면 주거침입행위의 위법성은 조각되지 않는다.

3) 노동쟁의행위

노동쟁의행위는 헌법과 노동조합및노동관계조정법(노동조합법)에 의하여 인정된다. 따라서 노동조합법상의 파업, 태업, 직장폐쇄 등은 위법성이 조각된다. 노동쟁의행위가 위법성을 조각하기 위해서는 목적과 수단이 법에 의하여 허용된 한계 내의 것이어야 한다. 즉 근로자의 노동조건을 개선함으로써 경제적 · 사회적 지위를 향상시킬 목적이어야 하고, 그 수단은 태업 등이어야 하며, 파괴나 폭력행위는 위법성이 조각되지 않는다.

4) 기타 법령에 의한 행위

모자보건법에 의한 인공임신중절, 전염병예방법에 의한 의사 · 한의사의 신고행위, 한국마사회법에 의한 승마투표권 및 복권법상 인정된 복표의 발행행위 등이 있다.

(3) 업무로 인한 행위

업무로 인한 행위란 업무의 정상적인 수행을 위하여 필요한 행위를 말한다. 형법에 있어서 업무란 사람이 그의 사회생활상의 지위에 기하여 계속 · 반복의 의사로 행하는 사무를 말하며, 이러한 사무가 영리를 추구하는 것이면 영업이 되고 전문적인 활동의 수행이면 직업이 된다.

이러한 업무로 인한 행위, 즉 업무의 정당한 수행을 위하여 합목적적으로 요구되는 행위가 위법성이 조각되는 근거는 정당한 목적을 위한 상당한 수단으로서 사회 · 윤리적으로 허용된다는 점에 있다.

업무로 인한 행위에는 의사의 치료행위, 변호사 · 성직자의 업무행위 그리고 교사의 징계행위가 있다.

1) 치료행위

의사의 치료행위란 주관적으로 치료의 목적을 가지고 객관적으로 의술의 법칙에 따라 행하여진 신체의 침해행위를 말한다. 치료행위로서 행하여지는 한 의사면허의 유무는 범죄의 성립을 조각하는데 영향이 없다. 의사의 정상적인 치료행위가 범죄성립을 조각한다는 점에는 다툼이 없다. 다만 그 이유에 대하여는, 업무로 인한 행위로서 위법성이 조각된다는 설(통설 · 판례), 피해자의 승낙에 의한 행위로서 위법성이 조각된다는 설 그리고 치료는 상해(건강침해)가 아니므로 구성요건이 조각된다는 설이 대립한다. 생각건대 치료행위는 상해에는 해당하지만 피해자의 승낙에 의한 행위로서 위법성이 조각된다고 본다. 장기이식이나 조직검사와 같이 치료에 유사한 행위도 피해자의 승낙에 의한 행위로서 위법성이 조각된다.

2) 변호사 · 성직자의 업무행위

변호사의 변론은 정당한 업무행위이다. 따라서 변호사가 변론 중 타인의 명예를 훼손하거나 비밀을 누설하더라도 명예훼손죄나 업무상비밀누설죄는 성립하지 않는다. 성직자가 고해성사로 범인 또는 타인의 비밀을 알게 된 경우에 이를 고발하지 않거나 묵비하는 것은 업무로 인한 위법성이 조각된다.

그러나 종교지도자가 고발하지 않은 것에 그치지 아니하고 은신처마련, 도피자금의 제공 등 범인을 적극적으로 은익 · 도피하게 하는 행위는 정당한 업무행위의 범위를 벗어난 것으로 위법하다.

3) 교사의 징계행위

교사의 징계권은 친권자나 학교장과는 달리 법률상 허용된 권한이 아니므로 교사의 징계행위는 법령에 의한 행위가 아니다. 그러나 교육목적상 필요한 징계수단의 사용은 업무로 인한 행위에 해당하여 위법성이 조각된다. 교사의 징계행위로서 체벌이 허용되는가에 대하여 긍정설(다수설 · 판례)과 부정설이 대립하고 있다.

(4) 사회상규에 위배되지 아니하는 행위와 판례

사회상규에 위배되지 않는 행위는 행위가 법질서 전체의 정신에 비추어 실질적으로 위법하지 않으므로 사회통념상 정당화 되는 행위를 말한다. 즉 제20조는 사회상규가 위법성조각사유의 일반적 기준이 된다는 것을 명문화한 것이다.

사회상규는 공정하게 사유하는 평균인이 건전한 사회생활을 함에 있어서 옳다고 승인한 정상적인 행위규칙 또는 극히 정상적인 생활형태의 하나로서 역사적으로 생성된 사회질서를 의미한다고 한다. 즉 사회상규란 국가질서의 존엄성을 기초로 한 국민일반의 건전한 도덕적 인식을 말한다(판례).

사회상규에 위배되지 아니하는 행위에 대하여 판례는 법령상 징계권 없는 자의 징계행위도 주관적으로 교육의 목적에서 객관적으로 판단할 때 징계의 목적달성을 위해 필요하고도 적정한 경우로 인정된 때에는 사회상규에 위배되지 않는 행위로서 위법성이 조각된다고 하였다.

또한 상대방의 강제연행을 피하기 위해 팔꿈치를 뿌리치면서 가슴을 잡고 벽에 밀친 행위는 소극적인 저항으로서 사회상규에 위배되지 아니하며, 자기 또는 타인의 권리실 현을 위한 수단이 사회상규에 벗어나는 · 정도에 이르지 않는 경우에는 정당행위로서 위 법성이 조각된다고 한다. 그리고 분쟁이 있던 옆집 사람이 야간에 술에 만취된 채 시비 를 하며 거실로 들어오려 하므로 이를 제지하며 밀어내는 과정에서 2주 상해를 입힌 행 위는 정당행위에 해당한다고 하였다.

한편 술이 취해서 시비하려는 피해자를 피해서 문밖으로 나오려는 순간 피해자가 뒤 따라 나오며 피고인의 오른팔을 잡자, 피고인이 잡힌 팔을 빼기 위하여 뿌리친 행위는 불법적으로 붙잡힌 팔을 빼기 위한 본능적 방어행위로서 사회상규에 어긋나는 행위가 아니므로 이로 인하여 피해자가 사망하였다고 하더라도 폭행치사죄의 책임을 지울 수 없다는 것이다.

피해자가 양손으로 피고인의 넥타이를 잡고 늘어져 후경부피하출혈상을 입을 정도 로 목이 졸리게 된 피고인이 피해자를 떼어놓기 위하여 왼손으로 자신의 목 부근 넥타이 를 잡은 상태에서 오른손으로 피해자의 손을 잡아 비틀면서 서로 밀고 당기고 한 것은 목이 졸린 상태에서 벗어나기 위한 소극적인 저항행위에 불과하여 형법 제20조 소정의 정당행위에 해당하여 죄가 되지 아니한다.

피해자로부터 집요한 괴롭힘을 당한 피고인이 교수로 재직하고 있는 대학교의 강의 실 출입구에서 진로를 막아서면서 피고인을 물리적으로 저지하려 하자 극도로 흥분한 상태에서 그 행패에서 벗어나기 위하여 피해자의 팔을 뿌리쳐서 피해자가 상해를 입게 된 경우, 피고인의 행위는 피해자의 부당한 행패를 저지하기 위한 본능적인 소극적 방어 행위에 지나지 아니하여 사회통념상 허용될 만한 정도의 상당성의 있어 위법성이 없는 정당행위라고 봄이 상당하고, 이 장소가 위험한 계단이라거나 당시 주위에 피고인이 부 른 경찰관이 있었다 하여 달리 볼 것은 아니다.

III. 책임

1. 책임의 개념

책임은 구성요건에 해당하는 위법행위를 한 행위자에 대하여 가하여지는 비난가능성을 의미한다. 즉 행위자가 위법행위를 하지 않을 수 있었음에도 불구하고 불법을 결의하고 위법한 행위로 나아간 점에 대하여 가해지는 비난 내지 비난가능성이 책임이다. 책임은 일단 구성요건에 해당하는 행위의 위법성이 확정된 후에 비로소 제기되는 문제이므로, '책임 없는 불법은 있을 수 있으나 불법 없는 책임'은 생각할 수 없다.

한편 위법성은 법질서 전체의 입장에서 내려지는 행위에 대한 부정적 가치판단임에 반하여, 책임은 준법의식의 결여를 이유로 내려지는 행위자에 대한 부정적 가치판단으로서, 전자는 객관적 행위에 대한 가치판단임에 반하여 후자는 행위자에 대한 주관적 판단이다.

2. 범죄성립의 주관적 요건

법은 현실적으로 불가능을 요구할 수는 없다. 따라서 행위가 아무리 중대한 법익침해를 가져오더라도 행위자에게 그 행위에 관하여 비난할 수 없을 때에는 행위자를 처벌할 수 없다. 책임은 법의식의 결여를 이유로 한 행위자에 대한 비난가능성이므로 범죄성립요건 중 구성요건해당성이나 위법성과는 달리 주관적 요건이라고 할 수 있다.

형사책임은 법적 책임으로서 도덕적 또는 윤리적 책임과는 다르다. 즉 책임은 법을 기준으로 한 것이며 비난의 대상은 준법의식의 결여에 있다. 따라서 형사책임은 법의 기준에 의해 판단되며 확신범·양심범에 대하여도 원칙적으로 형사책임이 인정된다.

3. 책임능력의 의의와 본질

(1) 책임능력의 의의

책임능력은 행위자가 법의 의미내용을 이해하고 이에 근거하여 자신의 행위를 할 수 있는 능력을 말한다. 형법은 사물을 변별할 능력 또는 의사를 결정할 능력을 책임능력이라고 한다(제10조). 책임능력의 판정기준은 일차적으로 연령이고(제9조), 그 다음 심신장애 없는 상태에서의 사물변별능력과 의사결정능력(제10조·제11조)이다.

(2) 형법의 태도

형사미성년자와 농아자의 경우에는 생물학적 방법에 의하여 책임능력을 판단한다. 심신상실자와 심신미약자의 경우에는 심신장애(생물학적 요소)로 인한 사물판별능력 또는 의사결정능력(심리학적 요소)을 기준으로 하므로 혼합적 방법을 채용하고 있다(제10조 1항~2항)

4. 책임무능력자

(1) 형사미성년자

형사미성년자는 만 14세 되지 아니한 자를 말한다(제9조). 형법은 14세에 이르지 아니한 자에 대해서는 구체적인 발육상태를 묻지 않고 순수한 생물학적 기준에 의하여 일률적으로 책임무능력자로 본다. 14세미만 여부의 판정은 주민등록부와 같은 공적 기록에 의하되, 실제와 일치하지 않는 경우 증거에 의하여 확인되면 실제연령에 의한다.

형사미성년자에 대하여는 형벌은 물론 사회보호법상의 보안처분도 부과할 수 없으나, 소년법에 의한 보호처분은 가능하다. 즉 형벌법령에 저촉되는 행위를 한 12세이상 14세미만의 촉법소년과 그러한 행위를 할 우려가 있는 12세 이상의 우범소년에게는 보호처분이 가능하다(소년법 제4조 1항 2호·3호). 12세미만의 자에게는 어떠한 제재도 불가능하다.

소년법은 14세 이상의 소년에 대하여는 성인과 다른 특별취급을 하고 있다. 소년법에서 말하는 소년은 20세미만의 자를 말하는데, 20세미만은 범행시점이 아닌 재판시점을 기준으로 한다. 특별취급의 주요 내용은 부정기형의 선고(제60조 1항) 및 사형과 무기형의 완화(제59조)를 들 수 있다.

형사미성년자는 책임능력이 없으므로 책임이 조각되며, 따라서 형사미성년자의 행위는 벌하지 아니한다(제9조).

(2) 심신상실자

심신상실자는 심신장애로 인하여 사물을 변별할 능력이 없거나 의사를 결정할 능력이 없는 자를 말한다(제10조 1항). 즉 정신기능의 장애로 인하여 사물의 옳고 그름을 판별할 능력이 없거나, 그것을 변별하더라도 그에 따라 행위 할 수 있는 능력이 없는 자를 말한다. 심신상실상태는 계속적이든 일시적이든 불문한다.

심신상실의 판단기준은 범죄행위시이다. 형법 제10조에 규정된 심신장애의 유무 및 정도의 판단은 법률적 판단으로서 반드시 전문적 감정인의 의견에 기속되어야 하는 것은 아니고, 정신질환의 종류와 정도, 범행의 동기, 경위, 수단과 태양, 범행 전후의 피고인의 행동, 반성의 정도 등 여러 사정을 종합하여 법원이 독자적으로 판단할 수 있다(판례).

심신상실자도 책임능력이 없기 때문에 책임이 조각되며 따라서 벌하지 아니한다(제10조 1항). 다만 위험의 발생을 예견하고 자의로 심신상실상태를 야기한 자의 행위에는 이를 적용하지 아니한다(동조 3항). 심신상실자에 대하여 보안처분은 가능하며 사회보호법익에 의해 치료감호를 과할 수 있다(사회보호법 제8조).

(3) 한정책임능력

1) 심신미약자

심신미약자란 심신장애로 인하여 사물을 변별할 능력이 미약하거나 의사를 결정할 능력이 미약한 자를 말한다(제10조 2항). 즉 정신기능의 장애가 심신상실에 이를 정도는 아니지만 이로 인하여 사물의 옳고 그름을 판별할 능력이 미약하거나 이에 따라 행위를 할 수 있는 능력이 미약한 자를 말한다. 이러한 심신미약상태는 계속적이든 일시적이든 불문한다. 전자에는 정신박약아·알코올중독자 등이 해당하고, 후자에는 과음자 등이 해당한다.

심신미약자는 책임능력자이지만 규범에 따라 행위를 하는 것이 극히 곤란하기 때문에 책임이 감경될 뿐이므로 형이 감경된다(제10조 2항). 다만 위험의 발생을 예견하고 자의로 심신미약의 상태를 야기한 자의 행위에는 이를 적용하지 아니한다(동조 3항). 심신미약자에 대하여 보안처분은 가능하며 사회보호법에 의하여 치료감호가 과하여 질 수 있다(사회보호법 제8조).

2) 농아자

농아자란 농자인 동시에 아자인 자, 즉 청각 및 발음기능에 장애가 있는 자를 말한다. 이러한 기능장애가 선천적이든 후천적이든 불문한다. 농아자 역시 책임능력자이지만 그 능력이 미약한 것으로 보아 형을 감경한다(제11조).

5. 원인에 있어서 자유로운 행위

(1) 의의

원인에 있어서 자유로운 행위란 책임능력자가 스스로 일시적인 책임능력 결함상태(심신장애상태)를 야기하고 그 상태를 이용하여 범죄를 실현하는 것을 말한다. 예컨대 사람을 상해할 의도로 음주한 후 만취한 상태에서 사람에게 상해를 가하거나 자동차를 운전해야할 자가 음주한 후 취한 상태에서 운전하다가 상해를 입힌 경우가 그것이다.

책임원칙에 따르면 책임능력은 범죄행위시에 존재하여야(행위와 책임의 동시존재의 원칙) 하므로 책임원칙과의 관계에서 원인에 있어서 자유로운 행위를 처벌할 수 있는지가 문제된다. 과거에는 불가벌설도 있었으나 오늘날 가벌성에 의문을 제기하는 견해는 없으며, 형법은 가벌을 입법적으로 해결하였다(제10조 3항).

(2) 원인에 있어서 자유로운 행위의 유형

1) 고의에 의한 원인에 있어서 자유로운 행위

행위자가 심신장애상태에서 행할 구성요건실현행위에 대한 고의를 가지고 심신장애

상태를 스스로 야기한 경우를 말한다. 즉 책임능력결함상태의 야기와 구성 요건에 해당하는 행위의 실행에 대하여 모두 인식·예견이 있는 경우를 말하며, 행위자가 상해의 의사를 갖고 만취상태를 초래하여 그 상태에서 상해를 한 경우가 이에 해당한다.

2) 과실에 의한 원인에 있어서 자유로운 행위

행위자가 고의 또는 과실로 심신장애상태를 야기하고 이 상태에서의 특정한 구성요건의 실현을 예견할 수 있었던 경우를 말한다. 즉 원인행위를 할 때 구성요건실현에 대한 인식·예견에 가능하였던 경우를 말하며,

예컨대 자동차의 운전자가 술을 마시고 그 상태에서 운전하다가 사고를 낸 경우 또는 술을 마시면 폭행의 습벽이 있는 자가 그 점을 생각지 않고 술을 마시고 그 상태에서 폭행한 경우이다.

(3) 형법의 태도(제10조 3항)

1) 원인에 있어서 자유로운 행위의 요건

위험발생을 예견하여야 한다. 위험발생의 예견이란 구성요건실현에 대한 인식과 의사, 즉 고의를 의미한다. 자의로 심신장애상태를 야기하여야 한다. 따라서 강요·기망·착오 등에 의하여 심신상태가 야기된 경우는 포함되지 않는다. 심신장애에는 심신상실과 심신미약이 포함된다. 실행행위가 있어야 한다. 고의범의 경우 적어도 실행의 착수가 있어야 하며, 과실범의 경우에는 구성요건의 결과가 발생하여야 한다. 원인행위와 심신장애 및 결과발생 사이에 인과관계가 있어야 한다. 인과관계가 없으면 예비 또는 미수로 처벌될 수 있을 뿐이다.

2) 원인에 있어서 자유로운 행위의 효과

심신상실 또는 심신미약의 상태에서 범죄를 범하였다고 하더라도 그것이 원인에 있어서 자유로운 행위라면 책임이 조각되거나 감경되지 않는다(제10조 3항). 즉 책임능력자와 동일하게 취급된다.

제3절 미수범

일반적으로 범죄의사가 범죄로 완성되기 까지는 결심→음모·예비→미수→기수→종료의 단계를 거치게 된다. 미수는 범죄실행의 착수가 이루어졌으나, 구성요건의 실현에 이르지 못한 경우를 말한다. 형법은 구성요건의 실현이 완성된 기수범에 대한 처벌을 원칙으로 하고, 미수범에 대해서는 규정이 있는 경우에 처벌하고 있다.

종료는 범죄에 대한 침해나 위험이 발생되어 범행이 종료된 단계를 의미한다. 종료는 형사소송법상 공소시효의 기산점의 나타내는 기준이 되며, 형법에서는 감금죄와 같은 계속범의 경우 범죄의 기수 이후에도 범죄가 종료되기까지는 공범으로 가담하는 것이 가능하게 된다.

현행형법에서는 중대한 범죄의 미수범에 대한 처벌이 가능하고, 기수와 동일하게 처벌하는 경우도 있으나, 기수보다 감경하는 경우가 일반적이다. 또한 형법은 미수범에 대하여 미수범, 중지범, 불능범의 순서로 규정하고 있다.

I. 장애미수

형법은 제25조에서 '미수범'이라고 규정하고 있는데 이는 장애미수를 의미한다. 장애미수는 행위자가 범죄의 실행에 착수하여, 행위를 종료하지 못했거나 결과의 발생이 미완성인 경우이다. 장애미수는 고의의 주관적 요건과 범죄실행의 착수와 범죄의 미완성이라는 객관적 요건으로 성립한다. 장애미수범은 법률에 특별한 규정이 있는 경우에 처벌하며, 처벌하는 경우에도 기수범의 형보다 감경할 수 있다.

II. 중지미수

중지미수는 고의를 가지고 범죄의 실행에 착수한 행위자가 스스로 범죄의 완성 전에 실행행위를 중지하거나, 구성요건의 결과발생을 방지한 경우를 말한다. 형법은 행위자가 스스로 범죄를 중단하였다는 점을 감안하여 중지미수에 대하여는 형의 필요적 감면사유로 인정하여 형을 감경 또는 면제하며, 임의적 감경사유인 장애미수나 임의적 감면사유인 불능미수와 차별하여 관대하게 처벌한다.

중지미수의 성립요건에는 고의와 실행의 착수, 자의에 의한 실행행위의 중단 또는 결과발생의 방지가 필요하다.

III. 불능미수

불능미수는 행위자가 범죄의 실행에 착수하였으나 행위의 수단 또는 행위대상의 성질로 인하여 범죄결과의 실현은 불가능하지만, 결과발생의 위험성이 인정되어 처벌하는 범죄를 말한다. 불능미수는 결과발생이라는 위험성 때문에 처벌하므로, 결과발생의 위험성이 불인정되는 불능범과 구별된다.

불능미수는 결과의 발생이 불가능함에도 가능한 것으로 잘못 생각한 경우이므로 반전된 구성요건착오에 해당하고, 반전된 금지착오에 해당하는 환각범과 구별된다.

불능미수는 고의에 의한 실행의 착수가 있고, 실행의 수단 또는 대상의 착오로 결과발생이 불가능한 경우를 그 요건으로 한다. 불능미수에 대해서는 형을 감경 또는 면제할 수 있다.

제4절 형벌의 종류

I. 형벌의 종류

현행형법에서 형벌의 종류는 형법 제41조에 규정된 사형, 징역, 금고, 자격상실, 자격 정지, 벌금, 구류, 과료, 몰수의 9종이 있다. 형벌은 박탈되는 법익에 따라 생명형(사형), 자유형(징역·금고·구류), 명예형(자격상실·자격정지), 재산형(벌금·과료·몰수)으 로 나누어진다. 또한 다른 형벌과 관계없이 독자적으로 부과되느냐, 즉 부가 여부에 따 라 부가형(몰수)과 주형(몰수이외의 모든 형)으로 나누어진다.

II. 사형

1. 의의

사형은 수형자의 생명을 박탈하는 형벌로서 생명형이라고도 하며, 형법에 규정된 형 벌 중 가장 중한 형벌이므로 극형이라고도 한다. 사형은 사형장 내에서 교수하여 집행하 며(제66조), 군형법(제3조)은 총살형을 인정한다.

2. 사형존폐론

사형은 단 하나밖에 없는 생명에 대한 처벌로 한번 침해되면 회복이 불가능한 생명 을 국가가 형벌이라는 이름으로 침해하는 것이므로, 사형의 존폐에 대하여 많은 논란이 있다.

(1) 사형폐지론

사형폐지론은 '베까리아'가 '범죄와 형벌'이라는 책에서 사회계약설을 근거로 주장한 이래 많은 학자들이 주장하고 있다. 사형폐지론의 주된 논거는 사형은 야만적이고 잔혹하다는 점, 사형에는 범죄억제력이 별로 없다는 점, 사형은 범죄인의 개선·교육이라는 형벌목적에 어긋난다는 점, 오판의 경우 그 구제가 불가능하다는 점 등을 들고 있다.

(2) 사형존치론

사형존치론의 근거는 살인범 등 극악한 자들의 생명을 박탈하여야 한다는 것은 국민의 법에 대한 일반적인 감정이라는 점, 범죄인도 생명에 대한 애착이 있기 때문에 사형에는 범죄억제력이 있다는 점, 극악한 자들은 사회에서 영원히 격리하여야 한다는 점 등을 들고 있다.

(3) 판례

판례는 인도적·종교적 견지에서 존귀한 생명을 박탈하는 사형은 피해야 할 제도이기는 하지만, 범죄로 인해 침해되는 다른 존귀한 생명을 외면할 수 없고, 사회공공의 안녕과 질서를 위하여 생명형의 존치를 이해하지 못할 바는 아니며, 이것은 바로 그 나라의 실정법에 나타나는 국민의 총의라고 파악할 수 있으므로 사형은 위헌이 아니라고 한다.

나아가 사형을 선택할 때에는 범행동기·양태·죄질·범행수단·잔악성·결과의 중대성·피해자의 수·피해감정·범인의 연령·전과·범행 후의 정황 등 제반사정을 참작하여 범죄가 심히 중대하고 형벌의 균형이나 범죄의 일반예방효과에서도 불가피하다고 인정되는 경우로 제한된다고 한다.

Ⅲ. 자유형

1. 의의

자유형은 수형자의 신체의 자유를 박탈하는 형벌로서 징역·금고·구류의 3종이 있다. 자유형은 근대적 형벌제도의 가장 중요한 것으로 일정한 수용시설(교도소)에 범죄인을 구금하는 형벌이다. 그러나 오늘날 교도소는 범죄인을 개선·교육시키는 효과도 있지만, 오히려 개악시키는 점이 지적되면서 단기자유형을 폐지하여야 한다는 주장이 강해지고 있다. 또한 징역과 금고의 구별도 실질적으로는 무의미하므로 자유형의 단일화를 주장하는 입장도 제기되고 있다.

2. 징역

징역은 수형자를 교도소 구내에 수용하여 징역에 복무하게 하는 형벌로서(제67조) 자유형 중 가장 중한 형벌이다. 징역에는 무기와 유기의 2종이 있는데, 무기는 기간의 제한이 없으므로 종신형의 성격을 가지며, 유기는 1월 이상 30년 이하이지만, 형을 가중할 때에는 최대 50년까지 선고할 수 있다(제42조).

3. 금고

금고는 수형자를 교도소 구내에 구치하는 점에서는 징역과 동일하나 정역에 복무하지 않는 점에서 상이하다. 과거 노동을 천시하던 시대에 정치범·과실범 등에게는 노동의무를 부과하지 않고 자유만을 박탈하는 금고가 의미가 있었으나, 오늘날에는 사실상 그 의미가 없어졌다. 또한 금고를 선고받은 자도 본인이 신청하면 작업을 행할 수 있다(행형법 제38조). 금고에도 무기와 유기가 있고 그 형기도 징역과 같다.

4. 구류

구류도 수형자를 교도소에 구치하는 점에서 징역과 동일하다. 다만 기간이 1일 이상 30일 미만이고, 정역에 복무하지 않는다는 점이 다를 뿐이다(제46조).

Ⅳ. 명예형

1. 의의

명예형은 수형자의 명예나 자격을 박탈하는 형벌로서 자격형이라고도 한다. 명예형에는 자격상실과 자격정지가 있다.

2. 자격상실

자격상실은 일정한 형의 선고가 있으면 그 효력으로서 당연히 수형자의 일정한 자격이 상실되는 형벌이다. 즉 자격상실은 보통의 형벌처럼 '피고인을 ?년의 자격상실에 처한다.'라는 형태로 선고되는 것이 아니고, 사형, 무기징역 또는 무기금고의 판결이 선고되면 당연히 일정한 자격이 상실된다. 따라서 자격상실은 일종의 부가형적인 성격을 갖고 있다.

상실되는 자격으로는 공무원이 되는 자격, 공법상 선거권과 피선거권, 법률로 요건을 정한 공법상의 업무에 관한 자격, 법인의 이사, 감사 또는 지배인 기타 법인의 업무에 관한 검사역이나 재산관리인이 되는 자격이다(제43조 1항).

3. 자격정지

(1) 자격정지

자격정지란 수형자의 일정한 자격을 기간 동안 정지시키는 형벌로서, 이에는 일정한 형을 선고받으면 당연히 일정한 자격이 정지되는 것(당연정지)과 자격정지형의 선고에 의하여 자격이 정지되는 것(선고정지)이 있다.

(2) 당연정지

당연정지란 유기징역 또는 유기금고의 판결을 받은 자에게 그 형의 집행이 종료되거나 면제될 때까지 일정한 자격이 당연히 정지되는 것을 말한다(제43조 2항).

(3) 선고정지

선고정지란 자격정지형의 선고에 의하여 일정한 자격이 정지되는 경우로서 그 기간은 1년 이상 15년 이하이다.(제44조 1항). 이 경우에 단독으로 과할 수도 있고 유기징역 또는 유기금고에 병과를 할 수도 있는데, 병과한 때에는 징역 또는 금고의 집행을 종료하거나 면제된 날로부터 정지기간을 기산한다(제44조 2항).

V. 재산형

1. 의의

재산형은 수형자로부터 일정한 재산을 박탈하는 형벌로서 이에는 벌금 · 과료 · 몰수가 있다. 19세기까지는 자유형이 형벌의 주된 지위를 차지하고 있었으나 자유형의 폐해가 인식되고 사회 · 경제조직의 발달과 전문화에 수반하여 행정목적의 단속법규가 증가하고 있으며 법인에 대한 처벌의 필요성이 높아짐에 따라 오늘날에 있어서는 자유형에 대신하여 오히려 재산형이 많이 활용되고 있어 재산형의 중요성이 날로 증대되고 있다. 그리하여 오늘날 재산형은 단순히 자유형의 대체수단에 그치는 것이 아니라 자유형과 더불어 가장 중요한 형벌이 되었을 뿐만 아니라 오히려 자유형을 능가하여 사용되고 있는 실정이다.

2. 벌금

벌금은 수형자에게 일정한 금액의 납부의무를 강제적으로 부담하게 하는 형벌로서 재산형 중 가장 중한 형벌이다. 벌금은 5만원 이상으로 하며(제45조 본문) 그 상한에는 제한이 없다. 다만 벌금을 감경하는 경우에는 5만원 이하로 할 수 있다(동조 단서). 벌금은 판결확정일로부터 30일 이내에 납입하여야 하며(제69조 1항), 선고와 동시에 그 금액을 완납할 때까지 노역장에 유치할 것을 명할 수 있다(동항 단서). 벌금을 납입하지 아니한 자는 1일 이상 3년 이하의 기간 동안 노역장에 유치하여 작업에 복무하게 한다(제69조 2항).

따라서 벌금을 선고할 때에는 납입하지 아니하는 경우의 유치기간을 정하여 동시에 선고하여야 하며(제70조), 벌금이 일부를 납입한 대에는 벌금액과 유치기간의 일수에 비례하여 납입금액에 상당한 일수를 제한다(제71조). 벌금에 대하여 선고유예는 가능하지민(제59조 1항), 집행유예는 불가능하다(제62조 1항).

3. 과료

과료는 벌금과 동일한 재산형이지만 경미한 범죄에 대하여 과하여 지며 따라서 그 금액이 적다는 점에서 구별된다. 즉 과료는 2천원 이상 5만원 미만으로 한다(제47조). 과료는 판결확정일로부터 30일 이내에 납입하여야 하며(제69조 1항), 과료를 납입하지 아니한 자는 1일 이상 30일 미만의 기간 노역장에서 유치하여 작업에 복무하게 한다(동조 2항).

현행법상 법정형으로 과료가 규정된 범죄는 공연음란죄(제245조), 단순도박죄(제246조 제1항), 복표취득죄(제248조 제3항), 과실상해죄(제266조 제1항), 점유이탈물횡령죄(제360조)의 5개이다.

4. 몰수

몰수는 범죄행위와 관련한 재산을 박탈하여 국고에 귀속시키는 형벌로서 범죄에 의한 이익의 박탈을 목적으로 하는 것이다. 몰수는 원칙적으로 타형에 부가하여 과하는 부가형이지만(제49조), 행위자에게 유죄의 재판을 아니 할 때에도 몰수의 요건이 있는 때에는 몰수만을 선고할 수 있다(동조 단서). 몰수에는 몰수요건에 해당하면 반드시 몰수하여야 하는 필요적 몰수와 법관의 재량에 의하여 몰수 여부가 결정될 수 있는 임의적 몰수가 있는데, 필요적 몰수는 각칙에 규정되어 있으며(제134조, 제357조 3항) 제48조 제1항은 임의적 몰수를 규정하고 있다.

몰수의 대상물은 범죄행위에 제공하였거나 제공하려고 한 물건, 범죄행위로 인하여 생하였거나 이로 인하여 취득한 물건, 위의 대가로 취득한 물건이다(제48조 1항).

'범죄행위에 제공하였거나 제공하려고 한 물건'이란 범죄행위의 도구 또는 수단을 말한다. 예컨대 살인에 사용한 칼이나 독약 또는 도박자금으로 사용한 금전은 범죄행위에 제공한 물건이고, 살인하기 위하여 준비한 칼은 범죄행위에 제공하려고 한 물건이다.

"범죄행위로 인하여 생하였거나 이로 인하여 취득한 물건"이란 범죄의 산출물을 말한다. 예컨대 문서위조행위에 의해 작성한 위조문서와 같이 범죄행위로 인하여 새로이 나타난 물건이 범죄행위로 인하여 생한 물건이고, 절취한 물건이 범죄행위로 인하여 취득한 물건이다. 전 2호의 대가로 취득한 물건이란 예컨대, 장물을 매각하여 얻은 금전 등을 말한다.

몰수하기 위해서는 몰수대상물이 범인 이외의 자의 소유에 속하지 아니하거나 범죄 후 범인 이외의 자가 정을 알면서 취득한 것이어야 한다(제48조 1항).

"범인 이외의 자의 소유에 속하지 않는 물건"이란 범인의 소유에 속하는 물건은 물론 무주물 내지 소유자불명의 물건도 포함된다. 또 법률상 개인의 소유에 속할 수 없는 금제품(예컨대 아편)도 포함된다. 범인에는 공범도 포함되므로 공범의 소유에 속하는 물건도 몰수할 수 있다.

'범인 이외의 자가 정을 알면서 취득한 물건'은 취득 당시 제48조 제1항 각호에 해당된다는 사실을 알면서 취득한 물건을 말한다. 즉 범인 이외의 자의 소유에 속하는 물건일지라도, 그 자가 몰수대상물임을 알고 취득한 때에는 몰수할 수 있다.

　　몰수대상인 물건을 몰수하기 불능한 때에는 그 가액을 추징하고(제48조 2항) 문서, 도화, 전자기록 등 특수매체기록 또는 유가증권의 일부가 몰수에 해당하는 때에는 그 부분을 폐기한다(동조 3항).

　　추징은 몰수의 취지인 범죄에 의한 이익의 박탈을 관철하기 위한 것으로서 형은 아니지만 실질적인 의미에서 형에 준하여 평가되어야 한다. 몰수하기 불능한때라고 함은 몰수대상물이 소비·분실·선의취득 등으로 인하여 몰수할 수 없게 된 경우를 의미하며, 추징가액을 산정할 기준이 되는 시점은 재판을 선고하는 때이다.

제5절 개인적 법익에 대한 죄

Ⅰ. 생명·신체에 관한 죄

1. 살인죄

살인의 죄에는 보통살인죄와 특별구성에 따라 존속살해죄, 영아살해죄, 촉탁·승낙 살인죄, 자살교사·방조죄, 위계 등에 의한 살인죄가 있다.

2. 상해죄·폭행죄

상해의 죄에는 일반적인 상해죄와 특별구성요건에 따라 존속상해죄, 중상해죄, 존속 중상해죄, 특수상해죄, 상해치사죄, 존속상해치사죄가 있다.

3. 과실치사상의 죄

과실치사상의 죄에는 과실치사상죄, 업무상 과실치사상죄, 중과실치사상죄가 있다. 일반적으로 과실범에는 징역형의 형벌보다는 금고형이나 벌금·구류·과료형을 부과하는 것이 특징이다.

4. 낙태의 죄

낙태죄는 헌법재판소로부터 2019년 4월에 헌법불합치결정을 받아 2020년 12월 31일을 시한으로 형법에서 폐지된다.

5. 유기죄 · 학대죄

유기의 죄에는 유기죄와 특별구성요건에 따라 존속유기죄, 중유기죄, 존속중유기죄, 영아유기죄, 유기치사상죄, 존속유기치사상죄가 있다.

학대의 죄에는 학대죄와 특별구성요건에 따라 존속학대죄, 아동혹사죄, 학대치사상죄, 존속학대치사상죄가 있다.

II. 자유에 관한 죄

1. 체포 · 감금죄

체포 · 감금의 죄는 체포 · 감금죄와 특별구성요건에 따라 존속체포 · 감금죄, 중체포 · 감금죄, 존속중체포 · 감금죄, 특수체포 · 감금죄, 체포 · 감금치사상죄, 존속체포 · 감금 등 치사죄가 있다.

2. 협박죄

협박의 죄는 협박죄와 특별구성요건에 따라 존속협박죄, 특수협박죄가 있다.

3. 강요죄

강요의 죄는 강요죄와 특별구성요건에 따라 특수강요죄, 인질강요죄, 인질상해 · 치상죄, 인질상해 · 치사죄, 중강요죄가 있다.

해방감경규정에 따라 인질강요죄 또는 인질상해 · 치상죄를 범한 자 및 각 죄의 미수범이 인질을 안전한 장소로 풀어준 때에는 그 형을 감경할 수 있다.

4. 약취 · 유인 및 인신매매의 죄

여기에는 미성년자약취 · 유인죄를 기본으로 하고 특별구성요건에 따라 추행 등 목적 약취 · 유인죄, 인신매매죄, 약취 등 상해 · 치상죄, 약취 등 살인 · 치사죄, 피인취자수수 · 은닉 등 죄가 있다.

미성년자의 약취 · 유인죄, 추행 등 목적 약취 · 유인죄, 인신매매죄, 약취 · 유인 · 매매 · 이송 등 상해 · 치상죄, 약취 · 유인 · 매매 · 이송된 사람의 수수 · 은닉죄를 범한 사람이 약취 · 유인 · 매매 또는 이송된 사람을 안전한 장소로 풀어준 때에는 그 형을 감경할 수 있는데, 이를 해방감경규정이라고 한다.

5. 강간죄 · 강제추행죄

여기에는 강간죄와 강제추행죄를 기본으로 하고 특별구성요건에 따라 유사강간죄, 준강간 · 강제추행죄, 강간 등 상해 · 치상죄, 강간 등 살인 치사죄, 미성년자 등에 대한 간음 · 추행죄, 의제강간 · 강제추행죄, 업무상 위력 등에 의한 간음죄, 피구금자간음죄가 있다.

III. 명예·신용에 관한 죄

1. 명예에 대한 죄

여기에는 명예훼손죄를 기본으로 하고 특별구성요건에 따라 사자의 명예훼손죄, 출판물 등에 의한 명예훼손죄, 모욕죄가 있다.

2. 신용·업무와 경매·입찰방해죄

여기에는 신용훼손죄와 업무에 관한 죄로 업무방해죄와 컴퓨터 등 장애 업무방해죄가 있으며, 경매·입찰방해죄가 있다.

IV. 사생활평온에 관한 죄

1. 비밀침해죄

여기에는 비밀침해죄와 업무상 비밀누설죄가 있다.

2. 주거침입죄

여기에는 주거침입죄와 퇴거불응죄를 기본으로 하고 특별구성요건에 따라 특수주거침입죄, 주거·신체수색죄가 있다.

V. 재산적 법익에 대한 죄

1. 절도죄·강도죄

절도의 죄는 절도죄를 기본으로 하고 특별구성요건에 따라 야간주거침입절도죄, 특수절도죄, 자동차 등 불법사용죄가 있다.

강도의 죄는 강도죄를 기본으로 하고 특별구성요건에 따라 특수강도죄, 준강도죄, 인질강도죄, 강도강간죄, 해상강도죄, 강도상해·치상죄, 강도살인·치사죄가 있다.

2. 사기죄 · 공갈죄

사기의 죄는 사기죄를 기본으로 하고 특별구성요건에 따라 컴퓨터 등 사기죄, 준사기죄, 편의시설부정이용죄, 부당이득죄가 있다. 공갈의 죄는 공갈죄와 특수공갈죄가 있다.

3. 횡령죄 · 배임죄

횡령의 죄는 횡령죄를 기본으로 하고 특별구성요건에 따라 업무상 횡령죄, 점유이탈물횡령죄가 있다.

배임의 죄는 배임죄를 기본으로 하고 특별구성요건에 따라 업무상 배임죄, 배임수증죄가 있다.

4. 장물죄

장물의 죄는 장물취득죄, 장물양도죄, 장물운반죄, 장물보관죄와 앞의 각 행위를 알선한 장물알선죄가 있다. 업무자의 경우 형이 가중되는 업무상 과실장물취득 등 죄와 업무상 중과실장물취득 등의 죄가 있다.

5. 손괴죄

손괴의 죄는 재물손괴의 죄를 기본으로 하고 특별구성요건에 따라 중손괴죄와 특수손괴죄가 있으며, 특수구성요건에 따라 공익건조물파괴죄와 경계침범죄가 있다.

6. 권리행사방해죄

여기에는 권리행사방해죄를 기본으로 하고 특별구성요건에 따라 점유강취죄, 준점유강취죄, 중권리행사방해죄, 강제집행면탈죄가 있다.

제6절 사회적 법익에 대한 죄

I. 공공의 평온을 해치는 죄

1. 공안을 해치는 죄

여기에는 범죄단체 등 조직죄, 소요죄, 다중불해산죄, 전수공수계약불이행죄, 공무원자격사칭죄가 있다.

2. 폭발물의 죄

여기에는 폭발물사용죄로 일반폭발물사용죄와 전시폭발물사용죄가 있으며, 그리고 전시폭발물제조 등의 죄가 있다.

3. 방화와 실화죄

방화의 죄에는 현주건조물 등 방화죄, 공용건조물 등 방화죄, 일반건조물 등 방화죄, 일반물건방화죄가 있으며, 실화의 죄에는 실화죄, 업무상실화죄, 중실화죄가 있다.

4. 일수죄와 수리방해죄

여기에는 일수의 죄와 수리방해죄가 있는데, 특히 일수의 죄는 현조건조물 등 일수죄, 공용건조물 등 일수죄, 일반건조물 등 일수죄, 방수방해죄, 과실일수죄가 있다.

5. 교통방해죄

여기에는 일반교통방해죄와 특별구성요건에 따라 기차·선박 등 교통방해죄, 기차

전복 등 죄, 교통방해치사상죄, 과실일반교통방해 등 죄, 업무상 과실일반교통방해 등
죄, 중과실 일반교통방해 등 죄가 있다.

II. 공중의 건강에 대한 죄

1. 음용수에 대한 죄

여기에는 음용수사용방해죄와 특별구성요건에 따라 음용수유해물혼입죄, 수도음용
수사용방해죄, 음용수혼독치사상죄, 수도불통죄가 있다.

2. 아편에 대한 죄

여기에는 아편흡식 등 죄와 특별구성요건에 따라 아편흡식 등 장소제공죄, 아편제조
등 죄, 아편흡식기제조 등 죄, 세관공무원의 아편 등 수입·수입허용죄가 있다.

III. 공공의 신용에 대한 죄

1. 통화에 대한 죄

여기에는 통화위조 등 죄와 위조통화행사 등 죄가 있으며, 특별구성요건에 따라 위조
통화 등 취득죄, 위조통화 등 취득 후 지정행사죄, 통화유사물제조 등 죄가 있다.

2. 유가증권, 우표·인지에 대한 죄

여기에는 유가증권에 대한 죄로 유가증권의 위조 등 죄, 유가증권의 자격모용작성죄,

허위유가증권작성 등 죄, 위조유가증권행사 등 죄가 있다.

그리고 인지·우편에 대한 죄로 인지·우표위조 등 죄와 위조인지·우표의 행사 등 죄가 있으며, 특별구성요건에 따라 소인말소죄와 인지·우표 유사물제조 등 죄가 있다.

3. 문서에 대한 죄

여기에는 문서 등 위조·변조죄, 문서 등 허위작성죄, 위조문서 등 행사죄, 문서 등 부정행사죄, 전자기록 등 위작·변작죄가 있다.

4. 인장에 대한 죄

여기에는 인장 등 위조·부정사용죄, 위조인장 등 행사죄가 있다.

Ⅳ. 사회도덕에 대한 죄

1. 성풍속죄

여기에는 음행매개죄, 음란물죄, 공연음란죄가 있다.

2. 도박·복표에 대한 죄

여기에는 도박에 관한 죄와 복표발매 등 죄가 있다.

3. 신앙에 대한 죄

여기에는 장례식 등 방해죄와 사체에 관한 죄가 있는데, 사체에 관한 죄는 사체 등 오욕죄, 분묘발굴죄, 사체 등 영득 등 죄, 변사체검시방해죄가 있다.

제7절　국가적 법익에 대한 죄

Ⅰ. 국가의 존립에 대한 죄

1. 내란죄

여기에는 내란죄와 내란목적살인죄가 있다.

2. 외환죄

여기에는 외환유치죄, 여적죄, 이적죄, 간첩죄, 전시군수계약불이행죄가 있다.

3. 국기에 대한 죄

여기에는 국기 · 국장모독죄와 국기 · 국장비방죄가 있다.

4. 국교에 대한 죄

여기에는 외국원수에 대한 폭행 등 죄, 외국사절에 대한 폭행 등 죄, 외국국기 · 국장모독죄, 외국에 대한 사전죄, 중립명령위반죄, 외교상 기밀의 누설 등 죄가 있다.

Ⅱ. 국가의 기능에 대한 죄

1. 공무원의 직무에 관한 죄

공무원의 직무에 관한 죄에는 크게 구별하면 직무유기의 죄, 직권남용의 죄, 뇌물죄가 있다. 직무유기의 죄에는 직무유기죄, 피의사실공표죄, 공무상비밀누설죄가 있으며, 직권남용의 죄에는 직권남용죄와 불법체포·감금죄, 폭행·가혹행위의 죄, 선거방해죄가 있다. 뇌물죄에는 수뢰죄와 증뢰죄가 있다.

2. 공무방해에 관한 죄

여기에는 공무집행방해죄를 기본으로 하고 특별 구성요건에 따라 직무·사직강요죄, 위계에 의한 공무집행방해죄, 법정·국회회의장모욕죄, 인권옹호직무방해죄, 공무상 비밀표시무효죄, 공무상 비밀침해죄, 부동산강제집행효용침해죄, 공용물 무효 등 죄, 특수공무방해죄, 특수공무방해치·사상죄가 있다.

3. 도주죄·범인은닉죄

여기에는 도주의 죄와 범인은닉·도피죄가 있다. 도주의 죄에는 도주죄와 도주원조죄가 있으며, 범인은닉·도피죄에는 범인은닉죄와 범인도피죄가 있다.

4. 위증죄·증거인멸죄

위증의 죄에는 위증죄와 특별구성요건에 따라 모해위증죄, 허위감정·통역·번역죄가 있다. 증거인멸의 죄에는 증거인멸 등 죄와 특별구성요건에 따라 증인은닉·도피죄, 모해증거인멸 등 죄, 모해증인은닉·도피죄가 있다.

5. 무고죄

무고죄는 타인에게 형사처분 또는 징계처분을 받게 할 목적으로 공무소 또는 공무원에 대하여 허위의 사실을 신고하는 경우에 성립하는 범죄이다.

그러므로 수사기관이나 징계처분권자인 소속기관장 등에게 신고한 내용이 위법성조
각사유나 책임조각사유에 해당되는 점을 알면서도 이를 숨기고 신고한 경우는 허위의
사실을 신고한 것에 해당한다.

제 5 장

형사소송법

제1절 형사소송법과 지도이념

I. 형사소송법의 의의와 적용범위

1. 형사소송법의 의의

형사소송법은 수사와 공판, 그리고 형의 집행 등 형법을 적용하고 실현하기 위하여 형사절차(수사절차·공판절차·형집행절차)에 대하여 규정하고 있는 법률을 의미한다. 사실 형법은 어떤 행위가 범죄로 되며 그 범죄에 따른 법적인 효과로 어떤 형벌과 보안처분을 부과할 지를 규정하고 있는 법이다.

반면 형사소송법은 형법을 적용하고 실현하기 위하여 법적인 형사절차를 규정하여 형벌권을 실현하기 위한 법률체계를 말한다. 따라서 형사소송법이 없는 형법은 그 존재가치를 찾을 수 없는 것이라 하겠다.

형법과 형사소송법을 합하여 형사사법이라 부르기도 한다. 형법은 형사사법에 의한 정의를 확보하기 위한 법률에 해당되는 반면, 형사소송법은 형사사법에 있어서의 정의를 실현하기 위한 법률에 해당된다.

형사사법의 정의를 실현하기 위하여 형법과 형사소송법을 통하여 국가형벌권을 행사하게 되면 필연적으로 국민의 인권침해가 수반된다. 그러므로 형법의 적용이라는 공익과 형사절차의 진행에 따른 개인의 인권침해에 대한 합리적 조정을 위하여 형사절차에 대해서는 엄격하게 법률에 따른 규정이 요구되는데 이를 형사절차법정주의라고 한다.

한편 헌법 제12조 1항도 '누구든지 법률에 의하지 아니하고는 체포·구속·압수·수색 또는 심문을 받지 아니하며, 법률과 적법절차에 의하지 아니하고는 처벌·보안처분 또는 강제노역을 받지 아니한다.'고 규정하여 형사절차에 대한 헌법적 근거를 제시하고 있다.

형사법 가운데 형법은 정적인 법률관계에 관한 실체법이고 형사소송법은 동적·발전적 법률관계라 할 수 있는 절차법이다. 그러므로 형법은 윤리적 성격이 강한 반면, 형사소송법은 절차를 진행하는 기술적 색채가 조문에서 뚜렷하게 나타나는 점이 상호 구별된다.

형사절차법정주의에 의하여 형사소송법의 법원은 법률로 제한되는 것이 타당하므로 형사소송법이 가장 중요한 법원이라 할 수 있다. 형사소송법 이외에도 형사절차에 관하여 규정하고 있는 주요한 법원으로 헌법, 대법원규칙, 법무부령 등이 있다.

2. 형사소송법의 적용범위

형사소송법의 적용범위와 관련하여서는 장소, 사람, 시간적 적용범위에 대한 제한이 있다. 이런 원칙에 대한 예외적 적용으로 우선 장소적 적용범위에 대해서는 대한민국 영역 내라 할지라도 국제법상의 치외법역에는 적용이 배제되며, 인적 적용범위와 관련하여서는 국내법상과 국제법상의 예외가 존재한다. 그리고 시간적 적용범위와 관련하여서는 법률의 변경에 다른 신·구법의 적용에 대한 혼합주의원칙을 채택하고 있으며, 소급효금지의 원칙은 형사소송법에는 그 적용이 배제되는 것이 일반적이다.

II. 형사소송법의 지도이념

1. 형사소송의 목적과 이념

형사소송법은 형법에서 규정하고 있는 범죄와 형벌의 구체적 실현을 위한 자세한 절차에 대하여 규정하고 있는 법이다. 또한 사건의 진상과 범죄혐의를 최종적으로 판결을 통하여 사건의 실체적 진실을 밝히는 것을 최고의 목적으로 하는 절차법에 해당된다.

형사소송법이 추구하는 목적과 최고의 이념은 우선 실체적 진실의 발견이라 하겠다. 그러나 실체적 진실을 명확하게 밝히는 것도 중요하지만 그 과정에서 너무 진실을 밝히는데 주력한 나머지 피의자와 피고인의 인권을 침해하여서는 아니 된다. 그러므로 실체적 진실의 발견도 적정한 절차에 따라 신속하게 진행될 필요성이 있는 것이다.

결국 형사소송법의 목적과 이념은 실체적 진실의 발견, 적정절차의 원리. 신속한 재판의 진행에 있다고 할 것이다. 이 세 가지의 이념은 서로 일치하는 경우도 있지만, 경우에 따라서는 상호 충돌할 수 있는 긴장관계나 모순관계에 놓이게 되므로 어떻게 조화를 이룰 것인지가 문제된다. 가령, 최고의 이념이라 할 수 있는 실체적 진실주의를 너무 강조하다보면 나머지 두 이념이 후퇴할 수 있으며, 그 반대의 경우도 마찬가지의 결과를 초래할 수 있다.

2. 실체적 진실주의

실체적 진실주의는 형사소송에 있어 사안의 진상과 실체를 명확히 하여 사건의 실체와 객관적 진실이 무엇인지 확실하게 밝히자는 소송법상의 원칙을 말한다. 실체적 진실의 발견은 형벌권의 정당한 실현을 통하여 정의를 확보하기 위한 전제가 되어야 하므로 형사소송의 가장 중요한 목표 내지 이념이라 할 수 있다.

실체적 진실주의의 유형에는 적극적 실체진실주의와 소극적 실체진실주의가 있다. 전자는 범죄의 사안을 명백히 밝혀 죄를 저지른 사람을 반드시 색출하여 처벌하자는 입장이며, 후자는 '열 사람의 범인을 놓치는 한이 있더라도 한 사람의 무고한 사람을 처벌받게 해서는 아니 된다.'거나 '의심스러운 때는 피고인의 이익으로'라는 점을 강조하는 입장이다.

이 원칙의 내용에는 법원의 직권에 의한 증거조사, 증거재판주의, 자유심증주의, 상소제도, 재심제도 등이 있다.

3. 적정절차의 원리

형사소송법은 헌법이 보장하고 있는 국민의 기본권을 침해하는 경우가 많으므로, 헌법정신과 법치주의에 근거하여 형벌권이 절차에 따라 공정하게 실현되어야 한다는 원칙이다.

헌법은 제12조 1항에서 '누구든지 법률에 의하지 아니하고는 체포 · 구속 · 압수 · 수색 또는 심문을 받지 아니하며, 법률과 적법한 절차에 의하지 아니하고는 처벌 · 보안처분 또는 강제노역을 받지 아니한다.'라고 하여 적정절차의 원칙에 일반조항을 규정하고 있다. 헌법의 여러 조항은 형사절차에서 문제되는 피고인과 피의자의 기본권을 규정하고 있으며, 이는 형사소송의 헌법근거로서 형사소송에 있어 역할을 수행하는 근거가 되고 있다.

적정절차의 내용에는 공정한 재판의 원칙, 피고인보호의 원칙 등이 있다.

4. 신속한 재판원칙

신속한 재판의 원칙은 형사소송에 있어 주로 피고인의 이익과 소송경제를 위하여 재판이 신속하게 진행되어야 원칙을 말한다. 헌법 제27조 3항에서도 형사소송에서 신속한 재판을 받을 권리를 형사피고인의 기본권으로 규정하고 있다. 신속한 재판의 원칙은 영국의 대헌장에서 비롯되었으며, 미국헌법에도 규정되어 있다 .

신속한 재판은 피고인의 기본권보호와 공익의 증진에 중점이 있으며, 이를 통하여 실체적 진실을 밝히고 소송경제와 재판에 대한 신뢰를 도모하는데 그 의미가 있다. 신속한 재판을 위한 제도에는 검사의 수사권과 수사지휘권 등 수사절차의 신속과 공소장부본의 송달, 공판기일 전의 증거조사, 궐석재판제도, 집중심리주의, 재판장의 소송지휘권 등 공판절차의 신속을 위한 여러 제도들이 있다.

Ⅲ. 형사소송의 구조

형사소송을 위해서는 각 소송주체의 활동이 필요한데 누가 소송주체가 되며, 소송주체 상호간의 관계를 어떻게 설정할 것인지의 문제를 형사소송의 구조라고 한다. 형사소송의 지도이념을 원활하게 달성하기 위해서는 소송의 구조가 적절하게 마련되어야 한다.

소송구조에는 법원이 절차를 주도하여 심리하고 재판하는 규문주의 소송구조와 재판기관과 소추기관이 상호 분리되어 재판이 진행되는 탄핵주의 소송구조로 구분되는데, 우리나라 소송구조는 탄핵주의소송구조를 취하고 있다.

한편 탄핵주의 소송구조는 다시 소송의 주도권을 누가 담당하느냐에 따라 대륙법계의 직권주의와 영미법계의 당사자주의로 구분된다.

당사자주의는 형사소송에서 당사자인 검사와 피고인에게 변론과 소송의 주도권을 부여하는 입장이며, 직권주의는 법원이 직권으로 증거를 수집하는 등 소송의 주도권을 행사하는 입장을 취하는 소송구조이다. 우리나라는 소송에서 당사자주의와 직권주의의 요소를 절충하여 양쪽의 조화를 도모하고 있다.

제2절 형사소송의 절차

Ⅰ. 형사소송의 주체

1. 형사소송의 3주체

형사소송의 수행을 위해서는 단계마다 절차에 관여하는 소송주체의 활동이 필요한데 소송에서 상대방의 관계에 놓여 있는 주체를 당사자라 하고 소송을 지휘하고 주도하는 주체를 법원이라 하는데 이들 3주체를 형사소송의 주체라고 한다. 형사소송의 주체 가운데 심판관의 지위에 있는 법원을 제외한 나머지 피고인과 검사를 당사자라고 부른다.

소송의 주체는 소송절차에 필요한 인적 구성요소이며, 소송법상 일정한 권한을 행사한다. 소송의 주체를 도와주는 보조자에는 피고인 · 피의자의 보조자인 변호인과 피고인의 보조자인 대리인이 있다. 검사와 사법경찰관은 수사, 공소제기 및 공소유지에 관하여 서로 협력하는 관계로 되었다.

특히 소송당사자와 보조자를 합하여 '소송관계인'이라 하는데 이는 증인 · 고소인 · 고발인 등 소송에 관여하는 '소송관여자'와는 구별된다.

2. 법원

(1) 법원의 종류

법원은 소송을 심리하여 재판하는 등 사법권을 행사하는 국가기관으로 국법상 의미의 법원과 소송법상 의미의 법원으로 구별된다. 국법상 의미의법원은 법원조직법에서 말하는 법원으로 최고법원인 대법원과 하급법원인 고등법원과 특허법원, 지방법원, 가정법원 및 행정법원이 있다.

특히 소송법상 의미의 법원은 개개의 사건을 재판하는 기관으로 합의부와 단독판사 (단독심)로 구분된다.

(2) 제척·기피·회피

재판은 공정해야 국민의 신뢰를 얻는다. 공정한 재판은 공평한 법원으로부터 시작되므로, 공평한 법원의 구성을 구체적으로 보장하기 위한 제도가 바로 제척·기피·회피제도이다.

'제척'은 구체적 사건의 재판에서 법원이 불공평한 재판을 할 우려가 매우 큰 유형을 법률로 규정하여 그 사유가 존재하는 경우에 당해 법관을 직무집행에서 배제하는 제도이다. 형사소송법 제17조는 제척의 원인으로 법관이 피해자인 때, 법관이 피고인 또는 피해자와 개인적으로 밀접한 관련이 있는 때, 법관이 이미 당해 사건에 관여하였을 때의 세 가지 유형으로 규정하고 있다.

'기피'는 법관이 형사소송법 제17조의 제척사유가 존재함에도 재판에 관여하거나 기타 불공평한 재판을 할 염려가 있는 때에 당사자의 신청으로 당해 법관을 직무집행에서 배제시키는 제도이다. 기피사유는 제척사유에 추가하여 법관이 불공평한 재판을 할 염려가 있을 때이다.

'회피'는 법관이 구체적사건의 재판에서 스스로 기피의 원인이 있다고 판단한 때에 그 직무집행에서 자발적으로 탈퇴하는 제도이다.

(3) 국민의 형사재판참여에 관한 법률

2008. 1. 1.부터 국민의 형사재판 참여에 관한 법률에 의하여 국민참여재판이 시행되고 있다. 국민참여재판은 국민 가운데 선정된 배심원이 형사재판에 참여하여사실인정과 형의 양정에 관한 의견의 제시를 통하여 국민의 신뢰와 사법의 민주적 정당성을 도모하기 위한 제도이다.

동 법률에 따르면 국민참여재판에 참여하는 배심원은 만20세 이상의 대한민국 국민 중에서 무작위로 선정된다. 배심원이 참여하는 국민참여재판의 대상사은 중죄사건으로 대부분의 합의부관할 사건이다.

법원은 배심원의 의결에 구속되는 것은 아니므로 배심원의 결정과 다른 판결을 선고할 수 있다. 국민참여재판은 피고인이 희망한 경우에 가능하므로, 피고인이 국민참여재판을 원하지 않거나 법원의 배제결정이 있는 경우에는 국민참여재판의 진행이 불가능하며, 국민참여재판은 필요적 변호사건에 해당한다. 피고인은 공소장부분을 송달받은 다음 날부터 7일 이내에 국민참여재판의 희망여부가 기재된 서면을 제출하여야 한다. 법원은 공소제기 후부터 공판준비기일이 종결된 다음 날까지 동법 제9조 1항의 4가지 사유를 검토하여 국민참여재판을 하지 않기로 결정할 수 있다.

3. 검사

검사는 범죄수사와 공소제기, 공소유지, 재판의 집행 등 광범위한 권한을 행사하는 법무부 소속 단독제의 관청인 국가기관을 말하며, 형사사법절차에 관여하므로 준사법기관이라고도 한다.

특히 검사는 수사와 공소권의 주체로서 수사지휘권과 수사종결권을 가진다. 검사의 사무를 총괄하는 국가기관에는 검찰청이 있으며, 검찰청에는 대검찰청·고등검찰청·지방검찰청이 있고 특히 지방검찰청에는 지청을 둘 수 있다. 검사는 검찰총장의 지휘·감독아래 피라미드형의 전국적으로 유기적인 통일체를 형성하고 있다. 이는 검찰권행사에서 균형을 잡아 검찰권을 공정하게 행사하려는 것이 주된 목적이다.

4. 피고인

피고인은 수사가 종결되어 검사에 의하여 최종적으로 공소가 제기된 자이거나 기소강제절차에 의하여 공소가 제기된 자로 취급된 자를 말한다. 따라서 피고인은 수사절차의 지위에 놓여 수사를 받고 있는 피의자와 구별되며, 재판의 결과에 따라 유죄판결이 확정되어 형을 부여받은 수형자와 구별된다. 일반적으로 피고인은 공소장에 기재되어 있는 자이므로 공소장에는 피고인을 특정할 수 있는 사항을 기재하여야 한다.

이와 관련하여 타인의 성명을 차명하여 공소가 제기된 경우와 공판정에 타인을 대리하여 위장으로 출석하여 재판을 받은 경우, 이를 어떻게 처리할 것인지의 문제가 있다.

5. 변호인

변호인은 법률전문가로 법률에 대하여 잘 알지 못하는 피의자와 피고인의 방어력을 지원해주는 소송의 보조자를 말한다. 변호인은 소송의 주체가 아니고 무기평등의 원칙을 실현하기 위한 보조자이다.

소송절차에서 변호인의 선임은 사선변호인과 국선변호인으로 구분된다. 고유의 변호인 선임권자는 피고인 또는 피의자이며, 이들은 언제든지 변호인의 선임이 가능하다. 변호인의 수는 제한이 없으며, 소송지연을 방지하기 위해서 대표변호인제도가 있다. 변호인선임의 효과는 그 심급에 한하여 미치며, 변호인의 선임은 심급마다 선임하는 것이 원칙이다. 다만 공소제기 전의 변호인선임은 제1심에서도 효력이 있다.

형사소송법은 제33조에서 '**국선변호인제도**'에 대하여 규정하고 있는데 국선변호인의 선임사유는 피고인이 구속된 때, 미성년자인 때, 70세 이상인 때, 농아자인 때, 심신장애의 의심이 있는 때, 피고인이 사형·무기 또는 단기 3년 이상의 징역이나 금고에 해당하는 사건으로 기소된 때에 변호인이 없는 경우에 법원은 직권으로 변호인을 선정하여야 한다. 그리고 법원은 당사자의 신청이 있는 경우에는 빈곤 그 밖의 사유에 대해서도 변호인의 선정이 가능하다.

II. 형사사건과 수사절차

1. 수사의 의미

인간이 사회를 형성하고 공동생활을 하다보면 사람들 사이의 이해관계에 따른 분쟁은 불가피하다. 따라서 개인적인 이해관계의 다툼으로 사람들은 일차적으로 서로 알아서 해결하거나 해결이 곤란한 경우에는 재판을 청구하는데, 이를 민사사건이라 하며 모든 문제의 원칙적인 해결방법이다.

그러나 살인이나 상해, 사기 등 너무나 중대하고 중요한 사건의 경우에는 개인에게 그 해결을 기대할 수 없는 사건이 많다. 이런 문제에 대해서는 법률에서 범죄로 규정하여 재판절차를 거쳐 강제로 형벌을 부과하는데 이를 형사사건이라 한다.

수사는 범죄의 사안을 명백히 밝혀 공소를 제기하고 제기된 공소를 유지하기 위하여 범인을 찾아내고 증거를 수집하고 보전하는 수사기관의 활동을 말한다. 수사는 임의수사와 강제수사로 구분한다. 강제수사는 체포·구속·압수·수색·심문 등 강제적인 물리력이 동원된다는 점에서 임의수사와 구별된다. 강제수사를 위해서는 검사가 신청하고 법관이 발부한 영장이 필요하다. 강제수사의 영장주의원칙은 현행범체포나 긴급체포의 경우에는 예외가 인정된다.

수사는 형사사건 절차의 제1단계로서 검사와 사법경찰관 등 수사기관에 의하여 진행된다. 수사는 주로 공소제기 전에 하는 것이 일반적이지만, 공소가 제기된 후에도 공소유지를 위한 임의수사는 가능하다.

수사의 일반원칙은 임의수사, 영장주의, 강제수사법정주의가 적용된다. 임의수사의 종류에는 피의자신문, 참고인진술청취, 감정·통역 또는 번역의 위촉, 사실조회 등이 있다.

2. 수사기관

수사는 수사기관의 활동이므로 수사기관에서 이를 담당한다. 모든 수사의 최종 책임자는 검사이며 검사는 수사의 주재자가 된다. 사법경찰관은 검사의 보조자가 아니라, 경위계급 이상의 사법경찰관도 범죄의 혐의가 있다고 사료하는 때에는 범인, 범죄사실과 증거를 수사할 수 있으며, 서면이나 형사사법정보시스템을 이용하여 검사의 감독을 받는다.

실제로 구체적 사건에서 범죄의 성립여부와 기소·불기소처분의 결정은 매우 어렵고 중요하므로, 형사소송법은 검사를 수사의 최종 책임자로 규정하고 있다. 이는 사법경찰에 의한 국민의 인권침해의 예방적 차원에서 안전장치를 마련할 필요가 있어 검사를 수사의 최종적 주재자로 하고 있는 것이다.

사법경찰관·리에는 일반형사사건을 취급하는 일반사법경찰관리(경무관·총경·경정·경감·경위·경사·경장·순경)와 산림, 해사, 전매, 세무, 군수사기관 등 특별한 사항만 수사할 수 있는 특별사법경찰관리가 있다.

3. 수사개시

수사는 인권을 침해하기 쉬우므로 수사를 개시하기 위한 조건에는 수사의 필요성과 수사의 상당성의 문제가 있다.

검사와 사법경찰관은 범죄의 혐의가 인정된다고 주관적으로 사료하는 때에는 범인과 범죄사실, 그리고 증거에 대하여 수사하여야 한다. 검사는 사법경찰관과 동일한 범죄사실을 수사한 때에는 사법경찰관에게 사건을 송치할 것을 요구할 수 있으며, 사법경찰관은 검사에게 사건을 송치하여야 한다. 다만 사법경찰관이 검사의 영장청구보다 먼저 영장을 청구한 경우에는 영장에 기재된 범죄사실에 한하여 계속 수사할 수 있다.

수사기관이 수사를 개시하는 원인이 되는 단서에는 고소·고발·자수·진정·범죄신고 등 타인의 체험의 청취를 통하거나 현행범체포·변사자검시·불심검문·풍문·세평·기사 등 수사기관 자신의 주관적 체험에 따른 인지의 경우 등 다양한 방법이 있다. 고소·고발·자수가 있는 때에는 즉시 수사가 개시되며 피고소인·피고발인 등은 피의자의 지위에 놓이게 된다.

수사기관은 범죄의 혐의가 있다고 사료되는 때는 범인, 범죄 사실과 증거를 수사하여야 한다. 그러나 범죄의 혐의가 없거나 범죄가 되더라도 처벌할 수 없음이 명백한 때에는 수사를 할 수 없다.

수사의 방법에는 임의수사와 강제수사가 있다. 임의수사는 강제력을 행사하지 아니하고 임의적인 조사에 의한 수사를 말하며, 피의자신문, 참고인조사, 사실조회, 감정·통역 또는 번역의 위촉 등이 있다.

강제수사는 강제력이 동원되는 수사기관의 강제처분을 말하며, 강제처분은 강제력이 행사되는 객체에 따라 대인적 강제처분과 대물적 강제처분으로 구분된다. 대인적 강제처분은 체포·구속 등이 있으며, 대물적 강제처분에는 압수·수색·검증 등이 있다.

4. 입건

수사기관이 범죄인지를 하게 되면 내사단계를 거쳐 범죄의 혐의가 있다고 판단하여 수사를 개시하는 것을 입건이라 한다. 입건이 되어 정식으로 수사대상이 되면 '피내사자'에서 신분에서 '피의자'로 변경되는 것이다.

범죄혐의가 명확하지 않아 정식으로 입건하기에는 부적당하지만 진정이나 투서가 있다든가 또는 조사의 필요가 있는 경우에는 내부적으로 조사를 진행하는 경우를 내사라고 하고 내사를 받는 자를 피내사자라 한다.

용의자는 사건이 발생한 경우 범인여부에 상당한 의심이 가는 자가 있으나, 범인의 뚜렷한 혐의가 아직 발견되지 않은 경우를 용의자라고 부른다. 이에 대하여 조사가 더 진행되어 범죄의 혐의가 인정됨으로써 정식으로 입건되면 그때부터 피의자의 신분으로 변경된다.

III. 고소와 고발

1. 고소와 고소권자

고소는 범죄로 인한 피해자인 고소권자나 피해자의 배우자 · 친족 · 법정대리인과 같은 일정한 관계에 있는 자가 수사기관에 범죄사실을 신고하여 범인의 처벌을 원하는 의사표시를 말한다. 또한 고소는 범죄의 피해자 등 고소권을 가진 사람이 수사기관에 대하여 범죄사실을 신고하여 범인을 처벌해 달라고 요구하는 것이다. 단순히 피해 신고를 하는 것과 고소는 구별된다.

고소권자는 모든 범죄의 피해자와 피해자가 무능력자인 경우의 법정대리인, 그리고 피해자가 사망한 경우의 배우자, 직계친족, 형제자매이다. 다만 자가나 배우자의 직계존속 즉 부모나 시부모, 장인, 장모 등은 원칙적으로 고소할 수 없으나 예외적으로 직계존속으로부터 성폭력을 당했을 때는 직계존속이라도 고소할 수 있다.

2. 고소기관

고소는 법원이나 행정기관이 아닌 수사기관에 대한 범죄사실의 신고를 말한다.

대통령이나 국무총리, 국회의장, 대법원장, 법무부장관, 감사원 등 수사기관이 아닌 곳에 고소장·진정서 등을 제출하면 일반적으로 해당 수사기관으로 고소장이 전달되거나 이첩된다.

3. 고소방식과 절차

고소인은 직접 수사기관에 출석하여 구두로 고소할 수도 있다. 고소장에는 일정한 양식이 없고 고소인과 피고소인 인적사항, 그리고 피해를 입은 내용, 처벌을 원하는 내용이 포함되면 된다. 다만 피해사실 등의 내용은 명확하고 특정되어야 한다.

가명이나 허무인 또는 다른 사람의 명의를 도용하여 고소하는 것은 아니 된다. 이 경우 피고소인만 수사기관에서 근거 없이 조사를 받는 불이익을 입게 되므로 수사기관은 수사를 중단하고 사건을 종결할 수 있다.

고소인은 수사기관에 출석하여 고소사실을 진술할 권리가 있고 수사에 협조할 의무도 있다. 또 검사나 사법경찰관이 고소사건을 불기소처분하거나 수사종결의 처분을 하면 그 처분통지와 사유를 통지받을 권리가 있다. 따라서 사법경찰관이 사건을 검찰에 불송치한 경우는 그 사유를 당사자에게 통지해야 되며, 검사의 불기소처분에 대해서는 고등검찰청과 대검찰청에 항고 및 재항고를 할 수 있다.

4. 친고죄와 고소불가분의 원칙

피해자의 명예나 입장을 고려하여 고소가 없으면 공소제기가 불가능한 범죄를 친고죄라 한다. 예컨대 모욕죄 등이 그것이다.

친고죄의 경우 범인을 알게 된 날로부터 6개월이 지나면 고소할 수 없다. 다만 성폭력 범죄의 처벌 및 피해자 보호 등에 관한 법률상의 친고죄(업무상 위력 등에 의한 추행, 공중밀집장소에서의 추행, 통신매체이용음란)는 범인을 알게 된 날로부터 1년이 지나면 고소할 수 없다. 친고죄의 고소는 소송조건이며 친고죄가 아닌 경우는 고소기간의 제한이 없다.

한편 친고죄의 경우 고소불가분의 원칙이 적용된다. 고소불가분의 원칙에는 주관적 불가분의 원칙과 객관적 불가분의 원칙이 있다.

고소는 취소하면 다시 고소할 수 없고, 1심의 판결이 선고된 후에는 고소를 취소하더라도 효력이 없다. 고소의 취소는 대리인을 통해서도 가능하다. 공범이 있는 경우에는 일부만 고소하거나 취소할 수 없고 공범전부에게 고소와 취소를 하여야 한다. 친고죄에 대하여 고소의 취소가 있을 때는 공소기각의 판결을 선고한다.

친고죄와 달리 고소가 없어도 처벌할 수 있으나, 피해자가 처벌을 원하지 않는다는 의사를 표시하면 처벌할 수 없는 죄로 반의사불벌죄가 있다. 이에는 명예훼손·폭행죄·협박죄 등이 있다. 처벌을 원하지 않은 의사표시는 친고죄의 고소취소와 같은 효력이 있다.

5. 고발

고발은 고소권자와 범인 이외의 자가 수사기관에 대하여 단순한 피해신고가 아닌 범죄사실을 신고하여 그 처벌을 구하는 의사표시를 말한다. 고발은 수사의 단서가 되며 관세법이나 조세범처벌법위반의 경우 등 특정한 범죄의 경우에는 소송조건이 될 수도 있다.

범죄피해자나 고소권자가 아닌 제3자가 수사기관에 서면 또는 구술로 범죄사실을 신고하여 범인을 처벌해 달라는 의사표시를 고발이라고 하는데 형사소송절차에서는 대체로 고소와 그 취급을 같이 한다.

Ⅳ. 체포·구속

1. 체포

피의자가 죄를 범하였다고 의심할 만한 상당한 이유가 있거나, 정당한 이유 없이 출석요구에 응하지 아니하거나, 응하지 아니할 우려가 있는 때에는 피의자를 체포할 수 있다. 체포는 원칙적으로 법원이 발부한 체포영장이 있어야 하며, 사법경찰관이 피의자를 체포하기 위하여 먼저 검사에게 체포영장을 신청하면 검사는 판사에게 청구하여 체포영장을 발부받는다.

수사기관은 피의자를 체포하는 경우 피의사실의 요지, 체포의 이유, 변호인을 선임할 수 있음을 말하고 변명할 기회를 주어야 한다.

명백히 체포의 필요가 인정되지 아니하는 경우에는 검사나 판사는 체포영장을 기각할 수 있다. 다만, 수사기관은 범죄가 중대하고 긴급한 사정이 있어 판사의 체포영장을 발급받을 여유가 없을 때에는 그 사유를 알리고 영장 없이 피의자를 체포할 수 있는데 이를 긴급체포라 한다. 사법경찰관이 피의자를 긴급체포한 경우에는 즉시 검사의 승인을 얻어야 한다.

범죄의 실행중이거나 실행의 직후인 자를 현행범인이라 하는데, 현행범인은 누구든지 영장 없이 체포할 수 있다. 수사기관이 아닌 자가 현행범인을 체포한 때에는 **즉시** 수사기관에 인도하여야 한다.

체포 또는 긴급체포한 피의자를 구속하고자 할 때에는 체포한 때부터 48시간이내에 판사에게 구속영장을 청구하여야 하며, 그 기간이내에 구속영장을 청구하지 아니하거나(영장에 의한 체포 또는 현행범인 체포의 경우) 구속영장을 발부받지 못한 때(긴급체포의 경우)에는 피의자를 즉시 석방하여야 한다.

2. 구속과 불구속

수사기관은 수사의 결과 범죄가 중대하며 일정한 주거가 없거나 도망 또는 증거인멸의 염려가 있는 경우에는 피의자를 구속 할 수 있다. 구속에는 증거가 있어야 함은 물론 반드시 판사가 발부한 구속영장이 있어야 한다. 구속영장의 청구절차 및 방법은 체포영장의 경우와 같으며, 상당한 이유가 있는 경우에는 검사나 판사는 영장을 기각할 수 있다.

구속영장을 청구받은 판사는 구속의 사유를 판단하기 위하여 필요한 때에는 피의자를 출석시켜 신문할 수 있는데 이를 영장실질심사제도라고 한다. 구속은 범죄혐의가 명백하고 구속의 사유가 존재해야 하므로 어디까지나 예외적인 경우이고, 수사는 불구속 상태에서 하는 것이 원칙이다.

3. 사건송치

형사사건에 대해서는 검사와 사법경찰관이 수사를 종결할 수 있다. 사법경찰관도 검사와 동일하게 범죄의 수사가 가능하다. 다만 사법경찰관의 경우 수사한 형사사건에 대하여 범죄의 혐의가 인정되는 경우 기록과 증거물을, 그리고 구속한 경우에는 피의자를 검찰청으로 보내야 하는데 이를 송치라고 한다. 범죄의 혐의가 인정되지 않는 경우에는 그 이유를 명시한 서면과 증거물을 지체 없이 검사에게 송부하면 된다.

4. 체포 · 구속적부심사제도

영장에 의하여 수사기관에 체포 또는 구속되었다고 하더라도 피의자는 구속적부심사절차에 따라 다시 법원으로부터 체포 또는 구속의 적부여부를 심사받는 것이 가능하다. 이 절차에서 체포 또는 구속이 부당하여 법원이 석방을 명하면 피의자는 즉시 석방되며, 이에 대하여 검사는 항고를 제기하지 못한다.

체포 또는 구속적부심의 청구는 피의자 본인이나 변호인은 물론 배우자 · 직계친족 · 형제자매 · 가족, 나아가 동거인이나 고용주도 피의자를 위하여 청구할 수 있다.

피고인에 대해서는 구속적부심사 대신에 보석청구가 가능하다. 체포 또는 구속적부심사제도는 검사가 법원에 공소제기를 하기 이전에 청구할 수 있다는 점에서 기소된 피고인에 대하여 인정되는 보석제도와 구별되는 것이다.

체포 또는 구속적부심사의 청구를 받은 법원은 지체 없이 구속된 피의자를 심문하고 증거를 조사하여 결정을 하여야 하는데, 청구권자 아닌 자가 청구하거나 동일한 영장에 대하여 재청구한 때, 수사방해의 목적이 분명한 때 등에는 청구를 기각할 수 있으며, 이에 대하여 피의자는 항고하지 못한다.

형사소송법은 구속의 적부심사를 청구한 피의자에 대하여도 피의자의 출석을 보증할 만한 보증금의 납입을 조건으로 석방을 명하는 '보증금납입조건부피의자석방제도'를 채택하고 있으며, 석방의 요건·집행절차 등은 보석의 경우와 거의 동일하다.

V. 공소제기

1. 기소(공소제기)

검사는 수사한 사건에 대하여 피의자에게 범죄의 혐의가 있다고 인정하면 재판에 회부하게 되는데 이를 공소제기 또는 기소라고 하며, 검사에 의하여 공소가 제기된 사람을 피고인이라 하여 공소가 제기되기 이전의 피의자와 구별한다.

검사가 피의자에 대하여 벌금형에 처함이 상당하다고 생각되는 경우에는 기소와 동시에 법원에 대하여 벌금형에 처해 달라고 약식명령을 청구할 수 있는데 이를 약식기소라 한다.

구속된 사람에 대하여 검사가 약식기소를 하는 경우에는 석방을 하여야 한다. 이 경우 판사는 공판절차를 거치지 않고 수사기록으로 재판을 하여 서류재판이라고도 한다. 그러나 판사는 약식절차에 의하는 것이 불가능 또는 부적당한 경우에는 정식재판에 회부하여 공판을 열어 재판하는 것도 가능하다.

피고인이나 검사는 판사의 약식명령에 대하여 불복이 있으면 7일 이내에 정식재판을 청구할 수 있다. 그리고 검사는 약식기소를 할 때 구형에 해당하는 벌금 상당액을 피고인으로부터 미리 예납을 받고 있는데 예납한 피고인은 약식명령에 기재된 벌금을 다시 납부할 필요는 없다.

사법경찰관은 범죄를 수사한 후에 범죄의 혐의가 있다고 인정되는 경우에는 지체 없이 검사에게 사건을 송치하고, 관계서류와 증거물을 송부하여야 한다. 그 밖의 경우에는 그 이유를 명시한 서면과 함께 관계서류와 증거물을 지체 없이 검사에게 송부하여야 한다. 한편 검사는 송부를 받은 날로부터 60일 이내에 사법경찰관에게 반환하여야 한다. 이 경우 검사는 사법경찰관이 사건을 송치하지 않은 것이 위법 또는 부당한 때에는 그 이유를 문서로 명시하여 사법경찰관에게 재수사를 요청할 수 있으며, 사법경찰관은 재수사를 하여야 한다.

2. 불기소

검사가 수사를 종결한 결과 공소를 제기하여 재판에 회부하지 않는 것이 상당하다고 판단되는 경우에는 기소처분을 하지 않고 사건을 종결하는데, 이를 불기소처분이라 한다. 사법경찰관도 독자적으로 수사종결권을 행사할 수 있다.

불기소처분에는 기소유예, 협의의 의미의 불기소처분, 기소중지 등이 있다.

기소유예는 일단 범죄는 인정되지만 피의자 연령이나 성행, 환경, 피해자에 대한 관계, 범행의 동기나 수단, 범행 후의 정황 등 여러 사정이나 정상을 참작하여 검사가 기소하지 않고 선처해 주는 것을 말한다. 경우에 따라서는 '선도조건부기소유예제도'를 활용하는데, 이는 선도위원이 피의자를 선도하여 앞으로 재범하지 않는 조건으로 검사가 기소를 유예하는 제도이다.

협의의 의미의 불기소처분은 범죄의 성립요건을 결여하거나 무혐의 등 검사가 수사한 범죄에 대하여 인정할만한 증거가 없는 경우에 범죄의 불성립을 판단하는 처분이다. 특히 민사상 채무불이행에 해당되어 무혐의 처분을 한 경우에는 형사상 범죄의 불성립을 의미하며, 민사채무까지 면제되는 것은 아니다.

기소유예는 일단 검사가 기소유예를 하면 특별한 사정이 없으면 동일한 범죄로 기소를 하지 않지만, 만약 기소유예 후에 죄를 범한다면 검사는 기소유예처분을 무시하고 기소를 할 수 있다. 무혐의에 대하여도 마찬가지로 만약 새로운 증거가 발견된다면 검사는 기소가 가능하다.

고소 · 고발의 각하처분은 고소 · 고발의 남용 · 남발에 의한 피고소인 · 피고발인의 인권침해를 방지하고 고소 · 고발인의 권익을 합리적으로 보호하고 조정하기 위한 제도이다. 고소인 또는 고발인의 진술이나 고소장 또는 고발장에 의하여도 처벌할 수 없음이 명백한 고소 · 고발사건의 경우에 검사는 각하결정을 할 수 있다.

3. 불기소처분

(1) 협의의 불기소처분

협의불기소처분은 증거불충분, 소송조건결여, 객관적 범죄사실부존재의 경우에 판단하는 결정이다. 협의의 불기소처분에는 3종류가 있다.

혐의 없음(무혐의)은 피의사실이 인정되지 아니 하거나 피의사실을 인정할 만한 충분한 증거가 없는 경우 또는 피의사실이 범죄를 구성하지 아니하는 경우에 내리는 처분을 말한다.

죄가 되지 않는다는 범죄불성립은 피의사실이 범죄구성요건에는 해당하지만 법률상 범죄의 성립을 조각하는 사유가 있어 범죄를 구성하지 아니하는 경우(위법성조각사유 · 책임조각사유 등)의 처분을 말한다.

공소권 없음은 피의사건에 관하여 소송조건이 결여되었거나, 형이 면제되는 경우에 내리는 처분을 말한다.

(2) 기소유예

피의사건에 관하여 범죄혐의가 인정되고 소송조건이 구비되어 있더라도 형법 제51조를 참작하여 유죄판결의 가능성이 있지만 형사정책의 차원에서 공소를 제기하지 아니하는 처분을 말한다(형소법 제247).

(3) 기소중지

피의자의 소재불명 등의 사유로 수사를 종결할 수 없는 경우에 그 사유가 해소될 때까지 내리는 처분을 말한다.

4. 공소제기의 방식과 기재사항

공소는 검사가 공소장을 관할법원에 제출하는 방식으로 진행된다. 공소장에는 필요적 기재사항과 임의적 기재사항을 기재하여 법원에 제출한다. 공소장의 필요적 기재사항에는 피고인·죄명·공소사실 및 적용법조가 있는데, 공소장에는 이를 반드시 기재하여야 한다.

5. 재정신청

재정신청은 기소강제절차에 해당되며, 검사의 불기소처분에 불복하여 고소인과 고발인이 재정신청을 하게 되면 법원에 의하여 검사의 공소제기가 강제되는 절차를 말한다.

모든 고소인은 재정신청이 가능하며, 고발인의 경우는 형법 제123, 제124, 제125, 제126조에 해당되는 범죄로 공무원의 직권남용, 불법체포·감금, 폭행·가혹행위, 피의사실공표죄의 경우에 재정신청이 가능하다.

6. 공소시효

공소시효는 형사시효의 일종으로 국가기관인 검사가 일정한 기간 동안 공소를 제기하지 아니하고 방치한 경우에 소추권을 소멸시키는 제도를 말한다. 공소시효가 완성된 때에는 면소의 판결을 내린다.

공소시효의 기간을 법정형에 따라 달리 나타나는데 사형에 해당하는 범죄 25년, 무기징역·무기금고에 해당하는 범죄 15년, 장기 10년 이상의 징역·금고에 해당하는 범죄 10

년, 장기 10년 미만의 징역·금고에 해당하는 범죄 7년, 장기 5년 미만의 징역·금고, 장기 10년 이상의 자격정지·벌금에 해당하는 범죄 5년, 장기 5년 이상의 자격정지에 해당하는 범죄 3년, 장기 5년 미만의 자격정지·구류·과료 또는 몰수에 해당하는 범죄는 1년의 소멸시효에 걸린다.

VI. 보석제도

공소제기로 구속된 피고인은 재판을 담당하고 있는 법원에 보증금 등을 납부할 것을 조건으로 석방하여 줄 것을 청구할 수 있는데 이를 보석이라고 한다. 보석제도는 출석을 강제할 수 있는 일정한 보증금을 납부하는 조건 등으로 피고인에 대한 구속의 집행을 정지하여 피고인을 석방하는 제도이다.

보석의 종류에는 보석청구의 여부에 따라 피고인의 보석청구로 법원이 보석결정을 하는 청구보석과 법원의 직권에 의한 결정으로 이루어지는 직권보석으로 구별된다. 보석은 법원의 보석결정에 대한 재량의 유무에 따라 필요적 보석과 임의적 보석으로 구별된다.

한편 형사소송법은 '보증금납입조건부피의자석방제도'를 도입하여 피고인뿐만 아니라 피의자에 대해서도 보증금납입을 조건으로 보석제도를 확대하고 있다.

보석보증금은 현금으로 납부하지 않고 보석보증보험증권을 첨부한 보증서로써 가능하다. 이와 같은 보석은 기소 후에 청구하는 점에서 피의자에 대한 보석제도라 할 수 있는 보증금납입조건부피의자석방제도와 구별된다.

보석은 피고인은 물론 변호인과 피고인의 법정대리인·배우자·직계친족·형제자매도 청구할 수 있으며, 법원은 보석을 결정하며 미리 검사의 의견을 물어야 하지만 그 의견에 구애받지 않고 자유로이 보석결정을 할 수 있다.

다만 피고인이 사형, 무기 또는 장기 10년 이상의 징역이나 금고에 해당하는 죄를 범하였거나, 피해자나 당해 사건의 재판에 필요한 사실을 알고 있다고 인정되는 자 또는 그 친족의 생명·신체나 재산에 해를 가하거나 가할 염려가 있다고 믿을 만한 충분한 이유가 있는 때에는 보석을 허가하지 아니한다. 법원은 피고인의 반성여부와 범죄의 성질, 증거 등을 고려하여 상당한 보증금을 납부할 것과 주거를 제한하는 등의 조건을 요구한다.

또 보석은 피고인 등의 청구가 없더라도 법원이 직권으로 허가하는 경우도 있다.

제3절 재판과 형의 집행절차

I. 재판

1. 재판의 의의와 종류

재판에는 판결과 결정이 있다. 그리고 판결에는 실체재판과 형식재판이 있으며, 실체재판에는 유죄의 판결과 무죄의 판결이 있고, 형식재판에는 공소기각의 판결, 공소기각의 결정, 면소판결, 관할위반의 재판이 있다.

좁은 의미에서 재판은 피고사건의 실체에 대하여 법원이 내리는 유죄와 무죄의 실체적 종국재판을 말한다. 종국재판은 소송을 당해 심급에서 종결시키는 재판으로 유죄재판, 무죄재판, 관할위반재판, 공소기각재판, 면소재판이 있다.

유죄의 판결에는 형선고의 판결(선고유예, 집행유예포함), 형면제의 판결, 선고유예의 판결이 있다. 무죄판결은 피고인에게 가장 유리한 판결이며, 피고사건에 대하여 범죄성립이 거부되거나 범죄사실의 증명이 없는 경우에 선고한다.

2. 소송의 주체

형사소송을 진행하기 위해서는 인적 구성요소이며 소송법률관계를 형성하는 소송의 주체가 필요하다. 형사소송의 주체에는 법원·검사·피고인이 있다.

법원은 피고인에게 죄가 인정되면 유죄판결을 하는데 정상에 따라 실형을 선고하는 수도 있고, 집행유예를 선고하는 경우도 있으며 정상이 특히 참작될 때에는 선고유예의 재판을 하는 수도 있다.

재판은 사건에 따라 법관 한사람이 하는 단독심 또는 단독판사에 의한 경우도 있고, 법관 3인으로 구성된 합의부의 관할도 있는데, 특히 단기 1년 이상의 징역에 해당하는 중대사건은 합의부의 관할이 된다. 단독판사가 한 재판에 대하여는 지방법원본원의 항소부, 합의부에서 한 재판에 대하여는 고등법원에 각 항소할 수 있고 이에 대하여는 최종적으로 대법원에 상고할 수 있다.

검사가 기소하면 법원은 공판을 열어 재판을 진행하게 된다. 검사의 약식기소사건에 대하여는 공판을 열지 않고 기록만으로 재판하지만, 정식재판을 할 필요가 있다고 생각하면 정식재판으로 진행할 수 있다.

공판은 공판정에서 공개로 진행되며, 피고인은 자기의 억울함이나 정당함을 주장할 수 있고 또 변호인의 도움을 받을 수 있다.

3. 집행유예와 선고유예

집행유예는 3년 이하의 형을 선고하면서 1~5년 동안 그 형의 집행을 유예하였다가 그 기간 동안에 재범을 범하지 않으면, 형의 선고를 실효시켜 형의 집행을 하지 않는 제도이다.

선고유예는 1년 이하의 징역이나 금고, 자격정지 또는 벌금의 형을 선고할 경우에 형의 선고자체를 미루어 두었다가 개전의 정상이 현저하여 일정기간 무사히 경과하면 면소된 것으로 간주하는 제도이다.

선고유예의 판결은 법원의 재량사항이며, 선고유예의 판결을 받은 날로부터 2년 동안 자격정지 이상의 형을 선고받음이 없이 경과하면 면소된 것으로 간주한다. 형을 병과할 경우에도 형의 전부 또는 일부에 대하여 그 선고를 유예할 수 있으며, 형의 선고를 유예하는 경우에 보호관찰을 명할 수도 있다.

4. 면소판결

면소판결은 유죄나 무죄의 실체재판과 달리 실체적 소송조건이 결여된 형사사건에 대하여 선고하는 형식재판을 말한다. 면소판결의 사유에는 확정판결이 있을 때, 사면이 있을 때, 공소시효가 완성된 때, 범죄 후 법령의 개폐로 형이 폐지된 때이다. 면소판결에 대해서는 일사부재리의 효력이 발생한다.

5. 공소기각의 판결

공소기각의 판결은 형식적 소송조건의 결여를 이유로 선고하는 형식재판에 해당하며 종국재판이다. 그 사유로는 피고인에 대하여 재판권이 없는 때, 공소제기의 절차가 법률의 규정에 위반하여 무효인 때, 공소가 제기된 사건에 대하여 다시 공소가 제기되었을 때, 공소취소 후 다른 중요한 증거를 발견하지 못했음에도 불구하고 공소가 제기되었을 때, 친고죄에 대하여 고소의 취소가 있을 때, 반의사불벌죄에 대하여 처벌을 희망하지 아니하는 의사표시가 있거나 처벌을 희망하는 의사표시가 철회되었을 때이다. 공소기각의 판결에 대해서는 기판력이나 일사부재리의 효력이 인정되지 않는다.

6. 공소기각의 결정

공소기각의 결정에 해당하는 사유에는 재판이 절차상 흠이 중대하고 명백한 경우로 공소가 취소된 때, 피고인이 사망하거나 피고인인 법인이 존속하지 않을 때, 관할의 경합으로 재판을 할 수 없을 때, 공소장에 기재된 사실이 진실하여도 범죄가 될 만한 사실이 포함되지 아니한 때이다.

공소기각의 결정과 공소기각의 판결사유가 경합하는 경우에는 공소기각의 결정으로 공소를 기각한다.

II. 공판절차의 진행

공판절차는 크게 '공판준비절차'와 '공판기일절차'로 나누어진다. 공판준비절차는 공판기일의 심리를 신속하고 능률적으로 수행하기 위한 준비를 위하여 수소법원이 행하는 절차를 말한다. 이에는 다시 공판기일 전의 절차와 공판 전 준비절차가 있다. 공판기일의 절차는 모두절차, 사실심리절차, 판결의 선고절차로 구분되며, 일반적으로 다음의 순서로 진행된다.

'모두절차'는 가장 먼저 피고인의 방어권을 위하여 진술거부권의 고지에서 시작된다. 진술거부권의 고지에 이어 진행되는 인정신문은 재판장이 피고인의 성명·연령·등록기준지·주거·직업을 묻는 것이며, 공소가 제기된 피고인이 공판정에 실제로 출석했는지를 확인하는 것이다.

피고인의 모두진술에 이어 검사의 모두진술은 검사가 공소장에 의하여 공소사실, 죄명, 적용 법조를 낭독하거나 공소의 요지를 진술하는 것이다. 검사의 모두진술이 종료되면 피고인은 공소사실의 인정여부를 진술하는 피고인 진술이 진행된다. 그리고 재판장의 쟁점정리 및 검사·변호인의 증거관계 등에 대한 진술이 있다.

'사실심리절차'는 인증서증·물증 등 각종의 증거방법을 조사하는 증거조사에서 시작된다. 사법경찰관 또는 검사가 작성한 피의자신문조서는 적법한 절차와 방식에 따라 작성된 것으로서 공판준비 또는 공판기일에 그 피의자였던 피고인 또는 변호인이 그 내용을 인정할 때에 한하여 증거로 할 수 있다.

이후 피고인신문이 진행된다. 최종변론에는 검사와 피고인의 최후 의견진술이 있다. 특히 검사의 의견진술을 논고(구형)라고 한다, 검사는 사실과 법률적 내용에 관하여 의견을 진술할 수 있다. 검사의 진술이 종료되면 피고인 · 변호인 등은 최후의견을 진술할 수 있다.

마지막으로 '판결의 선고절차'가 진행되는데, 공판의 최종절차는 판결의 선고로 종료된다. 선고기일은 변론종결 후 14일 이내로 지정되며, 재판장이 재판서에 의하여 주문을 낭독하고 이유의 요지를 설명하여야 한다. 하급심판결은 상소포기 · 취하, 상소기간 경과(7일)로 재판이 확정되며, 불이익변경금지의 원칙에 따라 피고인이 항소한 사건 · 피고인을 위한 사건은 '형종상향금지'의 원칙에 따라 원심보다 중한 종류의 형을 선고하지 못한다.

Ⅲ. 형의 집행

1. 재판의 집행

법원의 판결에 의하여 선고된 형은 검사의 지휘에 의하여 집행하는데 징역이나 금고형은 교도소에서 집행한다. 그리고 벌금은 판결의 확정일로부터 30일 이내에 납부하여야 하며, 벌금을 납부하지 않은 경우에는 1일 이상 3년 이내의 범위에서 노역장에 유치하게 된다.

2. 형사보상

형사보상은 구속되었다가 법원에서 무죄의 판결을 받거나, 검사로부터 불기소처분 (기소유예 처분은 제외함)을 받은 사람 중 범인이 아닌 것이 명백한 사람 및 처음부터 구속이 잘못된 사람은 형사보상법에 따라 구속에 대한 보상청구가 가능하다.

Ⅳ. 가석방과 행집행정지

징역 또는 금고에 대한 형의 집행 중에 있는 자 가운데 행형성적이 양호하여 뉘우침이 있는 때에는 무기에 있어서는 10년, 유기에 있어서는 형기의 3분의 1을 경과한 후에 법무부장관이 가석방을 행할 수 있다. 가석방의 기간은 무기형에 있어서는 10년으로 하고, 유기형에 있어서는 남은 형기로 하되, 그 기간은 10년을 초과할 수 없다. 가석방된 자는 가석방 기간 중 보호관찰을 받는다. 그러나 가석방 중에 행실이 나쁘거나 다시 범죄를 저지르면 가석방이 취소 또는 실효된다. 그리고 형의 집행으로 생명을 보전할 수가 없거나 잉태 후 6개월 이상인 때 또는 연령이 70세 이상인 때, 기타 중대한 사유가 있으면 검사는 형의 집행을 정지시키고 석방할 수도 있다.

V. 형의 실효(전과말소)

범죄로 형을 선고받은 사실이 있더라도 일정한 기간 재범의 발생이 없으면 전과를 말소하여 범죄인의 정상적인 사회복귀를 보장할 필요가 있다. 징역 또는 금고의 집행을 종료하거나 집행이 면제된 자가 피해자의 손해를 보상하고 자격정지 이상의 형을 받지 아니하고 7년을 경과한 때에는 재판의 실효를 선고받을 수 있다.

'형의실효등에관한법률'에 따르면 형의 집행을 종료 또는 면제받은 후 일정기간 자격정지 이상의 죄를 저지르지 않은 경우에는 형을 실효시킨다. 그 기간은 3년을 초과하는 징역 또는 금고는 10년, 3년 이하의 징역 또는 금고는 5년, 벌금은 2년이고 다만 구류나 과료는 형의 집행을 종료하거나 그 집행이 면제된 때에는 그 즉시 실효된다.

VI. 형사사건과 합의

범죄로 타인에게 피해를 가한 경우 물적·정신적 피해의 배상을 위하여 피해자와 합의를 하는 것이 일반적인 관행이다. 따라서 형사사건 처리과정에서 수사기관이나 법원은 피의자·피고인에게 피해자와 합의를 권유하고 또 합의를 하면 이를 참작하고 선처하여 가벼운 처분이나 판결을 하는 것도 가능하다.

그러나 피해배상은 근본적으로 민사문제이므로 형사사건에서 형을 정하는데 있어 참고가 될 사항이고, 수사기관이나 법원에서 배상을 강요할 수는 없다. 따라서 가해자가 적절한 피해배상을 하지 아니하는 경우에는 민사재판을 통하여 해결할 수밖에 없다. 다만 일정한 형사사건의 경우에는 배상명령을 신청하여 민사문제까지 처리되는 수도 있다.

형사소송법에서는 피해자의 신청이 있으면 법원에서는 특별한 경우 외에는 피해자를 증인으로 채택하여 의견을 진술할 기회를 주도록 하고 있다.

제4절 상소와 비상구제·특별절차

I. 상소

1. 상소의 개념과 종류

상소는 확정되지 않은 재판에 대한 불복의 방법으로 상급법원에 구제를 신청하는 절차를 의미한다. 상소는 이미 확정된 판결에 대한 비상구제절차인 재심이나 비상상고와는 다르며, 불기소처분에 대한 항고제도나 재정신청과 같이 검사의 처분에 대한 불복제도와도 구별된다. 당사자의 상소에 의하여 원판결의 잘못을 시정하기 위하여 존재하는 것이 상소제도이다.

상소에는 항소·상고 및 항고제도가 있다. 항소는 제1심의 판결에 대한 상소제도이며, 대법원에 제기하는 상고는 제2심판결에 대한 상소제도이다. 항소심은 주로 법률문제와 사실문제를 심리하며, 상고심에서는 법률문제의 심리를 다룬다.

한편 법원의 결정에 대한 상소인 항고의 종류에는 일반항고와 특별항고가 있으며, 일반항고는 다시 보통항고와 즉시항고로 구분된다.

2. 상소권자

상소권을 행사할 수 있는 자는 형사소송의 당사자로서 검사와 피고인과 함께 당사자 이외의 상소권자로 피고인의 법정대리인이 있다. 피고인의 법정대리인에는 피고인의 배우자·직계친족·형제자매 또는 원심의 대리인이나 변호인 등이 있다.

항고를 할 수 있는 자는 검사 또는 피고인 아닌 자 가운데 결정을 받은 자이다.

3. 상소기간

상소기간은 재판의 선고 또는 고지된 날로부터 진행한다. 상소의 종류에는 항소 · 상고와 항고가 있다. 항소와 상고는 7일 이내에, 보통항고의 경우는 항고의 이익이 있는 한 가능하며 특별히 기간의 제한이 없다.

4. 불이익변경금지의 원칙

불이익변경금지의 원칙은 피고인이 상소한 사건과 피고인을 위하여 상소한 사건에 대하여는 상소심에서 원심판결의 형보다 중한 형을 선고하지 못하도록 중형변경을 금지하는 원칙이다. 이 원칙은 상소심에서 중대한 형벌의 변경이 가능해지면, 피고인이 아예 상소를 단념할 수 있으므로 이를 방지하기 위하여 정책적으로 도입한 제도이다.

이 원칙은 피고인이 상소한 사건이나 피고인을 위하여 상소한 사건에 적용된다. 특히 약식명령을 받은 자가 정식재판을 청구한 경우에는 약식명령의 형보다 중한 종류의 형을 선고하지 못하는 형종상향금지의 원칙이 적용된다. 따라서 약식명령에서 벌금형을 선고받은 경우 정식재판에서 벌금형의 액수를 상향하여 선고하는 것은 가능하며, 이 경우 판결서에 양형의 이유를 기재하여야 한다.

II. 비상구제절차

비상구제절차에는 재심과 비상상고제도가 있다. 재심은 유죄의 확정판결에 대하여 판결을 받은 자의 이익을 위해 그 판결에 중대한 사실오인이나 그 오인에 의심이 있는 경우에 판결의 부당함을 시정하는 비상구제절차를 말한다.

이 제도는 확정판결의 효력을 중시하기보다는, 사실인정을 잘못한 허위의 판결이 용납되어서는 아니 된다는 정의의 관점에서 그 시정을 위하여 도입된 제도이다.

재심청구에서 재심의 관할은 원판결의 법원이 관할하며, 원판결은 재심청구인이 재심이유가 있다고 이유로 재심의 대상이 된 그 판결이다. 형의 집행을 받지 아니한 때도 재심청구는 가능하며, 재심청구가 청구권의 소멸 후인 것이 명백한 경우에는 결정으로 청구를 기각하여야 한다. 재심청구권의 행사는 검사와 유죄의 선고를 받은 자가 청구할 수 있으며, 재심청구의 기간은 제한이 없다.

재심판결이 확정된 때에는 원판결의 효력이 상실되며, 재심개시결정만으로는 원판결이 효력이 상실하는 것은 아니다. 또한 재심판결이 확정되었더라도 원판결에 의한 형의 집행까지 무효로 되는 것은 아니다.

비상상고는 확정판결이 내려진 경우에 그 사건의 심판이 법령위반을 한 것을 이유로 인정되는 비상구제절차이다. 비상상고는 법령위반을 이유로 신청권자가 검찰총장에 제한되고, 관할법원은 대법원이며, 법령의 전국적인 해석과 적용을 일치시키는 목적에서 도입된 제도이다.

최종적인 대법원의 판결 효력은 피고인에게 미치지 않는다. 공판기일에 검사는 신청서에 의하여 진술하며, 대법원은 신청서에 기재된 이유에 한하여 조사하여야 한다. 비상상고가 이유없다고 인정한 때에는 대법원은 판결로 이를 기각하여야 한다.

III. 약식명령

1. 의의

약식명령제도는 지방법원의 관할에 속하는 사건에 대하여 공개된 법정에서 진행되는 공판절차를 거치지 아니하고 검사의 청구에 의하여 서면심리로 피고인에게 벌금·과료·몰수 등 재산형을 부과하는 간이재판절차를 말한다. 약식절차는 형사소송법(제448~458조)에 근거하고 있다. 약식절차에서는 재산형의 부과만 가능하므로 검사의 약식기소에 따라 자유형을 부과하는 약식명령의 청구는 불가능하다.

2. 취지

경미한 사건(벌금·과료 등)으로 범죄성립이 명백한 사건인 경우에도 피고인이 공판정에 출석하여 복잡한 정식재판절차를 거치는 것은 소송경제에 반하고, 피고인에게 정신적·시간적으로 불이익을 주는 것을 방지하기 위한 제도이다.

약식명령제도를 통하여 경미한 사건을 신속하게 처리함으로서 형사사법의 역량을 중대한 형사사건과 복잡한 문제에 치중할 수 있다. 그러나 지나치게 소송경제를 중시한 나머지 적정한 형벌권실현에 부적합하다는 점과 사실상 무죄에 해당되어도 무지와 불안으로 약식명령에 불복하지 못하는 폐단이 있을 수 있다는 비판을 받고 있다.

3. 청구권자와 대상

검사의 청구로 지방법원의 관할에 속하는 약식명령은 벌금·과료 몰수 등 재산형만 부과할 수 있다.

4. 제기방식

검사가 공소제기와 동시에 서면으로 청구하여 서면심리를 하는 것이 일반적이다. 구속된 피의자에 대하여 검사가 약식명령을 청구하면 법원은 정식재판에 회부하는 것도 가능하다. 구속된 피의자는 구속취소가 가능하며 벌금의 예납제도도 있다.

5. 법원의 약식명령결정

약식명령의 기재사항은 범죄사실·적용법령·주형·부수처분 등이다. 약식명령을 고지 받은 날로부터 7일 이내에 정식재판을 청구할 수 있다.

종전에는 정식재판을 청구하면 불이익변경금지의 원칙이 적용되지 않았으나, 형소법개정으로 피고인이 정식재판을 청구한 사건에 대하여는 약식명령의 형보다 중한 형을 선고할 수 없다(제457조 2항).

Ⅳ. 즉결심판절차

1. 의의

지방법원 또는 시·군법원의 판사가 20만원 이하의 벌금·구류·과료를 선고할 경미한 범죄에 대하여 정식의 공판절차를 거치지 아니하고 공개된 법정에서 즉결하는 심판절차를 말하며, 경찰서장의 청구로 절차가 진행된다는 점에서 검사가 공소를 제기하는 기소독점주의의 예외에 해당된다.

즉결심판절차의 존재이유는 경미한 범죄사건에 대하여는 정식수사와 재판을 거치지 않고 간략하고 신속한 절차로 처벌을 마침으로써 법원과 검찰의 부담을 줄이고 당사자에게도 편의를 주려는 제도이다.

2. 근거

법원조직법과 즉결심판에 관한 절차법 등이 근거가 되고 있다.

3. 대상

20만원 이하의 벌금, 구류, 과료에 처할 경미한 범죄로서 중요한 것을 예로 들면 행정법규위반 사건에서 도로교통법상의 자동차주정차금지위반(대부분 범칙금납부방식을 채택하고 있음), 향토예비군설치법의 예비군훈련불참자 등이 있다.

한편 형법위반 사건에서는 폭행죄, 단순도박죄 등과 허위신고, 무임승차 등 50개 항목의 경범죄처벌법위반사범 등이 그 대상이다.

4. 목적

형사사건의 신속·적정한 처리로 소송경제에 이바지한다.

5. 청구권자 및 처리절차

경찰서장·해양경찰서장이 청구권자이며, 기소독점주의의 예외라고 할 수 있다. 서면으로 청구하되 형량은 미기재하는 것이며, 공소장일본주의의 예외에 해당되어 약식명령의 청구와 동시에 서류·증거물의 제출이 가능하다.

경미사건에 대해서는 즉결심판과 통고처분이 가해진다. 통고처분은 벌금과는 다르며, 범죄에 대하여 형벌을 부과하는 대신 금전적 제재를 가하는 행정적 제재를 말한다.

즉결심판은 경찰서장이 법원에 청구한다. 이를 위한 사건 조치로서는 다음과 같은 것이 있다. 통고처분은 경범죄처벌법이나 도로교통법을 위반한 사항 중 일정한 범칙행위에 대하여는 먼저 범칙금을 납부하도록 통고처분하고, 위반자가 그 범칙금을 기일 내에 납부하지 아니할 때에 비로소 즉결심판을 청구하게 된다.

6. 심판절차

판사가 즉결심판을 행하는 곳은 경찰서가 아닌 공개된 장소이다. 피고인이 출석하는 것이 원칙이지만 벌금·과료를 선고하는 경우나 피고인이 불출석 하는 심판을 청구하여 법원이 이를 허가한 경우에는 불출석재판도 가능하다.

판사는 피고인에게 사건내용을 알려주고 변명의 기회도 주며, 피고인은 변호사를 선임할 수 있으며, 신속·간편한 심리를 위하여 경찰의 조서만을 증거로 삼아 유죄를 선고할 수도 있다.

판사는 보통 구류, 과료 또는 벌금형을 선고하지만 즉결심판을 할 수 없거나 즉결심판절차에 의한 심판이 적당하지 아니하다고 인정할 때에는 즉결심판의 청구를 기각하도록 하고 있다. 청구가 기각된 사건은 경찰서장이 지체 없이 검찰에 송치하여 일반의 형사절차에 따라 처리된다.

7. 집행

즉결심판은 경찰서장이 집행하고 검사에게 보고한다. 즉결심판이 확정되면 확정판결과 같은 효력이 있게 되며 형의 집행은 보통 경찰서장이 하고 검사에게 보고한다.

벌금은 20만 원이하이고, 과료는 2,000원 이상 50,000원 미만인데 경찰서장에게 납입하며 구류는 1일 이상 30일 미만으로서 보통 경찰서 유치장에서 집행하거나 검사의 지휘에 따라 교도소에서 집행하는 경우도 있다.

8. 불복절차

즉결심판결과에 불복하는 피고인은 선고·고지를 받은 날로부터 7일 이내에 경찰서에 청구하면 서장이 법원에 송부, 즉결심판에 불복이 있는 피고인은 선고일로부터 7일 이내에 정식재판청구서를 경찰서장에게 제출하면 정식재판을 받을 수 있게 된다.

제 6 장

상법

제1절　상법총칙과 상행위

I. 상법의 개념

상법은 영리의 추구를 목적으로 경영활동을 하는 기업의 생활관계에 속하는 물자의 제조·가공·운송·보험 등에 대하여 규정하고 있는 법을 말한다. 상법은 기업의 형성을 지원하거나 영리성을 보장하며, 거래의 안전과 경제향상에 기여하는 민법의 특별법이라 할 수 있다.

상법은 크게 실질적 의미의 상법과 형식의 의미의 상법으로 구별된다. 실질적 의미의 상법은 기업을 중심으로 기업의 생활관계에 대하여 규정한 법을 말한다. 형식적 의미의 상법은 '상법'전이라는 불리는 성문법을 말하며, 그 내용은 총칙, 상행위, 회사, 보험, 해상, 항공운송으로 구성되어 있다.

상법 제1조는 '상사에 관하여 상법에 규정이 없으면 상관습법에 의하고 상관습법이 없으면 민법의 규정에 따른다.'고 규정하여, 상사에 관하여는 상사자치법이 최우선이며, 그 다음이 상법이고, 상관습법은 성문법인 민법보다 우선적으로 적용된다.

II. 상인과 상행위

'상인'은 자기명의로 상행위를 하는 사람을 일컫는다. 이를 당연상인이라 한다. 점포 기타 유사한 설비에 의하여 상인의 방법으로 상업을 하는 자는 상행위를 하지 아니하더라도 상인으로 보는데, 이를 의제상인이라 한다.

상행위는 재산의 매매, 임대차, 제조·가공·수선행위 등 기본적 상행위 외에 상인이 영업을 위하여 하는 행위인 보조적 상행위를 포함하는 개념이다. 상행위로 인한 채권은 상법에 다른 규정이 없는 한 5년간 행사하지 않으면 소멸시효가 완성한다.

제2절　회사법

　　회사는 영리를 목적으로 하는 단체가 등기절차를 거쳐 법인격이 인정되는 단체를 말한다. 상법에서 회사는 상행위나 그 밖의 영리를 목적으로 하여 설립한 법인을 말한다. 기업은 영리활동을 추구하는 인적·물적인 조직체를 말한다. 기업의 형태는 일반적으로 개인기업과 공동기업으로 구별된다. 가장 대표적인 공동기업의 형태는 주식회사이다. 대기업은 대부분 주식회사의 형태로 운영된다.

　　회사는 상행위 기타 영리를 목적으로 하여 설립된 사단법인을 말한다. 회사에 대하여 규정하고 있는 법이 회사법이다. 회사는 주주총회에서 특별결의를 하면, 영업의 전부 또는 중요한 일부의 양도, 영업 전부의 임대 또는 경영위임, 타인과 영업의 손익 전부를 같이 하는 계약, 그 밖에 이에 준하는 계약의 체결·변경 또는 해약, 회사의 영업에 중대한 영향을 미치는 다른 회사의 영업 전부 또는 일부의 양수가 가능하다.

　　합명회사·합자회사는 인력보충의 장점을 가진 인적 회사이고, 주식회사·유한회사는 자본의 결합이나 손실의 분산 같은 장점을 지닌 물적 회사이며, 유한책임회사는 합명회사의 장점에 주식회사의 요소를 가미한 회사이다.

　　우리나라 회사의 설립은 상법 제3편의 준칙주의에 따르며, 회사는 자본이나 인력을 제공한 단체에 대하여 법인격을 부여한 것이다.

　　회사의 주소는 본점소재지에 있고, 설립등기로 성립하며, 회사의 권리능력의 제한과 관련하여 회사는 다른 회사의 무한책임사원이 되지 못한다.

　　회사의 종류에는 합명회사·합자회사·주식회사·유한회사·유한책임회사 등의 5종류가 있다.

I. 합명회사

합명회사는 2인 이상의 무한책임사원만으로 구성되므로 전형적인 인적회사이다. 노동력의 결합에 중점을 두어 사원의 책임이 무거운 편인데, 사원은 출자의무를 부담하고 회사의 채무에 대하여 직접적인 연대책임과 무한책임을 부담한다. 합명회사는 자본의 결합보다는 친족 등 신뢰관계가 깊은 노동력의 결합에 중점을 가진 제도이므로 조합에 관한 민법의 규정이 준용된다. 합명회사는 법적으로 법인이지만 개인기업에 가깝고, 중소기업에 적합한 회사형태라 할 수 있다.

II. 합자회사

합자회사는 서로 다른 종류의 사원이라 할 수 있는 무한책임사원과 유한책임사원으로 구성된 회사의 형태를 말한다. 합자회사는 무한책임사원이 존재한다는 점에서 실체는 조합에 가깝고, 합명회사의 변형으로 합명회사에 관한 규정이 준용되며, 인적회사의 성질을 가진다. 유한책임사원은 금전 기타 재산으로만 출자가 가능하다.

주식회사

주식회사는 회사재산의 최소한도를 표시하는 자본의 최소단위인 주식과 사단의 구성원인 사원으로 구성된 회사를 말한다. 주식은 자본의 구성부분으로 회사에 대하여 가지는 주주의 권리이며 주권이라고도 한다. 주식회사의 주주는 자신이 소유한 주식의 인수가액에 대하여 출자의무만 부담하고, 회사채권에 대하여 아무런 책임을 부담하지 않는다.

주식회사의 설립은 발기설립과 모집설립의 방법이 있으며, 발기인 조합구성, 정관작성, 주식인수와 출자, 설립등기로 이루어진다. 회사의 조직과 활동에 대한 기본규정에 해당되는 정관을 작성함에는 절대적 기재사항과 상대적 기재사항을 기재하여야 한다. 절대적 기재사항에는 목적, 상호, 주식의 총수, 1주의 금액(100원 이상), 발행주식의 총수, 본점 소재지, 공고방법, 발기인 성명 · 주민등록번호 · 주소이다.

유한회사

유한회사는 자본을 출자한 사원이 출자금액을 한도로 회사에 책임을 부담하는 회사의 형태를 말한다. 유한회사는 주식회사의 경우처럼 자본금의 출자와 유한책임을 지는 사원으로 구성된다는 점에서 상호 유사하다. 출자금 1좌의 금액은 100원 이상이며, 사원은 회사에 대하여 출자금의 범위 내에서 유한책임을 부담한다. 유한회사는 주식회사와 합명회사의 장점을 반영한 회사이며, 물적 회사이고 중소기업에 적합한 회사의 형태이나 우리나라에서는 거의 찾아 볼 수 없다.

유한책임회사

유한책임회사는 합명회사의 성격을 가지므로 조합의 요소와 사원이 유한책임을 부담한다는 측면에서 주식회사의 성격이 반영된 혼합형 회사를 말한다. 유한책임회사는 주식회사에 비하여 지분의 양도가 자유롭지 못하다.

유한책임회사는 유한회사와 함께 존재하며, 조합과 주식회사의 장점이 반영된 회사로 벤처기업이나 투자기업에서 활용될 가능성이 높다.

제3절 보험법

I. 보험의 개념

　　보험은 화재나 사망 등 보험사고의 위험에 대비하여 보험자에게 다수인이 보험료를 지불하고, 우연한 사고를 당한 경우에 경제적 손해를 보충하기 위하여 공동자금에서 보험금을 수령할 수 있는 제도를 말한다.

　　상법은 기본적으로 손해보험과 인보험에 대하여 규정하고 있다. 보험은 목적에 따라 공보험과 사보험, 보험사고의 발생객체에 따라 재산보험과 인보험, 보험금액의 범위에 따라 손해보험과 정액보험으로 구분한다.

　　'보험계약'은 보험계약자가 보험료를 지불할 것을 다른 당사자인 보험자와 약정하고 피보험자의 재산 또는 생명 · 신체에 대하여 불확정한 사고가 발생한 경우에, 정해진 보험금액이나 기타 급여를 피보험자에게 지불하는 계약을 말한다. 보험계약은 일종의 '사행계약'이며, 유상 · 쌍무계약으로 불요식의 '낙성계약'이다. 또한 계약의 당사자에게 선의 또는 신의성실이 요구되는 선의계약에 해당된다.

　　보험자는 보험계약의 일방 당사자로 보험사고가 발생한 경우에 보험금지급의 의무를 부담하는 자를 말한다. 피보험자는 손해보험에서는 손해보상의 권리를 가지므로 보험청구권을 행사하지만, 인보험에서는 생명 · 신체에 대하여 보험의 목적이 된 자로 보험청구권을 행사할 수 없다.

　　한편 보험수익자는 인보험의 계약에서 보험금의 지급에 의무를 부담하는 보험자로부터 보험금을 받을 것으로 미리 지정된 자이다.

II. 보험약관

　　상법 제638조의 3은 보험약관의 교부 · 설명 의무에 대하여 규정하고 있는데, 보험자는 보험계약을 체결할 때에 보험계약자에게 보험약관을 교부하고 그 약관의 중요한 내용을 설명하여야 한다. 만약 보험자가 위 내용을 위반한 경우 보험계약자는 보험계약이 성립한 날부터 3개월 이내에 그 계약을 취소할 수 있다.

III. 보험의 종류

보험의 종류에는 크게 손해보험과 인보험으로 구분된다. 손해보험에는 화재보험·운송보험·해상보험·책임보험·자동차보험 등 5종이 있다.

인보험에는 생명보험과 상해보험이 있다.

특히 책임보험계약의 보험자는 피보험자가 보험기간 중의 사고로 인하여 제3자에게 배상할 책임을 진 경우에 이를 보상할 책임이 있다.

보험청구권의 소멸시효와 관련하여 보험금청구권은 3년간, 보험료 또는 적립금의 반환청구권은 3년간, 보험료청구권은 2년간 행사하지 아니하면 시효의 완성으로 소멸한다.

손해보험증권에는 다음과 같이 필요적 기재사항을 기재하고 보험자가 기명날인 또는 서명하여야 한다. 보험의 목적, 보험사고의 성질, 보험금액, 보험료와 그 지급방법, 보험기간을 정한 때에는 그 시기와 종기, 무효와 실권의 사유, 보험계약자의 주소와 성명 또는 상호, 피보험자의 주소, 성명 또는 상호, 보험계약의 연월일, 보험증권의 작성지와 그 작성년월일을 기재하여야 한다.

제4절 해상법

상법은 제5편에서 해상법에 대하여 규정하고 있다. 해상법의 주요내용은 선박, 선박의 공유 및 임대차, 해상운송, 해난구조, 선박충돌, 선박의 우선특권, 선박저당권 등에 대하여 규정하고 있다.

해상법은 선박을 중심으로 행하여지는 해상기업의 해상운송과 그로 인하여 해상에서 발생하는 손해에 해당하는 해손에 대하여 규정하고 있는 법을 말한다.

제5절 어음수표법

상인이나 기업은 경제생활에서 계속적으로 매매 등 많은 거래가 이루어지는데, 이 경우 매번 현금만으로 결제할 수 없으므로 이런 문제를 해결하기 위하여 등장한 제도가 어음과 수표이다.

어음에는 약속어음과 환어음이 있다. 약속어음은 어음의 발행인이 일정한 금액을 수취인 등 어음의 권리자에게 지급할 것을 약속하는 어음을 말한다. 환어음은 어음의 발행인이 어음에 기재된 금액을 지급해야 하는 지급인인 제3자에게, 어음기간의 만기가 도래하면 어음에 기재된 권리자인 수취인 또는 피배서인에게 어음금액을 지급할 것을 위탁하는 증권을 말한다.

수표는 수표의 발행인이 수표에 기재된 일정금액을 지급인인 은행으로 하여금 수표의 수취인 또는 피배서인이나 정당한 소지인에게 지급할 것을 위탁하는 증권을 말한다. 수표의 당사자는 발행인·수취인·지급인이다.

수표는 지급인이 은행으로 한정되어 있고, 만기가 없고 항상 일람출급이며, 수취인의 표시가 임의적 기재사항인 점에서 환어음과 구별된다.

제 7 장

행정법

제1절　행정의 성립과 의의

Ⅰ. 행정개념의 성립

행정의 영역은 사실 근대국가 이전에도 존재하였으나, 당시에는 입법·사법과 명확히 그 개념이 구별되지 않아 모두 군주의 독단적 권한으로 이해되었다.

따라서 입법·사법 등 다른 국가작용과 구별되는 오늘날과 같은 행정의 관념은 권력분립이 시작된 근대국가의 탄생과 함께 성립한 것이다.

Ⅱ. 행정의 분류

1. 형식적 의미의 행정

법률에 따라 행정부의 권한으로 인정된 행정작용은 그 성질에 관계없이 모두 행정으로 보는 것을 형식적 의미의 행정(제도상의 행정)이라 하는 바, 여기에는 성질상 입법이나 사법에 속하는 작용도 포함될 수 있다.

2. 실질적 의미의 행정

실질적 의미의 행정은 입법·사법과 구별되는 성질을 가진 국가작용을 말한다. 형식적 의미의 행정이 모두 실질적 의미의 행정에 해당되는 것은 아니며, 또한 실질적 의미의 행정이 모두 행정부의 권한에 해당되는 것도 아니다.

오늘날 행정은 너무 다양하고 복잡하기 때문에 한마디로 그 정의를 내리기가 쉽지 않다. 한편 행정은 공익을 실현하는 작용이며, 법질서 아래에서 포괄적인 제재와 통제를 받는다. 광범한 제재와 통제를 받고 있다고 하지만, 행정의 전문성 때문에 실제의 행정 영역에서는 폭넓게 재량행위의 영역이 존재한다.

III. 행정법의 법원(法源)

1. 법원의 의의와 특색

행정법의 법원은 행정법이 현실적으로 어떤 형태로 존재하며 적용되고 있는지를 나타내는 '존재형식' 내지 행정법의 '인식근거'를 말한다. 행정법의 법원은 크게 성문법원과 불문법원으로 나누어진다.

(1) 성문법주의

행정법은 행정작용과 행정작용에 따른 행정구제, 그리고 행정작용을 행하는 행정조직에 관련된 법을 말한다. 행정법은 행정권의 주체를 명시하고 있으며, 행정조직을 구성하여, 행정작용의 획일적이고 공정한 작용을 도모하고 있다. 그리고 행정구제절차를 통하여 국민의 권익보장과, 예측가능성을 보장하여 법적 생활의 안정성을 도모하기 위하여 성문법의 형태를 취하고 있다.

그러나 행정법의 규율대상은 다양하고 또한 지속적으로 변천하기 때문에 모든 행정작용을 성문법체계로 수용하는 것은 사실상 불가능에 가깝다. 따라서 행정법이 성문법의 형식으로 정비되지 않은 분야에서는 관습법·판례법 및 조리와 같은 불문법이 성문법의 미비점을 보완하는 역할을 수행하고 있다.

(2) 단일법전의 미비

행정법은 헌법·민법·형법 등과는 달리 '행정법'이라는 단일의 통일적인 법전이 존재하지 않고, 행정에 관련된 다양한 개개의 법령이 모여서 행정법을 구성하고 있다.

2. 성문법원

(1) 헌법

헌법은 국가의 최고 기본법이며, 통치권 전반에 걸쳐 국가조직과 작용을 규율하는 기본법이다. 이 가운데 행정조직과 행정작용에 관한 규정은 행정법의 최고의 법원이 된다.

(2) 법률

법치국가는 '법률에 의한 행정'을 원칙으로 하므로 국회에서 제정된 법률은 행정법의 가장 중요한 법원이 된다. 주요법률에는 행정심판법, 행정소송법, 행정절차법, 정부조직법, 지방자치법, 행정대집행법, 국가배상법 등이 있다.

(3) 조약 · 국제법규

조약이란 국가와 국가 사이의 문서에 의한 합의를 말한다. 일반적으로 승인된 국제법규는 우리나라가 당사국이 아닌 조약으로서 국제사회에서 일반적으로 그 규범성이 승인된 것과 국제관습법을 말한다. 이러한 조약과 일반적으로 승인된 국제법규가 국내행정에 관한 사항을 규율하고 있으면 행정법의 법원이 된다.

(4) 명령 · 규칙

명령이란 행정부의 행정기관에 의하여 제정되는 행정입법의 형식을 말한다. 이는 다시 법규성을 갖는가의 여부에 따라 법규명령과 행정규칙으로 나눌 수 있다. 행정규칙의 법원성에 관해서는 법원(法源)의 개념을 어떻게 보느냐에 따라 긍정설과 부정설이 대립하고 있으며, 긍정설이 다수설의 입장이다.

(5) 자치법규

자치법규는 지방자치단체가 법령의 범위 안에서 해당지역에 국한하여 적용되는 자치에 관한 규정을 말한다. 자치법규에는 지방의회에서 제정하는 '조례'와 자치단체의 장이 제정하는 '규칙'이 있다.

3. 불문법원

(1) 관습법

행정의 영역에서 지속적으로 반복된 관행이 국민의 법적 확신을 얻어 법적 규범으로 승인을 받는 경우를 행정관습법이라 한다.

관습법이 성립하기 위한 객관적 요건으로서 행정에 관한 어떠한 사실이 장기적·일반적으로 되풀이 되어 행하여져야 하며, 주관적 요건으로서 위의 관행이 일반국민의 법적 확신을 얻어야 한다. 그 외에 국가에 의한 명시적 또는 묵시적 승인이 필요한가에 관해서는 긍정설과 부정설이 대립하고 있는데, 부정설이 통설 및 판례의 입장이다.

관습법의 효력에 관해서는 성문법의 공백을 메우는 보충적 효력만을 갖는다는 설과, 성문법을 개폐할 수 있는 효력까지 갖는다는 설이 대립하고 있는데, 보충적 효력설이 다수설이라 할 수 있다.

관습에는 행정선례법과 민중관습법이 있다. 행정선례법은 행정청의 선례가 반복되면서 국민의 법적 확신을 얻은 것을 말한다. 민중관습법은 공법관계에 관한 일정한 관행이 사회생활에서 지속적이고 반복적으로 계속됨으로써 국민의 법적 확신을 통하여 법으로 효력을 얻은 경우이다.

(2) 판례법

판례법은 명문화된 조항으로 존재하는 법령과는 달리 유사 사례에 대한 판례가 누적되면서 법과 마찬가지의 효력을 가지게 된 것을 말한다.

행정사건에 대한 법원의 판결은 직접적으로는 문제된 분쟁의 해결을 목적으로 하는 것이지만, 그 판단과정 중에 나타난 법의 해석·적용은 장래의 법의 해석·운용에 기준이 되기 때문에 간접적으로 판례의 법원성이 인정된다.

법원의 축적된 판례에 대하여 법령과 마찬가지의 효력을 인정하는 판례법 위주인 영미법계 국가는 판례가 행정법의 법원이 된다. 그러나 성문법주의를 원칙으로 하는 대륙법계 국가는 판례가 법과 동일한 구속력을 가질 수 없으므로 판례의 법원성에 관하여 논란이 있다.

우리나라는 성문법주의를 원칙으로 하며, 법원조직법에 따라 상급법원의 판결은 당해사건에 관하여만 하급심을 기속하는 효력을 가진다. 법원의 판례는 변경이 가능하므로 이론상 하급법원은 상급법원의 판결에 구속되지 않는다. 그러나 대법원판례가 가지는 하급법원의 판결에 대한 현실적 구속력은 무시할 수 없으므로, 대법원판례는 법령과 대등한 규범으로 기능하여 하급심의 판결에 영향을 미친다. 따라서 종전의 판례에 따르지 않은 판결은 최종적으로 대법원에 의해 파기될 가능성이 크기 때문에 사실상 하급법원은 이미 내려진 대법원의 판례를 존중하지 않을 수 없다.

(3) 조리

조리는 사회일반의 정의와 형평의 관점에서 볼 때 당연하다고 인정되는 것을 말한다. 조리는 법의 일반원칙 또는 사물의 본질적 법칙을 의미한다. 조리는 법령해석에서 의문이 있는 경우에 법해석의 기본원리로서 작용하고, 법령의 규정상 불비점이 있는 경우에는 이를 보충하는 역할도 수행한다.

조리 외에 일반적으로 행정법에서 거론되는 법의 일반원칙에는 신의성실의 원칙, 비례의 원칙, 평등의 원칙, 신뢰보호의 원칙, 보충성의 원칙, 과잉급부금지의 원칙, 부당결부금지의 원칙, 행정의 자기구속의 원칙, 실권의 법리, 권한남용의 금지원칙등이 있다.

제2절 통치행위

I. 통치행위의 의의

전통적으로 통치행위는 고도의 정치성을 띠고 있는 어떠한 국가의 행위가 법적 효과를 수반하는 경우에 이에 대한 법적 판단이 가능함에도 불구하고, 사법심사의 대상에서 제외되는 행위를 말한다.

통치행위는 고도의 정치적 판단 때문에 특별히 사법심사의 대상에서 제외되는 행위이므로, 모든 국가작용은 예외 없이 사법심사의 대상이 되어야 하는 법치주의국가에서는 그 영역이 좁아질 수밖에 없다.

II. 통치행위의 역사

프랑스는 행정심판소의 판례를 중심으로, 영국은 국왕의 대권을 근거로, 미국은 권력분립을 이유로 정치적 문제에 대해서는 사법권의 자제가, 독일에서는 주로 학설을 통해서 통치행위에 대한 이론이 발전하여 왔다.

1. 통치행위긍정설

통치행위긍정설에서 사법부 자제설은 사법부는 가급적 정치적 사건에 개입하는 것을 기피하므로 정치적 판단에 대한 심사를 스스로 자제 한다는 입장이다.

재량행위설은 사실 통치행위는 국가최고기관의 정치적 재량에 맡겨진 것이므로 사법심사의 대상이 되지 않는다는 입장이며, 권력분립설은 권력분립의 원칙에서 통치행위는 정부·의회 등에 의해서 정치적으로 해결되어야 한다는 입장이다.

2. 통치행위부정설

현대 민주국가에서는 법치주의가 전면적으로 실시되고 행정소송에 있어서 개괄주의가 인정되므로, 모든 행정작용은 사법심사의 대상이므로, 사법심사를 받지 않는 통치행위는 인정될 수 없다는 입장이다.

Ⅲ. 우리나라의 통치행위

1. 헌법의 규정

현행 헌법 제64조 4항은 국회의원의 자격심사·징계·제명처분에 대해서는 법원에 제소할 수 없다고 규정하고 있다. 일반적으로 통치행위의 개념을 인정하고 있으며, 통치행위로서 거론되는 유형에는 다음과 같은 행위들이 거론된다. 대통령의 외교에 관한 행위, 사면권의 행사, 영전의 수여, 긴급명령, 계엄의 선포, 국무총리 및 국무위원의 임명, 법률안거부권의 행사 등이 있다.

2. 판례

대통령의 계엄선포행위는 고도의 정치성을 띤 행위이므로 사법심사의 대상이 되지 않는다는 것이 대법원 판례의 입장이다 (대판, 1979. 12. 7. 79 초 70).

3. 통치행위의 한계

고도의 정치성을 띠고 있는 통치행위를 광범위하게 인정하면 법원에 의한 국민의 권리구제가 소홀할 수 있으므로, 오늘날은 일반적으로 통치행위의 범위와 그 개념을 가능한 좁게 해석하는 경향이 강하다.

제3절 행정법의 의의와 성질

I. 행정법의 성립

'행정'의 의미와 개념이 역사적 소산인 것처럼 '행정법'도 근대 국가의 소산이다. 그러나 법체계를 달리하는 대륙법계국가와 영미법계 국가 사이에는 행정의 개념을 둘러싸고 그동안 많은 차이점이 존재하고 있는 바, 행정법은 주로 프랑스·독일을 중심으로한 유럽의 대륙법계국가에서 성립·발전되어 왔다고 할 수 있다.

1. 대륙법계국가

행정법이 대륙법계국가에서 먼저 성립하게 되었던 배경이 된 전제로서 '법치주의사상'과 '행정제도'를 들 수 있다.

법치주의사상은 국가의 작용은 국민의 대표기관인 의회가 제정한 법률에 따라야 한다는 사상이다. 법치주의사상의 발달은 근대행정법의 성립을 위한 불가결의 전제조건이라 할 수 있다. 즉, 법치주의사상이 행정의 영역에 표현된 것이 '법률에 의한 행정'의 원리이고, 그 때문에 행정법이 성립하게 된 것이다.

한편 행정제도는 사법권의 부당한 간섭으로부터 행정권의 자주적인 독립성을 확보하기 위한 제도를 말한다. 역사적으로는 프랑스에 있어서 행정부와 사법부의 대립을 통하여 발전하였고, 행정부가 일반법원의 통제로부터 벗어나기 위하여 행정심판소가 설치되었다. 이러한 행정제도를 기반으로 사법과 구별되는 행정법이 발전하였다.

2. 영미법계국가

영미에서는 보통법에 의한 지배가 원칙이며 행정사건도 일반법원에서 심사하여 사법과 구별되는 공법의 관념이 성립될 여지가 없었다.

그러나 현대사회에서는 행정권의 확대현상에 따라 다양한 행정위원회가 출현하였으며, 오늘날에는 행정법이 중요한 연구대상이 되었다.

II. 행정법의 의의

1. 조직·작용의 국내공법

일반적으로 행정법은 행정에 관한 법을 말한다. 행정법은 행정의 조직과 작용에 관한 법인 점에서 입법의 조직과 작용에 관한 법인 입법(국회)법 및 법원의 조직과 작용에 관한 사법(법원조직법)법과 구별된다.

행정의 의미 및 범위에 대해서는 견해가 구분된다. 실질적 의미의 행정은 특히 다른 법률에 규정되어 있더라도 행정에 포함되며, 형식적 의미의 행정은 비록 그것이 성질상 입법 및 사법에 속하더라도 행정에 포함된다고 본다.

2. 공법

행정법은 행정에 관한 모든 법률관계를 포괄하는 것이 아니라, 행정에 관한 공법상의 법률관계만을 규율대상으로 한다. 즉, 행정의 법률관계는 권력관계·관리관계·사경제 활동관계 등이 있는데, 특히 권력관계와 관리관계를 규율하는 법을 행정법에 속하는 공법이라 할 수 있다.

3. 국내공법

넓은 의미의 행정에는 국내행정만이 아니라 국제행정도 포함되는데, 후자는 국제법의 규율을 받으므로 행정법은 원칙적으로 국내행정만을 규율대상으로 한다.

III. 행정법의 특수성

1. 형식

(1) 성문법주의

행정법은 국민의 권리·의무에 관하여 규율하는 경우가 많다. 그리고 행정법은 국민으로 하여금 장래에 대한 예측을 가능하게 하여 법률생활의 안정을 기할 수 있도록 성문법의 형식을 취한다.

(2) 형식의 다양성

행정현상은 매우 광범위하고 다양하기 때문에 행정법이라는 단일법전의 형태로 존재하지 않고, 국가공무원법·지방공무원법·국가배상법·행정소송법·토지관계법 등과 같은 여러 법들이 모여 하나의 행정법체계를 이루고 있다. 또한, 법률 이외에 위임명령·집행명령·조례·규칙 등의 형식으로도 존재한다.

2. 내용

(1) 행정주체의 우월성

행정주체가 사인에 대하여 행하는 명령·강제권은 행정주체의 우월성을 전제로 하는 것이다. 다만 이러한 행정주체의 우월성은 행정주체에 고유한 본래의 성질이라 할 수 없으며, 행정의 실효성을 위하여 법률이 행정주체에 대하여 부여하고 있는 것에 지나지 않는다.

(2) 공익우선성

행정법은 공공의 이익에 기여하는 행정목적을 효율적으로 달성하기 위하여 개인의 이익보다는 공공의 이익에 더 큰 가치를 두고 있다.

(3) 집단평등성

행정법은 법률의 적용에 있어 일반적으로 다수인을 규율대상으로 하며 그 다수인 간에 법적 평등이 보장되도록 하여야 한다. 이러한 이유로 행정법의 규율내용이 국민들에게 동등하게 적용되어야 하므로 정형화되는 경향이 있다.

3. 성질

(1) 획일 · 강행성

행정법은 행정목적으로 효율적으로 달성하기 위하여 다수인을 상대로 공공의 견지에서 개개인의 의사를 묻지 않고 획일 · 강제적으로 규율함을 원칙으로 한다.

(2) 기술성

행정법은 현대 사회의 복잡하고 다양한 행정목적을 합목적적으로 공정하게 실현하기 위한 수단을 정한 것이므로 기술적 · 수단적 성질을 가진다.

(3) 재량성

행정법은 행정목적의 구체적 타당성 있는 실현을 위하여 행정청에 광범한 재량권을 부여하는 경우가 많다.

Ⅳ. 행정법의 지도원리

1. 민주주의

우리나라는 민주공화국이다(헌법 제1조 1항). 따라서 행정조직 및 행정작용도 민주적이어야 한다. 이를 위해서 공무원은 국민전체에 대한 봉사자이며 국민에 대하여 책임을 진다고 규정하고 있으며 (헌법 제7조 1항), 지방자치의 실시 (헌법 제8장), 국민의 행정참가(각종 청문제도) 등을 보장하고 있다.

2. 법치주의

모든 국가작용은 의회가 제정한 법률에 의하여 행하여져야 한다는 것이 법치주의인데, 행정 또한 국가작용의 일종이기 때문에 법에 적합하게 행사되어야 하는 바, 이를 특히 법치행정의 원리라고 한다.

3. 복지국가

복지국가는 모든 사람이 인간다운 생활을 할 수 있는 사회적 정의가 실현되는 국가체제를 의미한다. 복지국가의 행정은 소극적으로 질서유지기능에 머무르지 않고 국민의 복리증진을 위한 적극적 기능까지 담당한다. 우리나라 헌법 제34조는 '① 모든 국민은 인간다운 생활을 할 권리를 가진다. ② 국가는 사회보장·사회복지의 증진에 노력할 의무를 진다.'고 규정하여 복지국가의 원리를 채택하고 있다.

V. 법치행정의 원리

1. 개념

입헌주의 이전의 군주국가에서는 국가권력이 군주의 자의에 의하여 행사되면서 국민의 자유와 권리가 침해를 받았다. 근대입헌주의 이래 '모든 국가작용'은 국민의 대표기관인 의회가 제정한 법률의 통제를 받도록 하였는데 이것이 바로 법치주의이며, 특히 행정이 법에 의하여 행해져야 한다는 것을 법치행정의 원리라고 한다.

2. 구분

(1) 형식적 법치주의

대륙법계 국가의 법치주의는 '법률의 지배'를 의미하는데, 그 내용적 타당성 여부를 묻지 아니하고 법률에 의한 행정을 강조하기 때문에 국민의 권리보장도 형식적일 수 있다. 이는 '행정부에 대한 입법부의 우위'를 의미한다.

(2) 실질적 법치주의

영미법계 국가에서 실질적 법치주의는 '내용적으로 타당한 법의 지배'(rule of law)를 근간으로 하므로 국민의 권리도 실질적으로 보장될 수 있었다. 이는 국회가 제정한 법률의 내용적 타당성 여부에 대한 위헌법률심사제도를 전제로 하기 때문에, 제2차 대전 후 대륙법계 국가에서도 헌법에 적합한 법률의 지배를 기초로 하는 실질적 법치주의를 채택하게 되었다.

3. 법치주의행정의 내용

법치행정에는 '법률우위'와 '법률유보'의 원칙이 그 주된 내용이 된다.

(1) 법률우위의 원칙

법률우위는 함은 헌법과 법률이 행정에 우월함을 의미한다. 다시 말하면 행정은 헌법과 법률에 위반해서는 안 된다는 것을 의미한다. 따라서 행정이 법을 위반한 경우에는 그의 효력이 부인되며, 그에 대한 책임(국가배상 등)을 지게 된다. 이러한 법률우위의 원칙은 행정의 모든 영역에 적용된다.

(2) 법률유보의 원칙

법률유보의 원칙은 행정작용을 하기 위해서는 법률의 근거가 요구된다는 원칙을 의미한다.

VI. 행정법의 효력

1. 시간적 효력

(1) 시기

법령은 일반적으로 시행일에 관하여 특별한 규정이 없는 한 '공포한 날'로부터 20일을 경과함으로써 효력을 발생한다. 공포한 날이라 함은 그 법령 등을 게재한 관보 또는 신문이 '발행된 날'을 의미한다. 발행된 날의 기준시점에 대해서는 학설이 대립하고 있는데, 최초구독가능시설이 통설·판례의 견해이다.

(2) 소급효금지의 원칙

당사자에게 이익을 주는 법령의 소급적용은 무방하나, 당사자에게 불이익한 법령의 소급적용은 금지된다. 다만 계속되는 사실에 대한 신법적용은 허용된다.

(3) 효력의 소멸

유효기간을 정하고 있는 법령은 그 기간이 경과하면 당연히 효력을 상실한다. 그 밖에 상위 또는 동위의 법령에 의한 개폐나, 내용적으로 저촉되는 법령의 제정에 의하여 효력을 상실한다.

2. 장소적 효력

(1) 원칙

행정법규는 원칙적으로 이를 제정한 기관의 권한이 미치는 지역 내에서만 효력을 가진다. 즉, 법률 및 대통령령·총리령·부령은 전국에 걸쳐 효력을 가지나, 지방자치단체의 조례·규칙의 적용범위는 당해 자치단체의 관할구역 내에서만 효력을 가지는 것이 일반적 원칙이다.

(2) 예외

국제법상 특권을 가지는 자가 사용하는 토지·시설에는 행정법규의 적용이 제한된다. 국가의 법률 또는 명령이면서 특정지역에만 효력을 가지는 경우도 있다. 특정지역개발촉진에 관한 특별조치법, 제주특별자치도법 등이 그 예이다. 자치법규가 관할구역을 넘어 적용되는 경우도 있다.

예컨대, 타지방자치단체의 관할구역에 공공시설을 설치한 경우에 당해 시설을 설치한 지방자치단체의 법규가 적용되는 경우이다.

3. 인적 효력

(1) 원칙

행정법규는 원칙적으로 그 적용지역에 있는 모든 사람 (자연인·법인·내국인·외국인)에게 적용된다. 그리고 외국에 있는 내국인에게도 적용된다.

(2) 예외

국제법적 특권이 인정되는 외국의 원수·외교사절에게는 원칙적으로 우리나라의 법이 적용되지 않으며, 한미행정협정에 따라 주한미군 구성원에게도 적용이 제한된다. 외국인도 원칙적으로 국내법의 적용을 받으나, 특별히 외국인에 대해서는 적용을 배제 또는 제한하고 있는 경우도 적지 않다.

제4절 행정의 법률관계

I. 법률관계의 의의

행정의 법률관계는 행정주체를 일방 당사자로 하는 행정에 관한 모든 법률관계를 말한다. 행정의 법률관계는 공법의 규율인지, 사법의 규율인지에 따라 '행정의 공법관계'(행정법관계)와 '행정의 사법관계'로 나누어진다. 이것은 공법과 사법의 구별을 전제로 하는 것이므로 먼저 공법·사법의 구별의 문제부터 고찰할 필요가 있다.

II. 공법관계

1. 공법

행정법은 '공법'에 속하므로, 행정법관계는 행정상의 공법관계만을 의미한다. 이러한 공법으로서의 행정법의 출현은 특별히 국가의 우월적 지위를 보장시키고자 하는 대륙법계국가의 정치적 이데올로기의 산물이었다. 그러나 오늘날 공법과 사법의 구별은 행정과 개인 사이의 관계에 있어서는 행정목적의 효율적 달성을 위하여 특수한 법적 규율을 해야 되는 행정법의 기술적인 요구에서 찾을 수 있다.

2. 공법원리

우리나라에서는 '쟁송절차의 결정' 및 '적용법규 내지 법원칙의 결정'을 위하여 공·사법의 구별이 필요하다. 공법관계에 관한 쟁송은 행정쟁송이고, 사법관계에 관한 쟁송은 민사쟁송이다. 또한 공법관계에는 공법규정과 공법원리가 적용되고, 사법관계에는 사법규정과 사법원리가 적용된다.

3. 공·사법의 구별문제

순수법학의 입장에서는 공법관계도 권리·의무관계인 점에서 사법관계와 본질적인 차이가 없다는 점을 중시하여 공·사법의 구별을 부인하고 있다(법일원론). 그러나 현행 실정법은 공법과 사법의 구별이 가능하다. 구별의 기준에 대하여는 학설이 대립한다.

주체설은 행정주체를 일방당사자로 하는 법률관계를 규율하는 법이 공법이고, 개인 사이의 법률관계를 규율하는 법이 사법이다. 종속설(성질설)은 상하관계에 적용되는 법이 공법이고, 대등관계에 적용되는 법이 사법이다.

이익설은 공익을 목적으로 하는 법이 공법이고, 사익을 목적으로 하는 법이 사법이다. 생활관계설은 정치적 생활관계를 규율하는 법이 공법이고, 민사적 생활관계를 규율하는 법이 사법이다.

귀속설(신주체설)은 공권력의 담당자에 대해서만 권리·의무를 귀속시키는 법이 공법이고, 누구에게나 권리·의무를 귀속시키는 법은 사법으로 보는 입장이다. 복수기준설은 공법과 사법의 구별은 어느 하나의 기준을 통해서가 아니라 여러 가지 기준을 통해서 해야 한다는 입장이며, 우리나라의 지배적인 견해이기도 하다.

4. 공·사법의 혼합관계

공법과 사법의 구별은 본질적이고 절대적인 것이 아니라 역사적·상대적인 것이라 할 수 있다. 따라서 공법과 사법은 서로 배타적인 것이 아니라 다음과 같이 상호 밀접하게 관련되어 있다.

예컨대 공법행위에 의하여 사법적 효과를 발생시키는 경우가 있다(공법행위인 광업허가에 의하여 사권인 광업권이 설정되는 것). 공법행위가 사법상 법률행위의 요소가 되는 경우가 있다. (공익사업의 양도에 행정청의 인가를 요하는 것). 공법에 의해 사법상의 행위가 제한되는 경우가 있다. (각종 건축이 관계법규에 의해 제한·단속을 받는 것). 행정상의 법률관계가 공법관계와 사법관계로 구분되지 않고, 서로 혼재하는 경우도 있는데, 이를 공·사법혼합관계라고 한다. 공법이 부족한 부분에는 공법관계에 사법규정을 유추하여 적용하는 경우도 있다.

5. 구별기준

법규가 명문으로 행정상의 강제집행, 행정벌, 행정상의 손해배상·손실보상, 행정쟁송, 사권의 제한 등을 인정하고 있는 경우에는 원칙적으로 공법관계라고 볼 수 있다.

Ⅲ. 행정상 법률관계의 종류

행정상의 법률관계는 협의로는 행정주체인 국가 또는 공공단체와 그 상대방인 사인 사이의 법률관계(행정작용관계)를 말하며, 광의로는 그 외에 행정조직관계(행정조직내부관계 및 행정주체 간의 관계)도 포함한다.

1. 행정작용관계

(1) 권력관계

권력관계는 행정주체가 개인에 대해 우월한 지위에서 공권력을 행사하는 법률관계를 말한다. 권력관계에는 원칙적으로 공법 및 공법원리가 적용되며, 그에 관한 분쟁은 행정쟁송의 대상이 된다. 이러한 권력관계는 경찰행정·보건행정 등과 같은 전통적인 질서행정 분야에서 많이 발견되는데, 공법적 성질이 가장 현저하므로 '본래적 의미의 공법관계'라고도 한다.

(2) 관리관계

행정주체가 우월한 지위에서 행하는 것이 아닌 점에서는 사법관계와 다름이 없으나, 그 작용의 목적·효과가 직접 공공성을 지니므로 특별한 규율이 필요한 법률관계를 말한다. 따라서 관리관계에는 원칙적으로 사법 및 사법관리가 적용되지만, 공공성으로 인해 특별한 규율을 하고 있는 경우에는 그 범위에서 공법 및 공법원리가 적용된다. 즉, 관리관계는 사법관계를 수정·보완하는 관계라고 할 수 있다. 관리관계는 급부행정의 분야에서 많이 행해지며, 영조물의 경영·공물의 관리가 그 대표적인 예이다.

(3) 사법관계

행정주체가 사인과 동일한 지위에서 행하며 특별한 공공성도 띠지 않는 법률관계가 있는데, 이를 행정상의 사법관계라 한다. 이러한 경우에 행정주체의 행위는 사법 및 사법원리의 적용을 받고, 그에 관한 법률상의 분쟁은 민사소송의 대상이 된다.

국가가 사인과 동일한 지위에서 행하는 작용을 '사경제작용' 또는 '국고작용'이라고 한다.

2. 행정조직관계

(1) 조직내부관계

상급청과 하급청과의 관계, 대등행정청 간의 관계, 기관위임사무에 관한 주무장관과 지방자치단체의 장과의 관계가 대표적인 예이다. 이 관계는 권리·의무의 관계가 아니라 직무권한·기관권한의 행사관계로서의 성질을 가지기 때문에, 이에 관한 분쟁은 '기관소송'에 의하며, 법률에 특별한 규정이 있는 경우에만 제소할 수 있다.

(2) 행정주체의 상호관계

국가와 지방자치단체의 관계(감독관계·원조관계), 지방자치단체 상호간의 관계 (협의·사무위탁 등)가 여기에 해당한다.

Ⅳ. 행정법관계의 특수성

1. 의의

행정법관계, 특히 권력관계는 행정주체가 우월한 지위에서 공권력을 행사하는 법률관계이므로, 대등한 당사자 사이의 자율적 의사에 따라 형성되는 사법관계와는 여러 가지 다른 특수성이 있다.

이것을 행정법관계의 특질 또는 특수성이라고 한다. 행정법관계에 있어서의 이러한 특성은 행정목적의 효율적 달성을 위하여 실정법에 의하여 특별히 부여된 것이지, 행정법관계에 본질적으로 내재하는 것은 아니다.

2. 특수성의 내용

(1) 공정력

행정주체의 의사는 그 성립에 흠이 있을지라도 권한 있는 기관에 의하여 취소될 때까지는 계속해서 효력을 가지는데, 이를 공정력이라 한다.

(2) 존속력

1) 불가쟁력

행정법관계는 쟁송제기기간이 경과하거나 심급을 다 거친 경우에는 더 이상 쟁송으로 다툴 수 없게 되는 데, 이러한 효력을 불가쟁력이라 한다.

2) 불가변력

준사법적 행위 · 확인적 행위 등 일정한 행정청의 의사표시(행정행위)는 행정청이 그것을 자유로이 취소 · 변경시킬 수 없는 경우가 있는데, 이를 불가변력이라 한다.

(3) 강제력

1) 자력집행력

행정주체는 권력관계에 있어서 법원 등 타인의 힘을 빌리지 않고 스스로의 힘에 의하여 국민에게 요구되는 행정상 의무를 강제집행을 통하여 확보할 수 있다.

2) 제재력

행정주체는 국민이 행정상 의무를 위반하는 경우에 행정벌, 그 밖의 제재를 과할 수 있다.

(4) 권리 · 의무의 상대성

사법관계에서 권리 · 의무는 상호 반대의 이해관계에 놓여 있는데 반해, 공법관계에서의 권리 · 의무는 모두 공익을 위해 인정되는 것이므로 양자는 상대적 관계에 놓여 있다고 할 수 있다.

(5) 구제수단의 특수성

1) 손해보전

행정법관계에 있어서 국민이 적법한 행정작용으로 인하여 재산권을 침해당한 경우에는 행정상의 손실보전제도(헌법 제23조 3항)에 의하여, 그리고 위법한 행정작용으로 인하여 재산권을 침해당한 경우에는 국가배상제도(헌법 제29조)에 의하여 그 손해를 배상받는다.

2) 행정쟁송

행정법관계에 있어서 다툼이 있는 경우에는 행정쟁송(행정심판 및 행정소송)의 대상이 된다. 우리나라의 행정소송은 일반법원에서 담당하지만, 제1심을 행정소송전담법원으로 하고 행정심판전치주의가 적용되며 제소기간이 제한되는 등 여러 가지 특수성을 가지고 있다.

V. 행정법관계의 당사자

1. 행정주체

행정법관계에 있어서 행정권을 행사하고, 그의 법적 효과가 궁극적으로 귀속되는 당사자를 행정주체라고 한다. 행정주체에는 국가·공공단체(지방자치단체·공공조합·영조물법인·공익재단) 및 공무수탁사인이 있다.

(1) 국가

국가는 하나의 독립된 법인격을 가지며 행정권이 근원적으로 존재하는 곳이기 때문에 당연히 행정주체가 된다. 현실적으로 국가적으로 소재하는 곳이기 때문에 당연히 행정주체가 된다. 현실적으로 국가의 행정사무는 행정조직을 통하여 행사되는데, 국가를 위해 실제로 행정사무를 담당·수행하는 역할을 하는 자를 '행정기관'이라 한다. 행정기관은 독립된 법인격이 인정되지 않기 때문에 행정주체가 아니며, 그가 행한 행위의 법적 효과는 국가에 귀속된다.

(2) 공공단체

공공단체의 행정주체로서의 지위는 시원적인 것이 아니라 국가로부터 전래된 것이라는 데에 특색이 있는데, 그 종류는 다음과 같다.

1) 지방자치단체

행정주체로서의 지방자치단체에는 보통지방자치단체(서울특별시·광역시·도·시·군·자치구)와 특별지방자치단체(지방자치단체조합)가 있다.

2) 공공조합(공법상 사단법인)

공공조합은 특수한 사업을 수행하기 위하여 일정한 자격을 가진 사람(조합원)에 의해 구성된 공법상의 사단법인이다. 농업협동조합·상공회의소 등이 이에 해당한다.

3) 영조물법인

영조물법인이란 법인격을 취득한 영조물을 의미하는데, 여기에서 영조물이란 행정주체에 의하여 특정한 공적 목적에 계속적으로 봉사하도록 정해진 인적 · 물적 수단의 종합체를 말한다. 이 점에서 보통 물적 시설만을 의미하는 공공시설과 구분할 필요가 있다.

그리고 영조물 가운데 국립대학 · 국립도서관 등과 같이 독립한 법인격을 취득하지 못한 것은 행정주체가 아님을 유의하여야 한다. 서울대학교병원 등이 영조물법인의 대표적인 예이다.

4) 공익재단(공법상 재단)

공익재단이라 함은 재단설립자에 의하여 출연된 재산을 관리하기 위해 설립된 공공단체이다. 공익재단에는 직원 및 수혜자는 있으나 구성원은 없는 점에 특징이 있다.

(3) 공무수행사인

일반적으로 사인은 행정객체의 지위에 있지만, 특별히 행정권한을 위임받아 행사하는 경우에는 행정주체가 되는 바, 이를 공무수탁사인이라 한다. 예컨대, 사인이 별정우체국의 지정을 받아 우정업무를 수행하는 경우, 사인이 기업자로서 토지수용을 하는 경우, 사법인이 그의 직원으로부터 소득세를 원천징수하는 경우, 사립대학의 총장이 학위를 수여하는 경우, 상선의 선장이 경찰사무를 집행하는 경우 등을 들 수 있다.

2. 행정객체

행정주체에 의한 공권력행사의 상대방을 행정객체라고 한다. 사인과 사법인이 행정객체가 됨이 보통이나, 공공단체도 국가나 다른 공공단체에 대한 관계에서는 행정객체가 될 수 있다. 행정법관계의 당사자는 행정주체와 행정객체로 구별하여 명령 · 복종관계로 이해하였으나, 현대행정에서는 사인이 행정에 관여 · 협력하는 기회가 많아짐에 따라 양자는 상호 협력관계에 놓이는 경우가 많다. 그러나 국가는 행정객체가 될 수 없다.

VI. 행정법관계의 내용

1. 공권

(1) 공권개념

공권이란 공법관계에 있어서 직접 자기를 위하여 일정한 이익을 주장할 수 있는 법적인 힘을 말한다. 이러한 점에서 법이 단순히 공익의 목적을 위해 규정한 결과 사인이 받는 이익인 '반사적 이익'과 구별된다. 즉, 공권이란 법률상 주장할 수 있는 힘이기 때문에 공권이 침해된 경우에는 행정소송에 의한 구제를 받을 수 있지만, 단순한 반사적 이익의 침해에 불과한 때에는 행정소송의 대상이 되지 않는다.

(2) 종류

1) 국가적 공권

국가적 공권이란 행정주체가 우월한 지위에서 개인 또는 단체에 대하여 가지는 권리를 말한다. 이러한 국가적 공권은 목적을 표준으로 하여 조직권·형벌권·경찰권·통치권·공기업특권·공용부담특권·재정권·군정권 등으로 나눌 수 있고, 내용을 표준으로 하명권·강제권·형성권·공법상의 물권 등으로 나눌 수 있다.

2) 개인적 공권

개인적 공권은 개인 또는 단체가 행정주체에 대하여 가지는 공법상의 권리를 말한다. 개인적 공권은 자유권·사회적 기본권·청구권적 기본권·참정권 등과 같은 헌법상의 기본권이 주종을 이루는데, 그 밖에 무하자재량행사청구권·절차적 공권·행정개입청구권 등이 주목을 받고 있다.

(3) 공권의 특수성

공권은 오로지 권리자의 개인적 이익을 위해서만 인정되는 것이 아니라 공익목적에 합치되기 때문에 인정되는 것이다. 따라서 이러한 공권의 상대성으로 인하여 사권에 비해 여러 가지 특수성이 있다.

1) 국가적 공권의 특수성

국가적 공권은 지배권으로 일방적인 명령·강제·형성을 주된 내용으로 하는 동시에, 행위에 공정력·존속력·강제력 등의 특수한 효과가 부여되는 것이 보통이다.

2) 개인적 공권의 특수성

사권은 일신전속적인 것을 제외하고는 원칙적으로 자유롭게 이전할 수 있으나, 공권은 공익적 견지에서 인정되는 것이기 때문에 이전이 금지되거나(연금청구권의 이전금지) 관계행정청의 허가 또는 인가를 받아 이전하도록 하는 경우(하천점용권의 양도)가 많다.

공권의 포기도 제한되는데, 공권은 공익에 미치는 영향이 크기 때문에 사전포기가 불가능한데, 자유권·선거권·연금권·재판권 등이 그 대표적인 예이다. 그러나 국가배상청구권·손실보상청구권·공무원의 여비청구권 등과 같이 주로 권리자의 경제적 이익을 위해 인정되고 있을 뿐만 아니라, 그 포기가 공익과 타인의 이익에 현저한 영향을 미치지 않는 것일 때에는 포기가 인정된다. 포기가 인정되지 않는 경우에도 그 공권을 사실상 불행사하는 것은 무방하다.

한편 공권이 침해된 경우에는 '행정소송'에 의하여 그 구제를 청구할 수 있다.

(4) 개인공권의 성립요건

반사적 이익과 구별되는 공권의 성립요건으로서 강행법규의 존재, 사적 이익의 보호, 의사력 또는 법상의 힘의 존재 등이 있다. 그러나 오늘날에는 의사력의 존재는 중요성이 약하여 나머지 2요소만으로 충분한 것으로 인식되고 있다.

반사적 이익에 불과하다고 인식되던 것이 오늘날에는 '재량권의 영으로의 수축이론'

등을 통하여 공권으로 인정되는 것이 많은데, 이는 국민의 권익보장을 위한 공권이 확대되는 경향을 말한다.

2. 공의무

(1) 개념 및 종류

공의무는 공권에 대응하는 개념으로서, 공익을 위한 공법상의 의사의 구속을 말한다. 공의무는 주체에 따라 국가적 공의무와 개인적 공의무로 나누어지며, 성질에 따라 작위의무 · 부작위의무 · 급부의무 · 수인의무 등으로 나누어진다.

(2) 특수성

개인적 공의무는 법령이나 행정주체의 일방적인 행위에 의하여 과해지는 경우가 많으며, 의무의 불이행에는 원칙적으로 행정권의 자력집행이 인정된다. 또한, 그 공공적 성질로 인해서 이전이나 포기가 제한되는 것이 많으나, 납세의무와 같이 순수한 경제적 성질의 것은 이전 · 상속 · 대행이 가능하다고 본다.

Ⅶ. 특수행정법관계

1. 의의 및 연혁

특수행정법관계는 일반권력관계에 대응하는 개념으로서, 특별한 법률원인에 의거하여 일정한 공법상의 목적에 필요한 범위 내에서 일방이 상대방을 포괄적으로 지배하고, 상대방은 이에 복종함을 내용으로 하는 법률관계를 말한다.

2. 특수행정법관계의 종류

(1) 공법상의 근무관계

국가와 국가공무원, 지방자치단체와 지방공무원간의 근무관계가 이에 해당한다.

(2) 공법상의 영조물이용관계

국공립학교학생의 재학관계, 전염병 환자의 국공립병원에의 강제입원관계, 국공립도서관의 이용관계 등이 이에 해당한다. 국립극장·시영버스 등의 이용은 순수한 사경제작용의 성질을 가지기 때문에, 공법관계인 특별권력관계에 속하지 않는다.

(3) 공법상의 특수신분관계

공공단체·특허기업자·공무수탁사인이 국가의 특별한 감독을 받는 관계가 이에 해당한다.

(4) 공법상의 사원관계

공공조합과 그 조합원의 관계가 대표적 예이다.

3. 특수행정법관계의 성립원인

(1) 법률의 규정

직접 법률의 규정에 의하여 특수행정법관계가 성립하는 경우가 있는데, 수형자의 교도소수감(행형법 제1조·8조)·병역의무자의 입영(병역법 제4조)·전염병환자의 강제입 원(전염병예방법 제29조) 등이 그 예이다.

(2) 상대방의 동의

특수행정법관계는 상대방의 동의에 의해서도 성립하는데, 이는 다시 그 동의가 자유로운 의사에 의한 것으로, 공무원관계의 설정·국공립학교에의 입학·국공립도서관의 이용 등과 동의가 법률에 의하여 강제되어 있는 것(학령아동의 초등학교 입학)으로나눌 수 있다.

4. 특수행정법관계에서의 권력 및 그 한계

(1) 특수행정법관계의 권력

특수신분관계의 목적을 실현하기 위하여 인정되는 권력은 다음의 두 가지로 나누어 볼 수 있다.

1) 명령권

특수행정법관계의 주체는 당해 특별권력관계의 목적달성에 필요한 명령·강제를 할 수 있다. 그의 발동형식은 '일반적·추상적 형식'을 취하는 경우(영조물규칙·공무원복무규칙)와 '개별적·구체적 형식'을 취하는 경우(공무원에 대한 상사의 직무명령)로 구별된다. 특히 전자를 행정규칙이라 하는데, 전통적 이론에서는 그 법규성을 부인하였으나 법규성을 인정할 것인가에 관해서는 학설의 대립이 있다.

2) 징계권

특수행정법관계의 질서를 유지하기 위하여 질서위반에 대해서는 징계처분을 할 수 있는데, 이를 위한 벌이 징계이다. 징계는 그 목적·성질에 비추어 일정한 한도가 있다. 특히 특수행정법관계의 성립이 상대방의 동의에 의한 경우에 징계의 영역은 특수신분관계로부터 배제하고 그 이익을 박탈하는 데 그쳐야 한다.

(2) 특수행정법관계의 한계

특수행정법관계는 특별한 목적을 위해 성립되는 것이므로 특별권력은 당해 목적을 달성하기 위하여 필요한 범위 내에서만 행사되어야 한다. 이에 관하여 가장 문제되는 것은 특수행정법관계 내에서는 헌법상의 기본권도 개별적인 법률의 근거 없이 제한할 수 있느냐 하는 것이다. 과거의 전통적 이론에서는 이를 긍정하였으나, 오늘날에 와서는 특수행정법관계 내에서도 기본권을 제한하기 위해서는 반드시 법률의 근거가 있어야 한다는 것이다.

(3) 사법심사

전통적 이론에 의하면 특수행정법관계는 법으로부터 자유로운 영역이므로 사법심사의 대상이 되지 않는다고 하거나, 또는 특수행정법관계에서의 행위를 내부행위와 외부행위로 나누어 후자(외부행위)만이 사법심사의 대상이 될 수 있다고 하였다. 그러나 특수행정법관계 자체가 비판의 대상이 된 오늘날에는 특수행정법관계에 관한 사항도 포괄적으로 사법심사의 대상이 되고 또한 본질적인 인권의 침해도 금지된다고 한다.

Ⅷ. 행정법관계의 사법규정 적용

1. 공·사법관계

우리나라의 경우 독일·프랑스 등 대륙법계의 영향에 따라 공법관계와 사법관계를 구별하는 법이원론 체계에 입각하고 있다. 그런데 행정법에는 일반통칙에 대한 규정이 결여되어 있어 개개의 행정법규에 구체적인 규정이 없는 경우에 사법규정을 적용할 수 있는지 문제된다.

2. 사법규정의 적용에 대한 학설

행정법관계에는 사법규정을 적용할 수 없다는 소극설, 사법규정이 그대로 적용된다고 하는 직접적용설, 사법규정이 유추적용된다고 하는 유추적용설 등이 있는데, 유추적용설이 오늘날의 통설·판례의 입장이다.

3. 사법규정의 적용 및 그 한계

(1) 일반법원리 규정

사법규정 가운데 법률질서 전반에 걸쳐 통용될 수 있는 법의 일반원칙에 해당하는 것은 원칙적으로 행정법관계에도 적용된다.

민법상의 일반원리 규정으로는 신의성실의 원칙, 권리남용금지의 원칙, 주소, 법인, 동산·부동산, 조건·기한, 기간의 계산, 시효제도, 사무관리, 부당이득 등이 행정법관계에도 적용된다.

(2) 사법의 기타 규정

사법규정 중 법의 일반 원리 규정 이외의 기타 규정은 행정법관계의 성질, 즉 권력관계냐 관리관계냐에 따라 적용범위가 다르다.

권력관계에 사법의 적용은 권력관계는 행정주체의 의사의 우월성이 인정되는 관계(명령·강제관계)이기 때문에, 당사자의 의사의 대등성을 기초로 하는 사법관계와는 그 성질을 달리한다. 따라서 일반적 법원리적 규정 이외의 사법규정은 원칙적으로 권력관계에는 적용되지 않는다.

관리관계에 사법을 적용하는 것은 관리관계는 비권력관계라는 점에서 본질적으로 사법관계와 다름이 없지만, 공공성이 인정되는 범위에서 대등당사자 간의 관계를 수정·보완하는 관계를 말한다. 따라서 관리관계에는 원칙적으로 사법규정이 적용되고, 다만 공공성으로 인하여 특별한 규정이 있는 경우에만 공법규정이 적용된다.

IX. 사인의 공법행위

1. 의의 및 기능

사인의 공법행위란 공법적 효과가 부여되는 사인의 행위를 말한다. 사인의 공법행위는 비록 공법행위라 할지라도 사인에 의한 행위이기 때문에 행정행위가 가지는 공정력·존속력·집행력 등의 효력은 인정되지 않으며, 또한 사법행위가 아니므로 사법규정의 적용이 제한된다.

사인의 공법행위는 행정이 국민의 의사에 바탕을 두고 또한 국민의 의사를 존중하는 동시에, 국민의 행정에의 참여의 길을 열어주기 때문에 행정의 민주화에 기여한다.

2. 종류

행정주체의 기관으로서의 행위와 행정주체의 상대방으로서의 행위, 사인이 행정주체의 기관의 지위에서 공법행위를 하는 경우로는 사인이 법률에 의해 행정권한을 위임받은 경우(회사 등의 소득세원천징수자, 별정우체국장, 상선의 선장 등)와 선거인단의 일원으로서 투표행위를 하는 경우가 있다.

그 밖에 행정주체에 대하여 각종 신고·신청·청원·동의 등을 하는 것은 행정주체의 상대방의 지위에서 행하는 공법행위에 속한다.

(1) 단순행위와 합성행위

투표행위와 같이 다수의 의사가 결합하여 하나의 의사표시를 구성하는 것을 합성행위라 하고, 신고·신청 행위와 같이 그 자체로 하나의 공법행위가 되는 것을 단순행위라 한다.

(2) 단독행위와 쌍방적 행위

일방당사자의 의사표시만으로 법률효과를 발생하는 것(출생신고, 혼인신고, 의사의 개업신고)을 단독행위라 하고, 쌍방당사자의 의사의 합치에 의하여 법률효과를 발생하는 것(토지수용법상의 협의)을 쌍방적 행위라고 한다.

3. 사인의 공법행위에 대한 적용법리

사인의 공법행위는 '사인'에 의한 공법행위인 점에서 행정행위와 다르며, 사인에 의한 '공법행위'인 점에서 사법행위와는 다른 특색을 가지고 있다. 따라서 사인의 공법행위에 관하여 특별한 규정이 있는 경우에는 그에 따르는 것은 당연하지만, 실정법에서 특별한 규정이 없는 경우에는 민법의 법률행위에 관한 규정 내지 법원칙이 적용될 것인지 아니면 특별한 취급을 할 것인지가 문제되고 있다.

(1) 의사능력과 행위능력

사인의 공법행위에 있어서도 의사능력을 결한 행위는 무효로 보고 있다. 그러나 행위능력에 관해서는, 실정법에 규정이 있는 경우(우편법 제10조) 및 재산관계 이외의 행위(허가 · 인가의 신청)의 경우에는 행위능력을 반드시 요하는 것은 아니라고 보고 있다.

(2) 대리

사인의 공법행위에 대해서는 특별히 대리를 금하는 규정 또는 허용하는 규정을 두고 있는 경우가 있다. 그 이외에는 개개 행위의 성질에 의해 판단해야 할 것인 바, 공무원시험에의 응시, 사직원의 제출 등과 사인의 인격적 개성과 직접적 관련을 갖고 있는 것은 대리가 부인된다고 볼 것이다.

(3) 행위의 형식

사인의 공법행위는 반드시 요식행위는 아니지만, 행위의 존재 및 내용을 명확히 하기 위하여 법령 및 내규에 의하여 요식행위(서면주의)에 의할 것을 요구하는 경우가 많다.

(4) 효력발생시기

특별히 발신주의에 의함을 규정(국세기본법 제5조의 2)하고 있지 않으면 원칙적으로 도달주의에 의한다.

(5) 하자있는 의사표시

대체로 민법의 규정(제107~110조)을 준용할 것으로 보고 있다.

(6) 부관

사인의 공법행위는 사법행위와는 달리 명확성과 신속한 확정이 요구되기 때문에 부관을 첨부할 수 없음이 원칙이다.

(7) 행위의 철회 · 보정

일반적으로 사인의 공법행위는 그에 기한 어떤 법적 효과가 완성할 때까지는 이것을 철회 · 보정할 수 있음이 원칙이다. 그러나 투표행위 · 공무원시험에의 응시 등과 같은 것은 성질상 그 철회나 보정이 허용될 수 없다.

(8) 사인의 공법행위의 하자와 행정행위의 효력

사인의 공법행위에 흠이 있는 경우에 그에 의거한 행정행위의 효력에 어떠한 영향을 미치는지 여부의 문제이다. 통설은 사인의 공법행위가 행정행위를 위한 동기에 불과한가, 아니면 필요적 전제요건인가로 나누어, 전자의 경우에는 행정행위의 효력은 영향을 받지 않는데 대하여, 후자의 경우에는 행정행위는 전제요건을 갖추지 못한 것이 되어 무효가 된다고 한다.

X. 기간, 시간의 경과

1. 기간의 계산

어떠한 방법으로 기간을 계산하느냐 하는 것은 기술적인 문제로서, 공·사법관계 간에 큰 차이가 있을 수 없다. 따라서 이 점에 관해 공법상 특별한 규정이 없는 한, 기간의 계산에 관한 민법규정이 적용된다고 할 것이다.

(1) 기간의 기산점

기간을 시·분·초로 정한 때에는 즉시로부터 기산한다(민법 제156조). 기간을 일·주·월·년으로 정한 때에는 익일로부터 기산하는 것이 원칙이나(초일 불포함의 원칙 : 민법 제157조), 예외적으로 기간이 오전 0시로부터 시작되는 경우(민법 제157조 단서), 연령계산 (민법 제158조), 국회의 회기(국회법 제165조) 민원사무처리(민원사무처리규정 제4조 1항)등의 경우에는 초일부터 기산한다.

(2) 기간의 만료점

기간을 일·주·월·년으로 정한 때에는 기간말일의 종료로 기간이 만료한다. 다만 기간의 말일이 공휴일인 때에는 그 익일에 만료한다.

2. 시간의 경과

(1) 시효

시효제도는 영속된 사실상태를 존중함으로써 법률생활의 안정을 기하려는 제도이다. 시효에는 소멸시효와 취득시효가 있는데, 특별한 규정이 없는 한 공법관계에도 민법의 시효에 관한 규정이 적용된다.

1) 금전채권의 소멸시효

민법상의 채권의 소멸시효기간은 10년이지만, 국가나 지방자치단체를 당사자로 하는 금전채권의 소멸시효기간은 5년이다(예산회계법 제96조, 지방재정법 제 69조).

시효의 중단·정지에 관해서도 원칙적으로 민법의 규정이 준용된다. 다만 '국가 또는 지방자치단체의 납입고지'는 민법의 규정과는 달리 시효중단의 효력이 있다.(예산회계법 제98조, 지방재정법 제71조).

소멸시효기간이 경과하면 당연히 권리가 소멸하는 것이 아니라, 당사자의 원용을 필요로 한다는 것이 판례의 태도이다.

2) 공물의 시효취득

공물에도 민법상의 시효취득에 관한 규정(제245·246조)이 적용되는가에 관하여 종래에 부정설, 제한적 긍정성, 긍정설 등이 대립되어 있었다. 국유재산법과 지방재정법은 법개정을 통하여 국유재산과 공유재산은 시효취득의 대상이 되지 않는다는 명문의 규정을 둠으로써 이 문제를 입법적으로 해결하였으나(제5조 2항, 74조 2항), 헌법재판소는 국공유재산 중 잡종재산에 대해서까지 시효취득을 배제하는 것은 위헌이라고 결정한 바 있다.

(2) 제척기간

행정법에도 법률관계의 신속한 확정을 목적으로 하는 제척기간의 제도가 있다. 정하여진 제척기간 내에 권리를 행사하지 않으면 당연히 권리가 소멸하는데, 소멸시효에 비해서 일반적으로 그 기간이 짧고, 중단·정지제도, 포기제도 및 소급효가 없다는 점에서 소멸시효와 구별된다. 또한 소멸시효는 권리를 행사할 수 있는 때를 기산점으로 하지만, 제척기간은 권리가 발생한 때를 기산점으로 한다. 제척기간의 대표적인 예는 행정심판·행정소송의 제기기간이다.

제5절 행정입법

Ⅰ. 행정입법의 의의와 종류

1. 의의와 필요성

행정입법이란 국회가 아니라 행정기관이 일반적·추상적인 규범(법규)을 정립하는 작용을 말한다. 여기에서 일반적이라 함은 '불특정다수인'에게 적용된다는 것을 의미하며, 추상적이라 함은 '불특정다수의 경우'에 적용된다는 것을 의미한다.

본래 입법작용은 입법부인 의회에 속하는 권한으로서, 19세기까지만 해도 권력분립의 원칙 또는 복위임금지의 원칙(국민에 의하여 위임받은 입법권을 다른 기관에게 재위임할 수 없다는 원칙)을 근거로 해서 행정기관에 의한 입법은 허용되지 않는다는 것이 지배적인 견해이었다.

그러나 현대복지국가에 있어서는 법률로 규율한 대상이 매우 복잡하고 다양할 뿐만 아니라 전문적인 지식을 요하므로 의회에 의한 입법의 한계를 드러내었고, 따라서 전문적 지식을 가지고 있는 행정기관에 의한 입법의 필요성이 절실히 요청되었다. 행정입법의 필요성을 요약하면 다음과 같다. 행정기능의 확대, 행정의 전문화·기술화, 지방별·분야별 특수사정의 고려 필요성, 사정의 변화에 따른 탄력성 있는 입법의 필요성, 국가위기상황에의 신속한 대처의 필요성 등이다.

2. 종류

행정입법은 법령과 같이 법규범의 성질을 갖느냐의 여부에 따라 크게 법규명령과 행정규칙으로 나누는 것이 일반적이다.

II. 법규명령

1. 법규명령의 의의

법규명령이란 행정기관이 정립한 규범(일반적·추상적 규율)으로서 법규의 성질을 가지는 것을 말한다. 여기에서 '법규'란 직접 국민에 대하여 구속력을 가지는 것, 즉 대외적 구속력을 의미한다.

2. 법규명령의 종류

(1) 효력에 의한 분류

1) 법률대위명령
법률과 동등한 효력을 가지는 명령을 의미하며, 현행법상 국가비상시에 대통령이 발하는 긴급재정·경제명령, 긴급명령(헌법 제76조 1항·2항)이 이에 해당한다.

2) 법률종속명령
법률보다 하위의 효력을 가지는 명령을 의미하며, 행정기관이 제정한 명령은 위에서 설명한 국가비상시의 법률대위명령을 제외하고는 모두 이에 속한다.

(2) 내용에 의한 분류

1) 위임명령
법률 또는 상위명령에 의하여 구체적으로 위임된 사항을 규정하는 법규명령을 말하며, 위임된 범위 내에서는 새로이 개인의 권리·의무에 관한 사항, 즉 법률사항에 관하여도 규정할 수 있다.

2) 집행명령

법률 또는 상위명령의 시행에 필요한 세부적인 사항을 규정하는 법규명령을 말하며, 새로이 법률사항에 관하여 규정할 수 없다.

(3) 형식에 의한 분류

1) 대통령령

대통령이 국가비상시에 발하는 긴급명령, 법률에서 구체적으로 범위를 정하여 위임받은 사항을 규율하는 대통령령(위임명령), 법률을 집행하기 위하여 필요한 사항을 규율하는 대통령령(집행명령)이 이에 속한다.

2) 총리령·부령

국무총리 또는 행정각부의 장은 상위법령의 위임 또는 직권에 의하여 총리령 또는 부령을 발할 수 있다(헌법 제95조). 여기에서 상위법령의 위임에 의하여 발하는 것은 위임명령에 속하고, 직권에 의하여 발하는 것은 집행명령에 속한다. 총리령과 부령의 효력은 양자가 대등한 효력을 갖는다는 설과 총리령이 우위의 효력을 갖는다는 설이 대립하고 있다.

국무총리 직속기관인 국가보훈처·식품의약품안전처·공정거래위원회 등의 장관은 국방부와 같은 행정각부의 장이 아니기 때문에 부령을 발할 수 없고, 필요한 경우에는 총리령에 의하여야 한다.

3) 중앙선거관리위원회규칙

중앙선거관리위원회는 선거관리·국민투표관리·정당사무 또는 내부규율에 관한 규칙을 제정할 수 있는데(헌법 제114조 6항). 이는 법규명령의 일종이다.

4) 감사원규칙

감사원은 감사에 관한 절차·감사원의 내부규율 등에 관한 규칙을 제정할 수 있는데,

이러한 감사원은 헌법에 근거를 두고 있지 않으며 감사원법에 의하여 부여된 것(동법 제 52조)이라는 점에 특색이 있다. 또한, 감사원규칙이 법규명령인가에 관해서도 학설이 대립하고 있다.

3. 성립 및 효력요건

(1) 주체에 관한 요건

권한 있는 기관이 그 권한의 범위 내에서 제정하여야 한다.

(2) 절차에 관한 요건

대통령령은 법제처의 심사와 국무회의의 심의를 거쳐야 하며, 총리령과 부령은 법제처의 심사를 거쳐야 한다.

(3) 형식에 관한 요건

법규명령은 조문형식으로 발하여야 한다. 대통령령에는 전문에 국무회의의 심의를 거친 뜻을 기재하고 대통령이 서명날인한 후 국무총리와 관계국무위원이 부서한다.

(4) 내용에 관한 요건

법규명령은 효력발생을 위하여 정부가 발행하는 관보에 게재하여야 하는 바, 이를 공포라 한다. 공포일은 그 법규명령은 게재한 관보가 발행된 날인데(법령 등 공포에 관한 법률 제12조), 판례에 의하면 관보가 발행된 날이라 함은 형식적으로 관보에 기재되어 있는 날이 아니라 현실적으로 관보가 발행된 날을 의미한다고 한다.(대판 1970. 10. 23. 70 누 26).

(5) 효력발생시기

법규명령은 특별한 규정이 없는 한 공포한 날로부터 20일을 경과함으로써 효력을 발생한다.

4. 법규명령의 한계

(1) 위임명령의 한계

1) 포괄적 위임의 금지

입법권의 위임은 '구체적으로 범위를 정하여'하여야 하며, 포괄적인 위임은 허용되지 않는다.

2) 국회입법사항의 위임금지

국회의 전속적 권한에 속하는 사항에 대한 입법권은 행정기관에 위임할 수 없다.

3) 벌칙위임의 문제

벌칙규정의 제정을 행정기관에 위임하는 것은 범죄구성요건에 관한 구체적 기준 또는 벌칙의 상하한선을 정하여 위임하는 경우에만 허용된다.

4) 재위임의 문제

위임받은 입법권을 하부기관에 전면적으로 재위임하는 것은 허용되지 않으나, 일반적인 기준을 정한 다음 그의 세부적 사항을 재위임하는 것은 무방하다.

(2) 집행명령의 한계

집행명령은 상위법령을 집행하기 위하여 필요한 세부적 · 구체적 사항만을 정할 수 있으며, 새로이 국민의 권리 · 의무에 관한 사항을 정할 수는 없다.

5. 법규명령의 소멸

법규명령은 근거법령의 소멸, 상위 또는 동위의 법령에 의한 명시적 · 묵시적 폐지, 종기 도래, 해제조건성취 등에 의하여 소멸한다.

III. 행정규칙

1. 행정규칙의 의의

행정규칙은 행정기관이 정립한 규범으로서 일반적으로 법령과 같은 법규의 성질을 가지지 않는 것을 의미하며, 행정명령이라고도 한다. 행정규칙은 공법상의 특수행정법 관계에 기초하기 때문에 법적 근거는 불필요하다.

행정규칙은 행정조직 및 특수행정법관계 내의 구성원을 직접적인 규율대상으로 함이 원칙이다. 따라서 직접 국민의 권리 · 의무에 관한 사항을 규율하지는 않는다.

2. 행정규칙의 종류

(1) 형식에 의한 구분

1) 훈령
상급기관이 하급기관에 대하여 상당한 장기간에 걸쳐 그 권한의 행사를 일반적으로 지시하기 위하여 발하는 명령을 말한다.

2) 지시
상급기관이 하급기관에 대하여 개별적 · 구체적으로 발하는 명령을 말한다.

3) 예규
법규범 이외의 문서로서 반복적으로 행정사무의 기준을 제시하는 명령을 말한다.

4) 일일명령
당직 · 출장 · 특근 · 휴가 등의 일일업무에 관한 명령을 말한다.

(2) 내용에 의한 구분

내용에 의한 구분에는 조직규칙, 근무규칙, 행위통제규칙, 영조물규칙 등이 있다.

(3) 특수행정법관계에 따른 구분

근무규칙, 감독규칙, 영조물이용규칙 등이 있다.

3. 행정규칙의 효력

행정규칙은 행정조직의 내부에 관한 사항을 규율하기 때문에 직접으로 국민에 대하여 구속력을 갖지 않는다고 하는 것이 원칙적인 판례의 입장이다. 이러한 성질을 가리켜 행정규칙은 원칙적으로 법규성 또는 대외적 구속력이 없다고 하며, 일면적 구속력만을 갖는다고 한다. 행정 규칙은 대국민과의 관계에서 재판규범이 되지 않는다고 한 종래의 판례의 입장도 같은 맥락에서 이해될 수 있을 것이다.

그렇기 때문에 공무원이 행정규칙에 위반한 행위를 한 경우, 당해 공무원이 징계책임을 지는 것은 별개로 하고 그 행위의 효력은 유효하다고 보는 것이 종래의 통설이다.

그러나 하급행정기관이 상급행정기관이 정한 행정규칙(재량준칙 등)을 집행하는 결과로 국민의 권리·의무에 대하여 영향을 미치게 되는 경우가 많이 있다.

오늘날에는 행정의 자기구속의 법리를 매개로 하여 국민에게 영향을 미치는 행정규칙의 법규성을 인정하려는 추세에 있으며, 최근의 판례도 행정규칙의 법규성을 인정한 경우도 있다.(대판 1987. 9. 29. 86 누 484 등).

법규명령의 형식을 취하고 있지만 그 실질적 내용이 행정청내의 사무처리기준을 정한 것에 불과한 경우 즉, 실질적 내용은 행정규칙에 해당하는 경우에는 판례는 법규성을 인정하지 않는다(대판 1986. 5. 27. 86 누 89)

4. 성립 및 효력요건

행정규칙은 조문형식으로 발하여지는 것이 일반적이나, 구두에 의하여 발할 수도 있다. 행정규칙은 공포될 것을 요하지 않으며, 특별한 규정이 없는 한 상대방에게 적당한 방법으로 통지됨으로써 곧 효력을 발생한다.

5. 행정규칙의 소멸

행정규칙은 상위 또는 동위의 법령에 의한 명시적·묵시적 폐지, 종기의 도래, 해제조건의 성취 등에 의하여 소멸한다.

제6절 행정행위

Ⅰ. 행정행위의 의의 및 특수성

1. 행정행위개념

행정행위는 행정청이 외부에 대하여 법적 효과를 발생시키려고 행하는 법의 집행에 의한 권력적인 단독행위에 해당하는 공법행위를 말한다. 행정행위는 학문상의 개념으로 실정법상으로는 (행정)처 분이라는 용어가 많이 사용된다.

행정행위의 개념은 공법과 사법을 구별하고 행정재판제도를 가지는 대륙법계국가에 서 형성되었다. 공·사법의 구별을 부인하는 영·미에서는 행정행위 라는 개념이 불필 요 하였으나, 오늘날 행정기능의 확대·강화에 따라 행정행위의 용어가 등장하였다.

행정행위에 대해서는 관할법원·제소기간·제소절차 등에 특례가 인정되는 '행정소 송'을 제기하도록 하고 있으며, 행정행위의 특질에는 행정의사의 우월성·구성요건적 효 력·공정력·구속력·존속력(불가쟁력, 불가변력)·강제력(자력집행력, 제재력)이 인 정되고 있다

2. 행정행위의 성립요소

행정행위는 행정주체의 행위로 국가·공공단체 및 행정권을 부여받은 사인 등의 행 위가 포함되나, 입법기관이나 사법기관의 행위 및 사인의 행위는 이에 포함되지 않는다.

행정행위는 행정주체의 법적행위로 법적 효과를 발생·변경·소멸시키는 행위이므 로, 직접적으로 법적 효과를 발생시키지 않는 사실행위는 행정행위가 아니다. 그리고 행 정행위는 행정주체의 공법행위로 행정주체의 법적 행위라 할지라도 물품구입·국유재 산매각 등과 같은 사법행위는 행정행위가 아니다.

또한 행정행위는 구체적 사실에 대한 법집행행위로 구체적으로 행정목적을 실현하 기 위한 법집행작용이므로, 일반적·추상적 규범의 정립작용인 행정입법과 구별된다.

그리고 법 아래의 집행작용에 해당되어 법적 통제가 완화된 통치행위와도 구별된다.

마지막으로 행정행위는 행정주체의 권력적 단독행위로 행정주체의 공권력행사작용을 의미하므로 비권력적 행위(공법상 계약·공법상 합동행위 등)는 포함되지 않는다.

3. 법규범과의 구별

행정행위와 법규범을 구별하는 표준으로서 '개별적·구체적 규율'인가 '일반적·추상적 규율'인가 하는 점을 들 수 있다. 행정행위는 특정인에 대해 특정한 사안에 있어서만 효력을 발생하므로 개별적·구체적 규율이고, 법규범은 불특정다수인에 대해 장래에 향하여 계속적으로 효력을 발생하므로 일반적·추상적 규율이라 한다.

일반처분은 그 인적 규율대상은 불특정다수(일반적)이지만 시간적·공간적으로 특정된 사안만을 규율하는 경우로 일반적·구체적 규율을 말한다. 이는 전형적인 행정행위와 법규범의 중간적 형태이지만 구체적 법률인 점에서 행정행위의 일종으로 볼 수 있다.

4. 행정행위의 특수성

(1) 법적합성

행정행위는 공권력행위이므로 법에 의거하여 행해져야 하며, 그의 내용도 법에 적합하지 않으면 안 된다.

(2) 공정성

행정행위에 비록 취소사유가 있더라도, 그 사유가 중대·명백하여 무효로 되지 않는 한, 권한 있는 기관에 의하여 취소될 때까지는 계속하여 유효한 효력을 지니는 것을 말한다.

(3) 존속성

행정행위에 흠이 있을지라도 쟁송기간이 경과했거나 재판절차를 다 거친 경우에는 더 이상 쟁송으로 다툴 수 없고 (불가쟁성), 또한 특정한 행정행위는 행정청이 임의로 취소·변경하지 못한다(불가변성).

(4) 실효성

행정행위에 의해 과해진 의무를 개인이 이행하지 않는 경우에는 행정주체가 그 의무를 강제로 이행시키거나(행정상의 강제집행), 제재를 가하는 경우가 있다(행정벌).

(5) 구제제도의 특수성

위법한 행정행위로 인하여 권리·이익을 침해 받은 자는 민사소송과는 특수한 절차가 인정되는 '행정쟁송'에 의하여 구제받는다.

적법한 행정행위로 인하여 재산권을 침해 받은 자는 손실보상제도에 의하여, 위법한 행정행위로 인하여 손해를 받은 자는 국가배상제도에 의하여 그 손해의 보전을 청구할 수 있다.

II. 행정행위의 종류

1. 주체

행정행위를 주체에 따라 분류하면 국가의 행정행위, 공공단체(특히 지방자치단체)의 행정행위, 공권력을 수여받은 사인(공무수탁사인)의 행정행위 등으로 나눌 수 있다.

2. 내용

(1) 법률행위적 행정행위

행정주체의 '의사표시'를 요소로 하고, 그 효과의사의 내용에 따라 법적 효과를 발생하는 행정행위를 말한다. 하명·허가·면제·특허·인가·대리가 이에 속한다.

(2) 준법률행위적 행정행위

의사표시 이외의 정신작용(판단·인식·관념 등)을 요소로 하고, 그 법적 효과는 행정청의 의사와 관계없이 법이 정한 바에 따라 발생하는 행정행위를 말한다. 확인·공증·통지·수리 이에 속한다.

3. 기속행위와 재량행위

(1) 개념의 구별

기속행위는 행정청에게 특정한 행정행위를 할 수도 안할 수도 있는 자유가 인정되어 있는 것이 아니라, 법이 정한 행정행위를 반드시 행하도록 되어 있는 경우를 말한다.

재량행위는 행정청에게 복수의 행정행위 간의 선택의 자유가 인정되어 있는 경우를 말하며, 이는 다시 어떤 행정행위를 할 수도 안할 수도 있는 경우(결정재량)와 다수의 행정행위 중 어느 것을 해도 무방한 경우(선택재량)로 나눌 수 있다.

(2) 기속행위와 재량행위의 구별

1) 구별의 상대성

기속행위라도 법규의 기계적인 집행에 그치는 것이 아니라 그 법규의 해석에 있어서나 사실인정에 있어서 행정청의 판단이 개입할 여지가 있으며, 재량행위라 할지라도 법으로부터 완전히 자유로운 것이 아니라 일정한 한계 내에서 행사되어야 한다. 따라서 양자의 구별은 상대적인 것이라 할 것이다.

2) 구별의 필요성

행정소송법은 '위법'한 처분에 대해서만 행정소송을 인정하고 있는데(제1조, 4조 참조), 기속행위를 그르치면 곧 위법이 되는 데 대하여 재량행위를 그르치면 한계유월·남용이 아닌 한 부당에 머문다고 함이 일반이다. 따라서 재량행위는 원칙적으로 행정소송사항이 되지 않는다. 그러나 근래에는 재량행위에 대해서도 법원은 한계초월이나 남용이 있는가의 여부를 심사한 후, 그러한 사실이 없으면 청구를 기각하는 경향에 있으므로 양자의 구별실익은 경감되었다.

공권의 성립에서 기속행위는 행정청은 그것을 이행할 의무가 있다. 따라서 상대방은 당해 행위를 해줄 것을 요구할 수 있는 권리를 갖는다. 그러나 재량행위에 있어서는 그 행위를 할 것인가의 여부는 행정청의 재량에 맡겨져 있으므로 행정청에 재량행위를 행하도록 요구할 권리는 없다.

부관과의 관계에서 우리나라 다수설은 재량행위에만 부관을 붙일 수 있다고 한다. 그러나 재량행위라고 해서 언제나 부관을 붙일 수 있는 것은 아니고, 기속행위라고 해서 절대로 부관을 붙일 수 없는 것도 아니므로, 이점에서는 구별의 실익이 없다고 할 것이다.

불가변력과의 관계에서 기속행위에는 불가변력(실질적 확정력)이 있고 재량행위에는 불가변력이 없다는 견해가 있으나, 이에 대해서는 많은 반대견해가 있다.

3) 구별기준

요건재량설은 재량의 본질이 요건에 있다고 보아, 법규가 행정행위의 요건을 불확정개념으로 규정하고 있는 경우에는 재량행위라고 한다.

한편 효과재량설은 재량의 본질이 효과에 있다고 보아, 법규가 법률효과의 발생에 대한 선택의 여지를 부여한 경우에 재량행위라고 한다.

그리고 판단여지설은 법규가 행정행위의 요건에 관하여 불확정개념을 사용하고 있는 경우에는 '재량'과는 다른 '판단여지'가 부여된 것이라는 설이다.

결론적으로 기속행위와 재량행위의 구별기준은 법치행정의 원칙에 따라 우선 법의 규정에서 찾아야 한다. 원칙적으로 법이 '~하여야 한다.'라고 규정하고 있는 경우에는 기속행위이고, '~을 할 수 있다.'라고 규정하고 있는 경우에는 재량행위라고 할 수 있다.

(3) 재량의 한계

재량의 행사를 단순히 그르친 경우에는 '부당'에 그치나, 재량권의 내적한계를 넘어선 경우(재량의 남용), 외적한계를 넘어선 경우(재량의 유월) 또는 재량권을 행사하지 아니한 경우(재량의 흠결·지연)에는 '위법'이 된다.

(4) 재량의 통제이론

1) 재량의 축소

행정청에 재량권이 인정된 경우라도 이익형량의 원칙에 따라 재량이 축소되어 행사하는 경우를 말한다. 이러한 청구권은 행정청이 결정재량권은 없고 선택재량권만을 가지고 있는 경우에 인정된다.

2) 재량의 영으로의 수축

법이 행정청에게 '결정재량'을 인정하고 있는 경우라도 특정한 경우에는 그 재량권이 영으로 수축되어 어느 행위를 하지 않으면 안 되는 경우가 있는 데, 이 때에는 재량행위가 마치 기속행위의 성질을 띠게 되는 경우와 같은 결과를 초래한다.

3) 행정절차에 의한 규제

재량권행사의 과정 중에 이해관계인의 참여의 기회를 보장하고 재량적 결정에 대하여 그 이유를 부가적으로 기재하여 재량권행사의 적정을 도모할 수 있다.

4) 그 밖의 재량통제

재량권행사에 대한 상급청의 감독, 법원의 사법심사, 입법부에 의한 통제 등이 있다.

(5) 계획재량

계획재량이란 계획에 관한 법의 규정은 대체로 그 요건에 해당하는 부분을 목적규정으로 정하고 있으며, 그 목적달성을 위한 수단의 선택·시간적 순서 등에 있어서 계획기관에게 재량권을 인정하고 있는 것을 말한다.

계획재량 역시 계획행위에 대한 사법심사가 일정한 범위에서 제한된다는 점에서는 일종을 재량임에는 틀림없다. 그러나 계획재량은 일반적으로 말하는 재량과는 여러 가지 특수성을 지니고 있다.

4. 법률효과에 의한 분류

(1) 수익적 행정행위

상대방에 대하여 권리·이익을 부여하거나 혹은 권리의 제한을 철폐하는 등 유리한 효과를 발생시키는 행정행위를 말한다. 허가·특허·면제·인가·부담적 행정행위의 철회 등이 이에 해당한다.

(2) 부담적 행정행위

권리를 제한하거나 의무를 과하는 등 상대방에게 불이익한 효과를 발생시키는 행정행위를 말한다. 명령·금지·수권행위·수익적 행정행위의 철회 등이 이에 해당한다.

(3) 복효적 행정행위

하나의 행위가 수익과 침해(부담)라는 복수의 효과를 발생하는 행정행위를 말하며, 이중효과의 행정행위라고도 한다. 그 복수의 효과가 동일인에게 발생하는 경우를 혼합적 행정행위라고 하고, 서로 다른 사람에게 발생하는 경우를 제3자효행정행위라고 한다.

5. 대상에 의한 분류

(1) 대인적 행정행위

상대방의 기능·지식·경험 등과 같은 개인적 사정에 착안하여 행하여진 행정행위를 말한다(예: 운전면허, 의사면허). 대인적 행정행위의 효과는 원칙적으로 일신 전속적이기 때문에 타인에게 이전할 수 없다.

(2) 대물적 행정행위

물건의 구조·성질·설비 등과 같은 객관적 사정을 표준으로 행하여진 행정행위를 말한다.(예: 건축허가, 자동차검사증의 교부). 대물적 행정행위의 효과는 일반적으로 이전이 가능하다고 한다.

(3) 혼합적 행정행위

총포·도금영업허가와 같이 허가의 기준으로서 인적인 자격요건 외에 물적인 요건도 아울러 정하고 있는 경우를 혼합적 행정행위라고 한다.

6. 형식에 의한 분류

행정행위는 특별한 형식을 요하지 않는 불요식행위인 것이 원칙이나, 법규가 특별한 형식을 규정하는 경우에는 요식행위가 된다. 행정심판의 재결, 토지수용의 재결, 납세의 독촉, 대집행의 계고 등이 요식행위에 해당한다.

7. 직권적 행정행위와 동의에 의한 행정행위

행정청이 직권에 의해 단독으로 행하는 행정행위를 직권(단독)적 행정행위라고 하고, 상대방의 신청·출원·동의 등에 기하여 행하는 행정행위를 동의에 의한 행정행위라고 한다. 우리나라의 다수설은 후자를 쌍방적 행정행위라고 하고 있다.

8. 적극적 행정행위와 소극적 행정행위

적극적 행정행위는 현존의 법률상태에 변동을 가져오는 행정행위이며, 소극적 행정행위는 현존의 법률상태에 변동을 가져오지 않는 행정행위이다. 허가·특허 등이 전자의 예이며, 허가·특허의 신청에 대한 각하(거부처분)나 부작위가 후자의 예이다.

III. 행정행위의 내용

1. 법률행위적 행정행위

(1) 명령적 행위

명령적 행위는 행정청이 상대방에 대하여 자연적 자유를 규율하기 위하여 일정한 의무를 명하거나, 이들 의무를 해제 하여 주는 행정행위를 말한다. 이 점에서 권리·능력 등 법률상의 힘을 새로이 발생·변 경·소멸시키는 형성적 행위와 구별된다.

명령적 행위에 위반된 행위는 행정상의 제재나 강제집행의 대상은 되지만, 그 행위의 법률상의 효력에는 영향이 없는 것이 원칙이다.

1) 하명

하명은 국민에 대해 작위·부작위·급부·수인 등의 의무를 명하는 행정행위를 말하며, 이 중에서 부작위하명을 특히 '금지'라고 한다.

하명은 개인에게 의무를 과하는 행위이기 때문에 부담적 행정행위에 속하며, 특별한 규정이 없는 한 기속행위이다.

하명의 형식으로 광의의 하명에는 법규하명(법령의 규정에 의하여 직접 의무가 발생하는 경우)과 하명처분(행정행위에 의해 의무를 부과하는 경우)이 있는데, 행정행위로서의 하명(좁은 의미에서의 하명)은 하명처분만을 가리킨다.

하명의 효과는 상대방에 대하여 작위·부작위·급부·수인 등의 의무가 발생한다. 그리고 대물적 하명의 경우에는 하명의 대상인 목적물과 함께 의무가 타인에게 이전되는 것이 보통이나, 대인적 하명의 경우에는 원칙적으로 의무의 이전이 인정되지 않는다. 또한 하명에 의한 의무를 이행하지 않는 경우에는 행정상의 제재나 강제집행을 받지만, 그에 위반하여 행하여진 행위의 효력에는 영향이 없는 것이 원칙이다.

2) 허가

허가는 법령에 의한 일반적·상대적 금지(부작위의무)를 특정한 경우에 해제하여 줌으로써 적법하게 일정한 행위(법률행위 또는 사실행위)를 할 수 있도록 하는 행정행위를 말한다.

허가의 성질에는 법률행위적 행정행위, 명령적 행위, 수익적 행정행위, 기속(또는 기속재량)행위, 불요식행위 등을 들 수 있다.

한편 허가는 수익적 행정행위이므로 상대방의 출원(신청)에 의하여 행하여지는 것이 원칙이나, 예외적으로 통행금지의 해제 등과 같이 출원이 아닌 허가도 있다.

허가의 효과로 허가는 적극적으로 새로운 권리를 설정하는 것이 아니고 제한되었던 자유를 회복시켜주는 효과를 갖는 데 불과하다. 따라서 허가에 의하여 사실상의 이익을 얻더라도 그것은 공법상의 권리가 아니라 반사적 이익에 지나지 않는 경우가 대부분이다. 그리고 대인적 허가의 효과의 이전은 불가능하나, 대물적 허가의 효과는 목적물과 함께 타인에게 양도될 수 있다고 본다. 허가를 받아야 할 행위를 허가 없이 행한 경우에 행정상의 강제집행이나 행정벌의 대상은 되지만 그 행위 자체의 법적 효력은 부인되지 않는 것이 원칙이다.

3) 면제

면제란 개인에게 부과된 작위·급부·수인의무를 특정한 경우에 해제하는 행정행위이다. 이 점에서 부작위의무(금지)의 해제인 허가와 구별된다. 면제는 명령적 행위이며 수익적 행정행위의 성질을 갖는다.

(2) 형성적 행위

국민에 대하여 특정한 권리·능력·포괄적인 법률관계 기타 법률상의 힘을 설정·변경·소멸시키는 행정행위를 말한다. 특허·인가 등 형성적 행위를 요함에도 불구하고 특허나 인가 등을 받지 않고 한 행위는 원칙적으로 그 효력이 부인되는 데 그치고, 특별한 규정이 없는 한 처벌의 대상은 되지 아니한다.

1) 특허

특허는 특정인에 대하여 권리·능력 또는 포괄적인 법률관계를 설정하여 주는 행정행위를 말한다. 이론상의 특허인가의 여부는 실정법상의 용어와 관계없이 본래의 성질을 기준으로 판단해야 한다.

예컨대, 귀화허가·광업허가·도로점용허가·하천점용허가의 법적 성질은 그 실정법상의 명칭에도 불구하고 특허에 속하며, 발명특허의 법적 성질은 준법률행위적 행정행위인 확인에 속한다.

특허의 성질은 법률행위적 행정행위, 형성적 행위, 수익적 행정행위, 재량행위 등이있다. 특허는 특정인에게 특별히 권리 등을 설정하여 주는 것이기 때문에 상대방의 출원을 요건으로 한다.

한편 특허의 효과로 특허는 상대방에 대하여 새로운 권리·능력 등을 설정하여주는것이므로 그로 인해 받는 이익은 단순한 반사적 이익이 아니라 권리의 성질을 갖는다.특허의 효과는 일신전속적인 것이 아닌 한 타인에게 양도할 수 있으나, 이때에 일정한제한(행정청에의 보고 또는 행정청의 승인 등)이 가해지는 경우도 있다. 특허 없이 행한행위의 효력은 부인된다.

2) 인가(보충행위)

인가는 제3자의 법률적 행위를 보충하여 그 법률상의 효과를 완성시켜 주는 행위를말하며, 보충행위라고도 한다.

인가는 법률적 행위만을 대상으로 하는데, 법률적 행위로 인한 공법상의 행위(공기업에 있어서 사업양도의 인가, 하천점용권양도의 인가)이건 불문한다. 인가의 대상인 법률적 행위(기본행위) 자체가 성립되지 않거나 무효인 경우에는 인가가 행하여져도 효력이 없으며, 기본행위에 취소원인이 있는 경우에는 인가가 있다 하더라도 그 기본행위를취소할 수 있다.

인가는 출원을 필요요건으로 하며, 출원의 내용과 다른 인가를 할 수 없다. 또한, 인가는 항상 구체적 처분의 형식으로 행하여진다.

인가를 받지 않고 한 행위는 무효이나, 특별한 규정이 없는 한 행정상의 강제집행 또는 행정처벌의 대상은 되지 않는다.

3) 공법상 대리

제3자가 해야 할 행위를 행정주체가 대신 행함으로써 제3자가 행한 것과 같은 법적 효과를 발생시키는 행정행위를 말한다(예: 감독청에 의한 공공조합의 정관작성·임원의 임명, 압류재산의 공매처분). 행정행위로서의 공법상의 대리는 법률의 규정에 의한 공권력의 발동으로서 행하여지는 것이므로 '법정대리'라고 할 수 있다. 다만 여기에서의 대리는 행정행위로서의 공법상의 대리를 의미하므로 행정조직 내부에서 행해지는 행정청의 대리는 포함되지 않는다.

2. 준법률행위적 행정행위

준법률행위적 행정행위에는 당사자가 행하는 법률효과의 내용에 따라 확인행위, 공증행위, 통지행위, 수리행위로 구분한다.

확인행위는 행정청이 특정한 사실이나 법률관계의 실체적 존부에 대하여 의문이나 분쟁이 있는 경우에 이를 판단해주는 공권적 확인행위를 의미한다.

공증행위는 행정청이 특정의 사실이나 법률관계에 대하여 공적으로 증명해주는 행정행위를 의미한다.

통지행위는 행정청이 특정인이나 불특정다수인에게 일정한 법률효과를 발생시키는 특정한 사실을 알려주는 행정행위를 의미한다.

수리행위는 행정청에게 신고나 신청 등에 대한 단순한 접수가 아니라 수리의무가 있는 경우에 행정청이 이를 적법한 행위로 받아들이는 행정행위를 의미한다.

3. 행정행위의 부관

행정행위의 부관은 행정청이 행정행위를 하는 경우에 주된 행정행위에 부속시키는 종된 행위를 의미한다. 행정행위에서 부관은 학문상의 개념이며, 주로 조건의 형식으로 표시되며, 법령에 따라 직접 부가되는 법정부관과 구별된다.

부관의 종류에는 조건, 기한 부담이 있다.

제7절 행정조직법

Ⅰ. 행정조직법의 의의와 성질

행정조직법이란 행정주체의 활동의 전제가 되는 행정기관의 설치·구성 및 권한에 관한 법을 의미한다. 이러한 의미에서 입법기관 또는 사법기관의 조직에 관한 법과 구별된다. 행정조직법의 성질과 관련하여 행정조직에 관한 기본원칙은 헌법에서 정하고 그 구체적이고 세부적인 사항은 법률에 위임하고 있는 바, 이를 행정조직법률주의라고 한다.

종래에는 행정조직법은 행정조직 내부의 사항을 규율한다는 이유로 그 법규성을 부인하였으나, 법규의 관념이 변화한 오늘날에는 행정조직법도 법률로서 법규성을 갖는다고 보는 것이 일반적이다.

Ⅱ. 행정조직의 유형과 특색

1. 조직의 유형

행정조직의 유형에는 집권형과 분권형, 권력통합형과 권력분산형, 독립형과 합의형 등으로 나눌 수 있다.

집권형은 행정권력을 중앙에 집중시키는 행정조직형태인 데 대하여, 분권형이란 행정권력을 지방에 분산시키는 행정조직형태를 말한다.

행정권력이 특정 행정기관에 집중되어 있는 행정조직형태를 권력통합형이라 하고, 여러 행정기관에 분산되어 있는 행정조직형태를 권력분산형이다.

그리고 행정기관이 한 사람의 공무원으로 구성되어 있는 경우를 독립형이라 하고, 다수의 공무원으로 구성되어 그들의 합의에 의하여 권한을 행사하도록 한 경우를 합의형이라 한다. 독립형은 행정사무를 신속하고 통일적으로 처리하는데 적합한 반면 합의형은 행정사무를 신중·공정하게 처리하는 데 적합하다.

2. 행정조직의 특색

(1) 다양성과 방대성

현대복지국가에 있어서 행정기능의 확대경향은 그 행정기능을 수행하는 행정조직의 규모를 크게 만든다.

(2) 통일성과 계층성

행정조직은 상하행정기관이 단계형태를 이루고 있는데, 이러한 형태를 계층제라 한다. 행정조직이 일반적으로 계층성을 띠고 있는 이유는 상급기관의 지휘·감독을 통해 행정의사의 통일을 기하려는 데 있다.

(3) 독임성

독임성은 행정조직은 사무를 신속히 처리하고 책임을 명확히 하기 위하여 1인의 공무원이 권한을 행사하는 형태를 말한다. 그러나 오늘날 행정사무의 신중·공정한 처리를 위하여 합의제행정기관의 설치가 점차 증가하고 있는 점에 유의해야 할 것이다.

(4) 관료성·전문성

현대행정의 전문화는 전문적 지식을 가진 행정조직을 요구한다. 따라서 공무원제도가 기존의 엽관제도에서 직업공무원제로 변천되었는데, 이는 행정조직의 관료성을 나타내는 것이라 할 수 있다.

Ⅲ. 행정조직의 기본원리

1. 민주성

행정조직은 민주국가원리에 입각하여 구성·운영되어야 한다.

2. 행정조직 법정주의

헌법은 행정조직에 관한 기본적인 사항만 정하고 그 세부적인 것은 법률로 정하도록 함으로써(제96조 등 참조) 행정조직법정주의를 취하고 있다.

3. 행정조직의 분권성

행정권한이 특정행정기관에 집중되지 않고 여러 기관(행정각부, 감사원 등)에 분산되어 있으며, 또한 중앙정부가 모든 권한을 행사하지 않고 지방자치제도를 채택하고 있다.

4. 행정조직의 관료성

관료성이라는 용어가 여러 가지 의미를 내포하지만, 여기에서는 공무원의 전문직업성의 의미로 사용된다.

Ⅳ. 행정기관의 유형

1. 행정기관의 의의

행정기관은 광의로는 국가 또는 공공단체의 행정사무를 담당하는 모든 기관을 말하며, 협의로는 국가 또는 공공단체의 의사를 결정·표시하는 권한을 가진 기관만을 의미한다. 후자를 행정관청이라고 한다.

행정행위의 효과는 당해 행정기관에 귀속하는 것이 아니라 국가 또는 공공단체에 귀속하므로, 행정기관은 원칙적으로 독립한 인격성을 갖지 않는다는 것이 종래의 통설이다. 그러나 최근에는 일정한 범위에서 행정기관의 인격성을 인정하려는 견해가 대두되고 있다.

행정기관의 행위는 현실적으로 기관구성자인 공무원에 의하여 행해지는데, 행위 후에 기관의 구성원이 변경되더라도 행정기관의 행위의 효력에는 아무런 영향을 주지 않는다.

2. 행정기관의 종류

(1) 행정관청

행정의사를 결정하고 이것을 외부에 표시할 수 있는 권한을 가진 기관을 행정관청이라 하고, 지방자치단체의 의사를 결정·표시할 수 있는 권한을 가진 기관을 행정청이라고 한다. 다만 양자를 합쳐서 행정청이라 하기도 한다. 행정관청은 전술한 바와 같이 독임제인 것이 일반적이나 행정사무의 신중·공정한 처리를 위하여 합의제기관으로 하는 경우도 있다. 중앙행정관청의 설치와 직무범위는 법률로 정한다(정부조직법 제2조 1항).

(2) 보조기관과 보좌기관

행정관청에 소속되어 그의 권한행사를 보조함을 임무로 하는 기관(예 : 차관·국장·과장 등)을 보조기관이라고 하며, 이러한 보조기관 가운데 특히 정책의 기획·연구·조사 등 참모 기능을 담당하는 기관(예 : 차관보·기획관리실장·담당관 등)을 보좌기관이라고 부르기도 한다. 그러나 보조기관과 보좌기관은 제도상으로나 운영상으로나 명확히 구별되지 못하고 있다. 보조기관의 설치 및 그 사무분장은 특히 법률로 정하여진 것을 제외하고는 대통령령으로 정한다(정부조직법 제2조 1항).

(3) 자문기관

자문기관은 행정관청의 자문에 의하여 또는 자발적으로 행정관청의 의사결정에 참고가 될 의견을 제시함을 주된 임무로 하는 행정기관을 말하며, 그의 의견은 법적으로 행정관청을 구속하는 것이 아닌 점에서 의결기관과 구별된다. 자문기관은 헌법이나 법률에 의하여 설치되는 경우도 있으나. 일반적으로 대통령령에 의하여 설치할 수 있다(정부조직법 제4조).

(4) 의결기관

의결기관은 행정에 관한 의사를 결정할 수 있는 권한을 가진 합의제기관을 말하며, 결의된 의사를 외부에 표시할 수 있는 권한이 없는 점에서 행정관청과 구별되고, 의결기관이 결정한 의사는 행정관청을 구속한다는 점에서 단순한 자문기관과 구별된다. 행정심판위원회 · 징계위원회 · 공정거래위원회 등이 이에 속한다.

(5) 집행기관

집행기관은 행정관청의 명을 받아 강제력을 동원하여 국가의사를 집행함을 임무로 하는 기관인 강제집행기관을 말하며, 경찰공무원 · 소방공무원 · 세무공무원 · 무허가건물 철거반원 등이 이에 해당한다.

V. 행정청의 권한

1. 권한의 의의

행정청이 유효하게 직무를 수행할 수 있는 범위를 행정청의 권한 또는 관할이라고 한다. 행정청의 권한의 범위는 대체로 당해 행정청을 설치하는 관련법규에 의하여 정하여진다.

2. 권한의 한계

(1) 사항한계

행정권은 그 목적과 종류에 따라 각 행정청에 분배되어 있다. 따라서 각 행정청은 자기에게 맡겨진 사항에 관해서만 적법하게 권한을 행사할 수 있는 바, 이를 사항한계라고 한다. 예컨대, 국방부장관은 국방에 관련된 군정 및 기타 군사에 관한 사무만을 담당하며, 그 밖에 외교나 내무에 관한 사무는 처리할 수 없음이 이에 해당한다.

(2) 지역한계

행정청의 권한이 미치는 지역적 범위를 지역적 한계 또는 토지관할이라고 한다. 그 권한이 전국에 미치는 행정청을 중앙행정청이라 하고, 하나의 지방에 한정되는 행정청을 지방행정청이라고 한다.

(3) 대인적 한계

행정청의 권한이 미치는 인적 범위를 대인적 한계라고 한다. 그 예로서 국립대학교 총장의 권한은 동 대학의 학생 및 직원에게만 미치는 것을 들 수 있다.

(4) 형식적 한계

행정청의 권한행사의 형식에 한계가 있는 경우가 있다. 예컨대, 국무총리의 입법권의 행사는 총리령의 형식으로, 행정각부의 장관의 입법권의 행사는 부령의 형식으로 하여야 하는 것을 들 수 있다.

(5) 시간적 한계

행정청의 권한의 행사가 시간적으로 제한되어 있는 경우도 있을 수 있다.

3. 권한행사의 효과

행정청이 그 권한의 범위 내에서 행한 행위의 효과는 국가 등 행정주체에 귀속한다. 일단 행정주체의 행위로서 효과를 발생한 경우에는 그 후에 담당자인 공무원이 변경되더라도 그 효과는 소멸·변경되지 않는다.

VI. 행정청의 권한의 대리

1. 대리의 의의

권한의 대리는 행정청의 권한의 일부 또는 전부를 다른 행정기관이 대신하여 행하는 것을 의미한다. 대리행정기관이 대리권을 행사함에 있어서는 피대리청을 위한 것임을 표시하여 자기의 이름으로 행하며, 그 행위는 피대리청의 행위로서의 효과를 발생한다. 권한의 대리관계는 행정청과 그의 보조기관 사이에 행해짐이 보통이다.

2. 유사개념의 구별

(1) 대표

대표는 대리와 같이 대리·피대리의 관계에 있는 것이 아니라, 대표자인 행정청의 행위가 직접 국가 또는 지방자치단체의 행위가 되는 점에서 대리와 구별된다. 예컨대, 국가를 당사자로 하는 소송에 있어서 '법무부장관이 국가를 대표한다.'(국가를 당사자로 하는 소송에 관한 법률 제1조)는 경우가 이에 해당한다.

(2) 위임

위임이란 행정청의 권한의 일부를 다른 행정기관에 이양하는 것을 말한다. 대리는 행정청의 권한을 다른 행정기관이 대신하여 행사하도록 하는 것이기 때문에 피대리청의 권한이 소멸하는 것은 아닌 데 대하여, 권한의 위임이 있으면 위임청의 권한이 피위임청에 이전되어 위임청의 권한은 소멸하는 점에서 차이가 있다.

(3) 서리

피대리청의 지위에 있는 자가 궐위되어 있는 경우의 대리를 특히 '서리' 라고 한다. 서리는 피대리청의 지위에 있는 자가 존재하지 않는다는 점에서 일반의 대리와 구별되나, 그 행위가 피대리청의 행위로서의 효과를 발생하는 점에서 차이가 없다.

(4) 내부위임

행정청이 보조기관 또는 하급기관에 대해 소관사무를 처리하도록 하면서, 그 업무에 대한 대외적인 권한행사는 본래의 행정청의 이름으로 하도록 하는 경우가 있는데, 이를 내부위임 또는 위임전결이라고 한다.

3. 대리의 종류

(1) 임의대리

임의대리는 피대리청의 수권에 의하여 성립되는 대리를 말한다. 행정청은 그 보조기관 등에 대하여 일정한 범위를 정하여 대리권을 수여할 수 있는데, 반드시 법률의 근거를 요하지는 않는다.

(2) 법정대리

법률의 규정에 의하여 성립되는 대리를 말하며, 이는 다시 협의의 법정대리와 지정대리로 나눌 수 있다.

협의의 법정대리는 법령에 의해 대리자가 명시되어 있음으로써 법정사실의 발생과 더불어 당연히 대리관계가 성립되는 경우를 말한다. 별도로 대리자를 지정하는 행위를 요하지 않는 점에서 지정대리와 구별된다.

지정대리는 법정사실이 발생한 경우에 일정한 자가 대리자를 지정함으로써 비로소

대리관계가 성립되는 경우를 말한다. 국무총리·부총리가 사고로 인하여 직무를 수행할 수 없는 경우에 대통령이 지명한 국무위원이 국무총리의 직무를 대리하는 것을 말한다.

4. 대리권의 범위

(1) 임의대리

임의대리는 행정청의 권한의 일부에 한해서만 가능하며, 권한의 포괄적인 대리는 허용되지 않는다.

(2) 법정대리

법정대리는 피대리청이 궐위되었거나 사고로 인하여 직무를 수행할 수 없는 경우에 성립하므로 피대리청의 권한의 전부에 미친다.

5. 대리행위의 효과

대리자가 행한 행위는 피대리청의 행위로서의 효과를 발생한다.

6. 대리행위에 대한 책임

대리자가 행한 대리행위에 대해서는 대리자 자신이 책임을 진다. 피대리청은 대리자의 대리행위에 대해서 책임을 지지는 않으나, 대리자의 선임·감독에 대한 책임은 면할 수 없다. 다만 법정대리에 있어서는 피대리청이 대리자를 선임·감독할 수 없는 경우가 대부분이기 때문에 그에 대한 책임을 묻기도 곤란할 것이다.

7. 복대리

대리자가 그의 대리권의 행사를 다시 다른 행정기관에게 대리시킬 수 있는가 하는 문제가 복대리의 관계이다. 원칙적으로 임의대리의 경우에는 복대리가 인정되지 않는데 대하여, 법정대리의 경우에는 허용된다고 보는 것이 통설이다.

Ⅶ. 행정청의 권한의 위임

1. 위임의 의의

권한의 위임은 행정청의 권한의 일부를 다른 행정기관(하급행정청)에 이전하는 것을 말한다. 권한의 위임이 있으면 행정권한이 위임청에서 수임청으로 이전되기 때문에 수임청은 자기의 이름으로 권한을 행사하며, 그 행위의 효과도 수임청에 대하여 발생한다.

위임과 대리의 구별은 권한의 위임이 있으면 행정권한이 이전되는 데 대하여, 대리는 권한의 귀속 자체를 변경시키는 것은 아닌 점에서 근본적인 차이가 있다.

위임과 내부위임 사이에는 내부위임은 행정권한의 행사를 실질적으로 하급행정청 또는 보조기관에게 처리하도록 하면서, 대외적인 권한행사는 본래의 행정청의 이름으로 하도록 하는 것을 말하며, 대외적인 권한의 이전이 없다는 점에서 위임과 구별된다.

2. 위임의 근거와 범위

위임은 법령으로 정해진 행정청의 권한을 다른 행정기관에게 이전하는 것이므로 법적 근거를 요한다.

위임의 범위는 위임청의 권한의 일부에 한해서만 가능하다고 보는 것이 통설이다.

3. 위임의 효과

권한의 위임에 의하여 위임청은 위임사항을 처리할 수 있는 권한을 상실하며, 그 사항은 수임청의 권한이 된다. 수임청이 행한 행위의 효과는 수임청 자신에게 귀속하며, 그에 대한 책임도 수임청이 부담한다.

Ⅷ. 행정청 상호간의 관계

1. 의의

행정청은 행정부의 수반인 대통령을 정점으로 하는 피라미드형의 계층구조를 이루면서 상하 및 대등의 관계에서 다른 행정청과 관계를 맺고 있다. 이하에서 양 관계를 나누어 고찰하기로 한다.

2. 상·하행정청 간의 관계

(1) 권한의 위임

행정청은 자기의 권한의 일부를 하급행정청에 위임하여 그의 명의와 책임에 따라 처리하는 경우가 많이 있다. 그러나 권한의 위임이 항상 상·하급행정청 사이에서만 행하여지는 것은 아닌 점에 유의해야 할 것이다.

(2) 권한의 감독

상급행정청이 하급행정청의 권한행사를 지휘하여 그의 적법·타당성을 확보하기 위한 작용을 말한다. 그 수단으로는 다음과 같은 것이 있다.

1) 감사권

상급행정청이 하급행정청의 사무를 감독하거나 보고 받는 권한을 말한다. 상급행정청은 법률의 근거가 없는 경우에도 언제든지 하급행정청의 업무상황을 감독하고 서류·장부 등을 열람하거나 업무상의 보고를 제출하게 할 수 있다.

2) 인가권

하급행정청이 권한을 행사하기 전에 미리 상급행정청에 제출하여 그의 동의를 얻도록 하는 것을 말한다.

3) 훈령권

상급행정청이 하급행정청의 권한행사를 지휘하기 위하여 명령을 발할 수 있는 권한을 말한다(여기에서 말하는 훈령이란 일반적으로 행정규칙을 의미한다). 훈령은 법령의 근거를 요하지 않는다.

종래 훈령의 법규성을 인정하지 않는 것이 통설 및 판례의 태도이다. 그러나 훈령(행정규칙)의 비법규성을 뒷받침했던 특수신분관계이론이 비판을 받고 있는 오늘날에는 훈령 가운데 재량준칙이나 해석규칙 같은 것은 법규의 성질을 갖는다고 보는 것이 일반적이다.

한편 훈령은 '행정기관'에 대하여 발하는 명령인 데 대하여, 직무명령은 '공무원' 개인에 대하여 발하는 명령인 점에서 차이가 있다. 따라서 훈령은 행정기관의 지위에 있는 자가 변경되더라도 그 효력에는 영향이 없는 데 대하여, 직무명령은 당해 명령을 받은 공무원이 변경되면 그 효력도 소멸된다. 다만 훈령은 동시에 직무명령으로서의 성질을 갖는다고 본다.

훈령은 다시 협의의 훈령, 지시, 예규, 일일명령으로 구분된다.

훈령의 형식 및 절차에 대해서 훈령은 구두 또는 서면의 형식으로 발할 수 있으며, 공포를 요하지 않는다. 하급행정청은 훈령의 적법성에 대하여 어느 정도의 심사권을 갖는가 하는 것이 문제된다. 하급행정청은 훈령의 형식적 요건에 대한 심사권을 갖지만, 그 실질적 내용(내용의 적법성 여부)에 대한 심사권은 갖지 않는다는 것이 통설이다.

4) 취소 · 정지권

상급행정청이 하급행정청의 위법 · 부당한 권한행사를 취소 또는 정지시키는 권한을 말한다. 상급행정청은 법령의 근거가 없는 경우에도 취소 · 정지권을 갖는다고 하는 것이 다수설이다.

5) 권한쟁의결정권

소속 행정청 간에 권한의 범위에 관하여 다툼이 있는 경우에 상급행정청이 그에 관해 결정하는 권한을 말한다.

3. 대등행정청 간의 관계

(1) 상호존중

대등한 행정청 상호간에는 서로 그 권한을 존중하고 다른 행정청의 권한을 침해하지 않아야 한다.

(2) 협의

하나의 사항이 둘 이상의 행정청의 권한과 관련되는 경우에는 행정청 간의 협의에 의하여 결정 · 처리한다.

(3) 사무의 촉탁

대등한 행정청 간에 있어서 어느 행정청의 직무상 필요한 사무가 다른 행정청의 관할에 속하는 경우에 그 행정청에게 처리해 주도록 부탁하는 것을 말한다.

(4) 행정응원

행정응원이란 협의로는 재해 · 사변 기타 비상시에 처하여 일부 행정청의 기능만으로는 행정목적을 달성할 수 없는 경우에 다른 행정청이 원조하는 것을 말하며, 광의로는 평시에 있어서의 원조를 포함한다. 응원의 청구를 받은 행정청은 정당한 이유 없이 그것을 거절할 수 없다.

IX. 국가행정조직법

1. 의의

국가행정기관이란 국가의 행정사무를 관장하기 위하여 국가에 의하여 설치된 기관을 말한다. 국가행정기관의 설치·권한 등에 관한 대표적인 법률은 정부조직법이다.

2. 국가행정기관의 종류

(1) 관할지역

국가행정기관은 그 권한이 미치는 지역적 범위에 따라 중앙행정기관과 지방행정기관으로 나눌 수 있다. 전자는 그 권한이 전국에 미치는 것을 말하며, 후자는 그 권한이 일부지역에 한해서 미치는 것을 말한다. 지방행정기관은 다시 그 권한의 내용이 일반적인지 또는 특정한 것인지에 따라 보통지방행정기관과 특별지방행정기관으로 나누어진다.

(2) 근거의 성질

국가행정기관은 그 권한의 성질에 따라 행정관청·보조기관·의결기관·자문기관·감사기관 등으로 나눌 수 있다.

(3) 국가행정기관의 설치

중앙행정기관의 설치와 직무범위는 법률로 정하고, 그 보조기관의 설치와 사무분장은 특별한 규정이 없는 한 대통령령으로 정한다.

현행법상 보통지방행정기관은 별도로 설치하지 아니하고 지방자치단체의 장에게 위임하여 행하고 있으며, 특별지방행정기관은 특별한 규정이 없는 한 대통령령에 의하여 설치할 수 있다.

행정사무를 독립하여 수행할 필요가 있는 때에는 법률이 정하는 바에 의하여 합의제행정기관을 설치할 수 있다(정부조직법 제5조).

국가행정기관에는 그 소관사무의 범위 안에서 대통령령이 정하는 바에 의하여 부속기관(시험연구기관·교육훈련기관·문화기관·의료기관·제조기관·자문기관 등)을 설치할 수 있다.

3. 중앙행정조직

(1) 대통령

우리나라는 대통령제를 취하고 있으므로, 대통령은 국가의 원수인 동시에 행정부의 수반으로서의 지위에 따라 모든 중앙행정기관의 장을 지휘·감독하는 권한을 가진다.

대통령이 궐위되거나 사고로 인하여 직무를 수행할 수 없을 때에는 국무총리가 권한을 대행하며, 그 다음으로 정부조직법이 정한 국무위원의 순서로 그 권한을 대행한다(헌법 제71조).

대통령을 보좌하거나 직속되어 있는 기관에는 대통령비서실·국가안보실 등이나 대통령경호처·국가정보원 등이 있다. 그리고 자문기관에는 국가원로자문회의·국가안전보장회의·민주평화통일자문회의·국민경제자문회의 등이 있다.

대통령은 국무총리나 장관의 직을 겸할 수 없으며, 내환 또는 외환의 죄를 범한 경우를 제외하고는 재직 중 형사상의 소추를 받지 아니한다.

(2) 국무회의

국무회의는 정부의 권한에 속하는 중요한 정책을 심의하는 국가의 최고정책심의기관이다. 국가정책의 필수적 심의기관인 점에서 단순한 자문기관과 구별되며, 대통령이 심의내용에 구속되지 않는 점에서 의결기관과도 구별된다.

대통령은 국무회의 의장으로서 회의를 소집하고 이를 주재하며, 국무회의는 대통령·국무총리와 15인 이상 30인 이하의 국무위원으로 구성된다.

(3) 국무총리

우리나라는 대통령제이면서 부통령이 아닌 국무총리를 두고 있는데, 국무총리는 대통령의 명을 받아 각 중앙행정기관의 장을 지휘·감독한다. 그리고 국무총리는 직속기관을 둘 수 있다. 그리고 국무총리가 특별히 위임하는 사무를 수행하기 위하여 부총리 2명을 두며, 부총리는 기획재정부장관과 교육부장관이 겸임한다.

한편 국무총리가 사고로 직무를 수행할 수 없는 경우에는 기획재정부장관이 겸임하는 부총리, 교육부장관이 겸임하는 부총리의 순으로 직무를 대행하며, 부총리도 사고가 있는 경우에는 대통령의 지명이 있으며 그 지명을 받은 국무위원이, 지명이 없는 경우에는 정부조직법이 정한 순위에 따라 국무위원이 그 직무를 대행한다.

국무총리실에는 국무총리의 직무를 보좌하기 위하여 국무조정실과 국무총리비서실을 둔다. 국무총리의 소속기관에는 국가보훈처, 인사혁신처, 법제처, 식품의약품안전처 등이 있다.

(4) 행정각부

현행법상 행정각부에는 기획재정부·교육부·과학기술정보통신부·외교부·통일부·법무부·국방부·행정안전부·문화체육관광부·농림축산식품부·산업통상자원부·보건복지부·환경부·고용노동부·여성가족부·국토교통부·해양수산부·중소벤처기업부 등의 부가 있다.

행정각부의 장관 아래에는 해당부마다 국세청·검찰청·경찰청·문화재청·기상청 등이 설치되어 있다.

(5) 합의제행정기관(행정위원회)

합의제행정기관이란 수인의 위원이 합의에 의하여 의사를 결정하는 기관을 말하는데, 이에는 자문기관의 성질을 갖는 것, 의결기관의 성질을 갖는 것, 그리고 행정관청의 성질을 갖는 것이 있다.

합의제행정기관 중 행정관청의 성질을 갖는 것을 특히 행정위원회라 한다. 행정위원회는 직무의 독립적 수행, 합리적 의사결정, 전문지식의 활용, 행정의 민주화 등의 장점이 있지만, 신속한 의사결정이 지연되면 행정능률을 저해할 수도 있다.

4. 지방행정조직

국가의 지방행정사무를 수행하기 위하여 설치된 기관을 지방행정기관이라 하는데, 이는 다시 그 권한의 내용이 일반적인 것인지 또는 특정한 것인지에 따라 보통지방행정기관 특별지방행정기관으로 나누어진다.

(1) 보통지방행정기관

보통지방행정기관이란 국가의 일반적 지방사무를 관장하는 기관을 말하는데, 현행법상 보통지방행정기관은 별도로 설치하지 아니하고 지방자치단체의 장인 시·도지사와 시장·군수 및 자치구청장에 위임하고 행하고 있다.

(2) 특별지방행정기관

특별지방행정기관이란 특정한 중앙행정기관의 지방사무를 관장하는 기관을 말하며, 특별한 규정이 없는 한 대통령령에 의하여 설치할 수 있다.

5. 공공단체

(1) 공공단체

공공단체란 일정한 행정목적을 수행하기 위하여 국가에 의하여 설립된 독립한 법인을 말하며, 국가·공무수탁사인과 함께 행정주체에 속한다.

1) 지방자치단체

지방자치단체는 일정한 구역과 주민을 구성요소로 하는 공공단체이다. 지방자치단체는 다시 보통지방자치단체와 특별지방자치단체로 나눌 수 있다.

(2) 간접국가행정조직

국가로부터 독립된 법인격 있는 법인이 국가행정을 수행하는 하는 경우 이를 간접국가행정이라 한다.

1) 공법상 사단(공공조합)

공공조합은 특정한 공익행정의 목적을 위하여 공통의 직업이나 신분 등 일정한 자로 결합된 인적 단체로서, 공사단이라고도 한다. 도시재개발조합·산림협동조합·상공회의소·변호사회·의사회·약사회·재향군인회 등이 이에 해당한다.

2) 영조물법인

영조물은 공익행정의 목적을 영속적으로 달성하기 위한 인적·물적 결합체로 권리능력을 지닌 단체를 의미한다. 모든 영조물이 공공단체인 것은 아니고 그 중에서 독립한 법인격을 취득한 것, 즉 영조물법인만이 행정주체의 하나로서의 공공단체에 속한다.

3) 공법상의 재단

공법상의 재단 또는 공익재단은 공법에 의하여 공익목적에 기여하려고 출연된 재산을 관리하기 위하여 설립된 권리능력을 지닌 공공재단이다. 따라서 재단의 중심적 요소는 구성원이 아니라 일정한 목적을 위해 바쳐진 재산이다.

(3) 공공단체의 특색

공공단체는 국가적 행위에 의하여 설립·변경·소멸된다. 그리고 공공단체는 독립한 법인이며, 따라서 공법상 권리·의무의 귀속주체가 된다. 공공단체에는 공용부담특권·강제징수권 등과 같은 국가적 공권의 부여, 면세, 보조금의 교부 등과 같은 여러 가지 특전과 보호가 주어짐이 보통이다. 또한 공공단체는 국가의 특별한 감독을 받는다.

X. 지방자치법

헌법은 '지방자치단체는 주민의 권리에 관한 사무를 처리하고 재산을 관리하며, 법령의 범위 안에서 자치에 관한 규정을 제정할 수 있다.'고 규정함으로써 (제117조), 지방자치를 헌법에서 제도적 보장의 일환으로 삼고 있다.

1. 지방자치의 개념

지방자치의 이념과 가치로는 지역주민에게 친근하며 지역실정에 맞는 행정을 확보할 수 있는 점, 지역주민에게 자신의 사무를 스스로 처리할 수 있는 권한을 부여함으로써 민주주의 이념을 보다 잘 구현할 수 있는 점, 주민의 공공심을 함양할 수 있는 점 등을 들 수 있다.

2. 지방자치단체의 종류

(1) 보통지방자치단체

보통지방자치단체로는 다음의 두 가지 종류로 구분한다. 광역자치단체로 특별시, 광역시, 특별자치시·도, 특별자치도 등이 있고, 기초지방자치단체로 시, 군, 구 등이 있다. 특별시·광역시·도(이하에는 '시·도'라 한다)는 정부의 직할에 두고, 시는 도의 관할구역 안에, 군은 광역시 또는 도의 관할 구역 안에 두며, 자치구는 특별시와 광역시의 관할 구역 안에 둔다.

(2) 특별지방자치단체

특별지방자치단체는 구성과 권한이 특수한 성격의 지방자치단체를 말하며, 현행법 상으로는 지방자치단체조합이 그 예이다.

3. 지방자치단체의 성질

지방자치단체는 법인이다(동법 제3조 1항). 따라서 독립하여 권리 · 의무의 주체가 될 수 있다.

4. 지방자치단체의 관할구역

지방자치단체의 구역이란 지방자치단체의 자치권이 미치는 지리적 범위를 말한다. 지방자치단체의 구역은 모두 종전의 예에 의한다(동법 제4조 1항). 특별시 · 광역시가 아 닌 인구 50만 이상의 시에는 자치구 아닌 구를 둘 수 있고, 군에는 읍 · 면을 두며, 시 · 구 에는 동을 둔다(동법 제4조 2항 · 3항).

한편 지방자치단체의 구역변경에는 폐치분합과 경계변경이 있다. 폐치분합이란 지 방자치단체의 신설 또는 폐지를 수반하는 구역변경을 말하며, 경계변경이란 지방자치단 체의 존폐에는 관계없이 단순히 관할구역만을 변경하는 것을 말한다.

지방자치단체를 폐치분합하거나 그 경계를 변경하기 위해서는 지방의회의 의견을 들어 법률로서 정하는 것이 원칙이나, 시 · 군 · 자치구의 경계변경은 대통령령으로 정한 다(동법 제4조 1항 · 2항). 자치구가 아닌 구와 읍 · 면 · 동의 경계를 변경하거나 폐합 · 분합할 때에는 행정자치부장관의 승인을 얻어 지방자치단체의 조례로 정한다.

지방자치단체의 명칭은 종전에 의하고 이를 변경할 때에는 법률로 정한다. 다만 자 치구가 아닌 구와 읍 · 면 · 동의 명칭을 변경할 때에는 행정안전부장관의 승인을 얻어 지방자치단체의 조례로 정한다. 시를 설치하기 위해서는 인구가 5만 이상이 되어야 하 고, 시가지 지역거주인구 및 도시 산업종사가구의 비율이 각각 전체의 60퍼센트 이상이어야 한다. 또한 시와 군을 통합하거나 인구 5만 이상의 도시의 형태를 갖춘 군을 도농복합형태의 시로 할 수 있도록 하였다(제7조 2항). 읍을 설치하기 위해서는 인구가 2만 이상이 되어야 하고, 시가지 지역거주인구 및 도시적 산업종사가구의 비율이 각각 전체의 40% 이상이어야 한다. 다만 군청 소재지의 면은 인구가 2만 미만인 경우에도 읍으로 할 수 있다.

5. 지방자치단체의 주민

주민은 지방자치단체의 인적 요소라 할 수 있는데, 지방자치단체의 구역 안에 주소를 가진 자는 그 지방자치단체의 주민이 된다. 주민은 소속 지방자치단체의 재산과 공공시설을 이용할 권리, 지방자치단체로부터 균등하게 행정의 혜택을 받을 권리, 지방의회의원 및 지방자치단체의 장의 선거권·피선거권, 지방의회 청원권, 지방자치단체의 주요 결정사항 등에 대한 주민투표권, 기타 지방자치단체에 대한 행정쟁송제기권·손해배상청구권·손실보상청구권 등을 갖는다.

주민은 법령이 정한 바에 의하여 그 소속 지방자치단체의 비용을 분담하는 의무를 지는데, 현행의 지방자치법은 비용분담의 형태로 지방세·사용료·수수료·분담금 등을 규정하고 있다.

6. 지방자치단체의 사무

지방자치단체는 그 관할구역의 '자치사무'와 법령에 의하여 지방자치단체에 부여된 '위임사무'를 처리한다.

(1) 자치사무와 위임사무

자치사무는 지방자치단체의 존립을 위한 사무 및 주민의 복리를 증진시키기 위한 사무 등과 같이 자치단체의 본래적 사무를 말하며, 고유사무 또는 공공사무라고도 한다.

지방자치단체의 자치사무에 대해서는 국가는 원칙적으로 합법성 감독과 교정적 감독만을 행할 수 있다(동법 제157조 · 158조). 한편 위임사무는 지방자치단체가 국가나 다른 지방자치단체로부터 위임받아 시행하는 사무를 말한다. 좁은 의미에서는 단체위임 사무만을 위미하나, 넓게는 단체위임사무와 기관위임사무를 포함한다.

(2) 단체위임사무와 기관위임사무

단체위임사무는 국가(또는 다른 지방자치단체)로부터 '지방자치단체'에게 위임된 사무를 말한다. 예컨대 시 · 군이 도세를 징수하는 것(지방세법 제53조), 시 · 도가 국유하천의 점용료를 징수하는 것(하천법 제33조 4항)등이 그에 해당한다.

국가(또는 다른 지방자치단체)가 사무를 지방자치단체에게 위임하기 위해서는 법령의 근거를 요하며, 위임사무의 처리비용은 원칙적으로 위임자가 부담한다. 단체위임사무는 위임받은 지방자치단체가 자신의 자주적 책임 하에 처리하는 것이지, 국가(또는 다른 지방자치단체)의 하부기관의 지위에서 행하는 것은 아니다. 그럼에도 불구하고 현행법은 단체위임사무에 대하여 합법성 감독 · 교정적 감독뿐만 아니라 합목적성 감독 · 예방적 감독까지 할 수 있도록 하고 있다.

기관위임사무란 국가(또는 다른 지방자치단체)로부터 '지방자치단체의 장'에게 위임된 사무를 말한다. 예컨대 병무사무 · 각종 인 · 허가사무 · 선거사무 등이 그에 해당한다.

국가(또는 다른 지방자치단체)가 사무를 지방자치단체의 장에게 위임하기 위해서는 법령의 근거를 요하며, 위임사무의 처리비용은 원칙적으로 위임자가 부담한다.

기관위임사무는 위임받은 지방자치단체의 장이 국가(또는 다른 지방자치단체)의 하부기관의 지위에서 행하는 것이다. 따라서 국가(또는 다른 지방자치단체)는 기관위임사무의 처리에 대하여 합법성감독 · 교정적 감독뿐만 아니라 합목적성 감독 · 예방적 감독도 할 수 있다.

(3) 국가사무의 처리제한

지방자치단체는 특별한 규정이 없는 한 외교 · 국방 · 사법 · 국세 등에 관한 사무, 물

가정책·금융정책·수출입정책 등에 관한 사무, 양곡의 수급조절과 수출입에 관한 사무, 국가종합경제개발계획·직할하천·국유림·고속도로·일반국도·국립공원 등에 관한 사무, 우편·철도 등 전국적 규모의 사무 등과 같은 국가사무를 처리할 수 없다(동법 제11조).

7. 지방자치단체의 권한

(1) 자치입법권

지방자치단체는 법령의 범위 내에서 자치행정에 관한 법규범을 정립할 수 있는 권한을 갖고 있는 바, 이를 자치입법권이라 한다.

현행법상 자치법규에는 지방의회가 제정하는 조례, 지방자치단체의 장이 제정하는 규칙, 교육감이 제정하는 교육규칙, 그 밖에 내부규칙 등이 있다.

1) 조례

조례는 지방자치단체가 지방의회의 의결을 거쳐 제정하는 법규범이다. 조례는 대외적 구속력(주민에 대한 구속력)을 갖는 것이 보통이나, 지방자치단체의 내부에서만 효력을 갖는 것도 있다.

조례는 법령에 저촉되지 않는 한 법률의 개별적·구체적 위임이 없는 사항에 관해서도 제정할 수 있다. 다만 주민의 권리·의무에 관한 사항이나 벌칙을 정하는 경우에는 법률의 위임이 있어야 한다.

조례의 제정절차는 조례안은 지방자치단체의 장 또는 지방의회의원 5분의 1이상 또는 의원 10인 이상의 연서로 제안된다. 지방의회의 의결을 거쳐야 한다. 조례안이 지방의회에서 의결된 때에는 지방자치단체의 장이 공포하여야 한다. 만일 지방자치단체의 장이 의결된 조례안에 대하여 이의가 있는 때에는 지방의회에 대하여 재의를 요구할 수 있다.

재의가 요구된 때에는 지방의회재적의원 과반수의 출석과 출석의원 3분의 2이상의 찬성이 있으면 그 조례안은 조례로서 확정된다. 조례를 제정 또는 개폐하는 경우에 시·

도지사는 행정안전부장관에게, 시장·군수·자치구청장은 시·도지사에게 보고하여야 한다.

그리고 조례는 특별한 규정이 없는 한 공시한 날로부터 20일을 경과함으로써 효력을 발생한다.

2) 규칙

규칙은 지방자치단체의 장이 제정하는 법규범이다. 규칙 중에 대외적 구속력을 가는 것과 대내적 구속력만을 갖는 것이 있다.

규칙제정은 규칙은 법령 또는 조례가 위임한 사항에 관해서만 제정할 수 있다. 규칙에 따라서는 상급기관의 사전승인을 받아야 하는 경우도 있으나, 대부분의 경우는 지방자치단체의 장이 단독으로 제정할 수 있다. 다만 규칙을 제정 또는 개폐하는 경우에 시·도지사는 행정안전부장관에게, 시장·군수·자치구청장은 시·도지사에게 사후보고를 하여야 한다.

(2) 자주 조직권 · 인사권

지방자치단체는 지방의회의원 및 지방자치단체의 장을 선거하며 필요한 조직을 구비하는 등 자주 조직권을 가진다. 또한, 지방자치단체의 경비로써 임용한 지방공무원에 대하여 자주적 인사권을 행사한다.

(3) 자주재정권

지방자치단체는 스스로 그 존립과 활동에 필요한 세입을 확보하고 지출을 관리하는 권한을 갖는데, 이를 자주재정권 또는 자치재정권이라 한다.

지방자치단체의 수입으로는 지방세, 사용료·수수료·분담금, 재산수입·사업수입·과태료·기부금, 지방교부세·국고보조금, 지방채·일시차입금 등이 있다.

8. 지방자치단체의 기관

(1) 지방의회

지방의회는 지방자치단체의 의결기관으로서, 주민이 직접 선출한 의원으로 구성된다. 그리고 지방의회는 다음과 같은 권한을 가진다.

지방의회는 조례의 제정 및 개폐, 예산의심의 · 의결, 결산의 승인, 지방세 · 사용료 · 수수료 · 분담금의 부과 · 징수, 중요재산의 취득 · 처분, 공공시설의 설치 · 관리, 청원의 수리와 처리 등의 사항에 대하여 의결권을 갖는다.

그리고 지방의회는 매년 1회 당해 지방자치단체의 사무에 대하여 감사를 실시하고, 지방자치단체의 사무 중 특정사안에 관하여 본회의의 의결로 조사할 수 있다. 국가(또는 시 · 도)로부터 위임받은 단체위임사무와 기관위임사무에 대해서는 국회(또는 시 · 도의회)가 직접 조사하기로 한 사무를 제외하고는 위임받은 지방자치단체의 의회가 감사를 행할 수 있다.

지방의회는 지방자치단체의 장 또는 관계 공무원에 대하여 지방의회 또는 위원회에 출석 · 답변할 것을 요구할 수 있다.

주민은 의원의 소개를 얻어 지방의회에 청원 할 수 있으며, 지방의회는 제출된 청원을 심사 · 처리할 권한을 가진다. 다만 지방자치단체의 장이 처리함이 타당하다고 인정되는 청원은 지방자치단체의 장에게 이송하며, 지방자치단체의 장은 그 처리결과를 지체 없이 지방의회에 보고하여야 한다.

지방의회는 의장 · 부의장의 선임, 개회 · 휴회 · 폐회와 회기의 결정, 의사규칙제정, 의장불신임의 의결, 의원의 사직허가 · 자격심사 · 징계 등과 같은 의회 및 의원에 대한 자율권을 갖는다.

(2) 지방의원

지방의회의원의 임기는 4년이다. 지방의회의원은 국회의원 · 헌법재판소재판관 · 선거관리위원회 · 정부투자기관의 임직원 · 지방공사의 임직원 · 공공조합의 상근임직원 등의 직과 겸할 수 없으며, 만일 겸직이 금지된 직에 취임한 때에는 의원의 직에서 퇴직된다.

지방의회의원의 피선거권은 당해 지방자치단체의 관할구역 안에 주민등록이 된 자로서 선거일 현재 25세 이상인 자가 갖는다. 지방의회의원이 당해 지방자치단체의 관할구역 밖으로 주민등록을 이동한 때에는 의원직에서 퇴직된다.

의원후보자 추천에 있어, 시·도의회의원선거에서 뿐만 아니라 자치구·시·군의회의원 선거에 있어서도 정당이 후보자를 추천할 수 있도록 하였다.

지방의회의원선거에 대해서는 시·도 선거관리위원회에의 소청을 거쳐, 관할 고등법원에 제소할 수 있다. 지방의회의원은 성실의무, 청렴의무, 품위유지의무 등을 진다. 지방의회의원의 제명 또는 자격상실의결에는 재적의원 3분의 2 이상의 찬성이 있어야 한다.

(3) 지방자치단체의 장

1) 지방자치단체의 장

지방자치단체의 장은 당해 지방자치단체를 대표하고 그 사무를 총괄한다. 또한 지방자치단체의 장이 국가로부터 사무를 위임받은 범위 내에서는 국가의 하급행정청으로서의 지위를 아울러 갖는다.

지방자치단체의 장은 주민의 직접선거에 의하여 선임하며, 임기는 4년이고 계속 재임은 3기에 한한다. 지방자치단체의 장의 피선거권은 당해 지방자치단체의 관할구역 안에 주민등록이 된 자로서, 25세 이상인 자라야 한다. 후보자 추천에 있어, 시·도지사 선거에서뿐만 아니라 자치구청장·시장·군수선거에 있어서도 정당이 후보자를 추천할 수 있도록 하였다.

시·도지사 선거는 중앙선거관리위원회에의 소청을 거쳐 대법원에 제소할 수 있고, 자치구·시·군의 장은 시·도 선거관리위원회에의 소청을 거쳐 관할 고등법원에 제소할 수 있다.

시·도의 부시장과 부지사는 원칙적으로 국가공무원으로 보고, 이 경우 시·도지사의 제청으로 행정안전부장관을 거쳐 대통령이 임명한다. 다만 부시장·부지사를 2인 이상 두는 경우에 1인은 지방공무원으로 보하고 당해 지방자치단체에서 임명한다. 부시장·부군수·부구청장은 당해 지방자치단체의 장이 임명한다.

2) 지방자치단체의 장의 권한

지방자치단체의 장은 지방자치단체의 통할·대표권, 사무의 관리 및 집행권 직원의 임면 및 지휘·감독권, 규칙제정권 등을 갖는다.

지방자치단체의 장은 지방의회에 대하여 조례공포권, 조례안 재의요구권 임시회 소집 요구권, 의안의 발의권, 지방의회의 의결에 대한 재의요구권, 지방의회의 재의결에 대한 대법원에의 제소권, 주민투표부의권 등을 갖는다.

(4) 지방자치단체의 소속행정기관

지방자치단체는 그 소관사무를 수행하기 위하여 필요한 경우에는 직속기관(소방기관·교육훈련기관·보건진료기관·시험연구기관·중소기업지도기관 등), 사업소, 출장소, 합의제행정기관 또는 자문기관을 둘 수 있다.

9. 자치단체 상호간의 관계

(1) 행정협의회

지방자치단체는 둘 이상의 지방자치단체에 관련된 사무의 일부를 공동으로 처리하기 위하여 행정협의회를 구성할 수 있다(동법 제142조 이하). 행정협의회를 구성하고자 할 때에는 관계 지방자치단체간의 협의에 따라 규약을 정하여 지방의회의 의결을 거친 다음 이를 고시하여야 한다.

(2) 지방자치단체조합

지방자치단체조합이란 2개 이상의 지방자치단체가 하나 또는 둘 이상의 사무를 공동으로 처리하기 위하여 설립한 법인으로서, 특별지방자치단체에 속한다. 지방자치단체조합을 설립하기 위해서는 규약을 정하여 지방의회의 의결을 거쳐야 하며, 시·도는 행정자치부장관의, 시·군·자치구는 시·도지사의 승인의 얻어야 한다.

10. 지방자치단체에 대한 지도·감독

(1) 지도와 감독

지방자치단체 또는 그 장이 위임받아 처리하는 국가사무에 관하여는 시·도에 있어서는 주무부장관의, 시·군자치구에 있어서는 1차로 시·도지사의, 2차로 주무장관의 지휘·감독을 받는다.

지방자치단체의 자치사무에 관하여는 행정안전부장관 또는 시·도지사가 일정범위의 감독권을 갖는다.

(2) 지도·감독의 방식

중앙행정기관의 장 또는 시·도지사는 지방자치단체의 사무에 관하여 조언 또는 권고하거나 지도할 수 있으며, 이를 위하여 필요한 때에는 지방자치단체에 대하여 자료의 제출을 요구할 수 있다.

행정안전부장관 또는 시·도지사는 지방자치단체의 자치사무의 법령위반 여부에 관하여 서류·장부 또는 회계를 감사할 수 있다.

행정안전부장관 또는 시·도지사는 지방자치단체의 자치사무에 관하여 보고를 받을 수 있으며, 지방자치단체의 장은 조례·규칙·예산·결산 등에 관하여 행정자치부장관 또는 시·도지사에게 보고하여야 한다.

지방자치단체 또는 그 장의 권한행사에는 상급기관의 승인을 필요로 하는 경우가 많이 있다. 예를 들면 지방자치단체의 직속기관설치의 승인, 지방채발행의 승인, 지방자치단체조합설립의 승인 등이 그에 해당한다.

(3) 명령·처분의 취소정지

자치사무에 관한 지방자치단체의 장의 명령이나 처분이 법령에 위반되는 경우 또는 위임사무에 관한 지방자치단체장의 명령이나 처분이 법령에 위반되거나 현저히 부당하여 공익을 행한다고 인정될 때에는 시·도에 대하여는 주무부장관이, 시·군·자치구에 대하여는 시·도지사가 기간을 정하여 시정을 명하고, 그 기간 내에 시정하지 않을 때에는 이를 취소하거나 정지시킬 수 있다. 지방자치단체 의장은 자치사무에 관한 명령이나 처분의 취소·정지에 대하여 이의가 있는 때에는 대법원에 소를 제기할 수 있다(동법 제157조).

(4) 직무이행명령

지방자치단체의 장이 국가위임사무 또는 시·도위임사무의 관리 및 집행을 명백히 지연하고 있다고 인정되는 때에는 시·도에 대하여는 주무부장관이, 시·군·자치구에 대하여는 시·도지사가 기간을 정하여 서면으로 그 이행할 사항을 명령할 수 있으며, 만일 그 기간 내에 이행하지 않을 때에는 대집행을 하거나 행정·재정상 필요한 조치를 할 수 있다.

(5) 지방의회의결의 재의요구

지방의회의 의결이 법령에 위반되거나 공익을 현저히 해한다고 판단될 때에는 시·도에 대하여는 행정안전부장관이, 시·군·자치구에 대하여는 시·도지사가 재의를 요구할 수 있고, 재의의 요구를 받은 지방자치단체의 장은 지방의회에 이유를 붙여 재의를 요구하여야 한다.

재의의 결과 재적의원 과반수의 출석과 출석의원 3 분의 2 이상의 찬성을 얻은 경우에는 그 의안은 확정된다. 재의결된 사항이 법령에 위반된다고 판단되는 때에는 대법원에 소를 제기할 수 있다.

재의결된 사항이 법령에 위반된다고 판단됨에도 당해 지방자치단체의 장이 소를 제기하지 아니하는 때에는, 행정안전부장관 또는 시·도지사는 당해 지방자치단체의 장에게 제소를 지시하거나 자신이 직접 제소할 수 있다.

제8절 행정목적의 확보수단

행정목적의 실현은 경우에 따라 의무자의 자발적 협조 없이는 완전한 달성이 쉽지 않으므로 상황에 따라 강제적인 제재가 요구된다. 행정의 목적달성에서 행정객체에게는 여러 가지 부담과 제재가 수반되므로, 행정목적의 실효성을 높이기 위해서는 강제적인 법적 수단의 사용이 불가피한 경우가 많다.

행정목적의 실효성을 높이기 위하여 전통적으로 행정강제와 행정벌의 수단이 동원 되었으나, 현대행정에서는 행정환경의 변화로 여기에 더하여 새로운 실효성확보수단도 요구되고 있다.

I. 행정강제

행정강제는 행정청이 행정목적의 달성을 위하여 사람의 신체나 재산에 강제적 실력을 행사하여 행정의 목적을 실현하는 권력행위를 의미한다. 행정강제의 유형을 크게 구별하면 행정상 강제집행과 행정상 즉시강제가 있다.

1. 행정상 강제집행

행정상 강제집행은 행정청이 행정상의 의무불이행에 대한 제재로 의무자의 신체나 재산에 강제적 실력을 행사하여 의무이행을 강제하거나 이행한 경우와 동일한 효과의 작용을 의미한다. 행정상의 강제집행을 실시하게 되면 국민의 권리에 대한 침해가 발생 하므로 반드시 행정대집행법이나 국세징수법 등의 법적 근거가 필요하다.

행정상 강제집행의 종류에는 대집행, 집행벌(이행강제금), 강제징수, 직접강제가 있는데 이 가운데 대집행과 강제징수는 가장 일반적인 행정목적의 실현을 위한 수단으로 행사되고 있는 반면, 직접강제와 집행벌은 대집행과 강제징수가 곤란한 예외적인 경우에만 주로 인정된다.

행정법의 의무불이행에 대하여 민사법에 의한 강제집행의 행사는 원칙적으로 불가능하지만, 특별히 행정상의 권리실현에 장애가 있는 경우에는 예외적으로 민사상 강제집행이 허용될 수 있다.

대집행은 해당 행정청이 의무자가 행할 행위를 대신하여 직접 공법상의 대체적 작위의무를 이행하거나 제3자로 위탁하여 행하게 한 뒤에 소요된 비용을 징수하는 것을 의미한다. 대체적 작위의무에는 무허가 건물의 철거, 물건의 파기 등이 있으며, 이의 행사에는 비례성의 원칙이 적용된다. 불법건물의 철거를 위한 대집행의 절차에는 계고, 대집행영장의 통지, 대집행실행, 비용징수의 단계를 거쳐 진행된다.

집행벌(이행강제금)은 행정청이 작위·부작위의무를 불이행한 의무자에 대하여 간접적으로 그 의무를 강제로 이행시키기 위하여 이행강제금의 부과를 계고하고, 일정한 기간 내에도 불이행한 경우에는 이행강제금을 직접 부과하는 것을 의미한다. 집행벌은 과거의 법 위반에 대한 심리적 압박을 가하는 제재수단인 행정벌과 구별된다.

강제징수는 의무자가 행정주체에 부담하는 공법상의 금전급부의무를 불이행한 경우에 행정청이 의무자의 재산에 실력을 행사하여 의무가 이행된 것과 마찬가지의 효과를 달성하는 것을 의미한다. 특히 국세징수법의 강제징수절차는 우선 독촉을 하고, 체납처분의 절차에 해당하는 재산압류·압류재산의 매각·청산의 절차가 순차적으로 진행된다.

직접강제는 행정청이 행정상의 의무불이행에 대하여 의무자의 신체나 재산에 대하여 강제적 실력을 행사하여 의무이행의 상태와 동일한 효과를 달성하는 작용을 의미한다. 직접강제가 행해지면 의무자에게는 인권침해의 정도가 가장 심각하게 발생하므로 그 행사에는 비례의 원칙이나 적법절차의 준수가 요구된다. 직접강제의 수단에는 사업장폐쇄, 불법외국인에 대한 강제퇴거조치가 있다.

2. 행정상 즉시강제

행정상 즉시강제는 미리 의무를 이행할 시간적 여유가 없는 급박한 상태에 놓인 행정의 장해상태를 제거하기 위하거나 성질상 의무의 이행이 현저히 곤란한 경우에 행정청이 즉시 의무자의 신체와 재산에 실력을 행사하여 행정의 목적을 달성하는 것을 의미한다. 그 예로는 전염병환자의 강제입원, 주차위반차량의 견인, 불법게임기의 수거·폐기 등이다. 행정상 즉시강제는 급박한 행정상 장해상황에서 행하여지는 권력적 사실행위에 해당하며, 행정상의 의무불이행을 전제로 하여 의무이행을 미리 강제하는 행정상 강제집행과는 이 점에서 구별된다.

II. 행정벌

1. 행정형벌

행정벌은 행정법에 규정하고 있는 의무를 위반한 행위자에게 부과되는 처벌을 의미한다. 행정벌은 행정상의 의무를 위반하게 되면 의무자에게 제재가 가해진다는 심리적 압박을 통하여 행정법의 실효성을 높이고 의무이행을 실현하는 기능을 수행하고 있다.

행정벌의 유형에는 행정형벌과 행정질서벌이 있으며, 전자는 행정목적의 직접적인 위반에 대하여 부과되며, 후자의 경우는 주로 신고의무의 위반과 같은 간접적인 행정법규의 위반에 대하여 부과된다.

따라서 행정형벌은 행정법의 직접적인 위반에 대하여 형법에서 규정하고 있는 형벌이 부과되는 반면, 행정질서벌의 위반에 대해서는 과태료가 부과된다.

행정형벌이 부과되어야 하는 경우에도, 행정형벌과 행정질서벌의 중간성격에 위치하는 행정벌이 부과될 수 있는데, 이를 범칙금이라고 한다. 범칙금은 경찰서장의 통고처분에 의하여 부과된다.

2. 행정질서벌(과태료)

행정질서벌은 행정법에서 규정하고 있는 의무위반에 대하여 행정형벌 대신에 과태료가 부과되는 행정벌을 의미한다. 최근에는 행정형벌이 행정질서벌로 대체되는 경향이 강하여 행정형벌의 대상임에도 과태료가 부과되는 경우가 많다. 행정법영역에서 동일한 의무위반행위에 대하여 행정형벌과 행정질서벌이 동시에 병과될 수 있는지에 대해서는 대법원 판례는 긍정적인 반면, 헌법재판소는 이중처벌금지의 원칙에 위배될 여지가 있다고 판단한 바 있다.

행정질서벌의 부과는 개별 법률의 근거를 필요로 한다. 법률에 정함이 없는 경우는 법원의 비송사건절차에 따라 과태료가 부과된다. 과태료부과의 요건, 부과절차, 과태료 징수 등에 대해서는 '질서위반행위규제법'에 따른다.

Ⅲ. 새로운 확보수단

1. 공급거부

공급거부는 행정상의 의무위반이나 의무불이행자의 행위에 대하여 전기·수도 같은 서비스의 제공을 거부하여 행정상의 의무이행을 간접적으로 규제하는 강제수단을 의미한다.

2. 명단공표

명단공표는 행정법상의 의무위반이나 의무불이행자의 성명이나 위반사실을 외부에 공표하여 명예와 신용의 훼손에 압박을 가함으로써 행정상의 의무이행을 실현하는 간접적인 강제수단을 의미한다.

3. 관허사업의 제한

관허사업은 사업을 진행하기 위해서는 미리 행정청의 허가를 취득해야 하는 사업을 의미하며, 관허사업의 제한은 행정상의 의무위반자에 대하여 각종 인가·허가의 제한을 통하여 의무준수와 의무이행을 준수하는 간접적인 강제수단을 의미한다.

4. 가산세부과

가산세는 세법이 규정하고 있는 과세권의 행사 및 조세채권의 의무를 담보하기 위하여 납세자에게 세법에서 산출된 본세의 세액에 추가로 가산하여 징수하는 세금을 의미한다. 그러므로 가산세는 본세와는 별개의 과세처분에 해당한다. 가산세는 납세자의 고의과실과 무관하게 개별 세법이 정하는 바에 따라 세금의 신고나 납세를 위반한 행위에 대한 행정상의 제재이다.

5. 과징금부과

과징금은 의무자가 행정법규의 위반이나 의무위반행위로 경제적인 이익을 취득하는 경우에 그 이익을 박탈하기 위하여 그 이익에 상응하는 행정상의 제재금액을 의미한다. 행정상 위반행위로 경제적 이익이 막대한 경우 행정벌을 감수하고서라도 위반하는 사례가 있으므로 이를 효과적으로 제재하기 위하여 과징금부과로 경제적 이득까지 박탈하는 제도를 두게 된 것이다.

제9절 행정구제법

　행정구제는 행정법상의 목적을 달성하기 위하여 행정청이 행한 행위로 침해당한 국민의 피해에 대하여 구제하는 제도를 의미한다. 행정 구제를 위한 법을 행정구제법이라 하는데, 여기에는 국가배상법, 행정심판법, 행정소송법 등이 있다.

　행정구제에는 원상회복과 금전보상에 의한 구제가 있다. 전자의 경우로는 행정쟁송, 헌법소원, 공법상 결과제거청구권이 있으며, 후자의 경우에는 행정상 손해배상과 행정상 손실보상이 있다.

I. 행정의 손해전보제도

1. 행정상 손해배상

　행정상 손해배상은 공무원의 고의·과실 등 위법행위로 발생한 국민의 손해를 배상하는 국가의 배상책임을 의미한다. 위법한 국가작용으로 손해가 발생한 점에서, 적법한 행위로 국민에게 손실을 발생시킨 손실보상과는 구별된다.

　국가배상책임의 성립요건은 공무원 또는 공무를 위탁받은 사인의 직무집행으로 타인에게 손해를 입히고, 공무원의 행위는 고의·과실의 위법행위로 행하여지고, 손해의 발생과 공무원 등의 행위 사이에는 상당인과관계가 인정될 것을 요구하고 있다.

　국가배상청구권의 소멸시효는 피해자나 법정대리인이 손해와 가해자를 안 경우에는 안날로부터 3년간, 손해 및 가해자를 알지 못한 경우에는 5년간 행사하지 않으면 시효로 인하여 소멸한다.

2. 행정상 손실보상

　행정상 손실보상은 적법한 공권력의 행사로 말미암아 국민에게 손실을 미친 경우에 공적 부담의 평등원칙에 입각하여 국가나 공권력의 주체가 손실을 보상해주는 제도를 의미한다.

손실보상의 근거에는 헌법과 법률에 의한 근거가 존재한다. 헌법은 제23조 3항에서 '공공필요에 의한 재산권에 대한 수용·사용·제한 및 그에 대한 보상은 법률로써 하되, 정당한 보상을 지급하여야 한다.'라고 하여 손실보상에 대한 근거를 규정하고 있다. 법률에는 이른바 '토지보상법'과 '하천법' 등에서 손실보상의 근거를 규정하고 있다.

II. 행정심판제도

행정심판은 행정청의 위법·부당한 행정처분이나 부작위에 대하여 불복하는 국민이 행정기관에 대하여 이들의 심판을 구하는 행정쟁송절차를 의미한다. 행정심판과 관련하여서는 행정심판법이 있다.

행정심판과 행정소송을 포함하는 심판절차를 행정쟁송이라 한다. 행정심판의 종류에는 취소심판, 무효 등 확인심판, 의무이행심판이 있다. 행정심판의 청구는 서면으로 하며, 청구기간은 원칙적으로 처분이 있음을 안날로부터 90일 이내, 처분이 있었던 날로부터 180일 이내이다. 그리고 처분이 있은 날부터 180일 이내에 처분이 있음을 알았을 때에는 그 때부터 90일 이내에 행정심판을 제기하여야 한다.

III. 행정소송제도

행정소송은 행정청의 공권력행사의 위법·부당이나 공법상의 법률관계에 대한 분쟁에 대하여 법원에 쟁송을 제기하는 절차를 의미한다. 행정심판이 당해 행정처분을 행한 행정기관이나 상급기관을 상대로 심판을 구하는 절차인 반면, 행정소송은 법원에 정식의 소송을 제기하는 절차라는 점에서 상호 구별된다.

행정소송에서는 행정소송법에 따른 절차를 진행하며, 행정소송의 종류에는 항고소송, 당사자소송, 기관소송, 민중소송으로 구분하고 있다. 그리고 법정항고소송에는 취소소송, 무효 등 확인소송, 부작위위법확인소송이 있으며, 행정소송법 이외의 해석상 인정되는 항고소송을 무명항고소송이라 하는데 이에는 의무이행소송이 있다.

제 8 장

사회법

제1절 사회보장기본법

I. 법의 목적과 용어정의

사회보장기본법의 목적은 사회보장에 관한 국민의 권리와 국가 및 지방자치단체의 책임을 정하고 사회보장정책의 수립 · 추진과 관련 제도에 관한 기본적인 사항을 규정하여 국민의 복지증진에 이바지하는 것이다.

동법의 기본이념인 사회보장은 모든 국민이 다양한 사회적 위험으로부터 벗어나 행복하고 인간다운 생활을 향유할 수 있도록 자립을 지원하며, 사회참여 · 자아실현에 필요한 제도와 여건을 조성하여 사회통합과 행복한 복지사회를 실현하는 것이다.

사회보장법에서 사용하는 용어의 정의는 다음과 같다.

'사회보장'은 출산, 양육, 실업, 노령, 장애, 질병, 빈곤 및 사망 등의 사회적 위험으로부터 모든 국민을 보호하고 국민 삶의 질을 향상시키는 데 필요한 소득 · 서비스를 보장하는 사회보험·공공부조·사회서비스를 말한다.

'사회보험'은 국민에게 발생하는 사회적 위험을 보험의 방식으로 대처함으로써 국민의 건강과 소득을 보장하는 제도를 말한다.

'공공부조'는 국가와 지방자치단체의 책임 아래 생활 유지 능력이 없거나 생활이 어려운 국민의 최저생활을 보장하고 자립을 지원하는 제도를 말한다.

'사회서비스'는 국가 · 지방자치단체 및 민간부문의 도움이 필요한 모든 국민에게 복지, 보건의료, 교육, 고용, 주거, 문화, 환경 등의 분야에서 인간다운 생활을 보장하고 상담, 재활, 돌봄, 정보의 제공, 관련 시설의 이용, 역량 개발, 사회참여 지원 등을 통하여 국민의 삶의 질이 향상되도록 지원하는 제도를 말한다.

'평생사회안전망'은 생애주기에 걸쳐 보편적으로 충족되어야 하는 기본욕구와 특정한 사회위험에 의하여 발생하는 특수욕구를 동시에 고려하여 소득 · 서비스를 보장하는 맞춤형 사회보장제도를 말한다.

II. 사회보장수급권

사회보장에 관한 국민의 권리로 모든 국민은 사회보장 관계 법령에서 정하는 바에 따라 사회보장수급권인 사회보장급여를 받을 권리를 가진다.

사회보장급여의 적정한 수준을 위해 국가와 지방자치단체는 모든 국민이 건강하고 문화적인 생활을 유지할 수 있도록 사회보장급여의 수준 향상을 위하여 노력하여야 한다. 그리고 국가는 관계 법령에서 정하는 바에 따라 최저보장수준과 최저임금을 매년 공표하여야 한다. 국가와 지방자치단체는 최저보장수준과 최저임금 등을 고려하여 사회보장급여의 수준을 결정하여야 한다.

사회보장급여를 받으려는 사람은 관계 법령에서 정하는 바에 따라 국가나 지방자치단체에 사회보장급여를 신청하여야 한다.

사회보장수급권을 보호하고자 사회보장수급권은 관계 법령에서 정하는 바에 따라 다른 사람에게 양도하거나 담보로 제공할 수 없으며, 이를 압류할 수 없다. 사회보장수급권에 대한 포기도 가능하며, 사회보장수급권의 포기는 취소할 수 있다. 그러나 사회보장수급권을 포기하는 것이 다른 사람에게 피해를 주거나 사회보장에 관한 관계 법령에 위반되는 경우에는 사회보장수급권을 포기할 수 없다.

제2절　근로기준법

I. 법의 목적과 용어정의

근로기준법의 목적은 헌법에 따라 근로조건의 기준을 정함으로써 근로자의 기본적 생활을 보장·향상시키며 균형 있는 국민경제의 발전을 도모하는데 있다.

근로기준법에서 규정하고 있는 용어의 정의는 다음과 같다.

'근로자'는 직업의 종류와 관계없이 임금을 목적으로 사업이나 사업장에 근로를 제공하는 자를 말한다.

'사용자'는 사업주 또는 사업 경영 담당자, 그 밖에 근로자에 관한 사항에 대하여 사업주를 위하여 행위하는 자를 말한다.

'근로'는 정신노동과 육체노동을 말하며, '근로계약'은 근로자가 사용자에게 근로를 제공하고 사용자는 이에 대하여 임금을 지급하는 것을 목적으로 체결된 계약을 말한다. '단시간근로자'는 1주 동안의 소정근로시간이 그 사업장에서 같은 종류의 업무에 종사하는 통상 근로자의 1주 동안의 소정근로시간에 비하여 짧은 근로자를 말한다.

'임금'은 사용자가 근로의 대가로 근로자에게 임금, 봉급, 그 밖에 어떠한 명칭으로든지 지급하는 일체의 금품을 말한다. '평균임금'은 이를 산정하여야 할 사유가 발생한 날 이전 3개월 동안에 그 근로자에게 지급된 임금의 총액을 그 기간의 총일수로 나눈 금액을 말한다. 근로자가 취업한 후 3개월 미만인 경우도 이에 준한다. 평균임금에 따라 산출된 금액이 그 근로자의 통상임금보다 적으면 그 통상임금액을 평균임금으로 한다.

'1주'는 휴일을 포함한 7일을 말하며, '근로시간'은 제50조, 제69조 본문 또는 '산업안전보건법' 제139조 1항에 따른 근로시간의 범위에서 근로자와 사용자 사이에 정한 근로시간을 말한다.

II. 근로계약과 해고 등의 제한

근로기준법에서 정하는 기준에 미치지 못하는 근로조건을 정한 근로계약은 그 부분에 한하여 무효로 하며, 무효로 된 부분은 이 법에서 정한 기준에 따른다. 근로계약과 관련하여 제16조는 계약기간에 대하여 근로계약은 기간을 정하지 아니한 것과 일정한 사업의 완료에 필요한 기간을 정한 것 외에는 그 기간은 1년을 초과하지 못하도록 규정하고 있다.

미성년자의 임금청구는 친권자가 대리할 수 없으며, 근로자에 대한 해고는 반드시 서면으로 통지해야 한다. 사용자는 장래 근로계약불이행에 대한 위약금의 예정계약을 체결할 수 없다.

경영상 이유에 의한 해고의 제한과 관련하여 근로기준법은 사용자가 경영상 이유에 의하여 근로자를 해고하려면 긴박한 경영상의 필요가 있어야 한다. 이 경우 경영 악화를 방지하기 위한 사업의 양도·인수·합병은 긴박한 경영상의 필요가 있는 것으로 본다. 또한 사용자는 해고를 피하기 위한 노력을 다하여야 하며, 합리적이고 공정한 해고의 기준을 정하고 이에 따라 그 대상자를 선정하여야 한다. 이 경우 남녀의 성을 이유로 차별하여서는 아니 된다.

경영상 이유에 의한 해고의 제한과 관련하여 사용자는 해고를 피하기 위한 방법과 해고의 기준 등에 관하여 그 사업 또는 사업장에 근로자의 과반수로 조직된 노동조합이 있는 경우에는 그 노동조합(근로자의 과반수로 조직된 노동조합이 없는 경우에는 근로자의 과반수를 대표하는 자를 말한다.)에 해고를 하려는 날의 50일 전까지 통보하고 성실하게 협의하여야 한다.

III. 근로시간(탄력적 근로시간제와 선택적 근로시간제)

근로시간에 대하여 제50조(근로시간)는 1주 간의 근로시간은 휴게시간을 제외하고 40시간을 초과할 수 없다고 한다. 1일의 근로시간은 휴게시간을 제외하고 8시간을 초과할 수 없으며, 근로시간을 산정함에 있어 작업을 위하여 근로자가 사용자의 지휘·감독 아래에 있는 대기시간 등은 근로시간으로 본다.

탄력적 근로시간제에 대하여 제51조는 사용자는 취업규칙(취업규칙에 준하는 것을 포함한다)에서 정하는 바에 따라 2주 이내의 일정한 단위기간을 평균하여 1주간의 근로 시간이 제50조제1항의 근로시간을 초과하지 아니하는 범위에서 특정한 주에 제50조제1 항의 근로시간을, 특정한 날에 제50조제2항의 근로시간을 초과하여 근로하게 할 수 있 다. 다만, 특정한 주의 근로시간은 48시간을 초과할 수 없다고 한다.

또한 사용자는 근로자대표와의 서면 합의에 따라 3개월 이내의 단위기간을 평균하여 1주간의 근로시간이 제50조제1항의 근로시간을 초과하지 아니하는 범위에서 특정한 주 에 제50조제1항의 근로시간을, 특정한 날에 제50조제2항의 근로시간을 초과하여 근로하 게 할 수 있다. 다만, 특정한 주의 근로시간은 52시간을, 특정한 날의 근로시간은 12시간 을 초과할 수 없다.

선택적 근로시간제를 규정한 제52조에서 사용자는 취업규칙(취업규칙에 준하는 것 을 포함한다)에 따라 업무의 시작 및 종료 시각을 근로자의 결정에 맡기는 근로자에 대 하여 근로자대표와의 서면 합의에 따라 1개월 이내의 정산기간을 평균하여 1주간의 근 로시간이 제50조제1항의 근로시간을 초과하지 아니하는 범위에서 1주간에 제50조 1항 의 근로시간을, 1일에 제50조 2항의 근로시간을 초과하여 근로하게 할 수 있다.

Ⅳ. 부당노동행위와 구제절차

제26조는 해고의 예고에 대하여 사용자는 근로자를 해고(경영상 이유에 의한 해고를 포함한다)하려면 적어도 30일 전에 예고를 하여야 하고, 30일 전에 예고를 하지 아니하 였을 때에는 30일분 이상의 통상임금을 지급하도록 하고 있다. 다만, 근로자가 계속 근 로한 기간이 3개월 미만인 경우, 천재·사변, 그 밖의 부득이한 사유로 사업을 계속하는 것이 불가능한 경우, 근로자가 고의로 사업에 막대한 지장을 초래하거나 재산상 손해를 끼친 경우로서 고용노동부령으로 정하는 사유에 해당하는 경우에는 그러하지 아니하다.

해고사유 등의 서면통지와 관련하여 사용자는 근로자를 해고하려면 해고사유와 해고시기를 '서면'으로 통지하여야 한다. 근로자에 대한 해고는 제1항에 따라 서면으로 통지하여야 효력이 있다. 사용자가 제26조에 따른 해고의 예고를 해고사유와 해고시기를 명시하여 서면으로 한 경우에는 제1항에 따른 통지를 한 것으로 본다.

동법 제28조의 부당해고 등의 구제신청과 관련하여 사용자가 근로자에게 부당해고 등을 하면 근로자는 노동위원회에 구제를 신청할 수 있으며, 구제신청은 부당해고 등이 있었던 날부터 **3개월** 이내에 하여야 한다.

노동위원회의 구제명령에 대해서 중앙노동위원회에 재심을 신청한 경우나 행정소송이 제기되더라도 구제명령의 효력이 정지되는 것은 아니다.

제3절 산업재해보상보험법

Ⅰ. 법의 목적과 용어정의

산업재해보상보험법의 목적은 산업재해보상보험 사업을 시행하여 근로자의 업무상의 재해를 신속하고 공정하게 보상하며, 재해근로자의 재활 및 사회 복귀를 촉진하기 위하여 이에 필요한 보험시설을 설치·운영하고, 재해 예방과 그 밖에 근로자의 복지 증진을 위한 사업을 시행하여 근로자 보호에 이바지하는데 있다.

이 법에서 사용하는 용어의 정의와 관련하여 '업무상의 재해'는 업무상의 사유에 따른 근로자의 부상·질병·장해 또는 사망을 말한다. 근로자·임금·평균임금·통상임금은 각각 근로기준법에 따른 근로자·임금·평균임금·통상임금을 말한다.

'유족'은 사망한 자의 배우자(사실상 혼인 관계에 있는 자를 포함한다.)·자녀·부모·손자녀·조부모 또는 형제자매를 말한다.

'치유'는 부상 또는 질병이 완치되거나 치료의 효과를 더 이상 기대할 수 없고 그 증상이 고정된 상태에 이르게 된 것을 말하며, '장해'는 부상 또는 질병이 치유되었으나 정신적 또는 육체적 훼손으로 인하여 노동능력이 상실되거나 감소된 상태를 말한다.

'중증요양상태'는 업무상의 부상 또는 질병에 따른 정신적 또는 육체적 훼손으로 노동능력이 상실되거나 감소된 상태로서 그 부상 또는 질병이 치유되지 아니한 상태를 말한다. '진폐'는 분진을 흡입하여 폐에 생기는 섬유증식성변화를 주된 증상으로 하는 질병을 말한다.

'출퇴근'은 취업과 관련하여 주거와 취업 장소 사이의 이동 또는 한 취업 장소에서 다른 취업 장소로 이동을 말한다.

Ⅱ. 보험급여의 종류

산업재해보상보험법에서 규정하고 있는 보험급여의 종류와 산정 기준은 다음과 같다. 보험급여의 종류는 요양급여, 휴업급여, 장해급여, 간병급여, 유족급여, 상병보상연금, 장의비, 직업재활급여이다. 다만, 진폐에 따른 보험급여의 종류는 요양급여, 간병급여, 장의비, 직업재활급여, 진폐보상연금 및 진폐유족연금으로 한다.

Ⅲ. 업무상 재해

동법 제37조는 업무상 재해의 인정 기준과 관련하여 근로자가 업무상 사고, 업무상 질병, 출퇴근재해의 사유로 부상·질병 또는 장해가 발생하거나 사망하면 업무상의 재해로 인정한다. 이 때 업무와 재해 사이에는 상당인과관계가 인정되어야 한다.

업무상 사고는 근로자가 근로계약에 따른 업무나 그에 따르는 행위를 하던 중 발생한 사고, 사업주가 제공한 시설물 등을 이용하던 중 그 시설물 등의 결함이나 관리소홀로 발생한 사고, 사업주가 주관하거나 사업주의 지시에 따라 참여한 행사나 행사준비 중에 발생한 사고, 휴게시간 중 사업주의 지배관리 아래에 있다고 볼 수 있는 행위로 발생한 사고, 그 밖에 업무와 관련하여 발생한 사고를 말한다.

업무상 질병은 업무수행 과정에서 물리적 인자(因子), 화학물질, 분진, 병원체, 신체에 부담을 주는 업무 등 근로자의 건강에 장해를 일으킬 수 있는 요인을 취급하거나 그에 노출되어 발생한 질병, 업무상 부상이 원인이 되어 발생한 질병, 근로기준법 제76조의2에 따른 직장 내 괴롭힘, 고객의 폭언 등으로 인한 업무상 정신적 스트레스가 원인이 되어 발생한 질병, 그 밖에 업무와 관련하여 발생한 질병을 말한다.

출퇴근 재해는 사업주가 제공한 교통수단이나 그에 준하는 교통수단을 이용하는 등 사업주의 지배관리 중에 출퇴근하는 중 발생한 사고, 그 밖에 통상적인 경로와 방법으로 출퇴근하는 중 발생한 사고를 말한다.

제4절 국민연금법

I. 법의 목적과 용어정의

국민연금법의 목적은 국민의 노령, 장애 또는 사망에 대하여 연금급여를 실시함으로써 국민의 생활 안정과 복지증진에 이바지하는데 있다.

국민연금의 특성은 사회보험이며 공적연금으로 단일연금체계이며, 부분적립방식으로 보험료의 일부는 적립하고 나머지는 수익을 창출하기 위한 기금운용에 사용된다.

이 법에서 사용하는 용어의 정의와 관련하여 '근로자'는 직업의 종류가 무엇이든 사업장에서 노무를 제공하고 그 대가로 임금을 받아 생활하는 자(법인의 이사와 그 밖의 임원을 포함한다)를 말한다. 반면 '사용자'는 해당 근로자가 소속되어 있는 사업장의 사업주를 말한다.

'소득'은 일정한 기간 근로를 제공하여 얻은 수입에서 대통령령으로 정하는 비과세소득을 제외한 금액 또는 사업 및 자산을 운영하여 얻는 수입에서 필요경비를 제외한 금액을 말한다.

'평균소득월액'은 매년 사업장가입자 및 지역가입자 전원의 기준소득월액을 평균한 금액을 말한다. 기준소득월액은 연금보험료와 급여를 산정하기 위하여 국민연금가입자의 소득월액을 기준으로 하여 정하는 금액을 말한다.

'사업장가입자'는 사업장에 고용된 근로자 및 사용자로서 제8조에 따라 국민연금에 가입된 자를 말하며, 지역가입자는 사업장가입자가 아닌 자로서 제9조에 따라 국민연금에 가입된 자를 말한다.

'임의가입자'는 사업장가입자 및 지역가입자 외의 자로서 제10조에 따라 국민연금에 가입된 자를 말한다. 임의계속가입자는 국민연금 가입자 또는 가입자였던 자가 제13조 제1항에 따라 가입자로 된 자를 말한다.

'연금보험료'는 국민연금사업에 필요한 비용으로서 사업장가입자의 경우에는 부담금 및 기여금의 합계액을, 지역가입자 · 임의가입자 및 임의계속가입자의 경우에는 본인이 내는 금액을 말하며, '부담금'은 사업장가입자의 사용자가 부담하는 금액을 말한다. '기여금'은 사업장가입자가 부담하는 금액을 말한다.

'사업장'은 근로자를 사용하는 사업소 및 사무소를 말한다. '수급권'은 이 법에 따른 급여를 받을 권리를 말하며, 반면 '수급권자'는 수급권을 가진 자를 말한다. 또한 수급자는 이 법에 따른 급여를 받고 있는 자를 말한다.

'초진일'은 장애의 주된 원인이 되는 질병이나 부상에 대하여 처음으로 의사의 진찰을 받은 날을 말한다. 이 경우 질병이나 부상의 초진일에 대한 구체적인 판단기준은 보건복지부장관이 정하여 고시한다. 완치일은 장애의 주된 원인이 되는 질병이나 부상이 의학적으로 치유된 날, 더 이상 치료효과를 기대할 수 없는 경우로서 그 증상이 고정되었다고 인정되는 날, 증상의 고정성은 인정되지 아니하나, 증상의 정도를 고려할 때 완치된 것으로 볼 수 있는 날이어야 한다.

II. 가입기간

국민연금의 가입대상기간은 18세부터 초진일 혹은 사망일까지의 기간으로서, 동법 제6조 단서에 따라 가입 대상에서 제외되는 기간, 18세 이상 27세 미만인 기간 중 제9조 제3호에 따라 지역가입자에서 제외되는 기간, 18세 이상 27세 미만인 기간 중 제91조 제1항 각 호에 따라 연금보험료를 내지 아니한 기간(제91조 제1항 제2호의 경우는 27세 이상인 기간도 포함)을 제외한 기간을 말한다. 다만, 18세 미만에 가입자가 된 경우에는 18세 미만인 기간 중 보험료 납부기간을 가입대상기간에 포함한다.

국민연금법의 적용에서는 배우자, 남편 또는 아내에는 사실상의 혼인관계에 있는 자를 포함한다. 태아에 대해서는 수급권을 취득할 당시 가입자 또는 가입자였던 자의 태아가 출생하면, 그 자녀는 가입자 또는 가입자였던 자에 의하여 생계를 유지하고 있던 자녀로 인정한다.

III. 가입대상자

가입 대상은 국내에 거주하는 국민으로서 **18세 이상 60세 미만인 자**는 국민연금 가입 대상이 된다. 다만, 공무원연금법, 군인연금법, 사립학교교직원 연금법 및 별정우체국법을 적용받는 공무원, 군인, 교직원 및 별정우체국 직원, 그 밖에 대통령령으로 정하는 자는 제외한다.

가입자의 종류에서 가입자는 사업장가입자, 지역가입자, 임의가입자 및 임의계속가입자로 구분한다.

IV. 급여의 종류

급여의 종류는 노령연금, 장애연금, 유족연금, 반환일시금이 있다.

제5절　고용보험법

I. 법의 목적과 용어정의

고용보험법의 목적은 고용보험의 시행을 통하여 실업의 예방, 고용의 촉진 및 근로자의 직업능력의 개발과 향상을 꾀하고, 국가의 직업지도와 직업소개 기능을 강화하며, 근로자가 실업한 경우에 생활에 필요한 급여를 실시하여 근로자의 생활안정과 구직 활동을 촉진함으로써 경제·사회 발전에 이바지하는데 있다.

고용보험법에서 사용하는 용어의 정의와 관련하여 '피보험자'는 고용보험 및 산업재해보상보험의 보험료징수 등에 관한 법률에 따라 보험에 가입되거나 가입된 것으로 보는 근로자, 보험료징수법에 따라 고용보험에 가입하거나 가입된 것으로 보는 자영업자를 말한다.

'이직'은 피보험자와 사업주 사이의 고용관계가 끝나게 되는 것을 말한다.

'실업'은 근로의 의사와 능력이 있음에도 불구하고 취업하지 못한 상태에 있는 것을 말하며, '실업의 인정'은 직업안정기관의 장이 제43조에 따른 수급자격자가 실업한 상태에서 적극적으로 직업을 구하기 위하여 노력하고 있다고 인정하는 것을 말한다.

'보수'는 소득세법 제20조에 따른 근로소득에서 대통령령으로 정하는 금품을 뺀 금액을 말한다. 다만, 휴직이나 그 밖에 이와 비슷한 상태에 있는 기간 중에 사업주 외의 자로부터 지급받는 금품 중 고용노동부장관이 정하여 고시하는 금품도 보수로 본다.

'일용근로자'는 1개월 미만 동안 고용되는 자를 말한다.

II. 급여의 종류

고용보험법에서 규정하는 급여의 종류에는 실업급여(구직급여), 육아휴직 급여, 출산전후휴가 급여가 있다.

특히 실업급여는 구직급여와 취업촉진 수당으로 구분하며, 취업촉진 수당에는 조기재취업 수당, 직업능력개발 수당, 광역 구직활동비, 이주비가 있다.

제 9 장

주택임대차보호법

제1절 제정이유

주택임대차보호법은 국민의 주거생활의 안정을 위하여 주거용 건물의 임대차에 관하여 민법에 대한 특별법으로 1981년에 처음으로 제정되었다. 이 법은 상가건물을 제외하고 주거용건물의 전부 또는 일부의 임대차에 관한 내용을 규정하고 있으며, 임차주택의 일부가 주거 외의 목적으로 사용되는 경우에도 적용된다.

제2절 주요내용

I. 적용범위

1. 동법의 적용

주택임대차보호법은 주거용건물의 전부 또는 일부를 임대차 하는 경우, 그 임차주택의 일부가 주거 외의 목적(비주거용)으로 사용되는 경우에는 그 부분에 대한 임대차에 적용된다. 그러나 비주거용의 건물에 주거를 목적으로 일부를 사용하는 경우는 이에 적용되지 아니한다(여관, 다방 등). 그리고 주택에 대해 임대차형식이 아닌 등기하지 아니한 이른바 '전세계약'에 적용되지만, 위의 경우라도 일시 사용인 임대차에는 그 적용이 없다.

2. 적용의 예외

이 법의 적용예외에는 일시사용을 위한 임대차(동법 제11조), 자연인이 아닌 법인의 경우(판례)는 적용이 배제된다.

II. 주요내용

1. 주택임차권의 대항력

(1) 요건

주택임대차는 그 등기가 없는 경우에도 주택의 인도(입주)와 주민등록(전입신고)을 종료한 때에는 그 익일부터 제3자에 대하여 효력이 발생하는데 이를 대항력이라 한다. 이 경우 주민등록을 종료한 때는 전입신고를 기준으로 판단한다.

이 때 제3자에 대하여 효력이 생긴다 함은 임대인 이외의 자에 대하여도 임차인은 그 주택의 임대차관계의 권리를 주장할 수 있다는 의미이다. 이것은 결국 임대차기간 중 주택의 소유자가 변경되는 경우에도 임대인의 지위가 새로운 소유자에게 포괄적으로 승계됨으로써 임차인은 계약기간(보증금을 준 경우에는 그 보증금을 반환받을 때까지)동안에는 그 주택에서 생활하며 임대차의 법률관계를 주장할 수 있는 것이다.

주택의 인도로 볼 수 있는 경우는 현실적으로 임차주택에 대한 거주, 이삿짐의 운반, 열쇠수령 등의 행위가 있는 경우에 주택의 인도를 인정할 수 있다.

판례는 주민등록에 대하여 임차인의 일시적 퇴거나 배우자의 주민등록도 대항요건을 유지하지만, 연립주택의 경우 동·호수의 표시가 없거나, 공부상의 등재기록과 달리 주민등록을 마친 경우에는 대항력이 없다는 입장이다.

주택임대차는 경제적 약자인 임차인의 보호를 위해 임대차등기가 없는 경우에도 대항요건 즉, 임차인이 주택의 인도와 주민등록(전입신고)을 마친 때에는 그 다음날부터 제3자에 대하여 등기에 갈음하는 효력이 발생한다. 그러나 임차인이 입주와 주민등록전입신고를 하기 전에 이미 임차주택의 물권에 해당되는 저당권의 등기나 가압류, 압류등기, 가등기 등이 행하여졌고 그 결과로 주택에 대하여 경매나 가등기에 의한 본등기에 의하여 소유권자가 변경된 경우에는 임차권은 소멸된다.

따라서 타인의 주택을 임대차 하는 경우에는 사전에 당해 주택에 대한 등기부를 열람하여 저당권설정이나 가등기 여부 등을 반드시 확인할 필요가 있다.

(2) 대항력의 내용

1) 임차주택의 양수인에 대한 관계

임대차관계의 당연승계에 있어 임차목적물의 양수인에게 임차권을 주장할 수 있는 것이 대항력부여의 주된 취지이기 때문에, 임차주택의 양수인, 기타 임대할 권리를 승계한자는 임대인의 지위를 승계한 것으로 본다.

한편 임차주택의 양수인에게 임대인의 지위가 승계된다. 임차주택의 양수인이라 함은 매매, 교환 등 법률행위에 의하여 임차주택의 소유권을 취득한 자는 물론 상속, 공용징수, 판결, 경매 등 법률의 규정에 의하여 임차주택의 소유권을 취득한 자를 말한다.

그러나 여기서 주의하여야 할 점은 임차주택의 양수인이라고 하여 모두 임대인의 지위를 계승하는 것은 아니라는 점이다. 즉, 임차권보다 선순위인 저당권 또는 가등기 등에 기하여(경매 또는 본등기의 이행방법으로)소유권을 취득한 사람은 그 임차주택의 양수인이나 임차인은 그들에 대하여는 임차권을 주장할 수 없다.

임차주택의 양수인의 임대인의 지위를 승계한다는 것은 종전 임대차계약서에서 정하여진 권리와 의무를 모두 이어받는 것으로 임차주택의 소유권변동 후에 발생한 차임청구권이 양수인에게 이전하는 것은 당연하지만, 그전에 이미 발생하였으나 아직 지급되지 아니한 차임청구권은 종전 임대인에게 이미 구체적으로 발생하였던 채권이므로 양수인에게 당연히 승계되는 것은 아니라고 보아야 할 것이다.

또한 보증금 또는 전세금반환채무는 임차주택의 반환채무와 동시이행관계에 있으므로 당연히 새로운 양수인이 부담하여야 한다.

임대차관계의 종료와 대항력에 대하여 동법은 임대차가 종료한 경우에도 임차인이 보증금을 반환받을 때까지 임대차관계는 존속하는 것으로 본다.

2) 기타 제3자에 대한 대항력

저당권자나 압류채권자 등과 같은 그 밖의 제3자에 대한 관계는 대항요건의 선후를 기준으로 우열관계가 정해진다. 그러나 대항요건과 임대차계약증서상의 확정일자를 구비한 임차인은 경매 또는 공매에서 후순위권리자나 그 밖의 채권자보다 임차주택의 환가대금에서 우선하여 보증금을 변제받을 수 있다.

3) 확정일자

확정일자는 임대차계약서에 확정일자부여기관인 주택 소재지의 읍·면사무소, 동주민센터 또는 시(특별시·광역시·특별자치시 제외, 특별자치도 포함)·군·구(자치구)의 출장소, 지방법원 및 그 지원과 등기소 또는 공증인이 임대차계약서에 일자를 부여하여 임대차관계를 확인하는 것을 말한다.

2. 주택임대차의 존속

(1) 기간

주택임대차의 기간은 당사자에게 자유로이 정할 수 있으나 기간의 정함이 없거나 기간을 2년 미만으로 정한 임대차는 그 기간을 2년으로 본다(법 제4조 제1항). 최장기간은 20년으로 유추하여 적용한다.

임대인이 임대차가 만료 전 6월부터 1월까지에 임차인에 대하여 갱신거절의 통지 또는 조건을 변경하지 아니하면 갱신하지 아니한다는 뜻의 통지를 하지 아니한 경우에는 그 기간이 만료된 때에 전 임대차와 동일한 조건으로 다시 임대차한 것으로 본다(법 제6조 제1항).

다만, 임대차 기간을 2년으로 정하여 임차인을 보호하려는 것은 임차인 자신의 의무를 다하지 않았을 때에도 무조건 보호해 준다는 취지는 아니므로 임차인이 2기의 차임을 연체하거나 기타 의무를 현저히 위반한 때에는 보호받지 못한다.

한편 임대차기간을 2년 미만으로 정한 경우 임차인은 2년을 주장하거나 당초의 약정 기간을 선택할 수 있다. 반면 임대인은 2년 미만으로 정한 경우 그 약정의 효력을 주장할 수 없다(동법 제4조 제1항 단서).

(2) 계약의 경신

임대인이 만료 전 6개월부터 1개월까지에 임차인에 대하여 갱신거절의 통지 또는 조건을 변경하지 않으면 갱신하지 아니한다는 통지가 없는 경우에는 그 기간이 만료된 때에는 종전과 동일한 조건으로 다시 임대차한 것으로 보며, 그 임대차의 존속기간은 정함이 없는 것으로 보아 2년으로 의제된다. 임차인이 임대차기간이 끝나기 1개월 전까지 통지하지 아니한 경우에도 또한 같다.

예외적으로 2기의 차임을 연체하거나 임차인으로서의 의무를 현저히 위반한 때는 적용되지 않는다. 그러나 임대인에게는 갱신거절의 자유가 무한정 인정된다.

(3) 묵시적 갱신의 경우

묵시적 갱신의 경우 다시 임대차한 것으로 본다는 규정에도 불구하고 임차인을 보호하기 위하여 임차인의 계약해지는 임대인이 통지받은 날로부터 3월의 기간이 경과하면 해지의 효력이 발생한다.

임차인이 임대차기간 만료 전 1월까지 임대인에게 통지하지 않은 때에도 이를 묵시적 갱신(동법 제6조1항)에 포함시키고, 이 때 임차인이 계약해지의 통고를 하면 이로부터 3월이 경과하면 해지의 효력이 발생하는 점을 신설하였다(동법 제6조의 2).

3. 보증금

(1) 보증금의 증감청구권

약정한 차임 · 보증금의 20분의 1을 초과하지 못하고, 1년 이내에는 증액을 청구하지 못한다. 조세공과금 기타 부담의 증감이 있는 경우는 사정변경의 원칙을 적용하여 증감청구가 가능하다.

차임증액청구권은 민법상 임대차계약의 당사자는 임대물에 대한 공과부담의 증감 기타 경제사정의 변동으로 인하여 약정한 차임이 상당하지 아니할 때에는 증액이나 감액을 상대방에게 청구할 수 있다. 그러나 주택임대차보호법은 차임증감청구권을 인정하되 임대인의 증액청구권만을 일방적으로 제한하여 임차인을 보호하고 있다.

즉 차임의 증액청구는 임대차계약 또는 약정한 차임의 증액이 있은 후 1년 이내에는 하지 못하도록 하였고 1년 후 증액하는 경우에도 기존차임의 5%를 초과할 수 없다.

보증금의 전부 또는 일부를 월 단위의 차임으로 전환하는 경우에는 그 전환되는 금액에 낮은 비율을 곱한 월차임의 범위를 초과할 수 없다.

(2) 보증금의 효력

1) 보증금의 회수

임차주택이 경매 또는 공매되는 경우에도 임차인은 임대차계약을 확정일자 있는 증서로 작성하고 대항력을 갖춘 경우에는 임차주택의 환가대금에서 후순위권리자 기타 채권자보다 우선하여 보증금을 변제받을 권리가 있다.

2) 소액보증금 중 일정액의 보호(우선특권)

임차인은 보증금 중 일정액을 다른 담보물권자보다 우선변제를 받을 권리가 있으며, 이 경우 임차인은 경매신청의 등기 전에 대항력을 갖추고 있어야 한다(제8조 제1항). 우선변제를 받을 임차인과 일정액의 범위와 기준은 주택가액의 2분의 1의 범위 안에서 대통령령으로 정한다.

우선변제를 받을 임차인의 범위는 보증금이 서울특별시는 1억 1천만원, 수도권정비계획법에 따른 과밀억제권역,세종특별자치시,용인시 및 화성시 1억원, 광역시를 포함 한 안산, 김포, 광주, 파주시는 6,000 만원, 그 밖의 지역은 5,000만원 이하의 임차인으로 한다.

제8조에 따라 보증금 중 우선변제를 받을 일정액의 범위는 보증금이 서울특별시는 3,700만원, 수도권정비계획법에 따른 과밀억제권역, 세종특별자치시, 용인시 및 화성시는 3,400만원, 광역시를 포함한 안산, 김포, 광주, 파주시는 2,000만원, 그 밖의 지역은 1,700만원 이하의 임차인으로 한다.

그러나 주택가액의 2분의 1에 해당하는 금액에 한하여 우선변제권이 있다. 즉 일정한 범위의 임차인은 소액보증금 중 일정한 액수에 대하여는 다른 담보물권자 보다 우선변제를 받는다.

다른 담보물권자보다 우선변제를 받을 수 있다는 것은 당해 임차주택소유자에 대한 일반채권자는 물론 그 주택에 선순위저당권 등 담보물권을 가지고 있는 자(임차인보다 선순위로 등기되어 있어도 물론이다)보다도 우선하여 당해주택(대지포함) 가액의 2분의 1 범위 내에서 보증금의 반환을 받을 수 있다는 의미이다.

우선변제권이 인정되더라도 보증금 전액에 대한 우선변제권이 인정되는 것이 아니므로(3,000만원의 보증금이라면 주택가액의 2분의 1범위 내에서 인정)보증금 전액의 우선변제권을 보장받으려면 임대차계약서에 확정일자를` 받아 두어야 한다.

즉 일정한 범위의 임차인은 일정한 범위의 보증금에 대하여 최우선변제권을 갖게 되지만 그 전액에 대하여 최우선변제권이 인정되는 것이 아니므로, 그 전액에 대한 우선변제권을 인정받기 위하여 임대차계약서에 확정일자인을 받아 두어야만 한다.

주택임대차보호법은 임차인에게 대항력을 인정하는데 그치지 않고 일정한 요건을 갖춘 임차인에게 순위에 의한 우선변제권을 인정하였다. 즉, 주택의 임차인은 주택의 인도(입주)와 주민등록(전입신고)을 마치고 임대차계약증서상의 확정일자를 갖추었을 때, 경매 또는 공매의 경우 임차주택의 환가대금에서 후순위권리자 기타 채권자보다 우선하여 보증금을 변제받을 권리가 있다. 후순위권리자 기타 채권자보다 우선하여 보증금을 변제받을 권리가 있을 뿐이므로 임차인이 인도, 주민등록 및 계약서상의 확정일자를 갖추기 전에 설정된 담보물권보다는 우선하지 못한다. 순위에 의한 우선변제권이 인정되는 보증금은 그 금액의 범위에 제한이 없으므로 다액의 보증금의 경우에도 그 적용이 있다.

임차인은 보증금 중 일정액을 다른 담보물권자보다 항상 우선하여 배당에 참가하여 변제받을 권리가 있다. 이 경우 임차인은 경매신청 전에 주택인도와 주민등록전입신고의 대항력을 갖추어야 한다.

3) 보증금의 공시와 우선변제권

임차인이 건물인도를 받고 주민등록전입신고를 필한 후 확정일자를 받아 두면 보증금에 대한 후순위 권리자에 대한 우선변제권을 가진다.

임대차계약증서상의 확정일자란 공증인 또는 법원서기가 그 날짜 현재에 임대차계약서가 존재하고 있다는 것을 증명하기 위하여 확정일자부의 번호를 써넣거나 일자인을 찍는 것을 말하며, 확정일자는 임대인의 동의 없이도 가능하다.

임대차계약서의 확정일자는 확정일자 부여기관인 주민센터·법원 또는 공증인에게 일정액의 수수료를 납부하면 법원서기, 공증인으로부터 즉시 받을 수 있으며, 이때 다른 권리자의 우선순위를 결정하는 것은 임대차계약체결일이 아니라 확정일자를 받는 날이므로 임차인은 임대차계약 체결 후 가능한 빠른 시일에 확정일자를 받는 것이 자신의 권리보호를 위해 필요하다.

4. 임차권의 승계

주택의 임차인이 사망한 경우에 민법은 이를 규정하고 있지 않지만 그 임차권의 상속여부가 문제된다. 특히 상속권이 없는 동거가족인 사실혼배우자(사실상의 양자·직계존속 등)는 임차인의 상속권자가 있을 경우 문제이다.

즉 상속권 없는 동거가족의 거주의 보호와 상속권자의 상속권의 보호와의 충돌을 말한다. 이에 대하여 주택임대차보호법은 특별규정을 마련하여 우선 임차인이 상속권자 없이 사망한 경우에 그 주택에서 가정공동생활을 하던 사실상의 혼인관계에 있는 자가 임차인의 권리와 의무를 승계하며, 특히 '임차인이 사망한 당시 상속권자가 그 주택에서 가정공동생활을 하고 있지 아니한 때에는 그 주택에서 가정공동생활을 하던 사실상의 혼인관계에 있는 자와 2촌 이내의 친족은 공동으로 임차인의 권리와 의무를 승계한다.'라고 규정하고 있다.

한편 이러한 승계는 임차인이 사망한 후 1월 이내에 임차권의 승계인이 임대인에 대하여 반대의 의사표시를 한 때에는 생기지 아니한다.

민법에 의하면 원래 임차인과 사실상의 혼인관계에 있던 자는 재산상속권이 없다. 따라서 임차인이 상속권자 없이 사망한 경우에는 민법 제1058조의 규정에 따라 당해 주택임차권 및 보증금 등 반환청구권은 국가에 귀속되며, 상속권자가 있는 경우에는 그 상속권자가 주택임차권 및 보증금 등을 상속하게 된다. 따라서 사실상의 혼인관계에 있는 자는 임차인의 사망으로 인하여 그 임차주택에서 쫓겨나는 신세가 되고 만다.

이러한 불합리를 제거하고 임차인과 사실상의 혼인관계에 있는 자의 주거생활의 안정을 보장하기 위하여 임차인이 상속권자 없이 사망한 경우에는 임차권은 그 주택에서 임차인과 함께 살고 있던 사실상의 혼인관계에 있는 자에게 승계되도록 하고, 한편으로 상속권자가 있는 경우에도 그 상속권자가 임차인과 함께 살고 있지 않을 때에는 임차권은 사실상의 혼인관계에 있는 자와 비동거자인 상속권자 중 2촌 이내의 친족이 공동승계토록 하고 있다(법 제9조).

'사실상의 혼인관계에 있는 자라 함은 실제로는 혼례식 등의 절차를 거쳤지만 민법 및 가족관계등록법에서 정하는 혼인신고 절차를 거치지 아니한 부부관계에 있는 자를 의미한다.

5. 임대차계약의 해지와 권리금반환여부

권리금은 일반적으로 상가의 임차인이 다른 임차인에게 상가의 임차권을 양도하는 경우에 그 때까지 그 상가를 터전으로 쌓아 온 고객관계·신용 등 무형의 재산가치와 장소적 이익 등의 대가를 임차인의 양수인으로부터 지급받는 성질의 것이다.

권리금은 특별한 사정이 없는 한 임차인이 점포를 양수할 당시에 관행적으로 권리금을 지급한 사실을 알고 있다 하여도 임대차계약이 종료되는 때에 임차인은 임대인에게 권리금의 지급을 청구할 수 없다.

6. 강제경매제도

보증금을 반환받기 위해 임차인의 임차주택에 대한 강제경매의 경우 임차주택의 명도가 가능하다. 동법 제3조의 2 제1항은 '민사소송법 제491조의 2의 규정에 불구하고 반대의무의 이행 또는 이행의 제공을 집행개시의 요건으로 하지 아니한다.'라고 하여 임차인이 주택의 명도 없이도 경매신청이 가능하다.

임차인이 임차주택의 양수인에게 대항할 수 있는 경우에는 경매법원에 배당요구를 할 수 있다. 동법 제3조의 2 제1항 단서는 임차인이 당해 주택의 양수인에게 대항할 수 있는 경우에는 임대차가 종료한 후가 아니면 보증금의 우선변제를 청구하지 못한다는 규정을 삭제하여 임차인은 임대차기간까지 임차권을 주장하거나 아니면 임대차관계의 신뢰에 비추어 볼 때 새로운 임차인과의 임대차관계를 강요할 수 없기에 중도에 임대차를 해지하고 보증금의 우선변제를 선택할 수 있게 되었다.

7. 임차권등기명령제도

종전의 규정에 따를 때 임대차종료 후 보증금에 대한 우선변제를 받기 위해서는 대항요건의 존속기간을 경락허가의 결정을 선고(대법원)할 때까지 요구하였다. 이 경우 사정상 임차인이 이사를 가야 할 경우 우선변제권을 상실하게 되는 문제가 발생하였다.

이 때 임차인이 법원에 단독으로 임차권등기명령을 신청하여 등기가 이루어지면 중도에 주거를 이전하더라도 대항력과 우선 변제권을 가지는 제도이다.

8. 강행규정

주택임대차보호법의 규정에 위반된 약정으로서 임차인에게 불리한 것은 그 효력이 없다.

저자약력

· 중앙대학교 법학과 졸업
· 중앙대학교 대학원(석사박사) 졸업
· 중앙대 · 평택대 · 강남대 · 성결대 · 인천전문대 강사 역임
· 중앙대학교 산업교육원 · 경기농협 주부대학 강사 역임
· 경비지도사시험 출제위원 역임
· 국가인권위원회 인권위원, 경상북도민방위 강사 역임
· 법무부교도소자문위원, 한국헌법학회부회장 역임
· 선린대학교 경찰행정과 학과장, 선린대학교 평생교육원장 역임
· 선린대학교 경찰행정과 교수

저서

· 형법총론의 기초

본 교재는 2019학년도 선린대학교 연구비 지원에 의해 수행되었음

경비지도사·공무원시험 대비용 법학개론(법학의 기초이론)

1판 1쇄 발행 2020년 02월 29일
1판 3쇄 발행 2022년 03월 02일
저   자 홍승철
발 행 인 이범만
발 행 처 **21세기사** (제406-00015호)
　　　　　경기도 파주시 산남로 72-16 (10882)
　　　　　Tel. 031-942-7861　　Fax. 031-942-7864
　　　　　E-mail : 21cbook@naver.com
　　　　　Home-page : www.21cbook.co.kr
　　　　　ISBN 978-89-8468-864-3

정가 29,000원